대인관계론

안범희 저

태영출판사

머 리 말

대인관계에 대한 연구는 인간이 사회적 동물이라는 사실로부터 비롯된다. 인간이 존재한다는 사실은 어떠한 형태로든 인간의 상호작용이 존재한다는 사실을 의미하기 때문이다. 대인간의 원만한 의사소통과 협동관계는 개개인의 일생의 성패를 좌우하는 관건이 될 수 있다.

원만한 가족관계, 부부관계, 친구 및 동료와의 관계, 이웃과의 관계, 사제 간의 관계에서부터 정치적 · 사회적 이해관계에 이르기까지 대인관계는 폭넓게 작용한다.

건전하고 원만한 대인관계는 우선 개인적 정신건강에 중요하다. 이 책에 기술된 대인관계와 성격에서 이상성격은 대부분 부적절한 대인관계가 문제가 된다. 너무 의존적 관계를 맺고자 하거나 지나치게 고립되거나 회피적 성격을 보이는 것 모두 부적절한 관계다.

오늘날 각 대학의 상담소에서 가장 많은 상담의 대상이 되는 것이 바로 개인의 성격과 이에서 비롯된 대인관계 문제다. 외동이로 자랐거나, 2인 형제/자매/남매만 있거나 하는 소인수 가족에서 자란 지금의 젊은이들은 다수 형제 관계에서 자연스럽게 터득되는 대인관계의 기초적 측면들을 이해하는 기회를 갖지 못했다. 또한 과보호, 과잉 애정에 따른 부작용으로 대인관계의 기초가 되는 타인에 대한 배려에 어려움을 보이기도 한다. 많은 시간을 공부에 할당하고, 시간이 나도 혼자서 인터넷을 즐기는 탓에 대인접촉의 기회도 상대적으로 적을 수밖에 없다.

대인관계는 개인의 능력이나 성격과도 관련되지만 기술적인 측면이 매우 강하다. 즉, 대인관계는 가르치고 배울 수 있는 성질의 것이다. 이 책에서는 이러한 점을 고려하여 대인관계의 제 면모에 대한 현재의 자기 자신에 대한 평가와 개선할 점 등을 가능한 한 많이 제시하고자 하였다. 대인행동 변화를 기대하는 지시문을 많이 제시한 것이 이 책의 특징이기도 하다.

적절한 대인관계를 위해서는 인간의 행동에 대한 이해도 필요하고, 대화를 비롯한 의사소통 능력이나 기술이 필요하므로 이 부분에 많은 할애를 하였다. 조직에서의 대인관계 효율성은 직장생활에서의 성공과 만족을 담보하는 것이므로 효율적 관리 및 관리자의 대인행동, 설득 전략 등도 포함시켰다.

필자는 학위논문에서 대인관계의 적절성과 대인관계 성향을 다룬 바 있다. 관심은 일찍부터 있었지만 대인관계 자체가 매우 복잡한 양상을 띠고 있고, 매우 다양한 분야를 다루고 있어서 이를 한 권의 책으로 정리하는 일은 늘 부담스러운 일이었다. 다행인지(?) 태영출판사의 김현태 사장님의 격려가 있어서 용기를 내어 저술에 임하게 되었다.

필자의 능력 부족에다 노력과 시간의 부족, 탐탁스럽지 않은 내용 등 부끄러움을 무릅쓰고 책을 내게 되었다. 그나마 목차라도 정할 수 있었던 것이 다소 위안이 되기는 한다. 이를 토대로 개정판에서는 보다 체계적이고 세련된 내용을 담을 수 있는 밑그림은 그렸다는 생각에서다.

어려운 출판업계의 상황에서도 기꺼이 출판을 맡아주신 김현태 사장님께 거듭 감사드리며 바쁜 가운데서도 예쁘게 책 모양을 단장해준 편집부 여러분께 감사드린다. 아울러 독자 여러분의 지도와 편달을 기대한다.

2010. 2.

안범희 識

차 례

대인관계의 개념

Chapter
01

일찍이 〈대인관계 심리학〉이라는 저서를 낸 바 있는 Heider(1964)는 "대인관계(interpersonal relations)는 소수인, 일반적으로 두 사람 사이의 관계를 의미한다. 타인이 개인에 대해 어떻게 생각하고 있으며, 어떻게 느끼고 있는가? 그는 타인을 어떻게 지각하고 있으며, 타인에 대해 어떠한 행위를 하는가? 그는 타인이 무슨 행위, 또는 생각을 하기를 기대하는가? 그는 타인의 행동에 대해 어떻게 반응하는가? 하는 것이 대인관계의 국면이다"(p. 1)라고 정의 내렸다.

대인관계의 필요성은 인간이 사회적 동물이라는 사실로부터 비롯된다. 인간이 존재한다는 사실은 인간의 상호작용이 존재한다는 사실을 의미하기 때문이다. 대부분의 인간행동은 이러한 상호작용을 바탕으로 한 대인관계적 행동이다.

인간은 생애의 전 과정을 타인과의 관계 속에서 지내게 됨으로 대인간의 원만한 의사소통과 상호이해, 협동관계는 개인의 일생의 성패를 좌우하는 관건이 될 수도 있다. Bennis와 그의 동료들(1973)은 대인관계를 증진시키는 일에 주목하여 "생활은 인간과 함께 영위된다는 전제 하에 앞으로의 세계는 동료들 간에 더욱더 의존적인 관계가 증대될 것으로 보이며, 따라서 우리가 대인 역동성(interpersonal dynamics)이라고 부르는 매우 복합적인 인간 활동의 대상을 보다 생생하게 이해할 필요가 있다."고 하였다. 그들은 대인관계에 대한 관심이 대인관계에 대한 본질을 이해하고, 질적인 향상을 도모시키는 일 뿐만 아니라, 이 분야를 인간학의 보다 중심적인 영역으로 만드는데 결정적인 역할을 할 것으로 기대하고 있다.

또한 Argyle(1978)은 많은 사람들이 외롭고 불행하며, 일부는 정신질환으로 고통을 받기도 하는데 이는 그들이 타인들과 적절한 사회적 관계를 맺지도 않고 유지하지도 못하기 때문이라고 했다. 대인관계 이론 구축의 선구자라 할 수 있는 Sullivan(1953) 역시 인간이 지닌 모든 불안의 근원이 대인관계임을 지적하면서 대인관계에 대한 연구가 비인간화를 촉발시키고 있는 현대인의 정신건강을 위해서 매우 중요한 의미를 갖는 것임을 시사하였다.

Buber(1958)는 인간 실존의 기본적인 사실은 인간과 인간이 함께 있는 것임을 전제하면서, 나와 네가 주축이된 세계에서의 나(I)와, 그것(It)이 주축이된 세계에서의 나는 다르다고 주장하였다. 전자는 타인을 인간으로써 대하는 대인관계를 맺는데 비해 후자는 그가 사물을 주로 상대하거나 타인을 물건과 같이 취급하고자 하는 점에서 대인관계에 현격한 차이를 보인다는 것이다. 타인을 진정 한 인간으로 대할 때와 그렇지 않을 때의 대인관계 양상이 서로 다를 수밖에 없음은 너무도 당연한 일이다.

대인관계의 중요성에 비추어 볼 때 이 방면에 대한 연구는 그리 활발치 못했다. 대인관계는 개인에 대한 연구에 초점을 둔 심리학과 집단을 전제로 한 사회학 사이에서 소외되는 위치에 있었다. Bennis 등은 이에 대해 "대인관계에 대해서는 아직 단일하고 종합적인 이론이 없다. 사회학, 사회심리학, 정신병학 등은 대인관계에서의 현상에 대한 이해에 중요한 통찰을 제시해 주고 있으나, 이 영역에 대해 성공적인 이론적 종합을 제시하지 못하고 있다." 고 말한 바 있다. 그들은 또한 대인관계는 사회과학과의 관계에서 보면 새로운 학문 분야이고, 그것이 지닌 복합성과 난해성 때문에 간결하고 실증적이고 실험적인 방식에 의해서보다는 사변적인 방법에 의해 추론적으로 다루어지기 쉬운 경향이 있으며, 한편으로는 대인관계는 행동과학에 관련되어 있음에도 불구하고 이 분야에서는 단지 주변적인 것으로 취급되고 있음도 지적하였다.

Memo

대인 지각

Chapter
02

1. 대인 지각의 기본 경향
2. 인상 형성의 차원 및 과정
3. 인상 형성의 특징
4. 대인 지각의 문화 차이

대인 지각(personal perception)은 사람에 따라서, 그리고 상황에 따라서 다양한 형태로 전개된다. 그러나 대인 지각에 일반적으로 적용되는 몇 가지 원리를 찾아볼 수 있고, 그것이 상황에 따라 어떻게 적용되는지의 대강은 살펴볼 수 있다. 대인 지각의 기본 경향은 다음의 세 가지로 압축할 수 있다. 이러한 기본 경향은 때로는 서로 조합을 이루면서 나타난다.

1. 대인 지각의 기본 경향

첫째, 단순화시키기다. 우리는 선택적 지각(selective attention)을 한다. 보이는 것 모두를 보는 것이 아니고, 들리는 것 모두를 듣는 것이 아니라 보고 싶은 것만 보고, 듣고 싶은 것만 듣는 것이다. 이러한 선택적 지각을 통하여 우리는 무수한 정보로부터 자신을 보호하고, 필요한 것에만 집중하여 정보(인지)의 효율성을 높이고자 하는 것이다. 따라서 상대방에 대한 판단이나 인상 형성에 있어서 나름대로의 몇 가지 틀로 단순화시켜 상대를 판단하는 경향을 보이게 된다.

둘째, 일관성 있는 적용이다. 우리는 우리의 인식 세계에 포함되는 여러 가지 판단이나 개념을 서로 모순이 없는 형태로 유지하려는 경향을 갖고 있다. 개인마다 자신의 준거체제를 일관되게 적용하고자 하는 속성이 있는 것이다. 따라서 자아에 위배되거나 자신의 틀에 어긋나는 것에 대해서는 일단 거부하고자 하는 경향을 보인다. 한번 '나쁘다' 로 각인된 타인에 대한 지각이 좀처럼 바뀌기 어려운 것은 이 때문이다.

셋째, 자기중심적으로 판단한다는 것이다. 이는 대인적 판단에 있어서 자기를 기준으로 삼는 기본적 경향이 있음을 뜻한다. 타인의 동기나 상황, 특수한 처지까지를 다 헤아린다는 것은 그리 쉬운 일이 아니므로 일단은 자기를 기준삼아 판단하고자 하는 것이다.

이러한 기본 경향을 중심으로 대인 지각의 전개 양상을 살펴보기로 한다.

2. 인상 형성의 차원 및 과정

1) 인상 형성의 차원

우리는 흔히 첫인상이 좋다라든가, 인상이 고약하다는 말을 한다. 초기 심리학의 발전 단계에서 골상학이 한 때 인기를 끈 적이 있는데 이는 두뇌의 모양과 크기 등으로 사람의 성격을 판단하는 방법이었다(King, Viney & Woody, 2007).

그 후 Osgood, Suci 그리고 Tannenbaum(1957)의 연구에서 상대방의 첫인상을 결정하는 요소로 작용하는 내용이 세 가지 차원에서 밝혀졌다. 그 내용은 다음과 같다.

① 평가 차원 : 좋다, 나쁘다
② 능력 차원 : 강하다, 약하다
③ 활동 차원 : 적극적이다, 소극적이다

이 세 가지 차원 중 그 사람이 '좋은 사람이냐, 나쁜 사람이냐' 하는 평가 차원이 가장 영향력이 큰 것으로 나타났다.

Rosenberg, Nelson, & Vivekananthan(1968) 등은 후속 연구를 통해 앞서의 세 가지 평가 차원 외에 두 가지 차원이 더 있음을 밝혔다.

④ 지적 차원 : 똑똑하다, 영리하다/똑똑하지 않다.
⑤ 사회적 차원 : 성실하다, 친절하다, 다정하다/불성실하다.

2) 인상 형성의 과정

상대방의 인상을 결정하는 그 사람의 특질들이 어떻게 인상 형성에 작용하는가에 대해서는 세 가지 이론이 있다.

(1) 평균모형

Anderson(1962)이 제시한 것으로 상대방에 대한 각각의 특질이 갖는 호오(好惡)의 가치를 합산하여 평균을 내는 방식이다.

(2) 가산모형

Triandis & Fishbein(1963)이 주장한 것으로 상대방에 대한 각각의 특질들이 갖는 호오의 가치를 모두 합산하면 그것이 상대방에 대한 호감도다.

(3) 가중 평균모형

평균모형을 제시했던 Anderson(1968)이 평균모형을 수정하여 상대방에 대한 특성을 평균내지만 그들이 중요하다고 생각하는 특성에 가중치를 둠으로써 전반적 인상을 형성한다는 것이다. 앤더슨은 사람마다 중요하게 생각하는 차원이 다를 수 있기 때문에 그 특질의 비중에 따라 가중치를 두는 것이 타당한 것으로 보았다. 가중 평균모형에 의해서 판단하는 경우가 꽤 많은 것으로 나타났는데 이를테면 20대 남성은 상대 여성의 미모에 가중치를 둘 수 있고, 40대 남성은 미모 이외의 특질에 가중치를 둘 수 있을 것이다.

3. 인상 형성의 특징

1) 초두성 효과

초두(初頭)성 효과는 제공된 정보의 순서에 따라 상대방에 대한 인상 형성이 영향을 받는다는 것으로 먼저 제시된 정보가 나중에 제시된 정보보다 더 큰 영향력을 발휘한다는 것이다.

이에 대한 실증적 연구로는 Asch(1946)의 연구를 들 수 있는데 그는 가상적인 인물에 대한 성격을 묘사하는 형용사를 의도한 순서대로 나열하여 들려주고 나중에 그 인물에 대한 인상을 기술하도록 하였다. 제시된 순서는 처음(초두에)에 긍정적인 것에서 뒤에 부정적인 것으로, 그리고 이의 역순으로의 제시가 있었다.

① 똑똑하고, 근면하고, 충동적이고, 비판적이고, 고집이 세고, 질투심이 강한 : 긍정적 특성을 먼저 제시함
② 질투심이 강하고, 고집이 세고, 비판적이고, 충동적이고, 근면하고, 똑똑한 : 부정적 특성을 먼저 제시함

그 결과 ①번 순서로 제시했을 때 표적 인물을 더 호의적으로 평가하였다. 이러한 인상 형성이 가능한 이유로는 다음과 같은 주장들이 있다.

(1) 맥락효과

처음에 제시된 정보가 일단 맥락을 형성하고, 이 맥락 속에서 나중에 제시된 정보가 해석되기 때문이라는 것이다. 즉, 처음에 '똑똑하다'가 제시되면 일단 표적 인물에 대해 똑똑한 사람으로 간주하고(맥락을 형성하고), 그 후에 제시된 형용사가 그 맥락 안에서 작용한다는 것이다. '똑똑하고 고집이 세다'라든가 '똑똑한데 고집이 세다'는 식의 평가를 한다는 것이다.

Zanna와 Hamilton(1977)의 연구에서 보면 똑같은 'proud'가 긍정적인 맥락에서는 '자신감 있는'으로 해석되었으나, 부정적인 맥락(예를 들어, '버릇없는'이 먼저 제시되었다고 가정하면)에서는 '기고만장한'으로 뜻이 변화되고 있음을 보여 주었다.

(2) 주의감소 가설

일단 앞쪽의 정보가 접수되면 뒤에 나오는 정보에 대한 주의집중이 떨어지게 되므로 앞서 제시된 것이 인상 형성에 더 영향을 미친다는 주장이다. Anderson과 Hubert(1963)는 한 연구에서, 인물에 대해 기술할 특징을 나중에 회상해야 한다는 조건을 달았더니, 즉 나중에 기억하는지 보겠다고 했더니 초두효과가 없어졌음을 확인할 수 있었다.

(3) 중요성 절감 가설

우리가 상대방에 대하여 일단 뚜렷한 인상을 지니게 되면 이 인상에 잘 부합하지 않거나 모순되는 정보가 갖는 가치는 평가절하된다는 주장이다. 이는 인간은 자신이 한번 평가한 사실에는 인지적 일관성을 갖는 성향이 있음을 반영하는 것으로 볼 수 있다.

한편 Kruglanski와 Freund(1983)는 자신이 내리는 판단이 자신에 대한 능력 판단에 중요한 의미가 있고, 지니고 있는 모든 정보를 충분히 고려할 시간적 여유가 있을 때는 초두효과가 없어지고, 시간적 여유가 없거나 판단이 중요하지 않을 때는 초두효과가 특히 잘 나타난다고 하였다.

2) 신근성 효과

Luchins(1957)는 신근(新近)성 효과에 착안했다. 시간적으로 나중에 제시된 정보가 잘 기억되고 따라서 인상 형성에 더 큰 영향을 미치는 현상으로 초두효과와는 반대되는 양상이다. 그러나 신근성 효과는 다음과 같은 제한된 상황에서만 발생한다.

- 초기 정보가 너무 일찍 제시되어 망각될 때
- 최근의 정보가 상대자의 변화된 모습을 잘 보여준다고 여길 때
- 최근 정보가 아주 현저하게 지각될 때

3) 핵심 특질과 지엽적 특질

그 사람에 대한 호오를 결정하는 중요한 특질(핵심 특질)이 있고, 소소하게 여겨지는 이차적 특질(지엽 특질)이 있어서 핵심 특질이 지엽 특질을 압도한다는 이론이다.

- 핵심 특질(central trait) : 다른 특질보다 더 중요한 영향을 미치는 특징
- 지엽 특질(peripheral trait) : 별로 중요한 영향을 미치지 못하는 특징

Asch는 따뜻하다－차갑다의 차원(핵심 특질)이 인상 형성에서 매우 영향력 있는 특질임을 밝혔고, Kelly(1950)는 동일한 사람을 접하는 경우에도 핵심 특질에 대한 정보의 차이가 인상 판단에 영향을 줄 수 있음을 보여 주었다. 핵심 특질은 그 효과가 표적 인물에 대한 인상 전반에 과잉 일반화가 되면서 일관적으로 작용한다는 점에서 후광효과, 또는 일관성 효과(Sears et al., 1991)로 설명될 수 있다.

(1) 일관성 효과(consistency effect)

사람들은 소수의 정보만을 갖고 있을지라도 타인들에 관해서 평가적으로 일관성 있는 특징들을 형성하는 경향이 있다. 즉,

- 우리는 타인들이 내적으로 일관성 있는 존재라고 본다.
- 따라서 자신이 기존에 가지고 있던 정보에 맞지 않는 정보는 왜곡시키거나 재정리한다.

(2) 후광효과(halo effect)

어떤 사람이 한 가지 긍정적인 특성을 가지고 있을 때, 이와는 아무런 관계가 없는 것에 대해서도 어떤 긍정적 특성을 가지고 있을 것이라고 생각하는 현상이다.

사람들은 어떤 사람이 매력적이면 그 사람은 지적이고, 관대하고, 성격도 좋고, 집안 환경도 좋을 거라고 생각한다. 반면에 어떤 사람이 매력적이지 않으면 그 사람은 둔하고, 이기적이고, 성격도 나쁘고, 집안 환경도 나쁠 것이라고 생각하는 경향이 있다.

이러한 후광효과로 인해 사람들은 신체적이나 그밖에 어떤 것에 매력적인 사람들과 함께 있기를 원한다. 이왕이면 잘생긴 친구하고 어울리려 하고, 매력적인 사람과 결혼하려고 한다. 매력적인 사람 때문에 자기의 가치가 올라갈 것으로 기대하기 때문이다.

매력과 후광효과의 관계는 크게 발산효과와 대비효과로 나누어진다. 발산효과는 매력 있는 사람과 함께 있을 때 자신의 평가가 높아지는 현상이고, 대비 효과는 매력 있는 사람과 함께 있을 때 자신의 평가가 상대적으로 낮아지는 현상이다. 결국 매력 있는 사람과 같이 있다고 해서 항상 좋은 것은 아니다. 그 사람과 자신이 어떤 관계이냐가 중요한 것이다.

김혜숙(1993)의 연구에서 보면 매력적인 여자에 대하여 여자가 매력적일수록 사교적이고 자신감이 있으나, 정이 덜하고 허영적일 것으로 여기고 성격도 긍정적이지 못하다고 평가받았다. 그러나 남자의 경우는 매력적일수록, 사교적이고 자신감 있고 외향적이고 성격도 긍정적인 것으로 평가되었다.

(3) 부적 후광효과(negative halo effect)

후광효과와는 반대로 어떤 사람이 한 가지 부정적인 특성을 가지고 있을 때, 이와는 아무 관계가 없는 것에 대해서도 다른 부정적 특성을 가지고 있을 것이라고 생각하는 현상이다.

4) 부적 효과

어떤 사람이 좋은 특성과 나쁜 특성을 동시에 같은 정도로 가지고 있을 때 부적 특성이 인상 형성에 더 많은 영향을 주는 경향을 부적 효과(negative effect)라 한다.

따라서 이 경우에는 평균 원리가 적용되지 않는다. Hamilton과 Zanna(1972)의 연구에서 보면 사람들은 정적 특성에 기초한 평가보다 부적 특성에 기초한 평가를 더 신뢰하는 경향이 있었고, 특히 그 부적 특성이 극단적인 경우 부적 효과의 영향은 매우 커진다.

선거에서 후보자에 대한 유권자들의 평가는 후보자들에 관한 악성 정보에 의해 크게 영향을 받는다. 따라서 한 후보의 다른 특성이 아무리 좋아도 한 가지 강력한 부정적 정보가 당락을 결정할 만큼 매우 큰 영향을 미칠 수 있다. 대다수의 한국 남자는 병역의무를 지므로 병역비리 문제는 치명적일 수 있고, 그밖에 뇌물 수수, 성적 타락 등은 다른 능력이 아무리 뛰어나도 이를 극복하기 어려운 것이다.

5) 긍정적 편향

이는 다른 사람들에 대해 긍정적으로 평가하는 경향으로 이를 Martin과 Stang(1978)은 낙천성의 원리(pollyana principle)라는 말로 설명했다. 즉, 사람들은 좋은 일, 즐거운 경험, 좋은 사람, 좋은 날씨 등에 접하면 기분이 좋아진다. 또 스스로 기분이 좋아질 것이라고 암시를 준다. 따라서 유쾌한 정서를 유발하는 일을 자신이 만들려 하고, 불쾌한 것보다는 유쾌한 것을 더 지각하는 경향이 있다. 이런 경향을 폴리아나 현상이라고 한다.

6) 유사성 가정

타인을 자기와 비슷하다고 판단하는 경향으로 이는 자기고양 편파의 영향으로 다른 사람이 자기와 유사한 태도를 지닌다고 생각함으로써 자기가 괜찮은 사람이라고 생각하려는 동기에서 나온 것이라고 볼 수 있다.

7) 내현 성격이론

사람들은 다른 사람을 판단할 때 개개인이 대인 경험을 통해 터득했거나 민간의 속설, 관상학, 독서 등을 통하여 형성한 나름대로의 틀을 가지고 판단을 하게 된다는 주장이다. 타인에 대한 인상을 형성하거나 판단할 때 대부분의 사람들이 이런 개인적 성격 특성이 작용하고 있다는 사실을 의식하지 않거나 못하기 때문에 내현(속으로 나타나는)이라는 표현을 쓴다.

4. 대인 지각의 문화 차이

다른 사람에 대해 지각을 할 때 사람들은 자신이 속한 문화에서 강조하는 인간에 대한 개념에 따라 지각을 하는 경향이 있다. Korten(1974)이 미국인과 에티오피아인을 비교한 결과 미국인은 타인을 능력, 지식, 성격 측면에서 기술하고, 에티오피아인들은 타인과의 관계 상황에서 보이는 행동, 그들이 지닌 의견이나 태도 등 상황과 결부된 면에서 기술하는 경향이 있음을 볼 수 있었다.

또한 Bond(1991)의 연구에서 보면 중국인들은 스스로나 타인의 성격을 추측할 때 5가지 차원에서 파악하는 경향이 있다고 한다. 즉,

① 사회지향적-개인지향적

② 유능-무능

③ 외향적-내향적

④ 자기통제적-충동적

⑤ 낙관적-비관적

이 중 가장 중요하게 여겨지는 특질이 사회지향적인 측면으로 사회지향적인 사람은 충직하고, 부드럽고, 친절하고, 이기적이지 않고, 기회주의적이지 않고, 진솔하다고 여겨지는 경향이 있다고 한다.

우리나라의 경우(이상록, 1984), 한국인의 인간관계는 혈연과 지연과 같은 한정된 대상 간에는 발달되고 있는 듯하나 그 대상을 넘어선 사회 일반이나 직무나 직종에 직접, 또는 간접으로 관계되는 모든 대상에까지의 인간관계는 다소 소홀한 관계태(態)를 보여 주고 있는 것으로 파악된다.

귀인이론

Chapter
03

1. 귀인과 통제의 소재
2. 귀인 성향과 정서적 반응
3. 귀인성향과 성취
4. 귀인이론과 대인관계
4. 기대효과

1. 귀인과 통제의 소재

귀인(attribution)이란 사건이나 행동의 결과를 놓고 그 결과에 작용한 원인을 탐색하는 행위를 의미한다. 즉, "……는 ……의 탓이다"라는 진술은 귀인행동을 설명하는 적절한 표현일 수 있다. 귀인이론은 관찰된 행동의 동기를 추리하려는 시도로서, 사건이나 행동 결과에 대해 인간이 내리는 원인론적 해석을 다루는 이론이다.

이 이론은 개인의 귀인 양식이 그 자신의 행동에 어떠한 영향을 미치는가에 관심을 두고 있다. 예컨대 사람들이 성공, 혹은 실패의 책임이나 원인을 과제의 성질, 노력, 능력, 혹은 운세 등 어디에 주로 귀인시키고 있으며, 그에 따라 개인의 성취수준과 행동 및 정서와 어떠한 관계를 가지는가에 대해 관심을 가진다(교육학용어사전, 배영사, 1981).

Heider(1964)는 사람들은 타인의 행위가 행위자의 내면적 속성 때문인지 그가 처한 상황 때문인지를 파악하고자 하는 동기를 갖고 있는데, 그 이유는 인간이 지닌 두 가지 욕구 때문이라는 것이다. 즉, ① 하나는 세상에 대해 조리 있는 이해를 하고자 하는 욕구이고, ② 다른 하나는 환경을 통제하려는 욕구다. 자신이나 타인의 행위의 결과를 어떻게 귀인하는가에 따라 자신 및 타인에 대한 태도가 달라지게 되는 것이다.

Weiner(1985)는 귀인이론적 관점에 근거하여 인간의 행동을 다음과 같이 분석하였다.

자극(S) – **인지**(cognition) – **반응**(R)

자극은 정보의 원천을 의미하며, 인지는 들어오는 자극에 "의미"를 부여하는 신념체계가 되며, 뒤따르는 반응은 인지라는 매개 구조에 의해 결정된다. 따라서 성패의 원인에 대한 신념인 귀인은 선행하는 자극체와 뒤따르는 행동적 결과를 매개한다.

교육현장에서도 귀인 행동이 일어남을 볼 수 있다. 교사는 성공이나 실패의 경험을 맛보는 학생들을 자주 관찰하게 되는데, 이러한 성공과 실패는 흔히 객관적으로 결정될 수 있지만 분명치 않은 것은 그 성공과 실패에 관한 이유의 설명이다. 성공적인 경우를 보면, 과제가 쉽다든가, 상당한 능력이 있다든가 열심히 노력을 해서라든가 아니면, 행운이 따랐다든가 등의 다양한 해석을 한다. 교사는 이들 원인들 중 어느 것이 성공의 원인일 것이라고 결정할 필요가 있으며, 그의 결정은 곧 그의 학생들에 대한 반응 방식에 결정적인 영향을 미친다. 즉, 학생의 성공이 속임수에 의한 것이라고 믿을 경우 교사의 반응은 그 성공이 학생의 능력에 의한 것이라고 믿었을 때와는 아주 다를 것이다(김병성, 1991).

일상생활에서, 또는 교수-학습 상황에서 사건이나 특정 행동 결과에 대해 귀인하는 내용들은 귀인자의 수만큼이나 많고, 다양할 것이다. 그러나 귀인이론가들은 이 모든 요소들을 단순히 기술하기보다는 질적으로 분류하는데 관심을 가지며, 귀인하는 내용의 질적 차이에 따라 과제 수행과 정서에서 보이는 차이에 주목하고 있다.

이들이 제시한 대표적인 귀인요소로는 능력, 노력, 과제곤란도, 운 요인이 있으며, 이 요인들을 속성별로 분류하는 데 주로 이용되는 준거는 통제의 소재(locus of control)와 안정성(stable) 차원이다. 이에 더하여 Weiner(1979)는 귀인요소를 확장하고, 통제성이라는 새로운 준거를 포함시켜 귀인요소들을 다음의 〈표 3 - 1〉과 같이 분류하고 있다.

표 3-1 귀인요소의 분류체계

분류체계	내적		외적	
통제성	안정	불안정	안정	불안정
통제 가능	지속적 노력	일시적 노력	교사의 편향	타인의 도움
통제 불가능	능력	능력	과제 난이도	운

첫째, 통제의 소재(locus of control) 차원은 개인이 행동이나 사건결과의 원인을 추론함에 있어서 그 원인을 행위자의 내적 상태(internal status)로 귀인할 것이냐, 아니면 외적 세력(external force)에로 귀인할 것이냐에 관한 것이다(Freedman et al., 1981). 이 차원은 귀인 성향을 분류함에 있어서 가장 일반적으로 적용된 준거다. 성취 결과의 원인 중 능력, 노력, 기분, 성격특성, 태도, 동기, 피로, 질병 등과 같은 요인들은 외적 요인들에 해당된다. 이 개념은 Heider(1964)가 개인 내적인 요인인 능력, 노력, 그리고 외적 요인인 환경적 요인을 행동 결과의 중요한 귀인요소로 본 데서 비롯되었으며, Rotter(1966)가 통제의 소재라는 개념을 도입하여 인간의 귀인성향을 내적 통제성향과 외적 통제성향으로 분류하면서 일반화되었다.

둘째, 안정성 차원은 귀인하는 내용들이 시간에 걸쳐 변화할 수 있는 것인지에 관한 것이다. 학업성취 상황에서 비교적 안정성이 높은 귀인요소들은 능력, 과제 난이도 등이며, 불안정한 요인으로 분류되는 것은 노력, 기분, 피곤, 질병, 운 등이다. 이 차원은 귀인성향과 후속 성취 기대 및 정서 간의 관계를 밝히는데 많이 적용된 차원이다.

셋째, 통제성 차원은 귀인하는 내용들이 행위자의 입장에서 볼 때 통제가 가능한 것인지에 따라 분류된다. 예컨대, 자신의 노력과 같은 것은 개인의 통제 하에 있는 것이지만, 능력이나 과제 곤란도와 같은 것은 개인 통제 밖에 있다. 이 차원은 귀인성향과 성취 상황에서의 과제 관련 정서 간의 관계를 규명하는데 많이 적용되어 왔다.

2. 귀인성향과 정서적 반응

귀인성향은 정서적 특성 및 성취와 관련된 정서적 반응, 기대, 성취동기와 같은 요인들과 밀접히 관련되므로, 대인관계는 물론 학습의 측면에서도 중요한 의의를 갖는다. 자아개념은 내적 귀인성향과 정적 상관이 있으며(Gordon, 1977), 자아개념과 직접적으로 관련된 구인인 자존감 역시 내적 귀인성향과 정적 상관을 갖는다(MaQsud, 1983). 또한 귀인성향에 따라 성취 상황에서 발생하는 정서적 반응이 다르게 나타나는데, 성공을 외부 귀인하면 감사와 놀라움을, 내부 귀인하면 자부심, 확신감, 만족감을 느낀다.

실패를 외부 귀인하는 경우에는 분노, 놀라움, 적개심을 나타내고, 내부 귀인하면 죄의식, 후회, 목적의식의 상실과 같은 부정적인 정서 반응을 일으킨다(Weiner, Russel & Lerman, 1979).

Forsyth 와 McMillan(1981)은 성공을 내부 귀인하고 실패를 외부 귀인하는 학습자가 자신에 대해 긍정적인 정서반응을 보이지만, 특히 성공을 통제 가능한 요인인 노력에 귀인했을 때 자신에 대해 더욱 긍정적인 정서반응이 일어난다고 봄으로써 통제성 차원을 추가하였다.

Wolfolk(1990) 역시 성공적인 성취 결과를 통제 가능한 요인으로 귀인시키는 사람은 그 성취에 자부심을 느끼게 되며, 장래의 성취 상황에도 성공적일 것이라고 믿게 되지만, 자신의 성취가 통제 불가능한 요인과 관계가 있다고 지각하면 그는 단지 고마움을 느끼며, 그러한 행운이 지속되기를 바라게 된다고 했다.

능력 귀인과 노력 귀인은 같은 내부 귀인이면서도 각기 다른 정서적 반응을 일으킴으로써 관심의 대상이 되어 왔다. Weiner와 Kukla(1970)는 능력과 노력 모두 개인 내적 귀인요소이지만 능력 귀인보다 노력 귀인이 정서 표현과 더 밀접한 관련성이 있음을 밝혔다. 성공에 대해 노력 귀인을 했을 때에는 강한 자부심을 경험하지만, 실패를 노력 결여에 귀인했을 때에는 수치심을 가진다는 것이다.

그러나 노력을 적게 했다는 사실이 수치심을 증가시킨다는 이들의 연구 결과와는 달리 Covington과 Omelich(1979)는 능력 귀인이 오히려 많은 노력 귀인보다 성공에 대해서는 더 큰 자부심을 주고, 실패에 대해서도 더 큰 수치심을 일으킨다고 했다. 이러한 가정은 자기 가치이론에 근거한 것이다. 즉, 미국 사회에서 능력과 개인의 가치를 동일시하는 경향 때문에 사람들은 노력 결여보다 오히려 능력 결여에 상대적으로 더 수치심을 느낄 수 있다는 것이다.

한 연구에서 보면 미국에서 사회경제적으로 상층부의 사람들은 대체로 내적 통제 귀인성향을 보이고, 낮은 위치의 사람들은 외적 통제 귀인성향을 지니고 있음을 보였다. 사회 상류층에서는 아이들을 양육할 때 자조, 자립, 독립적 판단을 고취시키고 사물, 사건의 발생 원인에 대하여 의문을 갖도록 하는데 비해, 하층부의 사람들은 말 잘 듣기, 방정한 품행 등을 중시하는 것으로 나타났다. 이러한 양육태도 차이가 귀인 통제성향의 차이로 나타나는 것으로 보인다.

Mizokawa와 Ryckman(1990)은 미국 내 아시아계 아동들 2500명에게 하나의 각본을 주고 주인공이 학과목에서 성공 또는 실패한 경우 그 이유를 물어 보았다. 그 결과 아시아계는 노력 귀인을 상대적으로 많이 하는 것으로 나타났다. 특히 한국과 일본, 중국계 아동들이 노력 귀인을 가장 많이 하는 것으로 나타났다. 아시아계 미국인이 학습된 무기력증에 빠지는 경향이 덜한 것으로 보고되는 것을 이러한 귀인의 특성과 관련시켜 볼 수 있다.

한국의 경우 박영신(1987)의 연구에 의하면, 한국 학생들은 실패를 능력의 부족 보다는 노력의 결여에 귀인했을 때 죄책감, 수치심과 같은 부정적인 정서를 더 강하게 느끼며, 모든 발달단계의 학생들이 능력보다는 노력을 더 가치로운 것으로 지각하고 있음을 밝혔다.

일반적으로 학습자가 성공을 내적 요인과 안정적 요인으로 귀인할수록 후속 성취 기대가 높은 것으로 알려져 왔다. Rotter(1966)는 능력과제(skill task)에서의 성취 결과를 내부 귀인하게 되면 규칙적인 기대 변화가 일어나고, 우연과제(chance task)에 대한 외부 귀인은 불규칙적인 기대 변화를 초래한다고 봄으로써, 통제의 소재에 대한 신념 여하에 따라 후속 성취 기대가 달라짐을 시사했다.

이와 함께 Weiner(1985)는 통제의 소재 차원뿐만 아니라 안정성 차원이 후속 기대 변화에 작용하는 중요한 요인으로 보았다. 즉, 안정성 차원은 그 속성상 미래의 성취 기대와 직접적으로 관련이 있다. 성공(또는 실패)을 안정적 요인으로 기대하는 사람은 미래의 유사한 과제에서도 성공(또는 실패)을 기대할 것이다. 그러나 성취 결과를 불안정 요인으로 귀인하는 사람은 장래의 유사한 과제에 직면할 때, 그 성취 결과가 불규칙하게 변화할 것으로 생각하게 된다.

한편, 박영신(1987)은 학습자가 성공을 능력과 같은 내적이고 안정된 요인에 귀인하면 성취 기대가 높아지지만, 반대로 성공을 운 요인과 같이 외적이고 불안정한 요인에 귀인하고, 실패를 능력이나 과제 곤란도와 같은 통제 불가능한 요인에 귀인하면 성취 기대가 낮아지는 것으로 보았다. 임형진(1984)은 교사가 아동의 성격을 내적이고 안정된 요인으로 귀인하면, 아동의 성적에 대한 긍정적 기대가 형성되는 바, 특히 성적이 상위 집단에 속하는 아동의 경우 그러한 경향이 크다고 하였다.

귀인성향은 성취동기와 과제수행 태도와도 관련되므로 성취에 직접적인 영향을 미친다. 일반적으로 개인에게 일어나는 일들이 자기의 행동에 의해 결정되는 것으로 믿는 내재적 통제자가 더 높은 성취동기를 가진다.

Weiner(1970)는 성공 접근 동기가 강한 사람은 실패 회피 동기가 강한 사람에 비해 성공적인 결과의 원인을 능력이나 노력과 같은 내적인 것에 귀인하는 경향이 있으며, 반대로 실패 회피 동기가 강한 사람은 성공을 과제의 쉬움과 운과 같은 외적인 요인에, 그리고 실패는 능력의 부족과 같은 내적인 요인에 귀인한다고 했다. 또한 성공적인 상황에서 성취동기가 높은 사람은 내적이며 안정적인 요인에 귀인하고, 실패 상황에서는 성취동기가 높을수록 실패한 결과를 노력 결여나 불안정한 요인에 귀인하며, 성취동기가 낮을수록 실패를 안정된 요인인 능력의 결여에 귀인한다고 했다.

귀인성향은 과제수행 태도에도 영향을 미친다. Weiner(1973) 등이 과제수행 강도(强度)와 귀인성향과의 관계를 분석한 결과에 의하면, 실패를 안정적 요인인 능력 결여나 과제 곤란도로 귀인하는 사람보다는 불운이나 노력의 결여로 귀인하는 사람이 더 강한 강도를 가지고 과제를 수행하였다. 따라서 이들은 노력 귀인이 성취 관련 활동의 방향과 정도와 지속도를 결정하는 중요한 요소라는 결론을 내렸다.

Dweck과 Repucci(1973)는 실패 상황에서 과제수행 시도가 저하되는 아동과 과제를 지속하는 아동 간의 귀인성향의 차이를 밝혔다. 이 연구 결과에 의하면, 과제수행이 저하되는 아동은 수행 결과에 대한 개인적 책임감이 낮아서 성공을 했을 때에도 자기에 대한 신뢰도가 낮고, 실패 상황에서도 자기 비난의 정도가 낮았다. 그러나 실패 상황에서도 과제를 지속하는 아동은 수행의 결과를 결정하는데 자신의 노력이 중요함을 강조했으며, 자신의 실패를 노력의 결여로 귀인했다.

3. 귀인성향과 성취

귀인성향은 개인의 성취 수준과도 밀접한 관계가 있는 것으로 보고되고 있다. Bar-Tal과 Bar-Zohar(1980)는 학업성취와 내적 귀인성향과의 상관관계에 관한 연구 36편 중 31편의 연구는 정적 상관을 보였고, 1편은 부적 상관, 나머지 4편은 무의미한 상관을 보이고 있음을 지적하여 귀인성향과 학업성취가 의의있는 상관이 있음을 지지하였다.

한편, 일부 연구들은 귀인성향이 교육에 의해 변화될 수 있음을 주장한다. Kukla(1972)는 한 피험자 집단에게는 성공적인 성취 결과가 능력과 노력이 모두 성취 결과와 직결됨을 주지시켰다. 그 결과 능력을 중요시한 집단에서는 성취동기가 높든 낮든 모두 과제를 해결하려는 노력을 보이지 않은 반면, 능력과 노력을 모두 강조한 집단에서는 성취동기가 높은 사람이 낮은 사람보다 과제수행이 향상됨을 밝혔다.

보다 직접적인 실험적 방법을 동원하여 귀인조작을 한 연구들이 있다. 귀인조작이란 조작자에 의해 하나, 또는 그 이상의 귀인요소가 선택되고, 그 요인에 사람들이 귀인하도록 피드백이나 지시(instruction)를 주어 기존의 귀인성향을 변화시키는 것이다.

Medway와 Venino(1982)는 실패 상황에서는 "좀더 열심히 해야겠군요"라는 피드백을 주고, 성공했을 때는 "좋아요, 정말 열심히 했군요"라는 노력 피드백을 제공한 결과, 과제 지속성이 향상됨을 밝혔으며, Andrew와 Debus(1978)는 아동에게 노력 귀인을 하도록 강화하면, 사회적 강화를 받은 학생에 비해 결코 성취 행동의 지속성이 뒤떨어지지 않음을 밝혔다. 귀인조작은 통제 불가능한 경험에서 유발되고, 그것이 다른 상황에서도 일반화되는 것으로 보이는 학습된 무력감(learned helplessness)을 완화시키는 데에도 이용될 수 있다. Abramson(1978) 등은 통제 불능성을 야기한 요인이 매우 안정적인 속성을 가질 경우 미래의 통제 불능성은 계속된다고 했다. 이에 근거하여 이들은 통제 불능성을 치료하는 방안으로 학습자의 성공 경험에는 내적, 안정적, 일반적 요인으로 귀인을 조작하고(학습자의 능력, 노력 등을 칭찬해 줌), 실패 경험에는 외적, 불안정적, 특수적 요인으로 귀인을 조작(운이 나빴다는 등)할 것을 제안했다.

또한 Dweck(1975)은 학습된 무력감을 겪고 있는 아동을 두 집단으로 분류하여 한 집단의 아동에게는 성공만을 경험하는 실험처리를 하고, 다른 집단의 아동들에게는 실패의 원인을 노력 부족으로 귀인시키는 처치를 한 결과, 노력 피드백을 받은 아동들은 성취가 향상되거나 유지되었지만, 성공만을 경험하는 처치를 받은 아동들은 성취가 낮아지는 현상을 발견했다.

이상과 같은 연구 결과에 비추어 볼 때, 교사가 학생들의 귀인성향을 적절히 통제하기 위해 학습 과제 성취 상황에서 학생들이 지니는 귀인성향을 파악하는 일이 매우 중요한 일임을 알 수 있다. 또한 학생들의 성취 결과에 대한 교사의 귀인 행동이 학생들의 귀인성향에 상당한 영향을 미친다는 점을 간과해서는 안 될 것이다. 이러한 점을 감안하여 교사는 학생들에 대한 자신의 귀인이 편파되거나 왜곡된 점이 있는가를 반성하고 개선하여, 학생들의 미래의 학업 성취 결과에 대해 긍정적인 정서, 기대, 태도 및 학습에 대한 성취동기를 갖도록 지도해야 할 것이다.

귀인성향과 관련된 내용을 요약하면 다음의 〈표 3-2〉와 같다.

표 3-2 과제수행 상황별 귀인유형이 학습행동에 미치는 영향

수행결과	귀인유형	귀인요소	정서적 반응	학습행동
성공	내부 귀인(P)	노력, 능력	유능감, 자신감, 만족감	
	외부 귀인(N)	가정환경, 교사의 편향, 타인의 도움, 과제난이도	감사, 놀라움	

실패	내부 귀인(N)	노력, 능력	죄의식, 후회, 목표 상실감	
	외부 귀인(N)	가정환경, 교사의 편향, 타인의 도움, 과제난이도	분노, 놀라움, 자존감 훼손	
성공	통제 가능 귀인(P)	노력	자기효능감 및 자존감, 통제감 고양, 성공기대	**과제몰입형** – 학습결과보다는 과제를 완성하는 데 관심을 더 가지며, 과제성취를 위해 보다 많은 노력과 몰입을 한다. **완숙지향학습** – 학습결과보다 성취에 가치를 두고 목표에 집중한다. **도전적인 과제선호**
	통제 불능 귀인(N)	능력 (주로 지능)	자기효능감, 자존감, 성공기대가능하나 기대가 지나칠 수 있다.	**자아몰입형학습** – 자신의 유능감을 유지하기 위해 오히려 노력을 게을리 할 수 있다. **실패회피형학습** – 실패를 염려하여 현재 아는 것에 고착하거나 위험부담을 지지 않거나 실패상황에서 현재의 과제수행에 큰 가치를 두지 않는다. **도전적인 과제 회피**
실패	통제 가능 귀인(P)	노력	실패로 인한 정서적 결손이 거의 없다.	**과제몰입형학습** – 과제성취 위해 노력을 지속한다. **완숙지향학습** – 학습결과보다는 성취에 가치를 두고 학습목표에 집중한다. 미래의 성공 위해 새로운 학습전략을 세우고 분발한다.
	통제 불능 귀인(NN)	능력 (주로 지능)	학습된 무력감, 목표상실	**실패수용형학습자** – 실패가 낮은 능력 때문이고, 그것에 관해 자신이 할 수 있는 것이 전혀 없다고 믿어 학습에 대해 냉담, 무관심, 자포자기한다.

* 주 : P=Positive, N=Negative, NN=Negative & Negative.

귀인성향 이외에도 개인의 신념 체계가 성취동기에 영향을 미친다. 가장 대표적인 신념으로 자기효능감과 능력에 대한 학습자의 신념을 들 수 있다. 자기효능감이란 특정 과제의 성취도에 대한 개인의 기대수준을 의미한다. 자기효능감은 과거의 유사한 경험과 유사한 과제에 대한 타인의 수행 결과를 관찰함으로써 형성된다. 자기효능감은 목표와 지속성에 영향을 주면서 목표수립을 통해서도 성취동기에 영향을 미친다. 만일 주어진 과제에서 높은 자기효능감을 가질 경우 높은 목표를 세우게 되며, 어려움에 처하여 끈기를 보인다.

자기효능감은 귀인과도 관련된다. 주어진 과제에 대해 강한 자기효능감을 가지는 경우 자신의 실패를 노력으로 귀인하는 반면, 자기효능감이 낮은 사람은 그 실패를 능력으로 귀인한다.

능력에 대해 개인이 가지는 신념 역시 수행동기에 영향을 미친다. 일반적으로 능력하면, 지능을 떠올리고, 그 지능은 안정적이고, 선천적이며 통제 불가능한 개인의 특성으로 인식되지만, 이러한 신념은 학습자마다 다를 수 있다. 능력에 대한 신념은 고정적 능력의 견해(entity view of ability)와 증가적 능력의 견해(incremental view of ability)로 구분된다. 전자는 능력이란 불변하고 통제 불가능한 것으로 인식하는 방식을 말하며, 후자는 능력이 변화 가능하고, 통제 가능한 것으로 인식하는 방식을 말하는 것으로, 그 능력이 노력과 연습에 의해 확장되거나 향상될 수 있다고 믿는 것을 말한다.

이러한 능력에 대한 신념 체계들은 발달과정을 통하여 다르게 나타난다. 예컨대, 초등학교 저학년의 경우에는 능력과 노력에 대한 개념이 미분화되어서 똑똑한 사람들은 열심히 노력하고, 열심히 노력하면 똑똑해질 수 있다고 믿는다. 하지만, 11세 내지 12세 이후에 이르게 되면, 능력과 노력은 뚜렷이 구분되는 개념으로 인식하기 시작하며, 누군가 전혀 노력을 하지 않고도 성공하는 사람이 진짜 똑똑한 사람이라고 믿기 시작한다.

문제는 개개인이 능력과 노력의 개념을 구분하는 것 자체보다는 그들이 능력 있는 사람과 노력하는 사람 중 어떤 유형의 인간을 선호하느냐이다. 일반적으로 초등학생보다는 중등학교 학생들이, 그리고 중등학교 학생들보다는 대학생들이 노력형(hardworker)보다는 능력형(smarter)을 선호하는데, 이는 나이가 들수록 능력에 대한 개인의 신념이 수행동기를 위협하는 중요한 요소로 작용하고 있음을 보여주는 것이다. 이러한 발달경향성은 심리학자들과 교육자들에 의해 영향을 받은 면이 없지 않다. 학습능력에 대한 개념은 심리학자들이 조작적으로 정의하고 측정도구를 개발하여 세상에 내어 놓은 IQ의 개념을 반영한다. IQ의 측정이 학습능력의 진단이라는 순수한 교육적 목적만으로 정당화되기에는 너무도 많은 부작용을 일으킬 수 있음을 유념할 필요가 있을 것이다.

4. 귀인이론과 대인관계

1) 귀인행동과 대인관계

귀인이론과 대인관계에 대해 홍성열(2008)은 다음과 같은 설명을 하고 있다. 우리는 어떤 행위를 해석함에 있어서 수동적 관찰자로 만족하지 않는다. 그래서 행위가 개인수준이든 혹은 사회와 국가수준이든 원인에 대한 해명을 추구한다. 이에 대한 가장 좋은 예가 우리나라 국민의 정치에 대한 관심이다. 우리들의 정치에 대한 관심은 학력, 사회적 지위, 연령에 따라서 별다른 차이 없이 모두가 일가견을 갖는다. 한국인의 이러한 성향은 원인 추구의 행동에서 비롯된 것이라고 해석된다.

사람들은 자신에 미치는 영향이 긍정적이든 혹은 부정적이든 중요한 행위라고 간주되면, 그러한 행위에 대한 원인을 해명하기 원하며 또한 앞으로 그 행위가 일어날 것인지에 대한 예측을 한다. 그리고 행위에 대한 관찰은 직접적인 경우만 포함되는 것이 아니라, 간접적인 관찰까지도 포함한다. 이런 성향이 우리 모두에게 있다는 것은 대인관계에서의 역동성을 의미한다. 즉, 우리들은 능동적으로 서로의 행위에 대한 해명을 추구하고, 또한 예측을 시도한다. 사람들이 이렇게 생각하는 근거는 귀인의 대상이 되는 행위자가 아무렇게나 행동하는 것이 아니라, 어떤 규칙성을 가지고 행동하기 때문이다. 이러한 규칙성 때문에 서로가 능동적 자세로 타인의 행동을 지각하고 이해하려 한다.

귀인이론과 관련하여 대인관계에서 관심을 가져야 하는 또 다른 변인은 행위의도이다. 타인의 행동에 대한 원인을 파악하기 원한다면, 먼저 그 행위의 의도성을 이해하여야 한다. 왜냐하면 의도적 행위는 통상적 사고의 범위를 벗어난 행위가 많기 때문이다. 예를 들어, 처음 만난 사람과 악수를 하는 것이 일반적 행위이지만, 악수를 하지 않는 것은 노골적으로 상대에게 좋은 감정을 갖지 않는다는 것을 표현한 것일 수 있다.

2) 행위의도의 일관성

Ajen과 Fishbein(1972)의 이성적 행위모형(Theory of Reasoned Action)은 사람들이 이성

적으로 행동한다는 가정 하에 태도와 행동 간의 일관성을 결정짓는 요인이 무엇인지를 밝히고자 했는데 태도와 행동은 다음의 세 단계로 설명될 수 있다.

1단계 : 사람의 행동은 의도로부터 예측될 수 있다고 믿는다. 만일 어떤 부인이 자기는 임신되는 것을 피하기 위하여 피임법을 사용하려는 의도가 있다고 말하면, 그녀는 의도하지 않는 어떤 사람보다도 그렇게 할 가능성이 더 크다.

2단계 : 행동의도는 두 가지 주요 변인을 통해 예언될 수 있다. 즉, 그 사람의 행동에 대한 태도(그녀는 피임이 바람직한 조치라고 생각하는지)와 타인들이 그녀가 어떻게 해야 하는가(그녀의 남편은 그녀가 그렇게 하는 것을 원하는가)에 대한 그녀의 지각에 달려 있다.

3단계 : 행동에 대한 태도들은 친숙한 기대-가치의 틀을 사용해서 예언된다. 태도는 행동의 각 결과가 일어날 확률이 얼마나 되는가와 행동의 결과가 얼마나 좋은가의 함수다.

이 모형은 또한 사람의 타인의 선호에 관한 신념과 그 사람이 그것에 따르려는 동기의 측면에서 '주관적 규범'이라는 예언요인을 제시하고 있다.

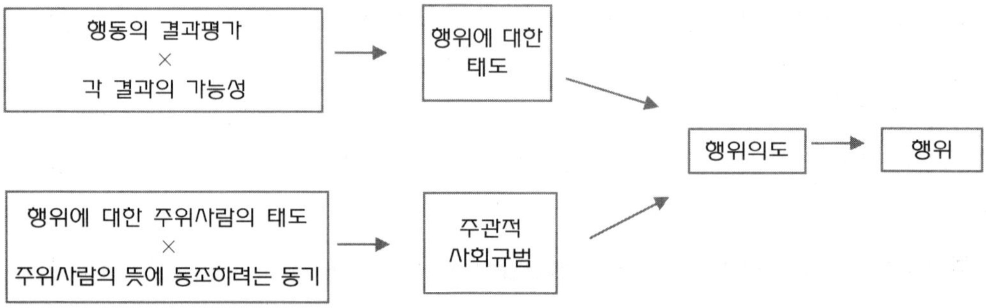

[그림 3-1] **태도와 행위 간의 관계**

5. 기대효과

기대효과는 귀인이론과의 직접적 관련성이 있는 것은 아니지만 상대방에 대한 기대의 형태와 수준이 그의 행동에 적지 않은 영향을 미칠 수 있다는 점에서 이 절을 통해 소개하고자 한다.

특정 학생(또는 조직원) 자신이 설정한 도달 목표는 포부수준이 되고, 그 특정 학생(또는 조직원)에 대해 교사(상사)가 갖는 예상 기대 도달 목표는 기대수준이 된다. 교사가 자기 자신에 대해서 믿는 것과 학생들에 대해 믿는 것(기대하는 것)이 학습의 효율성을 결정짓는 중요한 요인이 된다. 콤즈(Combs, 1969)는 교사의 자기 자신에 대한 태도나 학생들에 대한 태도는 그의 교수 방법이나 숙련의 정도, 학습자료 못지않게 중요한 학습의 변인임을 지적한 바 있다.

기대효과는 직장에서 상사가 부하 직원에게 거는 기대에도 교사-학생 간의 관계처럼 그대로 적용된다. 부모와 자녀 간에도 마찬가지로 작용한다.

Rosental과 Jacobson(1968)의 연구 결과에서 비롯된 이른바 피그말리온 효과(Pygmalion effect)는 교사의 학생에 대한 기대가 학생의 성취에 적지 않은 영향을 미치는데 대한 대명사처럼 쓰이고 있다. 자성 예언(自成豫言), 자기수행 예언, 자기 충족적 예언(self-fulfilling prophecy) 등으로 불리우는 이 개념은 교사가 학생을 유능하다고 보면 그들에 대한 기대감이 높아지고, 또한 그 기대에 맞는 지도를 하게 되며, 따라서 학업성취가 증대된다는 것이다. 반대로 학생을 무능하다고 보게 되면 기대도 없고, 성의 있는 지도도 안하게 되고, 그러니까 낮은 수준의 성취 밖에 이루지 못하게 된다는 것이다.

굳이 연구 결과를 들추지 않더라도 이러한 현상은 몇 번의 전근 경험이 있는 일선교사라면 그런 것 같다고 동의할 수 있는 사항일 것이다.

교사가 학생들에게 가질 수 있는 기대효과는 두 가지 유형으로 구분된다. 하나는 자기수행 예언이고, 다른 하나는 기대 지속효과다.

1) 자기수행 예언

Good과 Brophy는 교실에서 자기수행 예언이 일어나는 과정을 다음과 같이 설명하고 있다.

첫째, 교사는 특정 학생에게 특수한 행동과 성취를 기대한다.

둘째, 이러한 기대 때문에 교사는 각기의 학생들을 다르게 취급한다.

셋째, 교사의 이러한 각기 다른 취급 행동은 교사가 학생들에게 무언가 다른 행동과 성취를 기대하고 있다는 기대감을 전달한다. 그리고 교사의 각기 다른 취급은 학생들의 자아개념, 성취동기, 포부수준 등에 영향을 준다.

넷째, 교사의 학생에 대한 각기 다른 취급이 시간이 경과해도 지속되고, 이를 학생들이 적극적으로 거부하지 않는다면, 교사의 각기 다른 취급은 학생의 성취 및 행동에 영향을 줄 것이다. 즉, 교사의 기대가 높은 학생은 높은 수준의 성취를 이룩할 것이며, 교사의 기대가 낮은 학생은 낮은 수준의 성취를 할 것이다.

다섯째, 시간이 경과함에 따라 학생의 성취와 행동은 교사가 처음에 대상 학생에게 기대했던 수준에 더욱 밀접히 접근할 것이다.

자기수행 예언 효과가 초등학교 1~2학년 수준에서 상대적으로 높게 나타나는 것을 보아서나, 우리의 현실이 모든 학생을 세밀히 관찰하고, 평가를 할 만큼 좋은 학교 환경이 아니라는 점을 감안하면, 이 과정이 모든 연령의 우리나라 학생에게 동일한 형태로 적용되는 것 같지는 않다. 그러나 반드시 그렇지는 않더라도, 이와 유사한 경우는 얼마든지 볼 수 있고, 그러한 기대감(?) 때문에 초등학교에서의 치맛바람이 특히 거센지도 모르겠다.

중요한 점은 교사가 개개 학생이 지닌 능력을 잘 파악하고, 이들의 능력을 인정하고 (실제로 정박아 등 특수한 일부를 제외한 대부분의 학생들은 과제 수행능력을 갖고 있다) 열심히 가르치면 학업성취는 증대될 것이다. 특히 시골의 소규모 학교나 유사한 처지에 있는 학교에서 가르치는 경우, 학생들의 능력에 대해 회의를 느끼기 쉬운데, 이는 그들이 처한 환경 탓이지 개인적 능력에 원래부터 차이가 있는 것으로 판단해서는 안 될 것이다.

2) 기대 지속효과

때로는 정확할 수도 있고, 때로는 편견일 수도 있는 각기의 학생에 대한 기대는 좀처럼 변하지 않는 속성이 있다. 교사는 자신의 판단이 옳은 것으로 간단히 치부해 버리는 경향이 있는 것이다. 그러한 경향의 일단은 외국이나 우리나라나 대동소이하다.

브라운(C. Brown, 1976 ; Woolfolk, 1990)이 제시한 다음의 [그림 3 - 2]를 참조하면 이해가 더 쉬울 것 같다.

교사가 특정 학생에게 부여한 낮은 기대와는 달리, 그 특정학생이 어느 정도 높은 성취를 이루는 경우, 교사가 이를 감지하고 그에 대한 기대수준을 높인다면 바람직한 일이겠으나, 현실에서는 그렇지 못한 경우가 많다. Cooper와 Good(1983)은 이러한 기대 지속효과가 자기수행 예언 현상보다 더 빈번히 발견되는 일이라는 지적을 하고 있다. 한번 교사로부터 불리한 판정을 받은 학생들은 결국 더 높은 성취를 이룰 수 있는 기회를 놓치는 결과가 되는 것이다.

[그림 3-2]는 교사의 기대가 어떻게 형성되고, 그 기대가 어떻게 행동으로 나타나며, 그것이 궁극적으로 학생의 행동에 어떠한 영향을 미치는가를 도식화 한 것이다.

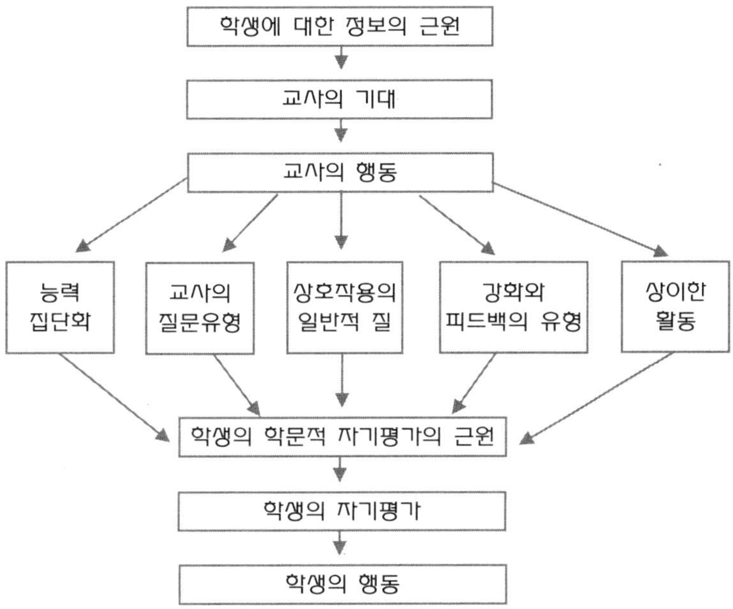

[그림 3-2] **교사의 기대와 학생 행동의 변화**

학생의 정보에 관한 근원은 학생의 행동으로부터 관찰되는 것과 그 밖에 여러 경로를 통해 입수된다. 우리나라의 경우 정보의 상당 부분은 생활기록부와 전년도 담임선생님으로부터 입수되는 것 같다. 이에는 지능지수, 출신 학교나 전년도 성적, 가정의 사회-경제적 지위, 용모 등 여러 가지가 포함된다. 브라운은 이 중에서도 지능이 제일의 영향을 미치는 것으로 보았으나, Yee(1963)에 의하면 학생의 교사에 대한 태도를 결정짓는 것의 1순위는 부모의 사회-경제적 지위였다는 것이다(Goodwin & J. Sanders;

Dembo, 1977에서 재인용). 초등학교 1~6학년 교사를 대상으로 아동의 학업성취를 예언하는 변인 7가지의 순위를 매기게 했더니 부모의 사회-경제적 지위가 1위, 지능이 2위로 나타났다.

대인관계의 발전

Chapter
04

1. 대인 매력
2. 대인행동의 특성
3. 대인행동의 기능

1. 대인 매력

대인관계 이론의 하나인 매력이론(attraction theory)은 개인적인 매력이 대인관계 형성에 중요한 변수로 작용한다는 이론이다. 어떤 사람에게는 매력을 느끼고 다른 사람에게는 그렇지 않다. 마찬가지로 어떤 사람은 당신에게 매력을 느끼고, 어떤 사람은 그렇지 않다.

대인관계를 시작할 때 우리는 그들에 대하여 더 좋아하는 감정, 또는 더 싫어하는 감정을 갖게 된다. 이러한 감정은 가끔 매우 변덕스러운 것 같으나 실제로는 물리적 근접성(신체적 근접성), 유사성, 신체적 매력, 자신에 대한 상대방의 호감과 같은 요인에 의해서 영향을 받는다.

물리적 근접성은 관계를 맺기 시작하는 단계에 있어서 특히 중요하다. 우리는 가까이에 살고 있는 사람, 같은 학교를 다니는 사람, 또는 같은 회사에서 일하는 사람에게 끌리기 쉽다. 그 이유는 물리적인 가까움이 좀 더 큰 상호반응을 일으키기에 편리하고, 따라서 자연적으로 그들을 좋아하게 되기 때문이다.

어떤 사람이 자신과 얼마나 유사한가에 따라 그에 대한 매력도 증가된다. 신념이나 태도 또는 사회적 배경이 같은 사람을 만날 때 그렇지 않는 사람보다 그들에게 더 호감이 가는 경향이 있다.

서로 좋아하는 것은 대인 매력에 있어서의 또 다른 효과적인 힘이다. 즉 우리는 우리 자신과 비슷한 사람을 좋아할 뿐만 아니라 우리를 좋아하는 사람을 좋아한다.

신체적 매력은 확실히 우리가 다른 사람을 좋아하게 되는데 있어서 중요한 요인이 된다. 훌륭한 신체적인 매력을 지닌 사람에게 더 매료된다는 것은 상식적인 얘기다. 전체적인 대인 매력에 있어서 신체적 매력의 효과는 각 개인과 성별 그리고 문화적 배경에 따라 다르다.

친숙의 정도 역시 대인 매력에 영향을 미친다.

대인 매력의 5가지 요인을 좀 더 구체적으로 살펴보면 다음과 같다.

1) 유사성(similarity)

유사성의 원리에 따라 대인관계가 이루어지는 경우 상대방은 모습, 행동, 생각이 당신과 매우 유사할 가능성이 높다(Burleson, Samter, & Luccetti, 1992).

Pornpitakpan(2003)의 연구에서 보면 일반적으로 사람들은 국적, 인종, 능력, 신체적 특성, 지능, 그리고 태도 면에서 자신들과 비슷한 수준의 사람들을 좋아하는 경향을 보인다는 것이다.

또한 사람들은 전반적인 외모나 인종, 태도가 비슷한 사람을 돕는 것을 더 좋아한다는 연구가 있다. 심지어 같은 성(姓)이나 이름에 더 매력을 느낀다. 예를 들어, 받은 이메일(식습관에 대한 설문지에 답해 주기를 부탁하는)이 보낸 사람과 받는 사람이 같은 성이거나 이름일 경우 요구서에 더 적극적으로 반응하고 동의했다(Gueguen, 2003).

Kandel(1978)이 미국의 고교생 2,000명을 대상으로 가장 친한 친구를 제시하게 하고, 그와 친구에 대한 신상 정보를 파악하여 비교해 본 결과 이들은 성, 학년, 나이, 인종, 성적, 마약에 대한 태도 등에서 매우 유사한 것으로 나타났다. Rosenblatt와 Greenberg(1991)는 우울한 사람들은 우울한 사람을 친구로 하는 경향이 있음을 밝히기도 하였다.

한편, 두 사람 간의 태도나 신념의 유사성은 우정을 지속시키는데 긍정적으로 작용한다. 그러나 이보다는 취미나 활동 분야의 유사성이 더 큰 비중을 갖는 것으로 나타났다. 이와는 달리 서로 대조되는 태도나 성격을 지닌 사람들이 잘 어울리는 현상(상보성의 원리)도 부분적으로 관찰할 수 있다. 때때로 사람들은 자신들과는 정반대인 상보성을 가진 사람에게 끌린다. 예를 들어 지배적인 사람은 순종적인 사람에게 끌린다. 그러나 일반적으로 사람들은 비슷한 사람을 더 좋아한다.

2) 근접성(proximity)

당신이 찾은 매력적인 사람들의 주변을 보면, 당신은 아마도 당신 가까이에서 일하거나 살고 있는 사람을 찾을 것이다. 친구가 된 사람은 서로 많은 상호교류의 기회를 가진 사람이다. 근접, 즉 신체적 근접은 초기 상호작용 단계에서 매우 중요하다.

3) 강화(reinforcement)

'나라 임금이 없어서 진상을 받나?'라는 속담이 있다. 무언가 보상을 주는 사람에게 끌리는 것은 일반적인 현상이다. 칭찬이나 상 등의 보상을 주는 사람에게 끌리며 당신에게 특별한 친절을 보인 사람을 좋아하게 된다. 호감을 보이는 상대방에게 끌리는 것이다.

4) 신체적 매력과 성격(physical attractiveness & personality)

신체적으로 매력이 없는 사람보다 매력이 있는 사람이 쉽게 감지된다. 신체적 매력이 문화의 영향을 받기는 하지만 몇몇 연구는 모든 문화에서 일반적인 매력의 일종으로 신체적 매력이 통용되고 있음을 지적하고 있다(Brody, 1994). 또한 일반적으로 불쾌한 성격보다는 유쾌한 성격을 지닌 사람을 더 좋아한다.

Green 등(1984)은 데이트 알선 회사에 신청서를 낸 남녀에게 여러 상대를 제시하면서(사진, 신상 정보, 자기소개 내용 등을 포함) 그 중에서 가장 호감이 가는 사람 5명과 가장 만나고 싶지 않은 사람 5명을 고르게 하였다. 그리고 각 사진에 대한 신체적 매력도를 평가하도록 하였다. 그리고 나서 외모, 신상 정보, 자기소개의 내용에 나타난 정보 등과의 상관관계를 살펴보았더니 상관이 가장 높은 것이 신체적 매력이었다.

앞서 후광효과를 설명한 바 있다. 어떤 사람이 한 가지 긍정적, 또는 부정적인 특성을 가지고 있을 때 이와는 아무런 관계가 없는 다른 긍정적, 또는 부정적 특성을 가지고 있을 것이라고 생각하는 현상을 말하는데, 똑같이 나쁜 짓을 저지른 경우라도 귀엽게 생긴 아이가 저지른 경우 평범하게 생긴 아이보다 더욱 관대하게 대하는 일 등이 이에 해당한다. 똑같은 성적을 받아도 예쁘고 귀엽게 생긴 아이가 더 똑똑하다고 여겨진다는 것이다.

한편, 매력적인 사람과 함께 있으면 스스로의 가치가 더 높아질 것으로 기대하게 되는데 이러한 현상을 방사효과(radiation effect)라 한다. Kernis와 Wheeler(1981)는 실제로 매력 없는 사람과 어울리는 것보다 매력적인 사람과 어울리는 경우 제삼자에게 더욱 호감을 사는 것으로 나타났다는 연구 결과를 보고하기도 했다.

신체적 매력이 모든 경우에 우호적으로 나타나는 것은 아니다. 미국에서의 한 연구에 의하면 도둑질을 한 경우는 매력적인 여자에게 더욱 가벼운 형량이 부과되는 경향이 있었으나, 사기를 쳤을 경우에는 매력적인 여자에게 훨씬 더 무거운 중형을 제시하였다. 우리의 사회적 통념에 비추어 보아도 이른바 '꽃뱀'에 대해서는 그 여자의 빼어난

미모에도 불구하고 아주 나쁜 여자로 치부하는 경향을 볼 수 있다. 이러한 현상은 남자에게도 적용되는데 이른바 '제비'가 이에 해당된다 할 것이다.

김혜숙(1993)의 연구에서 보면 우리나라의 경우는 매력적인 여자에 대해 반드시 좋은 고정관념만을 갖고 있지 않다. 오히려 얼굴이 예쁘면 머리가 비었다든지, 팔자가 세다라든지, 정이 없다, 차갑다, 허영적이다, 성격이 나쁘다라고 생각하는 경향이 있다.

5) 친숙성

대학생들에게 여러 장의 얼굴 사진을 보여 주었다. 어떤 사진은 한두 번, 어떤 사진은 25번 정도 반복적으로 제시하였다. 나중에 학생들에게 각 사진을 보여주면서 어떤 사람에게 호감이 가는지를 평정하도록 한 결과, 많이 노출된 얼굴일수록 호감이 증대함을 볼 수 있었다. 그러나 Perlman & Oskamp(1971)의 연구에서 보면 자극 인물을 과학자, 편의복을 입은 사람, 형사 사건 피의자로 선정을 해서 10번 보여주고 그에 대한 평가를 하게 하였더니 형사사건 피의자의 경우는 많이 노출되어도 호감이 증가하지 않거나 오히려 감소하였다.

2. 대인행동의 특성

1) 자기 노출과 대인관계

서로 간에 마음을 터놓고 사적인 부분을 이야기하게 되면 더욱 친해진다. 그러나 일방적인 자기 노출은 오래 계속되지 않는다. 즉, 한 사람만 지속적으로 노출을 하고 다른 사람은 노출을 하지 않는 관계는 지속되기 어렵다.

노출은 상대방에게 호응을 요구하고 이러한 호응이 있을 경우에만 다음 단계의 더 깊은 부분까지의 노출이 계속되며 관계가 친숙해진다. 즉, 상대방이 어떻게 호응하느냐에 따라 수위가 조절된다는 것이다. 그 이유에 대해서 Chaikin & Derlega(1974)는 상대가 나보다 훨씬 더 많은 노출을 하는 경우 준비 없이 갑자기 친숙한 관계로 끌려가는 기분이 들거나 상대가 무분별한 사람으로 여겨지기 때문이고, 상대가 또 너무 노출을 하지 않는 경우는 자신이 손해 보는 듯한 생각이 들고 상대가 냉정하고 무관심한 사람으로 여겨지기 때문에 꺼리게 된다는 것이다.

자기를 노출하는 데 있어서 여자와 남자가 조금 다른 양상을 보이는 것으로 나타나는데, Caldwell & Peplau(1982)의 연구에서 보면 동성과의 관계에서 남성보다는 여성이 더 노출을 많이 하는 것으로 나타났다. 여대생들의 경우 친한 친구와 이야기하는 것을 더 많이 즐기고, 남자들은 이야기보다는 활동을 같이 하는 것을 더 즐겼다.

이성과의 관계에서는 상대방이 연인인 경우 남녀 모두 자기 노출을 상대방의 자기 노출에 맞추어서 균형을 이루는 경향이 있지만, 대부분의 경우 여자가 남자보다 노출을 더 많이 하는 경향이 있다. 이에 대해 Hacker(1981)는 여자는 자신의 약점을 보이고 강점을 숨기는 경향이 있는 반면에 남자는 반대로 강점을 보이고 약점을 숨기는 경향이 있는 것으로 보았다. 남자는 자신이 취한 남성적인 행위, 예를 들면 다툰 일, 용감한 행동, 모험적인 행위에 대한 노출을 즐기고, 여자는 여성적인 행위, 예를 들면 연민이나 외모에 대한 관심에 관한 이야기를 많이 하였다.

2) 상응의 규범

상응(相應)의 규범, 즉 주고받는 행위의 당위성을 규정하는 것으로 대인관계 이론의 하나인 사회적 교환이론으로 설명할 수 있다.

(1) 사회적 교환 이론

사람들이 대인관계에서 보상을 최대화하고 손실을 최소화하려고 하기 때문에, 교류에서 득을 보는 경우에는 상대방에게 접근하고, 손실이 예상되는 경우에는 거리를 멀리 한다는 것이다.

(2) 상응규범의 문화 차이

Ting-Toomey(1986)의 연구 결과를 보면 상응규범이 문화권에 따라 차이를 보이는 것으로 나타났다. 개인주의 문화권으로 분류되는 미국, 프랑스, 호주 사람들은 자발적인 상응을 강조하는데 비해, 집단주의 문화권으로 분류되는 일본, 중국 등에서는 의무적인 상응을 강조한다는 것이다.

3) 공평성

대인관계에서 공평을 추구하고자 한다는 원리로 공평을 보는 방식은 상대방이 누구인가에 따라, 개개인에 따라, 문화적 특성에 따라 각기 다른 양상으로 나타난다.

① 균등의 원리 : 두 사람이 똑같은 몫을 취하는 방식이다.
② 형평의 원리 : 작업이나 성과에 대한 기여도에 따라 몫을 결정하는 방법이다.
③ 필요의 원리 : 일에 대한 기여도와는 무관하게 각자의 필요에 따라서 많이 필요한 사람이 많이 갖는 방식이다.

공평한 분배는 자본주의와 사회주의에서도 핫 이슈가 되는 문제다. 일반적으로 친구 사이에는 균등한 분배를 원하지만 대인적 거리가 멀어질수록 형평원리를 선호함을 볼 수 있다.

표 4-1 분배정의의 문화 차이

개인주의	집단주의
형평원리 선호 자본주의 경제의 기본 요체	낯선 사람의 경우 : 형평원리 선호 친구 : 균등의 원리를 선호

Berman(1985) 등의 연구에서 능력도 있고(그래서 성과도 높음) 경제적 여유도 있는 작업자와 평범하고(성과 낮음) 가난한 작업자 사이에 보너스를 배분하는 방식에 대해 미국 학생과 인도의 학생에게 물어 보았더니 미국 학생들은 반수가 형평원리가 옳은 것으로 보았고, 인도의 학생은 반수가 필요의 원리에 따라야 한다고 보았다.

미국 학생 : 형평(49%) 〉 균등(34%) 〉 필요(16%) 순
인도 학생 : 필요(51%) 〉 균등(32%) 〉 형평(16%) 순

4) 관계의 유지 및 단절

대인관계의 유지 및 단절에 영향을 주는 요인은 만족도와 구속성이다.

(1) 만족도

만족도는 관계에 대해 주관적으로 느끼는 평가로 상대방과의 관계에서 얻는 것이 기대 이상이거나 기대에 어긋나지 않을 경우 높아진다. 이러한 만족도에 강한 영향을 주는 것은 관계에서 얻는 득과 실의 정도가 된다.

(2) 구속력

구속력은 당사자들을 관계에 묶어 두는 역할을 하는 모든 힘의 총합으로 볼 수 있다. 이에는 대략 다음과 같은 5가지 요인이 작용한다.

① 사회적 관습

부모 자식 간의 관계는 부모의 능력에 크게 구애됨 없이 유지된다. 사제 관계도 그런 유형의 관계다.

② 당사자들의 투자

경제적 투자는 물론 시간이나 관심 등 상대방이 보이는 투자의 수준에 따라 유지와 유대의 관계가 달라진다.

③ 관계를 유지하려는 동기

상사에게 잘 보여 빠른 승진을 도모한다거나 애인에게 잘 보이려 하는 동기, 정보를 제공받고자 하는 동기, 능력 있는 상대방과 사귐으로써 자신을 과시하고자 하는 동기 등 많은 동기적 요인이 관계를 유지시킨다.

④ 관계의 단절이 지니는 어려움

부부간의 단절(이혼)이 가져올 자식 양육의 문제. 애인과의 단절이나 상사나 동료와의 단절에 따른 보복의 두려움 등은 관계의 단절을 어렵게 한다.

⑤ 대안적 관계의 결여

지금의 상태를 개선할 만한 특별한 대안이 없으면 관계는 지속된다.

여기서 유의할 점은 만족과 구속력의 관계는 서로 대칭적인 관계가 아니라는 것이다. 즉, 만족은 관계의 구속력을 증가시키지만 구속력이 높다고 만족을 증가시키는 것은 아니다.

(3) 구속력의 문화 차이

① 개인주의 문화

개인이 지닌 특성, 태도, 신념, 성격, 계층, 희망, 외모 등에 의해 서로 끌림을 느끼거나 거부감을 느끼기도 한다. 교류의 양상은 개인적 매력과 교류에서 얻는 득실에 의해 결정된다.

② 집단주의 문화

개인적인 특성뿐만 아니라 혈연, 학연, 지연 등 연고에 의해서 맺어진 관계가 크게 영향을 미친다.

3. 대인행동의 기능

1) 애착

Bowlby(1969)는 특별한 사람에게 느끼는 강력한 정서적 유대감을 애착이라 하였다. 이는 자기 보호의 필요로 인해 양육자와 가까이 있도록 하는 몸짓과 신호들을 발달시키는 것으로부터 시작하여 애정의 표현 및 각종 대인관계로 발전해 나간다. 어머니(양육자)의 따뜻한 관심과 보살핌 속에 자란 아이는 성인이 된 후에도 사람들과의 상호작용을 원만히 하고, 그렇지 않은 경우에는 대인관계에서 여러 가지 부정적 · 정서적 문제를 야기한다는 것이다.

애착에는 안정애착, 불안애착, 회피애착과 같은 3가지 유형이 있는데 이를 표로 요약하면 다음과 같다. 오른쪽 칸의 연애유형은 Hazan과 Shaver(1987)가 애착유형과 연애유형이 어떠한 관련을 보이는가의 연구 결과다.

표 4-2 애착유형과 성인기의 대인관계

	애착유형 : Ainsworth(1978)	연애유형 : Hazan & Shaver(1987)
안정애착	· 부모가 아동과 정상적인 애착관계를 지니는 경우 · 아동이 원할 때 부모가 대부분 옆에서 아이를 돌봐줌	- 56%로 연인과의 관계가 행복하고, 밀접하고, 신뢰롭고, 친근한 것으로 묘사 - 부모를 좋게 평하고 있어 유아기에 안정적 애착을 경험한 것으로 추측되고 있다.
불안애착	· 부모가 아이의 욕구에 일관성 있게 반응을 보이는 것이 아니라 변덕스럽게 극단적인 행위를 보이는 경우 형성되는 관계 · 이 경우 아이는 부모에 대해서 양극단적인 감정을 모두 지니게 된다.	- 19% 정도로 연인과의 관계에서 강한 집착을 보이며, 감정의 기복이 심하고, 자기의 사랑이 일방적으로 끝날지도 모른다는 두려움을 지니고 있으며 강한 질투심을 가지고 있다. - 부모의 결혼 생활이 불행했고, 지나친 요구를 많이 했고, 자신들의 생활에 많은 간섭을 했다고 여김
회피애착	· 아동의 욕구를 부모가 등한히 하여 제대로 돌보아주지 않거나 또는 거부적인 태도를 보이는 경우 형성되는 관계 · 아동이 초기에는 매우 저항을 보이지만 효과가 없을 경우 부모와의 정서적인 유대를 형성하지 못하고 거리감을 두게 된다.	- 25% 정도로 상대방과의 만남이 어딘가 불편함을 보이고 완전히 상대를 신뢰하지 못하며 따라서 점점 애정관계 자체를 회피해 버리는 경향이 있다. - 부모가 자신들을 별로 돌보는 편이 아니었다고 한다.

2) 대인관계와 건강

Veroff, Douvan 그리고 Kulka(1981)는 결혼을 한 사람들은 동년배의 안한 사람들보다 행복한 것으로 나타나고 있는데 이는 특히 남자의 경우 뚜렷하게 나타난다. 이것은 두 사람이 서로 주고받는 미소, 안도감이나 서로 필요한 것들을 보충해 주는 물질적, 심리적 지지 때문일 수도 있고 여러 가지 활동을 같이 함으로써 오는 만족감 등이 이유가 될 수 있다.

Berkman과 Syme(1979)는 캘리포니아 주에서 6,900명의 성인을 대상으로 9년간 조사를 한 결과, 연구 기간 동안 8%가 사망을 했는데, 각 연령층에서 친밀한 대인관계가 없는 사람들이 사망하는 비율이 훨씬 높았다. 특히 연구를 시작할 때 50대였던 남자들의 경우 이 경향이 두드러지는데 이들 중 친밀한 관계를 지니고 있던 사람들 가운데에서는 9.6%만이 사망했지만 대인관계가 소원한 사람들은 30.8%가 사망한 것으로 나타났다.

구본용(1991)은 고독한 사람들은 대개 대인관계가 원만하지 못하거나 관계에서 만족을 느끼지 못하는 사람들인데 이들의 특징은 다음과 같다.

- 대인관계를 교환의 관계로 보는 시각이 강하고
- 공정성에 바탕을 둔 교환논리를 모든 대인관계에 적용하며,
- 가족관계의 만족도가 낮고, 타인과의 만족도도 낮고, 물질추구 경향이 높은 경향이 있다.

Memo

대인관계의 단계

Chapter
05

1. 자기 평가
2. 대인관계 발전 6단계 모형
3. Knapp의 대인관계 단계 모형
4. Levinger의 대인관여 발달 단계

생활의 대부분은 대인관계가 중심이 되고 있다. 아마도 친구, 연인, 가족들과의 관계가 매일매일의 사고와 행동의 대부분을 차지할 것이다.

다음에 제시하는 자기 평가 테스트인 "당신의 대인관계는 자신의 행동에 어떠한 영향을 미치는가?"로 자신의 과거나 현재, 또는 어떤 특정한 시기의 대인관계를 점검해 보는 것이다. 자기 테스트를 통해 대인관계에 따른 장점과 단점을 알 수 있다.

1. 자기 평가

당신의 대인관계는 자신의 행동에 어떠한 영향을 미치는가? 우정, 로망스, 가족, 일 등과 같은 일반적인 관계를 주로 하거나 배우자, 자녀, 아주 절친한 친구 등과 같은 특별한 관계에 치중한다. 또는 우정과 같은 한 종류의 대인관계에만 몰입하기도 한다.

그러면 다음의 대인관계 기능에 자신이 어느 정도인지 응답해 보기 바란다.

각 물음에 대해 1에서부터 10까지의 점수를 준다. 1점은 전혀 그렇지 않은 경우에, 10점은 전적으로 그런 경우에 기입한다. 중간 정도(보통)인 경우에는 5를 기입한다.

_____1. 나의 대인관계는 외로움을 경감시킨다.
_____2. 나의 대인관계는 나의 취약점을 노출시켜 불편한 위치에 있게 한다.
_____3. 나의 대인관계는 지적, 육체적, 감정적 자극을 갖도록 한다.
_____4. 나의 대인관계는 의무를 증가시킨다.
_____5. 나의 대인관계는 자아를 알며 자존감을 얻도록 한다.
_____6. 나의 대인관계는 또 다른 관계를 발전시키는 것을 방해한다.
_____7. 나의 대인관계는 육체적, 감정적인 건강을 증진시킨다.
_____8. 나의 대인관계는 와해되기 어려운 것이어서 나에게 두려움을 준다.
_____9. 나의 대인관계는 기쁨을 크게 해 주고 고통은 줄여 준다.
_____10. 나의 대인관계가 나를 해치고 있다.

채점은 홀수의 문항(1, 3, 5, 7, 9 – 대인관계의 장점)과 짝수의 문항(2, 4, 6, 8, 10–대인관계의 단점)으로 나누어 한다. 각 5문항의 합계가 장 · 단점의 점수가 된다. 홀수 문항의 합이

25점이면 보통의 장점을 갖는 것이고 숫자가 높아질수록 지금의 당신의 대인관계가 원만함을 의미한다.

각 문항이 함의하는 바를 풀어 보면 다음과 같다.

① 대인관계의 주요한 장점의 하나는 외로움을 경감시킨다는 것이다. 대인관계는 여러분이 누군가에게 관심을 가지며, 누군가가 여러분을 좋아하고 보호할 것이라는 것을 느끼게 한다.
③ 식물이 굴광성으로 햇볕을 향하듯이 인간은 자극 지향성을 갖고 있다. 사람들의 상호 접촉은 지적, 육체적, 감정적 자극을 받기 위한 다양한 방법의 하나다. 비록 상상적인 대인관계라 할지라도 관계가 전혀 없는 것 보다는 낫다.
⑤ 타인과의 접촉을 통해서 여러분은 자신에 대해서 다른 아이나 부모로서, 직장 동료로서, 관리자로서, 또는 친구로서의 관점이나 역할로 자신을 바라보게 된다. 건전한 대인관계는 자존심과 자부심을 증진시킨다. 단순히 친구나 연인을 갖는 것만으로도 생활을 의욕이 넘치고 가치 있게 만든다.
⑦ 다수의 연구에서 대인관계가 육체적 · 정신적 건강과 상당한 관련이고 있음을 보여주고 있다. 친밀한 대인관계가 없으면 쉽게 우울해지며 이 우울증은 육체적인 질병을 일으키기 쉽다. 고립은 고혈압이나 높은 수치의 콜레스테롤이나 비만, 흡연이나 운동 부족과 같은 많은 치명적인 질환을 유발하기도 한다.
⑨ 대인관계가 기여하는 가장 주요한 기능, 즉 다른 모든 것을 포함하는 기능은 기쁨을 극대화하며 고통을 최소화시킨다는 것이다. 예를 들면, 좋은 친구는 행운을 더 좋게 느끼도록 하는 반면 슬픔은 반감시킨다.

짝수의 문항(2, 4, 6, 8, 10)은 많은 사람들이 말하는 대인관계에서의 단점이다.

② 너무 긴밀한 대인관계는 상대방의 취약성을 드러나게도 한다. 친밀한 대인관계는 일반적으로는 서로를 지지하고 돌봐 주는 가치 있는 일이지만, 대인관계가 악화될 경우에는 이 취약점이 나쁜 방향으로 악용될 수도 있다.
④ 너무 긴밀한 대인관계는 상대방에 대한 의무를 상당 부분 증가시킨다. 우리의

시간이 전적으로 자신만의 것은 아니다. 우리는 특별히 친한 사람에게 많은 시간을 할애하지만, 즐겁지 않은 경우에도 우리는 시간이나 경비를 사용해야 한다.

⑥ 너무 긴밀한 대인관계는 또 다른 대인관계를 포기하도록 할 수도 있다. 때때로 그 대인관계가 당신은 좋아하지만 당신의 배우자는 싫어하는 경우일 수도 있다. 흔히 대인관계는 시간과 열정을 요구하는데 우리는 대인관계가 깊지 않은 사람에게는 시간과 열정을 덜 투자하기 마련이다.

⑧ 대인관계가 긴밀할수록 감정적으로 헤어지기는 더욱 어렵다. 어떤 이들에게는 불편을 줄 수 있는 느낌이다. 대인관계가 악화되면 절망하거나 우울을 느끼게 된다. 예를 들면 어떤 문화권에서는 종교적인 압력 때문에 부부가 이혼하는 것을 막기도 한다. 만일 많은 돈이 저축되어 있다면, 대인관계를 끊는 것은 자신이 축적해 놓은 부를 포기하는 것을 의미할 수도 있다.

⑩ 물론 배우자가 자신의 마음을 상하게 할 수도 있다. 간청이나 약속에도 불구하고 배우자가 떠나버릴 수도 있다. 그 마음의 상처는 얼마만큼 배우자를 돌보고 필요로 했는가에 비례할 것이다. 지극 정성으로 보살폈다면 큰 상처가 될 것이고 건성으로 보살폈다면 별로 상처를 받지 않을 것이다. 참으로 아이러니한 일이다.

어떻게 하는 것이 좋겠는가? 자기 테스트의 결과를 가지고 어떻게 대인관계의 단점을 줄일지를 생각해 보는 것이 좋다. 적어도 이러한 단점들은 어느 경우에나 우리의 대인관계에 존재하는 것이다. 그러나 자신의 행동이 이와 같은 단점에 기여하고 있는지 생각해 봐야 한다. 또한 우리는 자신이 몇 개의 특정한 인간관계에 몰입하여 다른 사람들과의 발전을 억제하는가를 살펴봐야 한다. 동시에, 우리는 인간관계로부터 얻을 수 있는 장점을 어떻게 극대화시킬지를 생각해 봐야 한다.

2. 대인관계 발전 6단계 모형

개인과 개인이 만나서 대인관계가 형성되는 과정을 살펴보는 것은 대인관계의 제 면모를 이해하는 데 유용하다. 즉, 어떤 대인관계에서, 예를 들면 철수와 영희 사이의 관계는 실제로 몇 가지 차원의 관계가 있다

(1) 철수의 관점에서의 관계, (2) 영희의 관점에서의 관계, (3) 철수가 원하거나 열망하는 관계, (4) 영희가 원하거나 열망하는 관계다.

물론 친구나 측근들의 관점에서의 관계도 있는데 이는 그들의 의사소통에서 표출된다. 예로, 영희를 싫어하는 철수의 어머니의 대인관계 관점은 어머니와 아들의 대화 속에서 나타나게 된다. 그리고 별 관련이 없는 연구자나 관찰자의 대인관계 관점도 있다. 이렇게 대인관계는 매우 복합적이고 다양하다. 많은 실제적 대인관계가 존재하면서 동시에 동일하지 않은 대인관계 때문에 사람들은 자주 여러 가지 문제와 대인관계의 평가에서 합의점을 찾지 못한다.

대인관계를 상호 인간적으로 만드는 요소는 상호 의존성이다. 즉 한 사람의 행동이 다른 사람에게 영향을 미친다. 초과 근무나 직장 동료와 바람을 피우는 것과 같은 타인의 행동은 별로 영향을 미치지 않는다. 타인과는 상호 독립적이고 이 경우의 행동은 서로 간에 별 영향을 미치지 않는다. 그러나 대인관계가 형성된 상태에서 배우자가 초과 근무를 하거나 직장 동료와 바람을 핀다면 그것은 대인관계에 어느 정도 영향을 주게 된다.

[그림 5-1]은 Devito(2009)가 제시한 대인관계 발전 6단계 모형이다. 대인관계의 발전, 또는 어느 경우는 대인관계의 와해일 수 있는 일반적인 모형으로서 이들 각 단계는 표준이 될 수 있다. 이들 단계는 우정이든, 사랑이든, 직접 대면하든, 컴퓨터로 하든 모든 대인관계에 적용된다. 이들 6단계는 접촉, 연루, 친밀, 악화, 복구, 와해다. 각각의 단계는 처음과 끝으로 나누어질 수 있다. 이 대인관계 모형은 대인관계의 한 위치에서 또 다른 위치로 어떻게 옮겨가는지를 보여주는 특별한 지도라기보다는 대인관계를 설명하는 도구로 가치가 있다.

[그림 5-1]에서 다른 모양의 화살표로 묘사된 단계 간의 이동은 중요하다. 출구 화살표는 각각의 단계마다 대인관계에서의 이탈이 있을 수 있음을 보여 준다. 인사말을 나눈 후, 여러분은 곧 작별을 고하고 대인관계에서 이탈한다. 다음 단계로 진행하는 수직이나 되돌아가는 이동성 화살표는 좀 더 강도가 있는 단계(즉, 연루에서 친밀)나 덜 강도가 있는 단계(즉, 친밀에서 와해)로 움직일 수 있음을 설명한다. 자기 굴절 화살표 — 같은 수준이나 단계의 초기로 돌아가는 화살표 —는 대인관계가 어느 지점에서 안정될 수 있음을 나타낸다. 예를 들어, 더 이상 진전이 없이 접촉 단계에만 머물러 있을 수 있는데 이 상황은 대규모 아파트 단지의 거주자들 사이에 존재하는 상황이다.

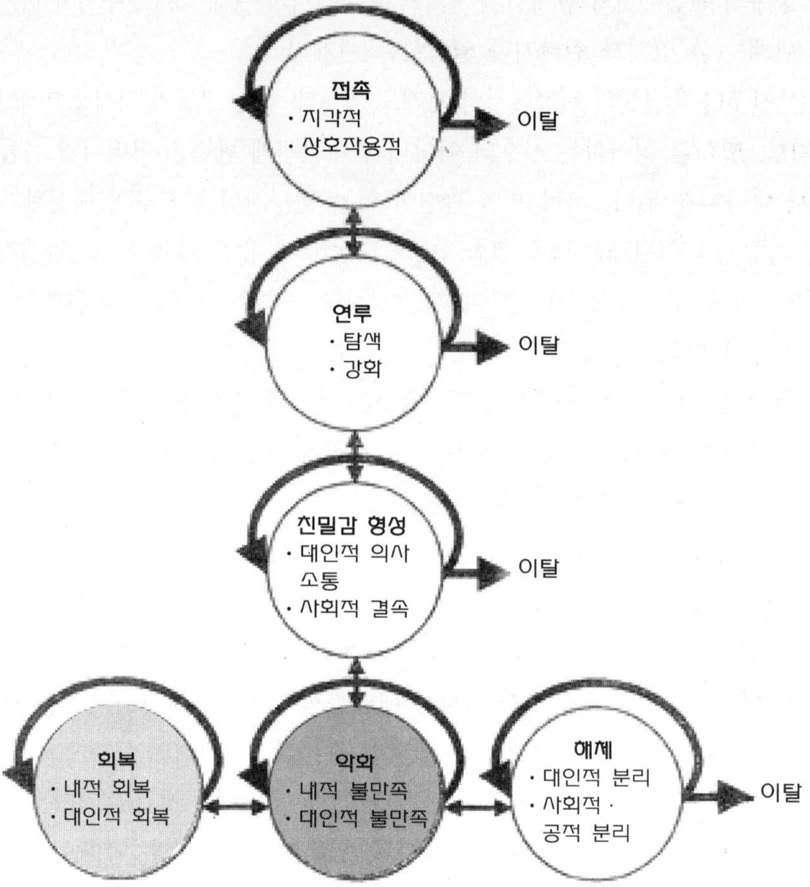

[그림 5-1] **대인관계 발전 6단계 모형**

한 단계에서 다른 단계로의 이동은 대인관계 의사소통 기술에 달려 있다. 대인관계를 시작하는 기술이나, 우리가 자신을 호감이 가게 표현하거나 애정을 표현하거나 자신을 적절히 드러내 놓는 기술 등 실제 모든 대인관계 기술은 과정을 통해서 습득된다. 이러한 기술은 대면적 대인관계나 컴퓨터가 개입된 대인관계에도 유효하다. 우리가 공감을 표현하는 특별한 방법은 다양한데, 글이나 얼굴, 목소리, 몸 등으로 표현한다.

1) 1단계 : 접촉

(1) 지각적 접촉

접촉의 단계에서는 먼저 지각적 접촉이 있다. 우리는 사람의 용모, 음성, 심지어는 체취까지 느낀다. 이로써 상대방의 성별, 개략적 나이, 신장 등 외관상의 그림을 그릴 수 있다. 만일 온라인상의 대인관계라면 이 초기 지각은 일련의 다른 단서에 의존하게 된다. 대인관계에 대한 기대에 의존하여 우리는 시각적인 영상을 개발할 수 있는데 이는 서로 주고받은 문자 메시지를 근간으로 할 때에 가능하고, 만일 시청각적 능력이 있다면 음성이나 용모, 동작 등을 통해서 가능하다.

다음은 함께 할까요? 음료수를 사드릴까요? 와 같이 상호작용을 개시하고 대화를 시작하는 상황의 단계다. 컴퓨터가 개입된 대화에서의 초대하는 메시지는 직접 대면상태로 발전할 수도 있다. 연구자들에 의하면 우리는 이 접촉단계인 초기 상호작용의 4분 이내에 대인관계를 지속할지의 여부를 결정한다고 한다,

외모는 특히 초기의 관심 단계에서 중요한데, 그것이 지각의 검증에서 가장 특징적인 것이기 때문이다. 그러나 언어나 비언어적인 행동이든 간에 다음과 같은 자질들, 즉 친근함, 따뜻함, 개방성, 역동성 등도 역시 접촉 단계에서 나타난다.

사람들이 여러 가지 방법을 통해서 접촉한다는 것은 놀랄 일은 아니다. 〈표 5-1〉은 모든 인터넷 유저들이 만나는 주요한 장소에 대한 조사 결과를 나타내고 있다.

사람들의 접촉이 시도되는 만남의 장소는 직장이나 학교, 친구나 가족을 통한 것이 압도적으로 많고, 나이트클럽이나 각종 모임도 13%를 차지한다.

표 5-1 사람들이 만나는 장소

장 소	정도
직장이나 학교	38%
친구나 가족을 통해서	34%
나이트 클럽, 바, 모임에서	13%
인터넷에서	3%

종교단체에서	2%
이웃에서	1%
레크리에이션 모임에서	1%
중매를 통해서	1%

(2) 개인적인 정보 발견하기

직장 내에서 누군가와 이성적으로 끌리는 경우를 상정해 보자. 대인관계가 진전되기 전에 그는 우선 상대방의 내력이나 성, 태도 등에 대해 알고 싶어한다. 대인관계의 단절 없이 어떻게 목적을 달성할 수 있는가? 어떠한 경로로, 무슨 말을 해야 하는가?

사람들은 각기 상대방이 자신에 대해 어떻게 느끼는지를 알고 싶어한다. 예를 들면, 단도직입적으로 상대가 어떻게 느끼는지를 직접 묻거나, 상대방이 자신을 드러낼 것이라는 가정 하에 자신의 감정을 드러내 놓기도 한다. 또는 함께 할 미래에 대해서 농담을 하거나 좀 더 친밀하게 신체 접촉을 하거나, 대인관계에 대해서 심각하게 생각하고 있음을 암시하기도 하며 상대자의 친구에게 상대방의 감정에 대해 물어 보기도 한다.

2) 2단계 : 연루

연루 단계에서는 서로 간에 연결이 이루어지는 상호감정이 발전한다. 이 단계에서는 상대방에 대해서 탐색하거나 배우려고 한다. 초기 연루 단계에서는 일종의 예비 테스트가 실시된다. 우리는 아마도 접촉 단계에서 형성된 초기의 판단이 타당한지의 여부를 알고자 한다. 그래서 근무처나 전공 등과 같은 것에 관하여 질문을 하게 된다.

상대를 더 잘 알게 되면 상호작용을 강화함으로써 연루를 계속하게 된다. 이 과정에서 우리는 상대방을 잘 알게 될 뿐 아니라 자기 자신을 밝히기 시작한다. 그리고 자신의 느낌과 감정을 공유하기 시작한다. 이것이 로맨틱한 관계라면 데이트를 하게 된다. 우정이라면 상호간에 관심과 관련된 활동을 공유하는데 영화를 보러 가거나 스포츠를 함께 하거나 한다. 대인관계의 과정을 통해서, 특히 연루나 초기의 친밀의 단계에서는 상대방에 대한 상호 간의 테스트를 계속한다.

참고로 온라인상의 대인관계 단계를 소개하면 다음과 같다(Devito, 2009).

표 5-2 온라인상의 대인관계 단계

대인관계 단계	인간의 행동
1. 호기심	채팅방이나 다른 온라인 소스를 통해 개인을 탐구한다.
2. 조사	개인에 대한 정보를 찾는다.
3. 테스트	여러 가지 주제로 공통된 점을 찾는다.
4. 접촉빈도 증가	대인관계의 폭과 깊이를 증가시킨다.
5. 예상	상호 대면을 기대하고 무슨 일이 생길 것인가에 대해 기대한다.
6. 환상의 통합	상대방의 생김새와 행동에 대해 환상을 갖는다.
7. 대면	대면을 하고 실제와 환상이 서로 만난다.
8. 재구성	실제와 환상을 조정한다. 관계를 끊을 것인지 적극적으로 추구할 것인지를 결정한다.
9. 분리	대인관계를 지속하기로 결정했다면, 소원한 관계에 대한 보상으로 대화의 폭과 깊이를 증가시키는 방법을 찾는다.
10. 장기간의 관계	그것이 온라인의 형태이든 대면의 형태이든지 새로운 대인관계를 협상한다.

3) 3단계 : 친밀감 형성하기

(1) 위임

친밀을 정의하는 한 방법은 자신에 대해서 말할 때 정직하며 열린 마음을 느끼는가 하는 것이다. 우리는 호감이 가는 사람한테는 다른 사람과의 관계에서는 밝힐 수 없는 생각과 감정을 표현한다. 친밀 단계에서는 상대방에게 좀 더 헌신함으로써 가장 절친한 친구가 되거나, 연인이나 동료가 되는 대인관계로 발전한다. 대화는 보다 더 사적인 것으로 바뀌며, 좀 더 동조하게 되고 대화하기가 쉬워진다. 보통 친밀 단계는 두 가지의 국면이 있다. 상호 개인 위임국면은 자신을 서로에게 사적인 면에서 위탁하게 되는 국면이며, 사회적 결합국면은 위임이나 책임이 공공연하게 되는 단계다. 가족이나 친구, 아마도 공식적인 의식을 통해서 대중에게 알려지고, 비로소 두 사람은 하나의 친밀한 쌍이 된다.

이에 더하여, 친밀 단계에서는 우호관계의 암시로 자신을 드러내려고 노력하게 된다. 이는 자신이 상대방을 인정하거나 사랑한다는 것을 보여주는 신호로 여기에는 머리 끄덕임, 각종 제스처, 그리고 몸을 앞으로 기울이는 것과 같은 행동이 포함된다.

위임은 다양한 형식을 취할 수도 있다. 자신의 특급 비밀을 공개한다는 위임이나 함께 하거나 돕겠다는 위임, 약혼이나 결혼을 하겠다는 것일 수도 있다. 그것은 애인이 되는 것에 동의하거나 함께 살겠다고 약속하는 것일 수도 있다. 위임의 형태는 개인에게나 관계에도 변화를 준다. 그 중요한 특징은 위임을 한다는 것이 어떤 특별한 하나가 된다는 것이다. 우리 각자는 어떤 주어진 시간에서 매우 적은 사람을 위해 친밀의 수준을 마련해 둔다. 때로는 한 사람일 수도 있고, 때로는 둘, 셋, 혹은 넷, 컴퓨터 통신에서는 더 많은 수의 친구가 있을 수 있다. 친밀해지기 위한 한 가지 중요한 방법은 더 깊게 더 사랑스럽게, 더 다정하게 말하는 것이다.

(2) 마음 표현방법

자신의 마음을 표현하는 행동은 특히 다른 사람에게 확증을 주거나 호의적 대화를 증가시키는 통찰력 있는 방법이다. 마음을 표현하는 행동은 당신의 동반자가 짓는 미소나, 윙크, 꼭 껴안는 것, 키스, 전화걸기나 당신을 즐겁게 하는 작은 제스처와 같은 것을 말하는 것이다.

마음을 표현하는 행동으로 Lederer(1984)는 다음의 4가지 방법을 제시하고 있다.

① 특별하고 긍정적인 것을 말한다. 너무 일반적이고 부정적인 것은 피한다.
② 상대방과 과거에 행한 것보다는 현재와 미래에 초점을 두는 것이 좋다.
③ 매일 수행할 수 있는 것이면 더 좋다.
④ 쉽게 성취할 수 있는 일을 택하고 이의 성취방법을 강구한다.

실제 관계에서는 각 동반자는 목록을 준비하는 것이 좋다. 일주일에 한번 등산하기, 매일 3번 이상 메일 보내기 등과 그 다음에 동반자들은 목록에 변화를 준다. 다음으로 각 동반자는 상대방이 그들의 정상적인 활동을 하는 동안 선택한 마음을 표현하는 행동을 일상적으로 수행한다. 이때, 이들 행동은 당신들의 상호작용에 있어서 정상적인 부분이 될 것이다. 이것은 당신들이 확실하게 성취하고자 하는 것이다. 마음을 표현하는 행동의 목록은 또한 당신의 관계에 대한 욕구나 동반자가 원하는 소통에 대한 것을 알 수 있는 식견을 줄 수도 있다.

4) 4단계 : 악화 단계

비록 많은 관계가 친밀 단계에 남아 있다 해도, 몇몇은 악화 관계의 단계로 들어간다. 대인관계에서의 악화를 나타내거나 당사자 사이의 악화된 유대를 보여주는 단계다. 관계는 많은 이유 때문에 악화된다. 함께 할 이유가 더 이상 존재하지 않거나, 둘 사이에 커다란 변화가 있을 때 관계는 악화될 수 있다. 예를 들면 관계가 고독을 완화시키거나 흥분이나 자기 인식을 제공하지 못할 때, 또는 자존감을 높이거나 최고의 쾌감과 최소의 고통을 주는데 실패했을 때 관계는 악화의 과정으로 갈 수 있다. 악화의 다른 이유는 성적 불만족이나, 일에 대한 불만족, 재정적 어려움 등이 있다.

악화의 첫 번째 국면은 대개 내적 불만족에 있다. 일상의 상호작용에서 개인적인 불만족을 경험하게 되고, 함께 할 미래를 부정적으로 바라보기 시작한다. 만약 불만족이 계속되거나 커진다면, 상대방(배우자)과 이 불만족에 대해 논의하는 대인관계 악화의 두 번째 국면으로 넘어가게 된다.

악화 과정 동안 의사소통의 형태는 철저하게 바뀐다. 이 바뀐 형태는 어느 정도 악화에 대한 반응에 달려 있다. 당신은 관계를 악화시킨다고 느끼는 의사소통 형태 때문에 당신이 한 대로 소통한다. 그러한 소통방식은 관계의 파괴에 영향을 준다. 악화 단계 동안, 약속의 취소 횟수가 증가하거나, 소통을 하지 않거나 메일에 아주 짧게 반응하거나 답장을 상당히 지연하거나, 자기 노출을 하지 않을 수도 있다.

관계의 유지뿐만 아니라 관계의 악화 과정에 영향을 미치는 중요한 요소는 개인이 관계에 대하여, 그리고 상대방에 대하여 갖는 서약의 강도에 달려 있다. 서약의 세 가지 형태는 종종 다음의 질문에 답함으로써 구분지어지고 확인될 수 있다(Knapp & Taylor, 1995).

① 나는 이 관계가 지속되기를 원하는가? 나는 이 관계가 계속 유지되기를 바라는 욕구를 가지고 있는가?

② 나는 이 관계를 유지할 도덕적인 의무를 가지고 있는가?
③ 나에게 이 관계를 지속할 필요성이 있는가?

모든 관계는 부분적으로 욕구, 의무, 필요성에 의해, 혹은 이들 요소의 어떤 결합으로 유지된다. 관계의 활력은(악화 가능성 있는 관계의 저항을 포함) 서약의 강도와 관련 있다. 관계가 악화의 신호를 보이고 있음에도 불구하고 관계를 유지하려는 강한 서약이 있다면, 개인은 장애를 잘 극복해서 상황을 바꿔 놓을 것이다. 서약이 약해서, 개인이 함께 유지해야 할 좋은 이유에 대해 의심한다면, 관계는 더 빨리 그리고 더 강력하게 악화된다.

5) 5단계 : 회복단계

관계회복 단계의 첫 번째 국면은 개인 내적인 회복과 관련된 잘못된 것에 대한 분석이나 당신과 관련된 어려움을 푸는 방법을 고려하는 것에서 시작된다. 이 단계에서는 당신의 행동 변화나 아마도 동반자에 대한 기대의 변화를 고려해야 할 것이다. 또한 당신은 관계가 끝남으로써 예상되는 보상의 철회와 관계 지속으로 생기는 보상을 비교해야 할 것이다.

만약 관계의 회복을 원한다면, 당신은 대인관계 회복 수준에 대해 동반자와 의논해야 할 것이다. 여기서 당신은 관계에서의 문제에 대해 말할 것이다. 당신이 알기를 원하는 것에 대한 수정, 그리고 어쩌면 당신이 기꺼이 할 수 있는 것이나 다른 사람이 하기를 원하는 것 등의 문제를 말할 수 있다. 이것은 새로운 서약이나 새로운 행동에 대한 협상 단계이기도 하다. 당신과 당신의 동반자는 스스로 문제를 풀거나 친구나 가족에게서 조언을 듣거나 혹은 전문가의 상담을 받을 수도 있다.

다음의 여섯 가지 제안의 조건에서 관계 회복을 위한 전략을 찾을 수 있다. REPAIR를 한 자 한 자 읽는다. 이는 다음의 6가지 사항의 이니셜을 딴 것이다. 사용상 조언이 있다면 회복이 한 단계가 아니라 다중단계 과정이라는 것이다. 문제의 인식(Recognize), 생산적인 논쟁 결의를 위한 몰입(Engage), 가능한 해결책을 취함(Pose), 서로 확인함(Affirm), 정상적인 행동으로 해결책들을 통합함(Integrate), 그리고 손실 감수(Risk)의 각 단계를 다 거쳐야만 관계의 회복이 가능하다.

① 문제를 인식한다.

구체적인 용어 중에서, 당신의 현재의 관계에 문제가 되는 것은 무엇인가? 더 좋은 관계를 만들기 위해 어떤 변화가 필요한가? 원하는 관계의 그림을 떠올려 보고 현재의 관계와 비교해 본다.

② 생산적인 논쟁 결의에 몰입한다.

대인관계의 충돌은 삶에서 피할 수 없는 부분이다. 이것은 관계의 어려움에서 오는 충돌이라기보다 접근 방법상의 문제다. 만약 생산적인 전략으로 대비한다면 충돌을 피할 수 있을 것이고, 관계는 실제로 더 강하고 건강해질 것이다. 그러나 비생산적이고 파괴적인 전략을 사용한다면, 관계는 더욱 악화될 것이다.

③ 가능한 해결책을 취한다.

원하는 것을 얻기 위해 우리가 할 수 있는 것은 무엇인가?

④ 서로 확인하라.

행복하게 결혼한 커플은 더욱더 긍정적인 행동 교환에 몰두한다. 그들은 불행한 결혼을 한 커플이 하는 것보다 더 긍정적 정서를 나타내거나 더 많은 칭찬을 하거나 더 잘 약속을 지킨다.

⑤ 당신의 삶 속에서 해결책들을 통합하라.

당신의 일상 행동의 부분으로 해결책을 구성하라.

⑥ 교환의 어떤 필연성 없이 호의를 베푸는 손실을 감수하라.

미안하다고 말하거나 구성을 위한 첫 번째 행동을 만드는 것에 대한 거절을 감수하라. 기꺼이 새로운 일과 책무를 떠맡고 적응하고 변화하도록 하라.

6) 6단계 : 해체단계

우정과 연애에 있어서 해체의 단계는 함께 있도록 묶어 주었던 유대를 끊는 것이다. 처음에는 보통 대인관계에서의 이별 형태를 취한다. 그들은 더 이상 서로 만나지 않고 메시지도 주고받지 않는다. 만약 함께 살고 있다면 분리된 아파트로 이사를 가거나 서로 따로따로의 생활을 보내기 시작할 수도 있다. 만약 이 관계가 결혼이라면, 당신들은 이별을 찾을 것이다. 법적 이별 기간이 실제로 실행되고 원래의 관계를 회복할 수 없게 된다면, 사회적 분리 국면에 직면할 수도 있다. 결혼생활에서 이 국면은 이혼을 말한다. 해체의 중요한 확인된 특징 중에는 서로 간의 회피나 혼자 생활하는 것이 있다. 그러나 몇몇의 경우, 과거의 동반자들은 관계의 한정에 변화를 준다. 예를 들어 전 사랑이 친구가 되고, 전 친구가 단지 사업 파트너가 된다.

해약의 마지막 굿바이 국면은 당신이 전 사랑이나 전 친구가 된다는 점이다. 결국은 끝인 것이다. 다른 경우에 이것은 불안과 좌절의 단계이고, 죄책감과 후회의 단계일 수도 있고, 아픔으로 보낸 시간에 대한 분노와 상실의 단계일 수도 있다. 물질적인 관점에서 보면, 굿바이 국면은 재산 분할을 하는 법적 싸움에서 누가 무엇을 얻을지 결정하는 단계이기도 하다.

비록 호의적인 관계가 깨졌을지라도, 해체는 어떤 감정적인 어려움을 초래할 수 있다. 여기에 이것을 해결하기 위한 몇 가지 제안이 있다.

① 고독을 깨라

슬픈 복종을 피하고, 스스로 미안한 느낌이 드는 사태를 피하고 홀로 있는 것을 피하고 우는 것을 피하라. 대신에 활동적인 고독(운동, 글쓰기, 공부, 컴퓨터 게임하기)에 몰두하라. 또는 오락을 찾아라(마음의 고독을 끄집어 낼 수 있는 것을 하라; 예를 들면 긴 드라이브나 쇼핑을 하라). 고독을 다루는 가장 효과적인 방법은 사회활동을 통해서다. 특히 도움이 필요한 사람을 도와라.

② 중단하라.

자신을 위해 얼마간의 시간을 가져라. 자신과의 관계를 새롭게 하라. 유일한 개체로서의 자신을 깨달아라. 비록 지금은 혼자일지라도 미래에 중요한 관계에 충분히 참여할 수 있을 것이다.

③ 자부심을 가져라.

긍정적이고 성공적인 경험은 자부심을 높이는데 많은 도움이 된다. 외로움을 느낄 때, 다른 사람을 돕는 것이 자신의 자부심을 높이는 가장 좋은 방법 중의 하나다.

④ 다른 사람의 조력을 받아라.

친구나 가족의 지지가 자신에게 도움이 되게 하라. 이것은 관계의 종결에서 오는 불행감이나 불안을 효과적으로 해결하는 방법이다.

⑤ 부정적인 행동의 반복을 피하라.

새로운 관계를 시작할 때, 과거와 같은 형태의 관계를 반복하고 있지 않은지 스스로에게 물어 보아라. 만약 답이 Yes이면 특히 주의하라. 하지만, 비운의 예언자가 되는 것을 피하라. 과거의 흔적으로 새로운 관계의 모든 것을 판단하지 마라. 여과기로서가 아닌 안내자로서 과거의 관계와 경험을 참고하라.

3. Knapp의 대인관계 단계 모형

Knapp과 그의 동료(2005)들은 대인관계의 형성과 해체를 동시에 고려한 단계를 제시하고 있다. Knapp의 모형 중 처음의 5단계는 대인관계에서 조화를 이루고 더 큰 연결과 친밀한 관계로 진행되는 과정을 나타내고 있다. 다음의 5단계는 이의 역순이라 할 수 있는 대인관계가 소원해지는 단계를 다루고 있다.

1) 조화의 단계 모형

(1) 관계의 시초 단계

처음으로 다른 사람을 인지하고 상호작용하는 단계다. 이 단계에서 사람들은 자신의 긍정적인 면을 부각시키면서 대화의 채널을 열고자 노력한다.

(2) 탐색 단계

이 단계에서는 호감이 가는 상대방의 모든 것에 대해 알고자 한다. 상대방을 이해하려 노력하는 것도 이 단계에 포함된다.

(3) 강도 높이기 단계

좀 더 개인적이며 친밀한 수준으로 상호작용하게 됨을 뜻하며, 이때 대화는 매우 비공식적이고 사적인 것이 되며 둘 사이에만 의미가 있는 말들을 사용하게 된다.

(4) 통합 단계

두 사람 간의 융합이 일어나는 상태로 상호간의 의견과 태도가 일치되고 깊어지는 단계다.

(5) 결합 단계

결혼이나 내적 동료의식이나 독자적 동료의식으로 지칭할 수 있는 대인관계를 사회적 명칭으로 부르는 것과 같은 관계다.

2) 결별의 단계 모형

다음 5단계는 친밀한 관계로부터 서로 결별하면서 멀어지는 단계를 나타낸다.

(1) 차별화 단계

서로가 다르고 동떨어진 것으로 생각하기 시작하는 단계다.

(2) 제한하기 단계

서로 간에 가급적 갈등이나 감정의 폭발을 일으키지 않을만한 안전한 대화의 주제를 한정함으로써 상호 의사소통을 제한하고자 한다.

(3) 정체 단계

의사소통이 원활하지 않은 단계로 대화가 어색해지고 대화에 어려움을 느끼는 단계다.

(4) 회피 단계

육체적으로 별거를 하거나, 애써 서로 얼굴을 보지 않으려고 한다.

(5) 절연 단계

대인관계를 끊는 것이다.

4. Levinger의 대인관여 발달 단계

Levinger와 Snoek(1972)은 대인관계 관여도에 따라 대인관계 발달을 다음과 같이 세 수준으로 구분하였다. 초기관계와 피상적 또는 역할관계, 친근한 개인관계가 그것이다. 보통 우리의 관계는 점진적으로 이러한 수준을 통하여 진전된다.

1) 초기관계(Beginning Relationships)

사람들은 어떤 사람을 처음으로 만났을 때 그 사람에 대한 명확한 인상을 형성하려는 경향이 있다. 그러한 경향성에는 다음과 같은 몇몇 일반적인 원칙이 있다.

(1) 인상형성

대부분의 인상은 단순히 타인을 관찰하는 것에 의해 형성된다. 우리는 극히 적은 정보를 근거로 타인에 관한 광대한 인상을 형성하는 경향이 있다. 상반되는 뚜렷한 증거를 가지고 있지 않는 한 일반적으로 그 상대방이 자신이 기대하고 있는 성격을 가지고 있다고 생각한다.

불행하게도 인상은 가끔 편견이나 고정관념에 의해 형성되기도 한다. 즉, 실체의 차이는 생각하지 않고 표면적인 유사성으로 사람들을 동일시하는 경향이 있는 것이다.

(2) 대인매력

사람들과의 상호반응을 시작할 때, 우리는 그들에 대하여 더 좋아하는 감정, 또는 더 싫어하는 감정을 갖게 된다. 이러한 감정은 가끔 매우 변덕스러운 것 같으나 실제로는 물리적 근접성(신체적 근접성), 유사성, 신체적 매력, 자신에 대한 상대방의 호감과 같은 요인에 의해서 영향을 받는다.

물리적 접근성은 관계를 맺기 시작하는 단계에 있어서 특히 중요하다. 우리는 가까이에 살고 있는 사람, 같은 학교를 다니는 사람, 또는 같은 회사에서 일하는 사람에게 끌리기 쉽다. 그 이유는 물리적인 가까움이 좀 더 큰 상호반응을 일으키기에 편리하고,

따라서 자연적으로 그들을 좋아하게 되기 때문이다.

어떤 사람이 자신과 얼마나 유사한가에 따라 그에 대한 매력도 증가된다. 신념이나 태도 또는 사회적 배경이 같은 사람을 만날 때 그렇지 않는 사람보다 그들에게 더 호감이 가는 경향이 있다.

서로 좋아하는 것은 대인매력에 있어서의 또 다른 효과적인 힘이다. 즉 우리는 우리 자신과 비슷한 사람을 좋아할 뿐만 아니라 우리를 좋아하는 사람을 좋아한다.

신체적 매력은 확실히 우리가 다른 사람을 좋아하게 되는데 있어서 중요한 요인이 된다. 훌륭한 신체적인 매력을 지닌 사람에게 더 매료된다는 것은 상식적인 얘기다. 전체적인 대인 매력에 있어서 신체적 매력의 효과는 각 개인과 성별 그리고 문화적 배경에 따라 다르다.

2) 역할관계(Role Relationships)

처음에는 어떤 인상과 매력을 느끼는 것에 근거하여 상대방에게 끌리는 반면 그들과 형성하는 관계의 유형은 주로 사회적 역할이나 "기대행위"에 의존하게 된다.

(1) 역할모형

역할이란 사회에서 주어진 위치와 지위에 관련된 기대 행위다. 배우들이 대본에서 극중 역할을 연기하듯이 우리들은 각기 모든 종류의 인생대본을 통하여 사회의 한 구성원으로서의 기능을 배우는 것이다.

역할은 인간이 합리적으로 자신의 행위를 충분히 이해하거나 통제할 능력을 갖추기 전 일지라도 그들이 사회화되는 것을 가능하게 한다. 역할은 시간의 흐름에 따라 바뀌는 경향이 있는데, 오늘날 성역할의 범위에서 특히 두드러지게 나타난다. 여성들에게 허용될 수 있는 자기표현의 정도가 그 예가 될 것이다. 과거에는 똑바로 자기 의견을 발표하고 자기 자신을 표현하는 것은 여성답지 못한 행위라고 간주됐는데, 오늘날 이러한 행위는 남성, 여성 모두에게 고무적으로 장려될 뿐만 아니라, 영향력 있는 사람이 되기 위한 필수적인 자질로서 받아들여지고 있다.

(2) 역할의 타당성과 갈등

역할관계에 있어서 중요한 용어는 적절성, 또는 기대되는 행동양식에 의한 행동이다. 사람들이 자신에게 요구되는 다양한 역할을 충실히 이행하면 모든 것이 순조롭게 진행될 수 있다. 그러나 가끔 사람들은 자신의 역할을 적절하게 이행하지 못한다. 명령복종을 거부하는 노동자나 제 시간에 숙제를 제출하지 않는 학생과 같이 의도적으로 이행하지 않거나, 부득이 하게 자신의 역할을 이행하지 못하는 경우도 있다. 이러한 행위가 계속되면 역할관계는 중단될 수 있다.

가끔 사람들은 상호간의 기대가 달라서 역할의 충돌을 경험하게 된다. 예를 들어, 가정 밖에서 직업을 얻은 아내가 집안의 허드렛일을 남편이 도와 주기를 기대하는 반면에, 남편은 아내가 직장 일은 물론 직장을 갖기 전에 하던 모든 일을 계속하기를 기대한다. 이 부부는 이러한 역할의 기대에 있어서의 차이점을 타협하거나 아니면 마찰을 계속 겪어야만 할 것이다.

현대와 같은 복합적인 사회에서는 다양한 역할을 다루는 방법과 한 역할에서 다른 역할로 쉽게 이동하는 방법을 배워야 한다.

(3) 역할관계에서의 진실성

역할관계로 인하여 어떠한 함정이나 위험에 빠지는 경우가 있는데, 그런 위험의 하나로 어떤 한 역할에 지나칠 정도로 자신을 몰입시키는 경우를 들 수 있다. 예로서, 강의실 밖에서도 계속 강의를 하는 교수와 자기 가족이나 친구를 환자 다루듯 하는 의사의 경우를 들 수 있다.

이와는 정반대의 위험성은 자신의 행동을 한 특정한 역할에 거의 개입시키지 않으려고 하는 경우다. 즉, 한 역할에 최선을 다하지도 않으면서 그 역할을 행하는 체하는 경우다. 예로서 판매업을 싫어하면서도 판매업을 택한 사람을 들 수 있다. 그러한 사람은 판매업이 고객을 속이고 기만하는 것을 필요로 한다고 생각할지 모른다.

어떤 역할을 수행한다는 것은 그 역할 자체보다는 그 역할에 대한 자신의 태도와 참여도에 더 많이 달려 있다.

3) 친밀한 개인관계

사전적 정의에 따르면 친밀성이란 "두 친구, 또는 연인 사이의 오랜 교제 끝에 나타나는 격의 없고 포근한 관계"를 말한다. 그러나 언제나 그렇지는 않다. 왜냐하면 한 모임이나 연회석에서 처음 만난 사람과 많은 것을 공감할 수 있는 경우처럼 장기간 알지 못했던 사람에게도 상당히 친근한 느낌을 가질 때가 있기 때문이다. 반면 다른 사람들과 상당히 오랜 기간을 지내 왔어도 그들에 대해서 친근한 감정을 가져 보지 못한 경우도 있을 것이다. 친밀성은 교제 기간 및 관계의 질과 밀접한 관련이 있으나 전자보다는 후자에 더 큰 관련이 있는 것 같다.

대인친밀성과 관련되어 있는 몇 가지 조건은 상호 자기개방, 개인 조화, 상호 순응 등이 있다.

(1) 상호 자기노출

상호 자기노출은 깊이 있는 생각과 느낌을 자발적으로 서로 나누는 것을 말한다. 초기의 대화는 대부분 날씨나 스포츠 경기 결과와 같은 부담없고 유쾌한 것으로 제한하고 있다. 자기노출을 꺼리는 데는 나름대로의 이유가 있다. 섣부른 노출로 인하여 타인으로부터 감정을 상하게 되거나 배신당할 수도 있기 때문이다. 그러나 사람들은 친밀성에 대한 욕구가 충분한 정도로 강해지면 위험성이나 장벽에도 불구하고 자신을 공개하는 경향이 있다.

어떤 상태는 다른 것에 비해 자기노출에 더욱 도움이 된다. 그 하나는 강한 자아존중감이고 다른 하나는 타인에 대한 신뢰감이다. 또한 자신을 노출하려는 욕망이나 자발성도 작용하기도 한다. 그러나 자기노출의 가장 중요한 요인은 자기노출 그 자체의 행동이다. 우리는 우리에게 자신을 노출시킨 사람들에게 우리 자신을 더 개방하려는 경향이 있다. 또한 친밀도가 상승된 수준에서 자기 자신에 관한 많은 부분을 노출할 뿐만 아니라 상대방에 관한 정보를 물어 볼 때도 최대의 자기노출이 이루어진다.

다른 사람에게 얼마만큼 자신을 노출할 수 있는가는 주로 그 사람을 얼마만큼 좋아하고 있는가의 정도에 따라 결정된다. 자기노출이나 좋아하게 되는 것은 상호간의 관계를 강화시키는 경향이 있다. 자기개방은 인간관계에 따라 적절해야만 한다. 즉 서로간의 친밀성의 정도에 따라 적절한 수준의 자기 개방을 하여야 한다.

자기노출에 대한 Jourard(1971)의 연구에서 보면 자신의 일이나 관심사, 기호 및 취미에 관한 정보, 종교에 관한 태도 등은 자기노출을 잘하고, 재정 문제나 성격, 또는 신체, 특히 성생활에 관한 문제에 대해서는 자기 노출을 꺼린다는 것이다.

또한 자신을 노출시키는 사람에게 자신을 개방하려는 경향이 있다. 미혼 남녀들은 아버지보다는 어머니에게 더 많이 자기 자신을 개방하는 경향이 있으며, 기혼자는 부모나 가까운 친구보다는 배우자에게 더욱더 자신을 개방하는 경향이 있다.

(2) 개인조화

두 사람이 자신을 서로 개방할수록 서로 더욱 좋아하게 되는 경향이 있다. 그러나 상이점이나 갈등을 점점 더 느끼게 되면 결과적으로 그들은 훨씬 더 싫어하게 될 수도 있다. 여기서 핵심적인 문제는 서로 조화를 이루느냐 하는 것이다.

대체로 자신과 비슷한 성격의 소유자를 더 좋아하는 경향과 정반대의 성격을 좋아하는 경향으로 나뉜다. 후자는 Winch의 욕구 보완이론에서 보고된 것이다. 그에 의하면 친구간이나 결혼 상대자간의 개인적 조화는 보완적 욕구의 충족에 기초를 두고 있다는 것이다. 즉 각자는 자신의 욕구를 충족시키는 동시에 타인의 욕구도 만족시켜 준다. 그러나 이러한 생각을 시험해 보기 위해서 고안된 연구 조사에서, 각 개인은 서로 보완적인 것보다 서로 비슷한 성격의 욕구를 지닌 상대자를 선택하는 경향이 있다고 지적되었다(Swinger, Senn & Jorgensen, 1970).

우리가 깊고 개인적인 관계를 이룬 사람들은 어떤 점에서 우리 자신과 비슷하기도 하며 동시에 전혀 다르기도 하다. 그러나 두 사람이 사이가 아무리 좋다고 하더라도 어느 정도의 차이점은 갈등이 아니라면, 모든 관계에 있어서 특히 친밀한 사이에서는 불가피한 것이다. 중요한 점은 그러한 차이점이 어떻게 조정되는가 하는 것이다. 그러한 차이점이 무시될 경우에는 뚜렷한 이유 없이 상호간의 관계에 있어서의 권태나 지속적인 짜증, 또는 불만족과 같은 갈등의 징후를 각각 경험하게 되기도 한다. 아니면, 충분한 원인도 없이 잔소리를 퍼붓거나, 헐뜯거나, 쉽게 화를 내기도 한다.

때로는 가까운 친구나 결혼상대자 사이에서도 관계가 끝장이 나지 않을까 하는 두려움 때문에 갈등을 회피한다. 그러나 차이점이나 갈등이 우정이나 애정관계의 종결을 의미할 때는 처음부터 그리 밀접한 관계가 아니었을 가능성이 있다. 반면에 서로가 상대방에게 깊은 관심을 갖고 있다면, 건전한 갈등은 우정이나 결혼생활을 더욱 돈독하게 할 것이다.

(3) 상호순응

친밀한 관계의 가장 독특한 특징 중의 하나는 바로 당사자들이 그들의 관계에 있어서 갖게 되는 깊은 정서적 유대감이다. 이로 인해 서로가 도우려는 상당한 관심과 의지를 지니게 된다. 그러나 다른 한편으로는 상대방으로부터 서로가 많은 것을 기대하게도 한다. 그 결과 두 사람이 어느 정도의 상호순응을 하지 않으면 종종 오해 및 갈등을 일으키게 된다.

상호순응은 상대방의 견해를 이해하려는 시도에서부터 비롯된다. 여기엔 감정이입이나 자신의 상상적인 인식을 통하여 상대방의 태도나 감정을 경험하는 것이 포함된다. 감정이입이란 마치 자신이 상대방의 입장에 처해 있는 것처럼 자기 자신의 인식체계에 의해 다른 사람을 이해하려는 노력을 의미한다. 자신과 비슷하거나 사이가 좋은 사람에게 감정이입하는 것은 용이하지만, 감정이입에 있어서는 자신과 전혀 다른 사람을 이해하려는 노력이 더욱 중요한 것이다. 그 예로서, 사회문화적 배경의 차이 때문에 계속해서 서로 오해하는 친구들이나, 성역할 기대에 따른 갈등 때문에 의견이 일치하지 않은 애인이나 결혼상대자를 들 수가 있다.

4) 친밀성과 성장

이상적으로 친밀한 대인관계는 두 사람을 인간으로서 보다 충분하게 성장하는 데 도움을 준다. 두 사람 간의 애정과 신뢰는 두 사람이 공감할 수 있고 각자의 인격의 깊은 수준에서 서로를 긍정할 수 있는 안전하고 수용적인 분위기를 만들어 준다.

흔히 친밀한 관계와 함께 발생되는 갈등이나 문제를 직면하고 해결함으로써 친밀성은 성장으로 발전하게 된다. 왜냐하면, 두 사람이 아무리 조화를 이루는 사이라 해도 그들간의 친밀한 개방과 기대가 어떠한 견해차이나 갈등은 불가피하게 수반되기 때문이다.

대인관계에 있어서 변화를 일으킬 수 있는 가장 단순한 방법은 상대방으로 하여금 변화를 요구하는 것이다. “당신에게 폐가 되는 줄을 미처 몰랐소. 왜 좀 더 일찍 말하지 않았어?”와 같은 말이 흔히 그러한 요청에 대한 반응이다. 그러나 사람들은 때때로 거절당하지 않을까 하는 두려움과 변화할 수 있는 상대방의 능력을 과소평가해 요청하는 것을 주저하게 된다.

친밀한 관계가 언제나 개인 성장을 가져오지 못하는 주된 이유는 관련 당사자의 한쪽이나 또는 양쪽에서의 의존감과 안전감에 대한 충족되지 못한 욕구와 관련이 있다. 일부 사람들은 알코올이나 마약과 같은 것에 의존하려는 의존욕구를 지니고 있지만, 어떤 사람은 타인에 대한 정서적 애착을 통하여 정서적 보상을 얻으려 한다.

이와는 대조적으로 원숙한 애정 관계를 유지하고 있는 사람들은 그들의 관계를 통하여 성장하고 발전하고 싶은 욕망을 느끼게 된다. 이런 사람들은 그들 관계의 풍요로움과 성장을 촉진시키기 위한 수단으로서 상대방의 참여와 변화를 환영하게 된다.

Memo

대인관계의 이론

Chapter 06

1. 매력이론
2. 관계규정이론
3. 관계상충이론
4. 사회적 침투이론
5. 사회적 교환이론
6. 공평이론
7. 교류분석이론

여러 대인관계 이론은 대인관계의 발달과 해체가 왜? 그리고 어떻게 진행되는가에 대한 통찰을 준다. 대인관계 이론을 구분하여 정형화시키는 일은 대인관계가 갖는 다양하고 역동적인 특성 때문에 그리 만만한 일은 아니다. 여기서는 7가지 이론으로 정리를 해 보았다. 매력이론, 관계규정이론, 관계대립 이론, 사회의 영향력 이론, 사회적 교환이론, 공평이론 그리고 교류분석이론이 그것이다.

1. 매력이론

매력이론(Attraction Theory)은 제4장 대인관계의 발전에서 비교적 소상히 다룬 바 있고, 제2장에서도 부분적으로 언급한 바가 있어서 여기서는 설명을 생략한다.

2. 관계규정이론

관계규정이론(Relationship Rules Theory)은 대인관계를 규정하는 내용을 살펴봄으로써 대인관계의 면모를 이해하고자 하는 시도다. 관계규정이론의 일반적인 가정은 관계, 특히 사랑과 우정이 어떤 규정을 따름으로써 지속된다는 것이다. 이들 규정이 깨질 때, 관계는 악화되고 심지어 종결될 수도 있다. 관계규정이론은 우리가 여러 관계 국면을 명확하게 하는데 도움을 준다.

우선, 이들 규정은 파괴적인 관계 행동을 피하게 하여 성공적인 동일시에 도움을 준다. 또한, 이들 규정은 특히 관계가 왜 깨지고 어떻게 회복될 수 있는가를 더 잘 지적해 준다. 나아가 만약 우리가 지켜야 할 규정이 무엇인지 안다면, 우리는 관계유지와 발달에 필요한 사회적인 기술을 더 잘 터득할 수 있을 것이다. 그리고 이들 규정은 개인과 문화에 따라 다르기 때문에 문화 간의 관계가 더 효과적으로 유지되고 발달되도록 각 문화의 독특성을 확인하는 것도 중요하다.

이를 우정, 사랑, 가족의 세 부분으로 나누어 보기로 한다.

1) 우정 규정

우정 규정(Friendship Rules)은 우정이 규정(규칙)에 의해 유지된다고 보는 입장이다.

Argyle(1986)은 이들 규정을 따를 때, 우정은 강해지고 서로에게 만족을 주며 이 규정이 깨질 때, 우정은 상처입고 사라지게 된다는 것이다. 예를 들면 우정을 지키기 위한 규정에는 친구의 결석을 막기 위해 대신 일어서는 행동을 한다거나, 성공에 대한 느낌과 정보를 공유하고, 친구를 위해 감정적인 지지를 드러내고, 신뢰하고, 친구에게 필요한 것을 제공하고, 함께 있을 때 친구를 행복하게 해 주려고 노력하는 것이 포함된다.

한편, 우정은 자신이나 서로가 다른 친구와 사귀는 것을 용납하지 않을 때 문제가 생길 수 있다. 제3자에게 비밀을 말하는 것, 긍정적인 지지를 보내지 않는 것, 끊임없이 잔소리하는 것, 즉 신뢰하지 않거나 다른 사람을 신뢰하는 것도 우정을 깨뜨리는 일이다. 우정을 유지하는 전략은 규정에 의거해서 적절한 대인관계 기술을 적용할 수 있는 능력을 갖는 것이다.

2) 사랑 규정

사랑 규정(Romantic Rules)은 사랑하는 관계에서 지켜야 할 규칙이나 도리를 설명한다. 이들 규정은 문화에 따라 차이가 난다. 예를 들면 중국과 미국 대학 학생이 데이트를 할 때 성적 관계와 허용에 대한 다른 태도는 각 집단의 사랑에 대한 규정과 생활환경에 영향을 받는다(Tang & Zuo, 2000).

Baxter(1986)는 여덟 가지 주요 사랑 규정을 확인한 바 있다. 그는 각각의 규정에 대한 일반적인 형태를 제시하면서 만약 사람들이 닫힌 관계에 있다면 그들은 다음의 8가지를 실천해야 한다는 주장을 하고 있다. 그 8가지는 다음과 같다.

① 상대방의 개인적인 정체성에 대한 인정과 사생활에 대한 이해가 있어야 한다.
② 비슷한 태도, 믿음, 가치 그리고 흥미를 표현해야 한다.
③ 상대방의 자기 가치와 자존감을 높여 주어야 한다.
④ 서로 믿을 만하고 성실하고 개방적이어야 한다.
⑤ 서로 충성심을 보여야 하며 신의를 유지해야 한다.
⑥ 함께 하는 시간이 많아야 한다.
⑦ 다른 사람들과 비교해 보아 손색이 없을 정도로 노력에 상응하는 보상을 주어야 한다.

⑧ 서로의 존재에 대한 신비롭고 불가사의한 매력을 경험하여야 한다.

3) 가족 규정

가족 규정(Family Rules)은 가족의 정의와 유지의 관점에서 규정의 중요성을 지적한다(Galvin, Bylund, & Brommel, 2007). 가족 규정은 세 가지 주요 대인관계 소통에 관계한다.

① 당신은 당신의 가족 구성원의 행위에 대해 말할 수 있는가? 당신은 가정의 재정 상태에 관해 말할 수 있는가? 할아버지의 음주에 관해 말할 수 있는가? 여동생의 생활에 관해 말할 수 있는가?

② 당신은 어떤 것에 관해 말할 수 있는가? 당신은 형제의 무능에 대해 농담할 수 있는가? 당신은 가족의 역사나 가족의 구성을 직접적으로 연설할 수 있는가?

③ 당신은 삼촌이나 고모나 고모부 같은 확장된 가족원에 대해 개방적으로 말할 수 있는가? 당신은 가족의 건강에 대해 이웃에게 말할 수 있는가?

모든 가족 구성원은 의사소통을 위해 규정을 가르친다. 몇몇의 구성원은 "다른 사람 앞에서 결코 가족에 대해 폄하하는 발언을 하지 말라 라든가, "다른 사람에게 결코 재정에 관해 말하지 말라."고 명확히 한다. 가족 구성원은 가족의 의사소통 스타일을 배움으로써 규정을 추정한다. 예를 들어, 만약 재정적 문제가 항상 비밀스럽고 조용한 어조로 논의되는 것을 자주 보게 되면 가족의 재정에 대해 이웃이나 먼 친척에게 말하지 않을 것이라는 것을 추론할 수 있다.

친구와 애인 사이의 관계를 통제하는 규정과 같은 가족 규정은 해야 하는 일에는 보상을 주고, 하지 말아야 하는 일에는 처벌이 뒤따른다는 것을 보여 준다. 가족 규정은 또한 그 가족을 다른 비슷한 가족과 구별하고 결합단위로써의 가족의 구조를 갖게 된다.

가족 규정이 문화에 크게 영향을 받는다는 사실은 놀랄 일이 아니다. 비록 세계적으로 가족 간에 많은 유사점이 있다고 하지만, 또한 거기에는 차이점도 있다(Georgas et al., 2001). 예를 들어 집단주의 문화의 구성원은 개인주의 문화의 구성원보다 가족을 보호하는 방법으로 다른 사람들로부터 가족의 정보를 감추려는 경향이 더 강하다.

이미 알려진 것처럼, 가족을 보호하려는 경향은 아내 학대의 경우에 심각한 문제를 일으킬 수 있다. 많은 여성들이 학대받는 결혼생활을 알리려고 하지 않을 것이다. 왜냐하면 그들은 학대가 있었다는 사실을 다른 사람이 알아서는 안 되고, 가족의 이미지를 보호해야 한다고 느끼기 때문이다(Dresser, 2005).

가족 의사소통 이론가들은 규정이 특별한 상황에서 적용될 수 있는 유연성을 가져야 한다고 주장한다. 거기에는 가족 저녁시간, 휴가 계획이나 저축 목표의 변경이 필요한 상황이 있다. 규정은 또한 모든 구성원의 협의에 의해서 이루어져야 한다. 즉 모든 구성원은 가족 규제의 부분으로 느껴지는 규정을 수정하는데 참여할 수 있어야 한다.

3. 관계상충이론

관계상충이론(Relationship Dialectics Theory)은 사람들이 대인관계에서 서로 상반되는 동기와 욕구로 강력한 긴장감을 경험하게 된다고 설명한다. Baxter(1990)는 상충, 또는 대립되는 관계의 양상을 다음과 같이 밝히고 있다.

1) 폐쇄와 개방 사이의 긴장

폐쇄와 개방은 상호 대립적이다. 배타적이고 닫힌 관계와 다른 사람에게 개방적인 관계 사이에서 바라는 것이 대립하는 데서 생긴다. 당신은 배우자의 배타성을 좋아한다. 그럼에도 불구하고 당신은 넓은 집단과 관계하기를 원한다.

이와 유사하게 보수와 진보, 수구와 개혁 사이의 긴장도 존재한다.

2) 자율과 결합 사이의 긴장

독립된 개인으로서 자율이 보장되기를 바라는 바람과 다른 사람과의 관계에 있어서 친밀하게 연결되기를 희망하는 바람을 포함한다. 결혼은 두 사람 간에 어느 정도의 자율에 대한 구속을 전제로 한 것인데, 독립과 자율을 어느 한쪽이 강하게 주장하면 문제가 발생한다, 이러한 긴장은 자율과 결합을 모두 원하는 독자에게 정보를 주는 여성잡지에서 자주 다루는 화제이기도 하다.

3) 색다른 경험과 예측 가능한 경험 사이의 긴장

색다른 경험과 예측 가능한 경험 사이의 긴장은 한편으로는 색다른 경험의 모험을, 다른 편에서는 같음, 안정, 예측 가능한 경험을 바라는 대립적인 바람을 중심에 둔다. 당신은 무슨 일이 일어날지 예측할 수 있을 때 편안함을 느낀다. 그럼에도 불구하고 당신은 또한 새로움, 다름, 색다른 경험을 원한다. 은행에 저축예금을 들면 안전하고 보장이 가능하지만 한편으로는 주식형 펀드에 이끌리기도 하고, 가정적인 남편이기를 원하면서도, 한편으로는 대범한 남편이 되기를 기대하기도 한다.

폐쇄-개방 간의 긴장은 거의 관계 발달의 초기단계에서 일어난다. 자율-결합 그리고 색다름-예측 가능성 긴장은 관계 과정에서 더 자주 일어난다. 관계에 있어서 각 개인은 욕구가 어느 정도 다른 집단을 경험할 수도 있다. 예를 들어 한 사람은 무엇보다도 독점을 원할 수 있고, 반면에 그 사람의 파트너는 더 개방성을 원할 수도 있다. 때때로 행복한 결합이 협의될 수도 있다. 한편, 이 차이가 조화를 이루지 못한다면, 커플이 관계에 만족하지 못하거나 관계를 해소하는 결과가 발생할 수 있다.

관계상충이론의 주요 함의는 이들 긴장이 다양한 행동에 넓게 영향을 미칠 수 있다는 것이다. 최초의 관계가 예측 가능한 것이었다고 생각하는 사람들은 다른 곳에서 색다름을 찾을 수도 있다. 즉 색다른 곳으로 휴가를 가거나 다른 파트너와 함께 하는 것을 찾을 수도 있다. 최초 관계가 질식할 정도로 너무 빈틈이 없었음을 깨달은 사람들은 자율의 욕구를 채울 수 있는 심적 · 물리적 공간이 필요할 수도 있다. 이것을 당신이 인식하였을 때, 파트너의 욕구와 마주치는 것은(혹은 자신의 욕구와 마주치는 것) 당신이 직면한 주요 관계 위기 중 하나가 될 것이다.

4. 사회적 침투이론

사회적 침투이론(Social Penetration Theory)의 관심은 관계가 발달하는 이유에 있지 않고, 관계가 발달하였을 때 무슨 일이 일어나는가에 있다. 관계의 폭은 당신과 당신의 파트너가 말하는 수많은 화제와 관련이 있다. 관계의 깊이는 다른 사람에게 개인적인 속마음을 드러내는 정도와 관련이 있다.

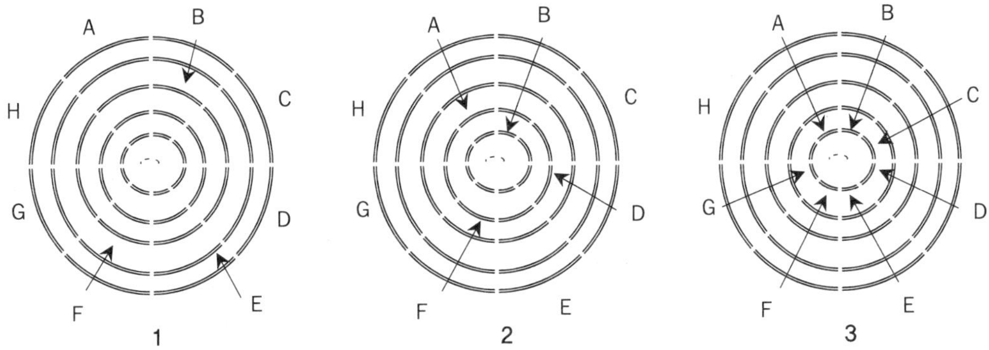

[그림 6-1] **사회적 침투이론**

[그림 6-1]에서 보는 바와 같이, 개인을 원으로 표현할 수 있고 그 원을 여러 부분으로 나눌 수 있다. 그림의 각 원은 범위가 설정된 여덟 가지 주제 영역을 포함한다(A에서 H까지 정의됨). 원 1을 주목해 보면, 단지 3개의 주제 영역만이 표시되어 있다. 이들 중 하나(E)는 첫째 수준에 있고, 둘은(B와 F) 둘째 수준에 있다. 상호작용 형태로 볼 때, 3가지 주제 영역이 논의되었고, 다소 피상적인 수준이다. 여기에서의 관계 형태는 그냥 아는 사이라 할 수 있다. 원 2는 더 넓고 깊이가 있는 좀 더 친밀한 관계를 표현한다. 더 많은 화제가 논의되고 더 깊은 수준의 침투가 있다. 여기서의 관계 형태는 친구 사이라고 볼 수 있다. 원 3은 한층 더 친밀한 관계를 표현한다. 여기서 상당한 넓이(8영역 중 7이 나타남)와 깊이(영역의 대부분이 가장 깊은 수준을 나타냄)를 보인다. 여기에서의 관계의 형태는 애인이나 부부나 부모와 같은 관계라고 볼 수 있다.

관계가 악화되기 시작하면, 깊이와 넓이는 역침투의 과정을 나타낼 것이다. 관계를 종결로 향한다면 당신은 관계 소통을 위한 어떤 주제도 말하려 하지 않을 것이고, 혹 있다 하더라도 깊이 없는 화제만 꺼낼 것이다.

그러나 어떤 특별한 관계 악화의 경우에는 상호작용의 깊이와 넓이가 증가하기도 한다. 예를 들어 커플관계가 깨지고 서로가 압박감을 주는 관계에서 자유로워지게 되면, 파트너들은(얼마간의 시간이 흐른 후에) 그들 간의 문제들을 생각하게 되고 그들이 함께 있는 동안 결코 문제에 관해 논의한 적이 없음을 느낀다. 이러한 경우 애인관계에서 그냥 사이좋은 친구가 될 수도 있고, 사이좋은 사업 동료가 될 수도 있다. 이러한 경우의 관계는 관계의 폭과 넓이가 감소하기 보다는 증가할 수도 있다(Baxter, 1983).

5. 사회적 교환이론

사회적 교환이론(Social Exchange Theory)은 대인관계의 발달은 자신의 이익이 최대가 될 때 이루어진다고 본다(Thibaut & Kelley, 1986). 이익과 손실이라는 경제 모형에 기초한 이론으로 다음의 등식으로 표현된다.

이익=보상－비용

(1) 보상은 긍정적인 가치를 지닌 관계에서 얻는 것을 말한다. 보상은 음식, 돈과 같은 구체적인 이익뿐만 아니라 인정이나 동의와 같은 좀 더 복잡한 이익도 모두 포함한다. 어떤 사람에게는 보상인 것이 다른 사람의 경우에는 보상이 아닐 수도 있다. 따라서 보상이 될 수 있는 범위는 개인에 따라 폭넓은 차이가 있다. 보상은 얻기 위해 치룬 비용이기도 하다. 예를 들어, 돈의 보상을 받기 위해서는 놀기보다는 일을 해야만 한다. 대인관계론 수업에서 A학점을 받으려면 더 열심히 공부하거나 보고서 작성을 잘해야 할 것이다.

(2) 비용은 불쾌함이나 어려움을 고려할 때 당신이 통상적으로 피하려고 하는 것이다. 예로는 초과 근무를 포함할 수 있다. 접시 닦는 일과 옷 다리는 일, 당신에겐 지루할 수 있는 당신의 파트너가 좋아하는 텔레비전 쇼를 보는 일, 당신이 싫어하는 것에 대해 호의를 표하는 것 등은 다 피하고 싶은 일이지만 사랑을 얻기 위해서는 감수해야 할 일일 수도 있다.

(3) 이익은 보상이 비용을 초과할 때 생기는 것이다.

이 기초 경제 모형을 이용한 사회적 교환이론은 가장 큰 이익을 주는 애정 관계와 우정관계를 진전시키는데 도움이 된다고 주장한다. 즉, 보상이 비용보다 더 큰 관계다.

당신이 관계를 시작할 때, 당신은 마음 속에 비교 수준을 결정한다. 그와 같은 관계에서 나올 것으로 기대되는 보상과 이익의 종류에 대한 일반적인 생각을 하게 된다. 이 비교 수준은 당신이 관계에서 얻게 될 것으로 기대되는 것과 관련된 현실적인 기대들로 구성된다. 예를 들어 부부관계 연구에서 보면 대부분의 부부들은 신뢰, 상호간의 존경, 사랑, 그리고 약속지키기 등에서 높은 수준의 기대를 한다. 그러나 함께 시간을 보내는 것, 사생활, 성적인 활동, 그리고 의사소통에서는 그리 높은 기대를 보이지 않았다(Sabatelli & Pearce, 1986). 보상이 자신의 비교 수준과 동등하거나 능가할 때 관계에 만족을 느끼게 된다.

사람들은 또한 대안적인 비교 수준을 갖기도 한다. 즉, 현재의 관계에서 얻어지는 이익과 대안적 관계에서 얻어질 수 있다고 생각되는 이익을 비교해서 현재 관계에서의 이익이 대안적인 관계에서 얻어질 수 있는 이익보다 낮다고 생각되면 현재 관계를 정리하고 새로운, 더 이익을 줄 수 있는 관계를 선택할 수도 있다.

6. 공평이론

공평이론(Equity Theory)은 사회적 교환이론과 맥을 같이 하지만 진일보한 이론이다. 즉, 당신의 비용과 관련하여 얻은 보상의 비율이 당신의 파트너가 얻는 보상과 거의 같을 때, 당신은 관계를 유지하고 발달시킨다고 본다(Messick & cook, 1983). 예를 들어, 만약 당신과 친구가 사업을 시작하여 당신이 투자금의 2/3를 내고, 친구가 1/3을 냈다면 공평은 당신은 이익의 2/3를 갖는 것이고, 당신의 친구는 1/3을 갖는 것이다. 그때 공평한 관계는 각 사람이 그들의 비용에 비례하여 보상을 얻는 것과 같이 간단하다.

만일 당신들 둘이 똑같이 투자하고 똑같이 열심히 일했다면, 그때 공평은 모두 거의 같은 보상을 받을 것을 요구하는 것이다. 역으로, 불공평은 당신이 더 많은 비용을 지불(예를 들어, 당신이 불쾌한 일을 더 많이 하는 것)하는 반면 당신의 파트너는 더 많은 즐거움을 누리는 관계로 나타날 것이다. 불공평은 또한 당신과 당신의 파트너가 공평하게 열심히 일했음에도 불구하고 한 사람만 더 많은 보상을 받을 때 나타날 것이다.

많은 연구는 사람들이 대인관계에서 공평함을 원한다는 생각을 지지한다(Ueleke et al., 1983). 이 이론의 일반적인 생각은 당신이 불이익을 받는다면(당신이 투자한 것보다 적은 것을 얻는 것), 당신은 불만족스럽고 화가 난다는 것이다. 반대로, 만약 당신이 초과 이익을 얻는다면(당신이 투자한 것보다 더 많은 이득을 얻는 것), 당신은 죄의식을 느낄 것이다. 그러나 어떤 연구에서는 초과 이익을 얻은 사람이 종종 더 행복하고 만족스러워 한다는 것을 밝히기도 했다. 받을 수 있는 것보다 더 많은 것을 얻는 것에 대한 죄의식은 쉽게 잊혀지는 것으로 보인다(Noller & Fitzpatrick, 1993).

공평이론은 우리 모두가 매일 같이 듣게 되는 관계 불만족의 근원에 대한 관점을 명확하게 해 준다. 예를 들어, 파트너인 두 사람이 모두 전일제 일을 하는 경우의 관계에서, 파트너의 한 사람에게만 집안의 허드렛일의 몫을 하도록 요구한다면, 비록 둘 모두 동등한 보상을 받는다 할지라도 한 파트너가 더 많은 비용을 지불하는 것이 된다. 공평이론에 따르면, 이 파트너는 공평의 불균형으로 불만족을 느끼게 될 것이다.

공평이론은 만족스러운 관계를 발달시킬 것과 공평하게 관계를 유지할 것을 주장한다. 당신은 불만족스러운 관계로 나가지 않도록 해야 하고 불공평한 관계를 끝내야 할 것이다. 더 불공평하고 더 불만족스러운 관계일수록 관계가 종결될 가능성이 높다. 비록 각각의 관계가 독특성을 띠고 있지만, 많은 사람들이 관계에서 비슷한 특성을 보인다. 이것은 이들 이론이 설명하려는 일반적인 형태다.

7. 교류분석이론

교류분석이론(Transactional Analysis Theory)은 대인관계를 내부의 자아 상태와 외부의 상호반응의 결합으로서 가장 잘 이해될 수 있음을 바탕으로 게임이론의 관계로 설명하는 모형이다. 이 견해의 주요 지지자들인 Bern(1964)과 Harris(1967)는 대부분의 관계가 좀 더 바람직한 친근함의 경험을 방해하는 게임 유형의 의사 교류로 구성되어 있다고 생각한다.

이들이 전제하는 인간관은 (1) 인간은 자율적인 존재이며, (2) 자유로운 존재이고, (3) 선택하고 결정하는 존재이며, (4) 그 선택에 책임을 질 수 있는 존재라는 것이다.

교류분석이론은 어린 시절부터 중요한 타인의 지도와 평가에 의해 형성된 자아를 자신의 의지에 의해 원하는 방향으로 바꿀 수 있음을 강조한다.

이 견해의 주요 개념인 자아상태, 상호반응, 그리고 게임이론을 살펴보면 다음과 같다.

1) 자아상태

자아상태(ego state)는 행위 유형과 관련된 내적 감정과 인식의 결합 체계를 설명하는 개념으로 이는 사용하는 단어, 억양, 얼굴 표정, 몸짓, 그리고 태도로 감지할 수 있다. 각 개인의 성격은 아동, 부모, 성인의 3가지 상태에서 이해될 수 있다.

(1) 어버이 자아(Parent ego : P)

우리가 성장하면서 외부, 특히 부모로부터 받아들이는 모든 인지와 태도, 그리고 행위 유형으로 구성된다. 비판적인 부모는 자식의 행위를 억압하고 통제하는 경향이 있는 반면 교육적인 부모는 자녀를 고무적이고 지지적인 행위로 인도한다.

Freud의 super ego와 대응되는 개념으로 개인이 주로 부모나 그 외 정서적으로 중요한 연장자들의 말이나 행동을 무비판적으로 받아들여서 내면화시킨 것이다.

① **비판적 어버이 자아**(critical parent : CP)

부모의 윤리, 도덕, 가치판단의 기준이 그대로 내면화된 자아로 다른 사람의 권리를 고려하지 않는 특징을 보인다. 편견적, 봉건적, 비난적, 비판적 배타적인 말들을 단정적이고, 조소적, 강압적, 교훈적인 말투로 사용하는 경향을 보인다.

② **양육적 어버이 자아**(nurturing parent : NP)

부모가 자녀를 사랑하고 돌보는 등 자녀를 양육하는 말이나 행동이 그대로 내면화된 자아로 구원적이고, 보호적이며, 위안적, 배려적, 동정적인 내용으로 말투도 온화하고 부드러우며 태도도 매우 수용적이며 보호적이다.

(2) 어른 자아(Adult ego : A)

어른 자아는 대부분의 행위를 조절할 수 있는 많은 정보를 사용함으로써 형성되는 이성적이고 현실적인 과정을 포함한다.

Freud의 ego와 같이 성격의 통괄자 역할을 하며 행위에 관한 정보 수집, 자료 처리, 현실적인 가능성을 검증하는 기능을 한다. 어른 자아는 감정이나 윤리 도덕적인 면이 거의 배제되고 현실이 주로 고려된다.

(3) 어린이 자아(Child ego : C)

어린이 자아는 자연적인 아동 상태와, 적응하는 또는 사회화된 아동상태로 구분되는데 어린이 자아의 대부분은 자연적으로 발생하는 모든 욕구와 감정으로 형성된다.

Freud의 id에 대응되는 것으로 어린 시절의 흔적이 저장된 상태로 존재한다.

어린 시절 아이들은 자신의 경험에 대한 반응을 표현할 수 있는 어휘나 언어적인 능력이 부족하기 때문에 그 표현이 주로 내적 감정으로 표현되며 이는 긍정적, 부정적 반응으로 나타난다.

① **자유 어린이 자아**(free child ego : FC)

타인을 의식하지 않고 기능하는 어린이 자아이거나 쾌락을 추구하며 감정을 억제하지 않고 자유로이 표출하는 반응을 보인다.

② **어린이 교수 자아**(little professor ego : LP)

이 역시 어른 자아의 축소판으로서 창조적, 탐구적이며 조정적인 기능을 지닌 선천적 지혜라 할 수 있다.

③ **순응적 어린이 자아**(adapted child ego : AC)

아이가 부모나 주위의 어른들로부터 관심과 주위를 끌기 위해 순응하는 행동을 보인다.

2) 세 가지 자아상태(P-A-C)의 구조와 기능

상호반응은 상대방의 특정한 자아 상태와의 관계에서 생긴 자극과 반응을 포함한 각 개인 간의 교류작용을 말한다. 두 사람의 관계에 있어서 각각 한 자아 상태만이 관련되었을 때 상호작용은 평행을 이루게 되고 의사소통은 자연스럽게 진행된다. 그러나 자아 상태간의 의사전달선이 엇갈리거나 평행하지 않을 때 결과적으로 의사소통은 어렵거나 단절된다.

게임이론에서는 사람들이 대인관계를 맺으면서 가지는 상호작용이 게임처럼 일정한 형태로 나타난다고 한다. 의례적인 인사말에서부터 학교, 직장 또는 가족 내에서의 좀 더 복잡한 행동에 이르기까지 여러 가지 다른 유형의 상호반응이 있지만, 대부분의 관계는 게임형의 상호반응이라는 것이다.

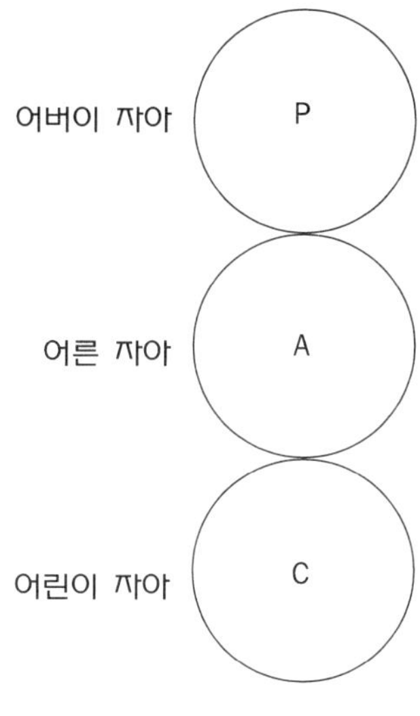

[그림 6-2] **자아상태의 구조**

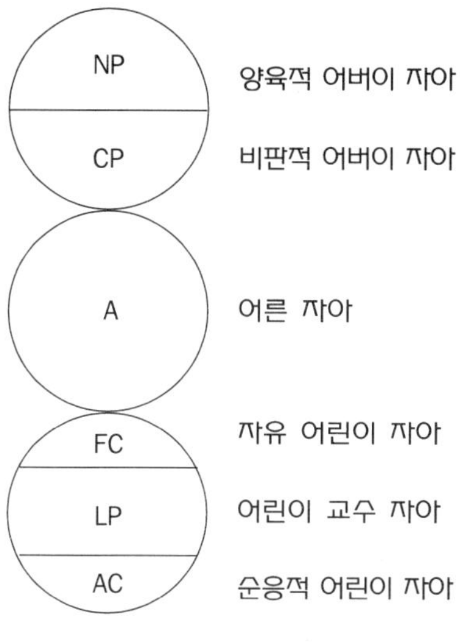

[그림 6-3] **기능분류**

〈대인관계에서의 윤리〉

윤리는 의미 있는 의사소통 관계에서 중요한 부분을 차지한다. 거짓으로 관계를 하고 유지하는 것은 오랜 운행에서 살아남을 수 없다. 여기서는 거짓되지 말라는 지시보다는 대인관계에서 지켜야 할 7가지 덕목을 영어의 머리글자를 따서 ETHICS라 했다. 이 일곱 가지 가치 있는 덕목은 – Empathy, Talk, Honesty, Interaction management, Confidentiality 그리고 Supportiveness이다.

이 덕목과 지침을 읽으면서 당신은 어떻고 당신의 파트너는 어떠한지를 살펴보자(Devito, 2009).

- 공감 : 관계를 맺고 있는 사람들은 상대방이 생각하고 느끼는 것이 무엇인지 이해하려고 노력할 도덕적 의무를 갖는다. 이것은 특히 다른 문화권의 동료와 소통할 때 중요하다.
- 말하기 : 관계 안에서의 결정은 힘에 의해서가 아니라 말로써 이루어져야 한다. 강제보다는 설득이 우선하여야 한다.
- 정직 : 관계 소통은 정직하고 진실되어야 한다.
- 상호작용 관리 : 관계소통은 만족스럽고 편안해야 하며 일관적이고 신뢰성이 있어야 한다.
- 기밀성 : 관계를 갖고 있는 사람은 신뢰 하에서 말한 것이 여러 사람에게 알려지거나 심지어 속삭여지는 것조차 없기를 기대한다.
- 원조 : 지지와 협력의 풍토는 대인관계 상호작용을 원활하게 해 준다.

Memo

대인행동으로서의 사랑

Chapter
07

1. 사랑 삼각이론

Sternberg(1986)는 사랑의 삼각이론을 제시하였다. 그에 의하면 진정한 사랑(완전한 사랑)이 이루어지기 위해서는 친밀감(intimacy), 열정(passion), 결심/헌신(decision/ commitment) 등의 세 가지 구성 요소가 고루 갖추어져야 한다는 것이다.

친밀감은 사랑의 정서적 요소로 '가깝게 느끼는 감정'을 뜻한다. 이에는 상호 이해 및 존중, 친밀한 의사소통, 상대와 함께 행복을 경험함, 상호간의 정서적 지지, 상대의 복지를 증진시키기를 열망함, 상대와 물질적 · 심리적 공유를 이룸, 힘든 일이 있을 때 상대에게 기댈 수 있음, 자신의 삶에서 상대의 가치가 높이 평가됨 등이 포함된다. 그런데 이러한 친밀감은 대체로 처음부터 꾸준히 증가하다가 점차 그 비율이 적어지기는 하나, 계속 증가되는 것이 특징이다.

열정은 사랑의 동기적 요소로 상대에 대해 육체적 · 성적 매력을 느끼는 것을 말한다. 그런데 이는 대체로 초기에 급격히 증가하다가 일정 시간이 경과하면 그 증가폭이 감소되어, 결국에는 감소하는 경향을 보인다.

결심/헌신은 사랑의 인지적 요소로서, 상대방에 대한 사랑의 시작과 형성을 스스로 결정하고 그 관계를 유지하고 발전시키기 위하여 책임감을 가지고 최선을 다하는 것을 의미한다. 이는 대체로 초기부터 서서히 증가하는 경향을 보이는 것이 특징이다.

이상과 같은 세 가지 구성 요소들 간의 관계 양상에 따라 사랑의 유형은 7가지로 구분될 수 있다는 것이 스턴버그의 주장이다(그림 7-1).

1) 좋아함(liking, 친밀감만 있음)

이 유형은 사랑의 3요소 중에서 '열정'과 '결심/헌신' 요소가 결여된 채 '친밀감' 요소만이 존재할 때 나타나는 사랑을 말하는데, 이 경우 강한 열정이나 장기적인 헌신 없이도 상대에게 친근감과 따뜻함 및 결합되어 있는 느낌을 가질 수 있다.

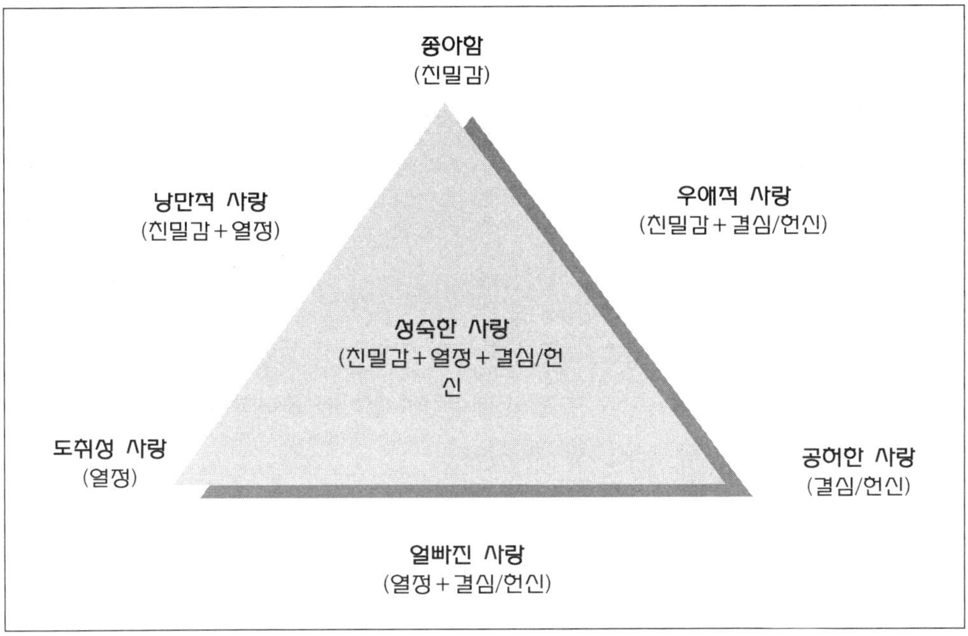

[그림 7-1] 스턴버그의 7가지 사랑의 유형

* R. J. Sternberg.(1998). Cupid's Arrow. Cambridge University Press. p. 5.

2) 도취성 사랑(infatuated love, 열정만 있음)

도취성 사랑은 사랑의 3요소 중에서 친근감과 결심/헌신 요소가 결여된 채 열정적인 흥분 감정이 강한 사랑을 말한다. 이러한 사랑에 빠지는 사람은 상대를 그대로 보기보다는 이상화된 존재로 인식하는 경우가 많으며, 홀린 듯이 사랑에 빠지기 때문에 다른 일에 투자할 시간과 정력 및 동기를 잃게 되고, 커플과의 관계는 보통 비대칭적인 경우가 많기 때문에 긴장에 노출되기 쉽다.

3) 공허한 사랑(empty love, 결심/헌신만 있음)

이는 사랑의 3요소 중에서 '친밀감'과 '열정' 요소가 거의 없는 상태에서 '결심/헌신' 요소만이 강해 상대를 사랑하겠다고 결심하며, 그에 대하여 최선을 다하는 사랑의 유형이다. 상대에 대하여 감정적 몰입과 육체적 매력을 거의 느끼지 못함에도 불구하고, 사랑을 유지해 나가려는 정체된 관계가 지속되는 것을 말한다. 공허한 사랑은 일방적인 사랑이기 쉽다. 한 사람은 상대에게 진정한 유대감과 성적 매력을 갖지만, 다른 한편은 헌신만을 느끼는 경우가 있다. 그러한 비대칭적인 관계에서는 상대에게 몰입하지 않는 사람이 더 몰입한 상대에게 감정적으로 빚지고 있다는 죄책감이 더해질 때 특히 어려워진다.

4) 낭만적 사랑(romantic love, 친밀감+열정)

낭만적 사랑은 사랑의 3요소 중에서 친밀감과 열정 요소만이 결합되어 나타나게 되는데, 흔히 육체적 매력이나 그 밖의 매력들이 첨가된 좋아함의 감정, 즉 육체적 · 감정적으로 밀착된 사랑이라고 할 수 있다.

5) 우애적 사랑(companionate love, 친밀감+결심/헌신)

이 상태는 상대에 대한 열정적 매력을 느끼지 못한 상태에서 친밀감과 결심/헌신 요소가 결합되어 나타나는 사랑으로, 이는 열정의 주된 원천인 육체적 매력이 약해진 오래된 우정 같은 사랑을 나누는 결혼 생활에서 많이 발견된다. 사실 대부분의 낭만적 사랑은 차츰차츰 우애적 사랑으로 변하게 된다. 시간이 흐름에 따라 열정은 없어지나, 친밀감은 계속 남아있게 되는데, 열정은 거듭하여 장기적이고 깊은 헌신으로 대체되는 경우가 많다.

6) 얼빠진 사랑(fatuous love, 열정+결심/헌신)

얼빠진 사랑은 친밀감 요소가 결여된 채 열정과 결심/헌신 요소가 결합되어 생기는 사랑으로, 이는 상대에 대한 친근한 감정적 몰입이 없는 상태에서 상대의 육체적 매력에 반해 그를 사랑하겠다는 마음과 노력을 경주하는 경우라고 할 수 있다. 따라서 이러한 사랑을 추구하는 사람은 상대와의 관계에서 감정적 일체감과 따뜻한 의사교류보다는 육체적 쾌락을 추구하는 데 일차적인 관심을 두는 경우가 많다.

7) 성숙한 사랑(consumate love, 친밀감+열정+결심/헌신)

성숙한 사랑은 완전한 사랑으로 사랑의 3요소 모두를 고루 갖춘 상태의 사랑을 말한다. 이러한 사랑은 매우 강한 강도를 갖게 되므로 쉽게 흔들리거나 깨지지 않는 것이 특징이다. 사랑 삼각형의 기하학적 특징으로 볼 때 성숙한 사랑은 완전한 정삼각형을 이룸으로써 가장 안정적이고 튼튼한 형태를 이루기 때문에 어느 방향에서든지 힘(방해)을 가해도 쉽게 부서지지 않는다. 그러나 우리가 이러한 사랑을 이루기는 결코 쉽지 않으며, 그것을 지키기는 더욱더 어려운 것이 사실이다.

한편, 사랑에 대한 삼각이론에서 보면 사랑의 강도는 삼각형의 면적으로 표현된다. 어떤 사람이 상대에게 느끼는 사랑의 강도가 클수록 그를 향한 사랑 삼각형의 면적은 넓어진다. 사랑의 3요소가 각각 강할수록 사랑 삼각형의 중심으로부터 꼭짓점이 더 멀리 위치하게 된다.

그리고 사랑에 대한 삼각이론에서 보면 사랑의 균형은 삼각형의 모양으로 표현된다. 사랑의 3요소를 모두 갖춘 사랑은 기하학적인 관점에서 볼 때 정삼각형으로 표현된다.

이상의 사랑 삼각이론을 표로 정리하면 다음과 같다.

표 7-1 사랑의 유형 분류

사랑의 유형	친밀감	열정	결심/헌신
사랑하지 않음	−	−	−
좋아함	+	−	−
도취성 사랑	−	+	−
공허한 사랑	−	−	+
낭만적 사랑	+	−	−
우애적 사랑	+	−	+
얼빠진 사랑	−	+	+
성숙한 사랑	+	+	+

2. 사랑 삼각형의 다면성

사랑에 대한 삼각이론에서 보면 사랑 삼각형의 다면성에 관해서도 논의해 볼 수 있다

1) '현실 삼각형' 대 '이상 삼각형'

사람은 사랑하는 상대에 대해서 하나의 사랑 삼각형만을 갖는 것이 아니라, 그 관계에 대한 이상적인 사랑 삼각형도 갖는 것이 일반적이다. 만약 현실 삼각형이 이상 삼각형보다 면적이 더 좁으면 덜 몰입한 상태이고, 현실 삼각형이 이상 삼각형보다 면적이 넓으면 과하게 몰입한 것이다.

2) '자기 삼각형' 대 '상대 삼각형'

사랑 관계에서는 최소한 두 사람 이상이 관여하게 되고 각자는 자신의 사랑 삼각형을 경험하게 된다. 따라서 우리는 사랑하는 관계에서 커플 간의 사랑 삼각형을 비교해 봄으로써 그들이 잘 어울리는지의 정도를 확인할 수 있다. 상호간에 사랑 삼각형이 잘 맞지 않을수록 그 관계는 만족이 덜할 것이다.

3) '자기가 인식한 삼각형' 대 '상대가 인식한 삼각형'

상대를 향한 자신의 사랑을 표현하는 삼각형이 그대로 상대에 의해 인식되고 있다고 보장할 수는 없다. 어떤 사랑의 관계에서는 자기가 상대를 사랑하는 만큼 상대가 사랑받는다는 느낌을 가지지 못할 수도 있다. 그러므로 자기가 경험하는 사랑 삼각형과 상대에 의해 경험되는 사랑 삼각형 간에는 차이가 있을 수 있다.

4) '생각 삼각형' 대 '행동 삼각형'

상대에 대한 느낌을 나타내는 사랑 삼각형과 그 상대에 의해 인식되는 사랑 삼각형이

다를 수 있음을 앞에서 지적하였는데, 인식에 있어서의 이러한 불일치의 가장 큰 원천은 자기의 사랑 삼각형을 실제에서 구체적인 행동으로 표현하지 못하는 데 있다고 할 수 있다. 어떤 것을 느끼는 것과 표현하는 것은 다르다. 간혹 사랑의 3요소를 행동으로 변형시키려는 개인의 의지 부족이나 능력 결여가 사랑을 실패로 이끄는 경우도 있다. 사랑의 3요소를 구체적인 행동으로 변형시키는 것을 행동 삼각형이라고 한다.

3. 열정적인 사랑과 우애적 사랑

1) 열정적인 사랑(passionate love)

열정적인 사랑의 특징은 첫째, 당사자들이 서로에 대해 느끼는 강한 신체적 흥분이다. 이는 성적인 욕망, 있을 수 있는 거절에 대한 불안, 어떤 사람을 알게 된다는 흥분, 외부의 방해에 따른 좌절, 말다툼에서 생기는 분노 등 모두가 열정애에서 경험된 강한 정서에 기여할 수 있다. Berscheid(1983)는 정열적인 사랑의 특징으로 통제 불가능성을 들었다. 이는 혼외정사와 같이 용납될 수 없는 것으로 간주되는 행동에 빠지는 연인들을 위한 정당화를 제공해 준다. 연인들의 변명은 미처 앞뒤를 가릴 만한 겨를이 없었다는 것이다.

둘째, 상대방에 대한 강한 집착이다. 사랑하는 사람을 이상화시키고 그 사람이 모든 면에서 훌륭하고도 완전하다고 보는 경향이 있다. 열정애는 갑자기 닥치고 신속하게 사라지는 것이 일반적이다.

2) 우애적 사랑(companionate love)

자신의 생활과 깊은 연관이 있는 사람들에 대해 느끼는 애정이다. 강렬한 감정을 수반하지는 않지만 상대방에 대하여 단순한 친분 이상의 감정을 느끼고 믿음을 갖고 있고 상대방의 장점 및 단점을 인정하고 수용하며, 상대방의 필요 및 요구에 응하고 싶은 마음을 지닌 상태의 사랑이다. Kelley(1983)는 동료애는 두 사람이 만족스런 관계를 구축함에 따라 서서히 발전하며 파트너들이 자신이 동반 관계로부터 동일한 정도로 이익을 얻고 있다고 지각하는 경향이 많다고 하였다.

한편 Lassqell & Lobsenz(1980)는 사람들이 보편적으로 사랑을 정의하는 여섯 가지 유형이 있는데 사람들은 한 스타일 이상을 종합하는 방식으로 사랑을 정의할 수 있다고 하였다. 6가지 유형은 다음의 〈표 7-2〉와 같다.

표 7-2 사랑의 6가지 유형

사랑의 종류	정의	동의문항
연애 (romantic love)	사랑은 모든 것을 바치는 정서적 경험이다. 첫눈에 사랑하게 되는 것이 전형적. 신체적 매력이 필수적.	그 사람과 손이 처음 닿는 순간에 나는 사랑이 이루어질 수 있다는 것을 알았다.
소유애 (possessive love)	소유애자는 정서적으로 강렬하고 질투하고 애인에 대한 생각으로 사로잡혀 있다. 애인에게 매우 의존적이며 따라서 거절을 두려워한다. 사랑하는 이에 대한 몰두는 기쁨의 정점에서 실망의 계곡으로 신속하게 돌변한다.	나의 애인이 나에게 관심을 두지 않을 때, 나는 매우 불편함을 느낀다.
가장 친한 친구애 (best friends love)	사랑은 동료관계, 서로 함께 나누는 것 및 점차적 자기개방으로부터 서서히 생기는 편안한 친밀성. 가장 친한 친구애자는 사려성 있고, 따뜻하고, 동반자다.	가장 훌륭한 사랑은 오랜 우정에서 생긴다.
실용애 (pragmatic love)	어울리는 짝을 구하고 관계가 잘 이루어지는가에 모든 초점이 두어지는 사랑이며 두 파트너가 사이좋고 서로의 기본적, 실제적 욕구를 충족시키는 사랑이다. 실용애자는 어울리는 상대를 고르는 데 있어 논리적으로 사려성 있고, 흥분보다는 만족을 추구한다.	당신이 어떤 애인을 고르기 이전에 당신의 인생을 주의 깊게 계획하는 것이 좋다.
이타애 (altruistic love)	무조건적으로 배려하고 제공하고 용서한다. 사랑은 아무런 조건 없이 상호성을 기대함 없이 사랑하는 이에게 주는 의무를 뜻한다. 이타애는 자기희생, 인내 및 사랑하는 이에 대한 신뢰를 통해서 표현.	나는 나의 애인이 바보처럼 행동할 때에라도, 어려운 시기에 나의 애인을 돕기 위해서 내 힘을 다 쏟으려 한다.
게임애 (game-playing love)	타인들이 게임을 하는 것처럼 사랑을 한다. 사랑게임을 즐기기 위해서 그리고 이기기 위해서 한다. 게임애는 전략이 중요하며 개입을 피한다. 게임을 하는 사람은 한꺼번에 몇 개의 관계들을 맺을 수 있다. 오래 지속되는 관계는 없어서 대개 사랑의 상대가 싫증나거나 너무 진지해질 때 끝장난다.	사랑하는 것이 갖는 재미의 하나는 그것을 지속시키고 동시에 그것에서 자신이 원하는 것을 얻는 자신의 기술을 테스트하는 것이다.

4. 사랑 유형 검사

다음에 제시되는 검사는 Hendrick과 Hendrick(1986)이 만든 사랑의 유형 검사다. 각 문항을 읽고 문항 옆 빈 칸에 숫자를 써 넣어 사랑의 유형을 측정한다.

매우 그렇다에는 5,
대체로 그렇다에는 4,
보통이다에는 3,
대체로 그렇지 않다에는 2,
전혀 그렇지 않다에는 1 을 쓰시오.

번호	점수	문항
1		우리(애인과 나)는 처음 만나자마자 곧바로 서로 끌리기 시작했다.
2		내 자신의 행복보다 나의 애인의 행복을 우선하지 않으면 나는 행복할 수 없다.
3		나는 그녀(그)와의 관계를 약간 모호한 상태로 유지하려고 노력한다.
4		나는 내가 사랑하는 사람과 언제나 좋은 친구이기를 바란다.
5		내가 사랑에 빠져 있을 때는 나는 어떤 일에도 주의집중을 할 수가 없다.
6		나의 애인은 신체적인 외모(아름다움/세련됨)가 나의 이상형에 꼭 들어맞는다.
7		나의 애인이 나에게 화를 낼 때도, 나는 그녀(그)를 한없이 조건 없이 사랑한다.
8		나의 애인이 나에 대해서 모르고 있는 사실이 그녀(그)에게 상처를 주지는 않을 것이라고 믿는다.
9		나는 애인을 선택하기 전에 주의 깊게 내 인생을 계획하려고 한다.
10		우리 사이에는 곧바로 신체적 반응이 일어났다.
11		나의 애인이 나에게 관심을 주지 않으면 나는 온통 아파버릴 것 같다.
12		만약에 나의 애인이 내가 다른 사람과 사귀던 일을 알게 된다면 그녀(그)는 제정신이 아닐 것이다.
13		사랑은 신비스럽고 알 수 없는 정서라기보다는, 진실로 깊은 우정이다.
14		우리의 사랑은 매우 강렬하고 만족스럽다.
15		나의 애인이 나에게 너무 의존적이 될 때면 나는 약간 뒤로 물러서고 싶어진다.
16		나의 애인이 잠시라도 나에게 무관심하면, 때때로 나는 그녀(그)의 관심을 돌리기 위해 이상한 짓을 한다.
17		애인을 선택할 때 가장 중요하게 고려하는 것은 그녀(그)가 나의 가족에게 어떤 영향을 미칠까 하는 것이다.

18		나는 여러 파트너와 사랑놀이 하기를 즐긴다.
19		우리들 사이에 어디쯤에서 우정이 끝나고 사랑이 시작되었는지를 확실히 말하기는 어렵다.
20		우리는 진실로 서로를 이해한다.
21		나는 일반적으로 나의 애인의 소망을 성취하도록 하기 위해서 내 자신의 소망을 희생하려고 한다.
22		배우자를 선택하는데 가장 중요한 요인은 그녀(그)가 좋은 부모가 될 수 있을까 하는 것이다.
23		우리는 서로를 위해 존재한다고 나는 느낀다.
24		우리들의 우정은 시간이 지남에 따라 서서히 사랑으로 발전되었다.
25		나는 애정관계를 꽤 쉽게 그리고 빨리 극복할 수 있다.
26		나의 가장 만족스러운 사랑관계는 좋은 우정으로부터 발달되었다.
27		나는 내 자신을 누군가에게 맡기기 전에 그 사람이 인생에서 무엇이 되려고 하는가를 생각한다.
28		어려울 때는 언제나 나의 애인을 도우려고 노력한다.
29		진실한 사랑이란 처음에는 먼저 돌보아 주고 싶은 마음이 있어야 한다.
30		유사한 배경을 가진 사람을 사랑하는 것이 최선이다.
31		나의 애인이 누군가와 함께 있다는 것을 상상하면 나는 견딜 수가 없다.
32		내가 가지고 있는 것은 무엇이든지 나의 애인이 마음대로 써도 좋다.
33		우리들 사이에 일이 잘 풀리지 않으면 속이 뒤집혀 소화가 안 된다.
34		나는 때때로 애인을 둘씩 사귀면서 두 사람이 서로 알지 못하도록 한 적이 있다.
35		아는 어떤 사람과 직접 사귀기 전에, 만약에 우리가 아이를 가졌을 경우 그녀(그)의 유전적 배경이 나의 것과 얼마나 적합한지를 밝혀내려고 노력한다.
36		때때로 나는 사랑에 빠져 있는 흥분 때문에 제대로 잠을 이룰 수가 없다.
37		나의 애인이 고통을 당하도록 내버려 두는 것보다는 차라리 내가 고통을 당하겠다.
38		배우자를 선택할 때 한 가지 고려하는 점은 그녀(그)가 내 이력에 어떤 영향을 미칠까 하는 것이다.
39		우리는 상당히 빠른 속도로 정서적으로 휘말려들게 되었다.
40		최선의 사랑은 오랫동안의 우정으로부터 나온다.
41		나의 애정관계가 깨지면, 나는 우울증에 빠져들어 자살하고 싶은 생각까지 들 것이다.
42		나는 나의 사랑하는 사람을 위해서라면 모든 것을 참고 견디겠다.

채점방법

다음 문항 번호에 따라 점수를 합산하시오. 7개 문항의 합계가 가장 높은 것이 당신의 사랑 유형의 대표적인 것이고, 차점은 두 번째로 해당하는 유형이 됨.

〈사랑의 유형〉

낭만적	: 1, 6, 10, 14, 20, 23, 39
유희적	: 3, 8, 12, 15, 18, 25, 34
우정과 같은 사랑	: 4, 13, 19, 24, 26, 29, 40
실용적	: 9, 17, 22, 27, 30, 35, 38
소유-의존적	: 5, 11, 16, 31, 33, 36, 41
헌신적	: 2, 7, 21, 28, 32, 37, 42

Memo

대인행동 및 대인관계 성향

Chapter
08

1. Schutz의 기본적 대인관계 성향
2. Krech의 대인적 반응 특성
3. Bales의 집단의 상호작용 과정 분석 모형
4. Mann의 대인관계 유형 모형
5. Leary의 대인관계 행동 차원
6. Kiesler의 대인행동 원형 모형
7. 대인관계 성향 복합모형
8. 대인관계 성향검사

대인관계의 차원 내지는 성향에 대해 언급한 학자로는 W. C. Schutz, D. Krech, R. F. Bales, R. D. Mann, U. G. Foa 및 T. Leary로 대표되는 신 Freaud학파에 속하는 몇몇 학자, Leary의 이론을 발전시킨 Donald J. Kiesler 등을 들 수 있고, 이들의 연구를 종합하여 안범희가 제시한 복합모형 등이 있다. 이들 중 Schutz는 주로 개인의 욕구 성향과 관련하여 대인관계의 차원을 연구했고, Krech 등은 대인적 반응 특성을 역할, 사회관계, 표현적 측면에서 다루었고, Bales는 사회-정서적 영역, 과업 중립적 영역을 대인관계 과정과 결부시켜 논하였으며, Mann은 집단 구성원의 행위 유형으로 나누어 살폈고, Foa는 대인관계의 내용, 대상, 형태를 수용과 거부의 측면에서 고찰하였다.

Leary는 수직적 관계에서의 지배-복종, 수평적 관계에서의 애정-적의를 중심으로 8분원으로 제시된 대인관계의 차원을 제시하고, 이를 다시 분화시켜 16개 영역의 대인관계 성향을 제시하였다. Kiesler는 Leary의 이론을 토대로 대인관계 원형 성향에 대한 연구를 확대 발전시키고 있다. 우선 Schutz의 이론부터 살펴보기로 하겠다.

1. Schutz의 기본적 대인관계 성향

Schutz는 개개인은 욕구의 강도 및 이를 실현함에 있어서는 차이를 보이지만 모든 사람은 공통적으로 세 가지 기본적인 대인관계적인 욕구를 지니고 있는 것으로 가정하고 있다. 이러한 대인적 욕구는 그 영역에서 타인과 만족스러운 관계를 유지하는 일에 목적을 두고 있다. 그 세 가지 욕구는 다음과 같다.

1) 소속(포함)의 욕구

타인과 상호작용하고 결합함에 있어서 만족스러운 관계를 구축하고 유지하기 위한 욕구로서 긍정적인 소속을 뜻하는 말로는 '결합', '상호작용', '의사소통', '교제', '속함', '동반자', '참가하다' 등이 있다.

2) 지배의 욕구

통제와 권력(power)이라는 관점에서 타인과 만족스러운 관계를 구축하고 유지하기 위한 욕구로서 긍정적인 통제를 뜻하는 말로는 '권력', '권위', '지배', '영향력', '지도자' 등이 있다.

3) 애정의 욕구

두 사람 간의 개인적 · 정서적 느낌과 밀접히 관련된 것으로 사랑과 호의라는 관점에서 타인과 만족스러운 관계를 맺기 위한 욕구로서 긍정적인 면을 뜻하는 말로는 '사랑', '좋아함', '밀착', '좋은 느낌', '우호', '달콤함' 등이 있다.

그는 또한 개인의 욕구에 대한 판단 준거도 상세히 설명하고 있는데 1의 경우에는 소속에 대한 자각, 인정받고 좋은 평판을 듣고 성공하기 위한 노력 경주, 집단 활동에 적극적 참여 등 10가지 이상의 사례를 들고 있다. 그가 이 세 가지 욕구를 이상적 대인관계, 좋지 않은 관계, 병적인 대인관계별로 짝지어 제시한 것이 〈표 8-1〉인 바, 이는 총 54개의 항목으로 구성되어 있다. 표에 있는 번호는 각 항목에 대한 표시며, FIRO는 Fundamental Interpersonal Relations Orientation의 첫 글자를 따서 붙인 명칭이다.

〈표 8-1〉에서 보면 Schutz의 모형은 지배-복종, 사랑-미움의 관계로 분화시킬 수 있으며, 이의 내용을 다시 역할 성향, 사회관계 성향, 표현 성향으로 재분류가 가능한 것으로 보인다.

다음의 검사지는 Schutz가 만든 기본적 대인관계 성향 검사지다.

표 8-1 기본적 대인관계 성향(FIRO)

대인관계 요구 질문지(FIRO-B)

다음 질문을 읽고 어느 것이 자신에게 가장 적합한지를 답하시오. 진술문의 왼 쪽에 있는 ____ 칸에 해당하는 숫자를 써주세요.

1. 항상 2. 자주 3. 때때로 4. 어쩌다가 5. 아주 드물게 6. 전혀 아님

______ 1. 나는 타인과 어울리려고 노력한다.
______ 2. 나는 타인이 무엇을 해야 할지 결정하는 일을 허용한다.
______ 3. 나는 사회단체에 가입하고 있다.
______ 4. 나는 사람들과 밀접한 관계를 맺고자 노력한다.
______ 5. 나는 나에게 기회가 주어지면 사회조직에 가담하고자 하는 편이다.
______ 6. 나는 타인이 내 행동에 깊숙이 관여하는 일을 허용한다.
______ 7. 나는 비공식적 사회활동에 가담하고자 한다.
______ 8. 나는 사람들과 밀접하고 사적인 관련을 맺고자 노력한다.
______ 9. 나는 나의 계획에 타인을 가담시키고자 한다.
______ 10. 나는 타인이 나의 행동을 조정하는 일을 허용한다.
______ 11. 나는 사람들이 내 주변에 모여들도록 노력한다.
______ 12. 나는 사람들과 밀접하고 사적인 관계를 맺고자 노력한다.
______ 13. 사람들이 함께 일하게 되는 상황이면 나는 함께 어울리는 편이다.
______ 14. 나는 쉽사리 사람들과 어울린다.
______ 15. 나는 혼자 있는 것을 피하고자 한다.
______ 16. 나는 집단 활동에 참여하고자 한다.

*** 질문에 해당하는 답의 번호를 적으시오.**

1. 대부분의 사람과 2. 많은 사람과 3. 몇몇 사람과 4. 서너 사람과
5. 한 두 사람과 6. 아무하고도 그렇지 않음

______ 17. 나는 사람들과 우호적으로 지내고자 한다.
______ 18. 나는 다른 사람이 행동을 결정하는 것을 허용한다.
______ 19. 사람들과 나의 개인적 관계는 냉정하고 거리가 있다.
______ 20. 나는 사람들에게 일을 위임한다.
______ 21. 나는 사람들과 밀접한 관계를 갖고자 노력한다.
______ 22. 나는 타인이 나의 행동에 강하게 영향을 미치는 일을 허용한다.
______ 23. 나는 사람들과 밀접하고 사적인 관계를 맺고자 노력한다.
______ 24. 나는 타인이 나의 행동을 조정하는 것을 허용한다.
______ 25. 나는 사람들과 냉정하고 거리를 둔 행동을 한다.
______ 26. 나는 쉽사리 사람들과 어울리게 된다.
______ 27. 나는 사람들과 밀접하고 사적인 관계를 맺고자 노력한다.

*** 다음 진술을 읽고 해당되는 번호를 적으시오.**

1. 대부분의 사람과 2. 많은 사람과 3. 몇몇 사람과 4. 서너 사람과
5. 한두 사람과 6. 아무하고도 그렇지 않음

_____ 28. 나는 사람들이 어떤 일에 나를 초대하는 것을 좋아한다.
_____ 29. 나는 사람들이 나와 밀접히, 그리고 사적으로 행동하는 것을 좋아한다.
_____ 30. 나는 타인의 행동에 강한 영향을 주고자 한다.
_____ 31. 나는 사람들이 그들의 활동에 나를 초대해 주는 것을 좋아한다.
_____ 32. 나는 사람들이 나와 긴밀히 지내고자 하는 것을 좋아한다.
_____ 33. 나는 사람들과 어울릴 때 어떤 일이든 맡고자 한다.
_____ 34. 나는 사람들이 그들의 활동에 나를 포함시키는 것을 좋아한다.
_____ 35. 나는 사람들이 나에게 냉정하고 거리를 두고 대하는 것을 좋아한다.
_____ 36. 나는 사람들이 내가 원하는 방식으로 그들이 일을 하도록 노력한다.
_____ 37. 나는 사람들이 그들의 결정에 내가 따라 주기를 요구하는 것을 좋아한다.
_____ 38. 나는 사람들이 나에게 우호적으로 대해 주는 것을 좋아한다.
_____ 39. 나는 사람들이 그들의 활동에 내가 참여하도록 초청하는 것을 좋아한다.
_____ 40. 나는 사람들이 나에게 거리를 두고 행동하는 것을 좋아한다.

*** 알맞은 답의 번호를 골라 빈 칸에 쓰시오.**

1. 항상 2. 자주 3. 가끔 4. 어쩌다가 5. 드물게 6. 전혀 그렇지 않음

_____ 41. 나는 사람들과 어울릴 때 영향력 있는 사람이 되고자 한다.
_____ 42. 나는 사람들이 어떤 일에 나를 초대하는 것을 좋아한다.
_____ 43. 나는 사람들이 나와 밀접히 지내고자 하는 것을 좋아한다.
_____ 44. 나는 사람들이 내가 원하는 방식으로 행동하도록 한다.
_____ 45. 나는 사람들이 그들의 활동에 나를 가담시키는 일을 좋아한다.
_____ 46. 나는 사람들이 나와 냉정하고 거리를 둔 행동을 하는 것을 좋아한다.
_____ 47. 나는 다른 사람의 행위에 강한 영향력을 미치고자 한다.
_____ 48. 나는 사람들이 그들의 활동에 나를 가담시키는 것을 좋아한다.
_____ 49. 나는 사람들이 나와 밀접하고 사적으로 행동하기를 좋아한다.

_____ 50. 나는 사람들과 어울릴 때 어떤 역할을 맡고자 하는 시도를 한다.
_____ 51. 나는 사람들이 그들의 활동에 나를 참여시키는 것을 좋아한다.
_____ 52. 나는 사람들이 나와 거리를 두고 행동하는 것을 좋아한다.
_____ 53. 나는 사람들이 내가 원하는 방식대로 행동하게 하고자 한다.
_____ 54. 나는 사람들과 어울릴 때 어떤 역할을 맡는다.

Schutz(1958)의 FIRO-B 질문지를 이해하고 채점하기 위해 다시 한 번 이 이론을 요약하면 다음과 같다.

기본적 대인관계 성향은 개인 간에 다양하게 나타나는 3가지 대인적 욕구에 기초를 둔 것이다.

첫 번째는 소속, 또는 포함(inclusion)으로 이는 타인과 관계를 맺고 유지하고자 하는 요구다.

두 번째는 지배, 또는 통제(control)다. 이는 관계에 있어서 힘과 영향력의 만족할 만한 균형을 유지하고자 하는 요구다.

세 번째는 애정(affection)으로서 타인과 밀접하고 사적인 관계를 맺고자 하는 요구다.

이러한 3가지 요구들은 각기 2가지 부수적 차원을 갖고 있는데, 표현된(expressed) 요구는 남에게 주고자 하는 것이고, 원하는(wanted) 요구는 남에게서 받고자 하는 요구이다. 그러므로 질문지는 당신이 남을 포함시키고자 하는 요구와 당신이 남에게 포함되고자 하는 요구의 양면을 측정하게 된다. 따라서 6가지 분리된 점수가 나오게 된다.

채점방법

채점 방법은 아래의 채점표에 따라 문항별로 제시된 번호와 일치하는 key 번호가 있으면(1번 문항의 경우 1, 2, 3 중 어느 하나에 표기가 됐다면) 그 문항에 동그라미를 치고, 이렇게 동그라미가 쳐진 문항의 수를 합쳐 해당되는 네모 칸에 적으면 된다. 칸 안에 기록되는 점수는 0점에서부터 9점까지다. 대인적 요구의 총점은 6개 칸의 점수 모두를 합하면 된다.

표현된 소속(포함) 문항Key		원하는 소속(포함) 문항Key		표현된 지배(통제) 문항Key		원하는 지배(통제) 문항Key		표현된 애정 문항Key		원하는 애정 문항Key	
1	1-2-3	28	1-2	30	1-2-3	2	1-2-3-4	4	1-2	29	1-2
3	1-2-3-4	31	1-2	33	1-2-3	6	1-2-3-4	8	1-2	32	1-2
5	1-2-3-4	34	1-2	36	1-2	10	1-2-3	12	1	35	5-6
7	1-2-3	37	1	41	1-2-3-4	14	1-2-3	17	1-2	38	1-2
9	1-2	39	1	44	1-2-3	18	1-2-3	19	4-5-6	40	5-6
11	1-2	42	1-2	47	1-2-3	20	1-2-3	21	1-2	43	1
13	1-2	45	1-2	50	1-2	22	1-2-3-4	23	1-2	46	5-6
15	1	48	1-2	53	1-2	24	1-2-3	25	4-5-6	49	1-2
16	1	51	1-2	54	1-2	26	1-2-3	27	1-2	52	5-6

	소속(포함)	지배(통제)	애정
타인을 향한 표현된 행동			
타인에게서 받기를 바라는 행동			

계________점

2. Krech의 대인적 반응특성

Krech, Crutchfield 그리고 Ballachey는 대인관계 성향을 역할 성향(role diposition), 사회관계 성향(sociometric diposition), 표현적 성향(expressive diposition)으로 대분하여 각기의 영역에 4개씩의 하위영역을 두고 있다.

이러한 영역 구분은 후술되는 Bales의 모형에서 보는 과업영역과 사회적-정서적 영역을 포괄하는 것으로 보인다. 즉, Bales의 과업영역은 Krech의 역할 성향이 포괄하고, 사회적-정서적 영역은 사회관계 성향, 표현 성향이 포괄하고 있다.

또한 Schutz의 세 가지 기본적 대인관계 욕구 중 소속의 욕구는 사회관계 성향에, 통제의 욕구는 역할 성향에, 애정의 욕구는 표현적 성향에 각기 대응시킬 수 있을 것 같다.

Krech 등은 세 가지 대분된 성향 영역과 이에 따른 4개씩의 하위영역을 '**기본적**

대인 반응특성(primary interpersonal response traits)'이라 하여 다음과 같이 요약하고 있다.

1) 역할 성향

(1) 주도권(反 : 사회적 소심)

자신의 권리를 옹호하고 타인의 이목에 개의치 않으며, 지기 확신이 있고, 자신을 드러내는 데 용감하다.

(2) 지배(反 : 복종)

독단적이고 자신만만하며, 권력 지향적이고 강인하고 의지가 강하며 명령적이고, 지시적이다.

(3) 사회적 솔선수범(反 : 사회적 수동성)

집단을 조직하고, 뒷자리에 머물러 있지 않으며, 회합에서 자기 주장을 펴서 지도적 위치를 차지한다.

(4) 독립성(反 : 의존성)

지기 스스로 계획을 세우기를 좋아하고, 지기 방식대로 일을 처리하며, 지원이나 충고를 구하지 않으며, 정서적으로 자기 만족을 하는 형이다.

2) 사회관계 성향

(1) 타인의 수용(反 : 거부)

타인에 대해 비판적인 태도가 아니며 허용적이다. 타인을 신뢰하며 타인의 약점을 보지 않고 장점만을 본다.

(2) 사교성(反 : 비사교성)

사교적인 일에 참가하며, 타인과 있기를 좋아하고 개방적이다.

(3) 우호적(反 : 비우호적)

온화하고 부드러우며 개방적 접근적이며 타인과 쉽게 친하고 많은 사회적 관계를 맺고 있다.

(4) 동정적(反 : 비동정적)

타인의 느낌에 유의하며 친절하고 관대한 행동을 하며 패배자를 옹호한다.

3) 표현적 성향

(1) 경쟁적(反 : 비경쟁적)

모든 관계를 경쟁적 입장에서 보며, 따라서 타인들을 경쟁의 상대로 본다. 자기과장적이고 비협동적이다.

(2) 공격적(反 : 비공격적)

타인을 직접적 간접적으로 공격하며 권위에 대해 반항적이며 도전적이고 다툼이 많고 부정적이다.

(3) 자의식적(反 : 우유부단)

타인들이 이미 자리에 앉은 방에 들어갈 때 당황하며, 무대에 서는 것을 극히 고통스러워하며, 그룹 토론에 자원하기를 망설이며 그가 일하는 것을 타인이 보는 것을 싫어하며, 타인과 지신이 다른 것을 싫어한다.

(4) 과시적(反 : 자기 말살적)

행동이나 옷차림이 과장적, 과시적이며, 인정이나 칭찬받기를 원하고, 주목 끌기 위해 별나게 행동하기를 좋아한다.

3. Bales의 집단의 상호작용 과정 분석모형

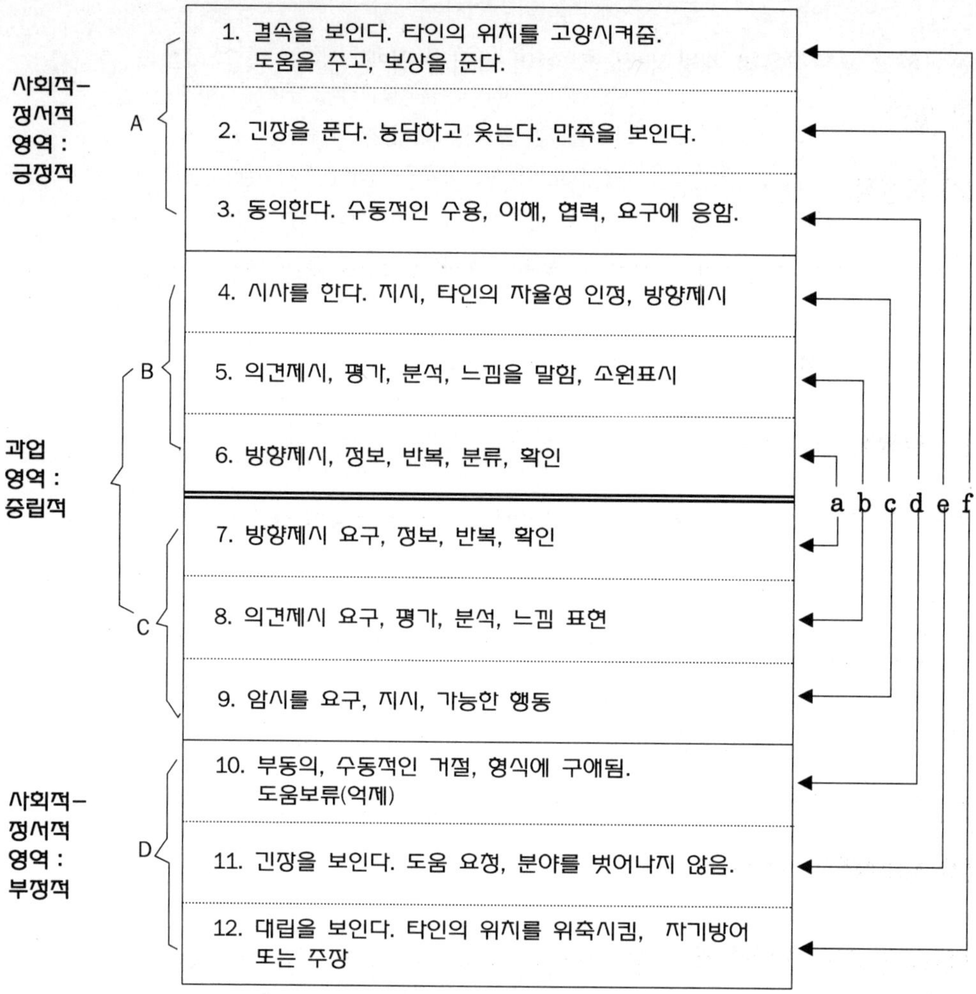

a : 의사소통의 문제　b : 평가의 문제　c : 통제의 문제
d : 의사결정의 문제　e : 긴장완화의 문제　f : 통합의 문제

[그림 8-1] **집단의 상호작용 과정 분석**

Bales는 집단의 상호적용을 분석하기 위해 이를 사회적-정서적 영역(긍정적인 측면 및 부정적인 측면으로 양분됨)과 과업영역(중립적)으로 나누고, 이에서 파생된 12개의 하위영역을 다시 의사소통의 문제, 평가의 문제, 통제의 문제 등 6가지 준거와 결부시켜 설명하고 있다.

이에서 보면 12가지 분류 중 6가지가 대인적 상호작용에 있어서 사회적 정서적 관계를 나타내고 있다. 1~3은 긍정적, 10~12는 부정적 행위, 또는 관계를 뜻한다. 4~9번은 수단적인 문제해결 과정을 나타내는 것인데, 4~6은 주도적 행위이고 7~9는 수동적 행위다. Bales에 의하면 효과적인 문제해결을 위해서는 수단적 행위와 사회적-정서적 행위가 모두 필요하며, 1~9의 요소가 적절히 조화되면 효율적인 관계, 10~12가 강하면 비효율적인 관계가 된다는 것이다.

4. Mann의 대인관계 유형모형

Mann은 집단의 지도자에 대해 집단 구성원이 어떠한 느낌과 관계를 맺고 있는가를 측정할 수 있는 도구를 개발한 바 있는데 이 도구는 다음과 같은 모형을 근거로 하여 만들어졌다. 즉 지도자에 대해 구성원이 적의를 보이느냐 애정을 보이느냐는 차원과 지도자에 의존적, 복종적이냐 독립적이냐의 측면과 상호관계에 있어서 정서적인 표현이 어떠한가? 등을 구분하고 있다.

표 8-2 지도자에 대한 구성원의 관계성향 범주

영역	하위영역	범주
추진력 영역	적의	1. 대립적 2. 저항 3. 위축 4. 죄악유발
	애정	5. 보상 6. 동일시 7. 수용 8. 전향적

권위적 관계		9. 의존을 보임 10. 독립을 보임 11. 역의존을 보임
자아상태	불안	12. 불안을 보임 13. 불안 거부 14. 자존감의 표현
	의기소침	15. 의기소침을 보임 16. 의기소침을 거부

5. Leary의 대인관계 행동차원

Leary(1957)의 대인관계 행동차원은 Sullivan의 대인관계 차원으로부터 비롯된다. Sullivan은 대인관계 행동의 차원을 지배-복종, 증오-사랑의 관계로 이원화하였는데, 이 입장을 고수하면서 이를 발전시킨 Leary의 대인행동의 차원은 다음과 같이 요약된다.

우선 수직적인 관계에 있어서는 일방의 지배와 상대방의 복종의 관계가 성립된다. 다음으로 수평적인 관계에 있어서는 증오와 사랑의 관계가 성립되며, 이 두 가지 차원이 복합적으로 작용하게 되는 대인관계의 양상은 지배적인 입장에서의 사랑, 복종적인 입장에서의 사랑, 그 역순의 관계 등이 성립하게 된다. 이러한 차원을 좀 더 세분하면 [그림 8-2]의 세 번째(복합적 관계)와 같은 8가지 차원이 되며, 이 8가지 차원이 이분되어 16가지 관계 유형이 되는 바, 이의 분화 과정을 도표로 표현하면 다음과 같다.

도표 중 세 번째의 복합적 관계에서 지배 대신 부모를, 복종 대신에 자식을 대입시켜 보면 관계의 이해는 보다 명확해 질 수 있을 것이다. 위와 같은 분화 과정에 입각해 만들어진 것이 [그림 8-3]의 대인관계 행동모형이다. 8분원으로 구성된 모형은 16개의 행동 변인(지배적-독재적, 책임감-초정상적 등)이 두 개씩 짝지어져 있다. 이 도표에 대한 설명은 다음과 같다.

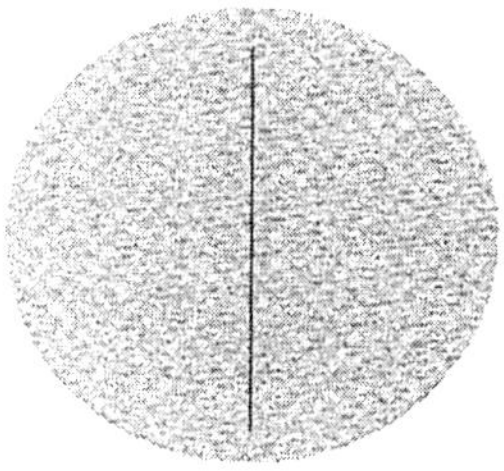

〈수직적 관계〉

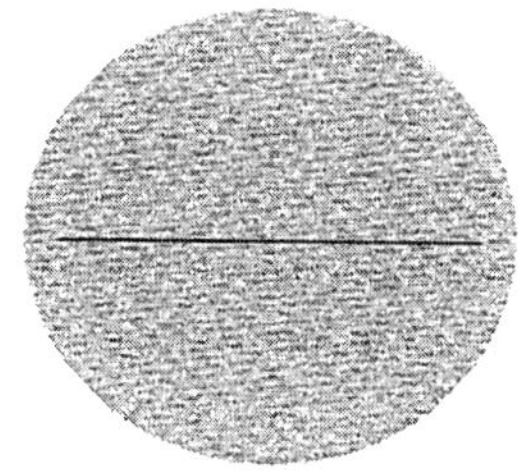

〈수평적 관계〉

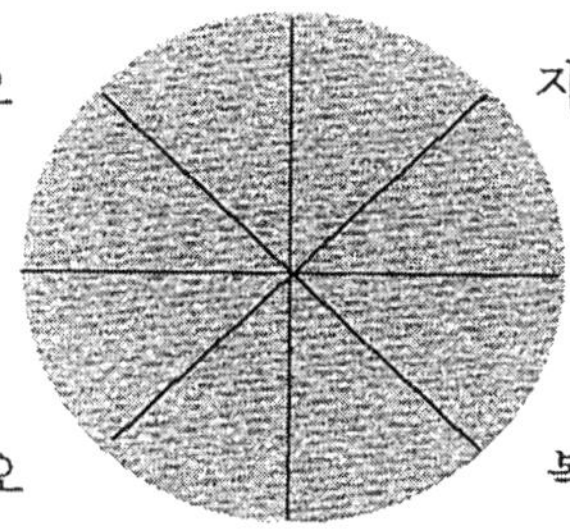

〈대인관계의 복합적 관계〉

[그림 8－2] **대인관계의 분화모형**

알파벳이 적힌 다음의 원, 즉 1)번 원은 설정된 표본 행동에 적합한 반응을 설명하는 것이다. 이를테면, 변인 A에 상응하는 것은 '지배', '지시', '인도'다. 2)번 원은 이러한 대인적 반응이 다른 사람에게 기대하는 행동의 유형을 가리키는 것이다. 즉, A라는 반응을 보이는 사람(지배적)은 다른 사람에게 복종적 행위를 촉발시키고자 하는 경향을 보인다. 이러한 사실은 쌍방적(two-way)인 대인관계 현상을 포함하는 것이다. 그 다음의 원(3번 원)은 극단적이거나 단호한 반응을 나타내며, 밖에서 처음의 원, 즉 4)번 원은 대인관계의 진단에 있어서 채택된 8가지 일반적인 성향의 범주로 나누어진다. 앞의 것은 일반적인 행위를 뜻하고, 뒤의 것은 그러한 행위의 극단적인 행위를 뜻한다(예, 지배적인 행위의 극단적인 표현은 독재적이다).

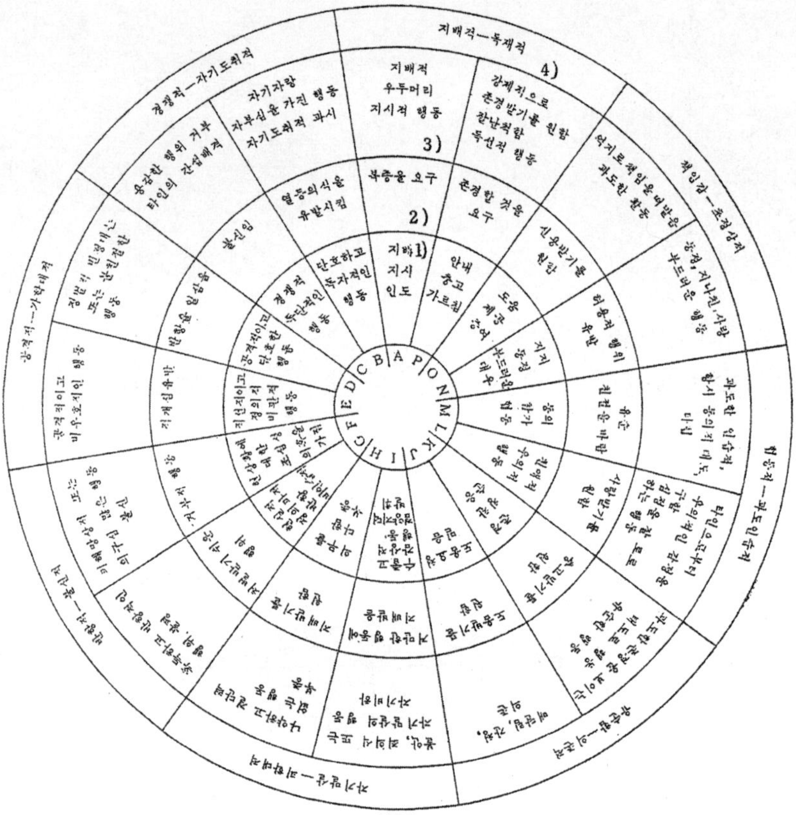

[그림 8-3] Leary의 대인행동 모형

이의 이해를 돕기 위해 8분원 모형으로 다시 돌아와 지배–복종/증오(적의) – 사랑(우호)의 관계를 실제의 행동으로 풀어 보면 〈표 8 – 3〉과 같다.

8가지 관계는 D : 지배적, HD : 적의적–지배적, H : 적의적, HS : 적의적 – 복종적, S : 복종적, FS : 우호적 – 복종적, F : 우호적, FD : 우호적 – 지배적이다(Schmidt, Wagner, & Kiesler, 1994).

표 8–3 8분면 모형의 행동 예시

측정 척도	예시 항목 "이 사람과 함께 있을 때, 나는 그녀(그)에게서 ______ 느낌을 받는다."
지배적(D)	주위를 지배하려는

적의적 - 지배적(HD)	그녀가 다른 여자들이 자신을 위해 있다고 생각하는
적의적(H)	그녀로부터 멀어져야겠다는
적의적 - 복종적(HS)	그녀를 편하게 해 주기 위해 무슨 일도 해야만 한다는
복종적(S)	그녀 스스로 일어서도록 그녀에게 말해야겠다는
우호적 - 복종적(FS)	그녀가 나를 신용한다는
우호적(F)	그녀가 나를 반긴다는
우호적 - 지배적(FD)	그녀가 매력적인 사람이 되고 싶다는

* Schmidt, Wagner, & Kiesler, 1994.

6. Kiesler의 대인행동 원형모형

1) 모형의 소개

Kiesler는 대인행동의 기본이 되는 두 가지 동기로 지배와 애정을 들고 있다. 이는 일찍이 Sullivan이 대인관계를 논하면서 제시한 것이고, 이를 확장시킨 사람이 Leary이다. Kiesler는 레어리의 16분원의 형태를 그대로 유지하면서 이를 더 상세화, 구체화한 사람이라 할 수 있다. 1982년에 발표된 그의 대인관계 원형 모형(interpersonal circle)은 다음의 [그림 8 - 4]와 같다.

이 모형의 해석은 앞서 Leary의 설명방식과 같다. 즉, **A로 표시된** 가운데 원의 지배적(Dominant) 대인행동 성향이 A_1의 일반적 수준에서는 통제(controlling) 행동으로 나타나고, 이의 극단적 행동은 A_2의 독재적 행동(dictatorial)으로 나타난다는 것이다. 그는 이 모형을 기초로 '대인행동 수준 1'과 '대인행동 수준 2'의 행동 특성을 서술하고 있다.

2) Kiesler의 대인행동 원형모형 수준 1

대인관계 원형모형 수준 1은 일반적으로 나타나는 대인행동이다. 그림이 복잡하여 영어로 된 그대로 실었다. **알파벳** A~P는 대표적 대인관계 성향을 나타내고, A_1~P_1은 이러한 성향이 보이는 일반적 대인행동이다. 즉, A_1은 CONTROLLIN- BOLD(통제적-대담한)을 나타낸다.

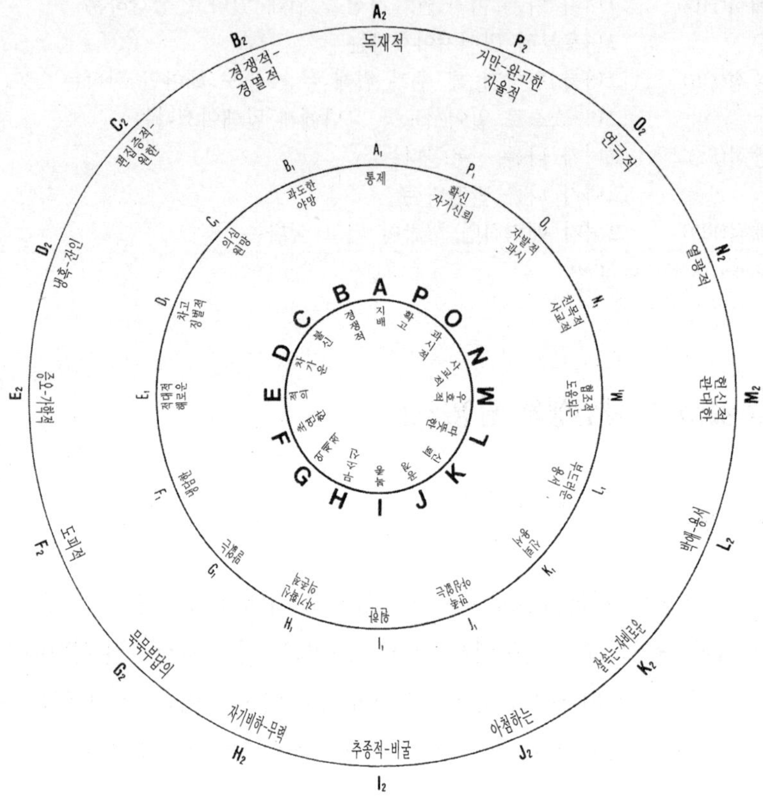

[그림 8-4] **대인관계 원형모형**(interpersonal circle,1982)

(1) A : 통제적-대담한

이런 사람은 어떤 일에 책임을 맡기를 좋아하고 대화를 주도 하며, 다른 사람들에게 무엇을 하도록 말하는데 열심이다. 그는 자신의 방식으로 어떤 일을 열성적으로 밀어붙이며 그가 원하는 것을 다른 사람이 하도록 요구한다. 지시하거나 알려 주며 그 자신의 견해로 다른 사람들을 설득하고 지속적으로 충고를 하거나 견해를 밝힌다. 다른 사람에게 용감히 맞서기도 하고 반대 입장에서 저항하며 다른 사람이 책임을 맡는 것을 꺼려한다. 그는 중요하고 힘이 있고 설득력 있는 존재로 부각된다.

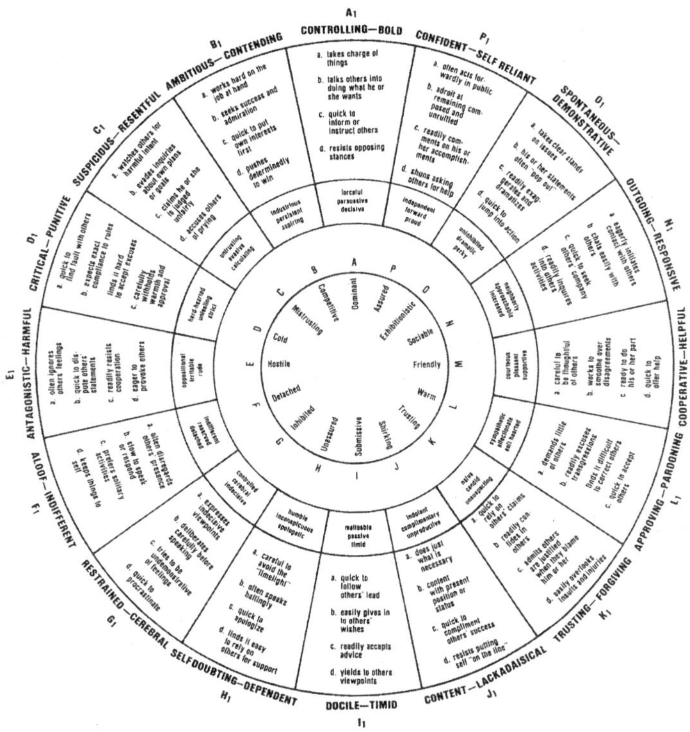

[그림 8-5] Kiesler의 대인행동 원형모형 수준 1

(2) B : 야심적-경쟁적

이런 사람은 처음의 노력이 실패했을 때에도 그 일을 열심히 지속한다. 새로운 사업을 시작하고 정열적으로 생산해 내고 목표를 달성한다. 그는 성공과 감탄을 구하며 그의 목표를 향해 다른 사람들이 일하도록 하며 신용을 얻는데 힘쓰고 다른 사람의 공헌을 무시하거나 낮게 평가한다. 그는 열심히 도전하고 결정적인 승리를 위해 매진한다. 다른 사람들에게 야망적이고 부지런하며 완고한 존재로 부각된다.

(3) C : 의심 많은-화 잘 내는

다른 사람의 좋은 의도를 의심하고 해로운 의도를 관찰하는데 신중하다. 그는 흔히 다른 사람들을 의심의 눈빛으로 관찰하고 숨겨진 의도를 찾으며 도움이 되는 행위를 불신한다. 그는 자신의 의도를 숨기기를 잘하고, 그 자신의 계획이나 목표들에 관해 묻는 것을 피하곤 한다. 그는 다른 사람에게 계산적이고 회피적이며 불신적인 존재로 보인다.

(4) D : 비판적–징벌적

다른 사람들로부터 최선의 노력을 기대하고, 다른 사람의 잘못을 빠르게 찾아내며 그들을 엄격히 판결한다. 그는 금지를 정하여 확고한 규율을 요구한다. 그는 다른 사람의 이해에 까다로운 조건을 달며 따뜻함과 승인을 갖는 데는 신중하고 좀처럼 칭찬을 하지 않는다. 그는 타인에게 딱딱한 마음과 엄격하며 냉정한 존재로 인식된다.

(5) E : 적대적–해로운

이런 사람은 종종 무례하고 흔히 타인의 감정을 무시하는 것처럼 보이며 그가 원하는 것을 빠르게 갖는다. 그는 흔히 불평하고 다투며, 다른 사람과 논쟁하려는 경향이 있다. 그는 협력에 저항하고 타인의 요구를 거절하고 활동을 방해하기를 잘한다. 그는 다른 사람들이 보기에 흥분하기 쉽고 반항적이며 무례한 존재로 인식된다.

(6) F : 냉담한–무관심한

타인의 존재를 무시하고 자신의 사고에만 몰입하는 경향을 보인다. 그는 좀처럼 대화를 시작하지 않으며 느리게 말하거나 반응한다. 그리고 흔히 간결하게 대답한다. 그는 다른 사람들과 일정한 거리를 유지하고자 하며 고독한 활동을 즐긴다. 다른 사람들의 문제를 묻는 것을 피하고 자신의 사생활을 보호하는데 신중하다. 그는 초연하고 무관심하고 내성적인 존재로 다른 사람에게 비친다.

(7) G : 억누르는–이지적인

이러한 사람은 자신의 견해를 분명하게 표현하는 것을 억누르기 위해 신중하고 우유부단한 견해 표현을 할 것으로 기대된다. 그는 말하기에 앞서 신중하게 숙고하며 정교하게 단어들을 사용하려고 한다. 그는 감정 표현을 자제하면서 신중하고 합리적이며 열심히 일하는 것을 더 좋아한다. 그는 이지적이고 억제력이 있고 우유부단한 존재로서 다른 사람들에게 인상 지운다.

(8) H : 자기불신-의존하는

이러한 사람은 배경 속에 머무르기를 좋아하고 주목의 대상이 되는 것을 피하기 위해 신중하다. 그는 흔히 머뭇거리며 말하고 쉽게 당혹해 한다. 그는 자신의 능력을 쉽게 의심하고 낮게 평가하며 그 자신을 비판하는 데는 빠르며 사과도 잘한다. 무언가 부족한 듯이 행동하고 타인에게 의지하고 지지를 바란다. 그는 굽실거리고 겸손하며 하찮은 존재로 보인다.

(9) I : 유순한-소심한

다른 사람의 지시를 빠르게 받아들이며 그들의 지도에 잘 따른다. 그는 다른 사람의 의견에 쉽게 동의하며 다른 사람의 견해에 쉽게 굴복한다. 다른 사람들이 원하는 것을 쉽게 주며 다른 사람으로부터 지시를 받으려 하고 열심히 다른 사람의 견해를 받아들이고 충고도 잘 받아들인다. 그는 유순하고 수동적이며 소심한 존재로서 다른 사람들에게 인식된다.

(10) J : 만족하는-감상적인

이러한 사람은 생산해 내거나 성취하는 데는 주저하는 것처럼 보이고 책임을 맡기를 싫어하고 단지 필요한 것만 한다. 그는 현재의 지위나 위치에 만족하는 것으로 보이며 도전하는 것을 피하고 위계 선상에 자신을 놓는 것을 주저한다. 그는 처음의 노력이 실패하면 그 일을 빨리 포기한다. 그는 다른 사람의 업적을 칭찬하고 다른 사람에게 쉽게 믿음을 준다. 그리고 다른 사람의 성공을 칭찬하는데 열심이다. 그는 아첨을 잘하고 게으르고 비생산적인 존재로서 다른 사람에게 인식된다.

(11) K : 신뢰적-관용적

다른 사람을 쉽게 신뢰하고 다른 사람에게 유리하도록 하려는 경향이 있다. 다른 사람의 주장에 빠르게 의존하고 다른 사람들이 좋은 의도를 갖고 있다고 믿는다. 그는 타인의 나쁜 의도에 대해 비난하기를 주저하고 사과를 쉽게 받아들인다. 그는 다른 사람을 꾸준히 신뢰하고 자신의 의도나 계획을 솔직하게 밝힌다. 그들이 그를 비난했을 때 다른 사람들이 정당화된 것을 편안하게 인정한다. 그는 솔직하고 순진하고 의심하지 않는 존재로 인식된다.

(12) L : 승인-용서하는

이러한 사람은 다른 사람들을 관대하게 다룬다. 그는 규율의 완화를 좋아하고 기꺼이 죄를 용서한다. 그는 다른 사람들을 잘 받아들이고 따뜻함과 승인표현을 쉽게 한다. 그는 타인의 문제들을 이해하려고 하며 그들의 좋은 노력을 지지하는데 열심이다. 그는 인정이 많고 부드러운 마음씨를 갖고 있으며 동정하기를 좋아하는 존재로서 다른 사람에게 인식된다.

(13) M : 협조적-도움을 주는

다른 사람의 생각을 잘 배려하고 다른 사람의 권리를 존중하기 위해 신중하다. 그는 쉽게 협조하고 그가 맡은 일을 할 준비가 되어 있다. 부드럽고 재치 있게 말하며 상대방이 화나게 하지 않는다. 그는 다른 사람을 편안하게 하며 그들의 요구를 들어 주려고 열심이며 잘 도와 준다. 그는 예의바르고 호감이 가며 지지적인 존재로 부각된다.

(14) N : 사교적-감동적

사람들과 쉽게 사귀며 그들과 열심히 접촉하고 그들의 감정을 잘 받아들이려 한다. 그는 편안하게 대화를 시작하며 그들과 쉽게 잡담을 나눈다. 그는 다른 일행들을 구하려고 열심이며 다른 사람들에게 활동에 참여하도록 권유한다. 그는 다른 사람들과 함께 있는 일을 즐긴다. 친하기 쉬운 흥미 있는 이웃 사람 같은 존재로 인식된다.

(15) O : 자발적-표정이 강한

이러한 사람은 그의 견해를 쉽게 표현하고 문제에 대한 분명한 입장을 취한다. 흔히 그는 이야기를 아름답게 꾸미기를 좋아한다. 그의 대화에는 감정이 실려 있고 조급하게 결정을 내리는 경향이 있으며, 민첩하게 행동한다. 그는 남에게 극적이고 의기양양하며 억제력이 없는 존재로 인식된다.

(16) P : 자신 만만한-자기 확신의

자신 있게 자신의 견해를 밝히며 침착하다. 그는 그 자신을 믿으며 다른 사람에게 도움을 요청하는 것을 부끄럽게 여긴다. 그는 자신에 만족하며 자신의 활동을 자랑한다. 그는 흔히 공적인 활동에 있어서 진보적으로 행동하고 주목받는데 열성적이다. 과장적으로 말하거나 행동한다. 그는 타인에게 사과하는 것을 어려워한다. 그는 진보적이고 독립적이며 거만한 존재로 부각된다.

3) Kiesler의 대인행동 원형모형 수준 2

Kisler의 원형모형 수준 2는 극단적인 대인행동을 나타낸다. 즉 A의 '**지배적**' 성향이 극단으로 나타나면 'DICTACTORIAL-AUDACIOUS(독재적-안하무인)'의 행동이 됨을 보여주고 있다.

(1) A : 독재적-안하무인의

이러한 사람은 지속적으로 다른 사람을 지배하고자 하고 지배하는 행위를 멈출 수 없다. 그는 다른 사람들이 그의 지시대로 할 것을 주장한다. 그는 다른 사람들의 일을 방해하고 지속적으로 그들에게 강요하며 그 자신의 견해를 독단적으로 주장한다. 그는 강제로 누군가에게 무엇을 하도록 말하며 굴복하거나 항복하기를 거절한다. 그는 안하무인의 독재적이며 억압적인 존재로서 다른 사람들과 충돌한다.

(2) B : 돌진적-경쟁적

일하는 것을 멈출 수 없는 것처럼 보이며 끊임없이 한 손에는 일을 추구하고 모든 장애물들을 철저히 타파한다. 그는 계속적으로 계획을 세우고 새로운 사업을 시작한다. 그리고 생산해 내고 성취하기 위해 돌진한다. 그는 성공한 이후에도 명성과 돈을 갈망

한다. 다른 사람과 치열하게 경쟁하여 승리하는 일에 집착한다. 그는 대담하고 빈틈없는 돌진적인 일에 집착하는 존재로 다른 사람들과 충돌한다.

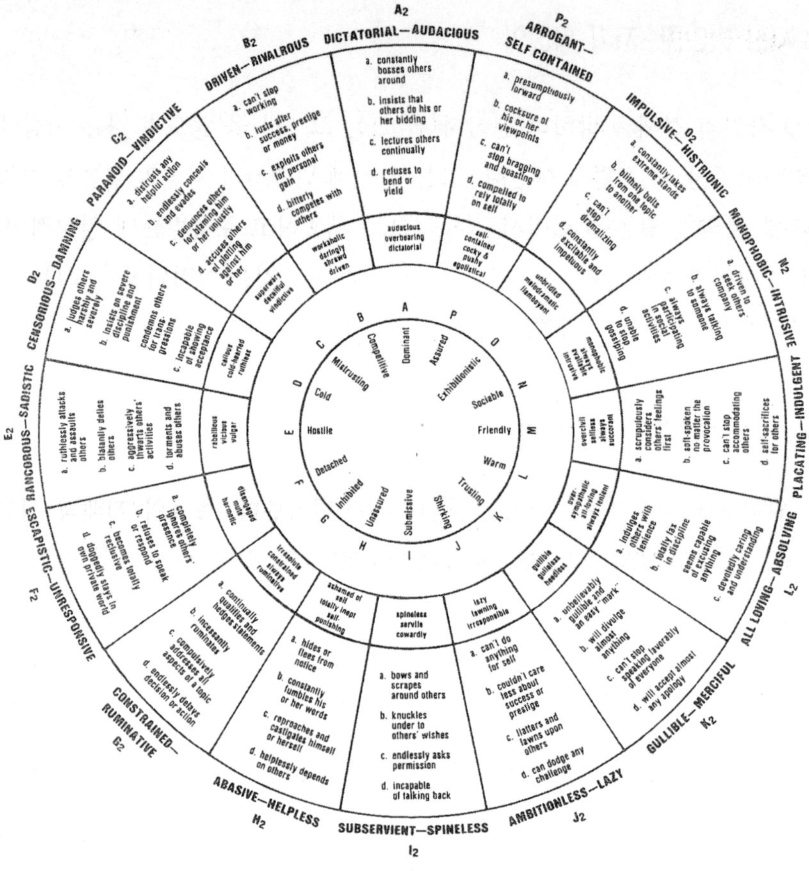

[그림 8-6] Kiesler의 대인행동 원형모형 수준 2

(3) C : 편집증적-원한을 품은

이러한 사람은 어떤 도움이 되는 행위도 불신하고 도처에서 개인적 위험을 목격한다. 그는 다른 사람들의 이기적 동기를 알아내는 데 매진하며 모든 사람들의 충성심을 의심하고, 시험하려고 하며 비난한다. 그는 기만적이고 과도하게 의심하며 앙심을 품은 존재로 다른 사람들과 마찰을 빚는다.

(4) D : 비판적-매도하는

다른 사람을 거칠고 단호하게 판결하고 그들의 잘못을 찾는데 열심이다. 규율 준수를 단호하게 요구하며 엄격한 벌과 규율을 주장한다. 그는 다른 사람들의 일탈 행동을 비난하고 어떤 용서도 경멸한다. 그는 어느 누구에게도 칭찬을 하거나 수용하는 태도를 보이지 않으며 어떤 따뜻한 우의 표시도 일축한다. 그는 무정하고 냉정하고 인정머리 없는 존재로서 다른 사람들과 충돌한다.

(5) E : 악의적-잔혹한

계속적으로 다른 사람의 권리를 침해하고 무정하게 그들을 공격한다. 악의적으로 다른 사람과 논쟁하고 그들을 호되게 꾸짖는다. 그는 항상 명령을 배반하고 다른 사람들의 활동을 억압적으로 방해한다. 그는 다른 사람들의 도움 요청을 거부하고 그들을 비난한다. 그는 반역적이고 사악하며 야비한 존재로서 다른 사람들과 충돌한다.

(6) F : 도피적- 무반응적

다른 사람의 존재를 무시할 수도 있고 말하거나 반응하는 것을 거절하기도 한다. 그는 전체적으로 무반응적이고 자신의 생각 속에 빠져든다. 그는 모든 사회적 제안들을 강력히 무시하고 그의 사생활 속에 침입하는 것에 저항한다. 그는 가능한 한 타인과의 접촉을 피하고 은둔적이 된다. 그는 주변의 사람들에게 무관심하고 그 자신만의 생활 속에 머무른다. 그는 해방된 신비한 무언의 존재로 다른 사람들과 충돌한다.

(7) G : 강제적-묵상적

이러한 사람은 그의 진술들에 도피구를 마련해 놓고 모든 것에 애매한 입장을 나타낸다. 그리고 망설임을 멈출 수 없다. 그는 끊임없이 생각에 잠기고 그 자신 끊임없는 숙고에 의해 괴롭기도 하다. 그는 화제의 모든 측면을 강박적으로 숙고한다. 그는 우유부단하고 끊임없이 의사결정이나 행위를 미룬다. 그는 항상 언제고 신중하고 합리적이 되려고 노력한다. 그리고 감정의 어떤 표현도 끊을 수 있는 것처럼 보인다. 그는 우유부단하고 묵상적이며 억제된 존재로서 다른 사람들과 부딪친다.

(8) H : 굴욕적-무력한

이러한 사람은 빈틈없이 어떤 눈에 띄는 진술이나 행동들을 피한다. 그는 주변 사람들을 의식하여 말을 더듬기도 한다. 자신을 비난하고 낮추며 종종 자신을 혹평한다. 모든 것에 대해 사과한다. 타인에 의지하여 도움을 요청한다. 그는 그 자신을 부끄럽게 생각하고 자학하며 전반적으로 부적당한 존재로서 다른 사람들과 충돌한다.

(9) I : 비굴한- 줏대 없는

이러한 사람은 쉽게 낌새를 채며 다른 사람으로부터의 지시를 구한다. 끊임없이 그들의 허락을 구하며 그들의 견해에 굴복한다. 그는 거의 어떤 것에도 동의한다. 다른 사람들과 맞설 수 없는 것처럼 보인다. 그는 겁 많고 비굴하고 줏대가 없는 존재로서 다른 사람들과 충돌한다.

(10) J : 야망 없는-게으른

이러한 사람은 자기만족적으로 다른 사람들로 하여금 그 일을 하도록 하며 전체적으로 생산해 내고 성취하는데 관심이 없다. 성공이나 명예 같은 것에 신경 쓰지 않으며 자신을 위해 어떤 일도 할 수 없고 하려고 하지도 않으며 부단한 감독을 요한다. 책임을 피하거나 감추며 모든 새로운 사업을 피한다. 어떤 도전도 교묘하게 피한다. 그는 다른 사람들에게 아첨을 잘한다. 그는 아첨하고 무책임하고 게으른 존재로서 다른 사람들과 충돌한다.

(11) K : 속기 쉬운-자비로운

이러한 사람은 은연중에 모든 사람을 믿는다. 그는 믿을 수 없을 만큼 속기 쉽고 부적절하게 정직하다. 그는 어떤 것도 용서할 수 있으며 어떤 사고도 쉽게 받아들인다. 그는 악의 없는 속기 쉬운 부주의한 존재로서 다른 사람들과 충돌한다.

(12) L : 박애적-용서하는

이러한 사람은 관대함으로 다른 사람들을 만족시킨다. 그리고 다른 사람들을 비판하지 않는다. 그는 규율이 느슨하고 어떤 것도 용서할 수 있는 것처럼 보인다. 그는 어떤 좋은 노력을 칭찬하고 모든 사람들이 좋아할 어떤 것을 찾는다. 그는 무조건적으로 다른 사람들을 쉽게 수용하고 헌신적으로 돌보며 이해한다. 그는 항상 사랑하고 관대하며 동정심이 많은 존재로서 다른 사람들과 충돌한다.

(13) M : 화해적-만족한

이러한 사람은 빈틈없이 다른 사람들의 감정을 고려한다. 그리고 다른 사람들의 권리를 존중한다. 그는 어떤 일이 일어나던 부드럽게 말하고 불평하지 않는다. 그는 긴장된 상황을 제거할 수 있으며 결코 짜증을 내지 않는다. 그는 다른 사람들을 위해 하는 일에 힘을 쓰고 그들을 위해 자신을 희생한다. 그는 지나치게 공손하고 자기 희생적이고 항상 구원자로서 다른 사람들과 충돌한다.

(14) N : 고독공포의-주제넘게 나서는

이러한 사람은 혼자 있는 것을 아주 싫어하고 다른 사람들과 함께 어울리려 하며 다른 사람들과 잡담 나누기를 좋아한다. 그는 계속적으로 대화를 시작하며 항상 누군가와 이야기를 나눈다. 그는 기민하게 사회 활동에 참여하고 그와 함께 하기 위해 다른 사람들을 초대하고 끊임없이 모임을 만든다. 그는 주제넘게 나서기를 좋아하고 고독공포의 존재로서 다른 사람들과 충돌한다.

(15) O : 충동적-극적인

이러한 사람은 대화를 독점하는 것처럼 보이며 한 화제로부터 또 다른 화제로 유쾌하게 재잘거리며 그의 견해를 불쑥 말하는 것을 멈출 수 없는 것처럼 보인다. 그는 끊임없이 이야기를 재미있게 하고 과장하며 극단적인 입장을 취한다. 그는 끊임없이 흥분하고 충동적이다. 그는 현란하고 매우 감상적이며 억제할 수 없는 존재로서 다른 사람들과 충돌한다.

(16) P : 거만한-억제적

이러한 사람은 주제넘은 사람이다. 그는 자기비판을 할 수 없으며 용감히 말하고 행동하는데 주저하지 않으며 당혹해 하지도 않는다. 그는 그 자신에 매혹된다. 그리고 자만, 또는 오만을 멈출 수 없는 것처럼 보인다. 자신의 말에 스스로 매혹된 것처럼 보인다. 그는 자만심이 강하고 적극적이며 자기 본위적이고 자기 억제된 존재로서 다른 사람과 충돌한다.

7. 대인관계 성향 복합모형

안범희(1985)가 제시한 대인관계 성향 복합모형은 다음과 같은 방법 및 절차에 의해 설정되었다.

첫째, 대인관계의 성향에 대해 언급한 제학자의 견해를 분석 · 정리한다.

둘째, 대인관계의 성향에 대한 제학자의 견해에 공통적으로 포함되어 있는 요소를 추출하여 이를 대인관계 성향의 요인으로 재구성한다.

셋째, 이렇게 정리된 요인들이 직접적인 대인관계 상황 하에서 어떠한 영역으로 분류될 수 있는지를 기존 분류의 테두리 안에서 재분류한다.

위의 절차에 따라 설정된 것이 [그림 8－7]의 '대인관계 성향모형'이다.

[그림 8－7]의 대인관계 성향모형에서 'A'부분은 대인관계 상황에서 그가 어떤 역할을 맡으며, 그의 사회적 관계는 어떠하며, 대인관계 상황에서 그가 상대방에게 취하는 태도는 어떻게 표현되는가를 구분한 영역이며 'B'의 부분은 각 성향이 구체적으로 어떻게 나타나는가 하는 내용을 표시한 것이다. 즉, 대인관계 상황에서 그가 취하는 역할이 지배적인가 복종적인가, 독립적인가 의존적인가를 구분한 것으로 이러한 내용들이 곧 대인관계 성향의 각 요인을 이룬다. 'C'의 부분은 'B'의 부분에 반대적인 성향을 대칭시켜 놓은 것이다. 그러므로'B'의 정도가 높아지면 'C'의 정도는 자연 낮아지게 된다. 따라서 '대인관계 성향검사'는 'B'의 요인만으로 구성되게 된다.

A.	B.	C.
A. 역할성향	지 배 적	복 종 적
	우 월 적	자기 비하적
	독 립 적	의 존 적
	책 임 감 적	무 책 임 적
사회적 관계 성 향	동 정 적	비 동 정 적
	수 용 적	거 부 적
	사 교 적	비 사 교 적
	우 호 적	비 우 호 적
표현성향	경 쟁 적	비 경 쟁 적
	공 격 적	비 공 격 적
	과 시 적	자기폐쇄적
	자 기 도 취 적	자아의식적
	반 항 적	타 협 적
	불 신 적	신 뢰 적

[그림 8-7] **대인관계 성향 복합모형**

8. 대인관계 성향검사

다음은 앞의 대인관계 성향 복합모형에 입각해 안범희가 만든 대인관계 성향 검사다.

기입요령

- '언제나 그렇다(또는 그렇다고 생각한다)'에는 5
- '대체로 그렇다(또는 그렇다고 생각한다)'에는 4
- '그럴 때도 있고 그렇지 않을 때도 있다'에는 3
- '대체로 그렇지 않다'에는 2
- '그런 경우가 거의 없다.'에는 1을 쓰시오.

〈대인관계 성향검사 답지〉

1)	2)	3)	4)	5)	6)	7)	8)	9)	10)	11)	12)	13)	14)
15)	16)	17)	18)	19)	20)	21)	22)	23)	24)	25)	26)	27)	28)
29)	30)	31)	32)	33)	34)	35)	36)	37)	38)	39)	40)	41)	42)
43)	44)	45)	46)	47)	48)	49)	50)	51)	52)	53)	54)	55)	56)
57)	58)	59)	60)	61)	62)	63)	64)	65)	66)	67)	68)	69)	70)
71)	72)	73)	74)	75)	76)	77)	78)	79)	80)	81)	82)	83)	84)

채점방법

답지의 첫 번째 세로 칸(1번 문항, 15, 29, 43, 57, 71 번 문항)을 더해 답지 아래의 빈 칸에 적는다. 답지의 두 번째 세로 칸(2번 문항, 16, 30, 44, 58, 72)을 더해 빈 칸 아래에 적는다. 다음으로는 두 세로 칸의 점수를 합하여 맨 밑의 빈 칸에 적는다. 같은 절차를 반복한다.

맨 밑의 7칸 중 첫 번째가 지배적-우월적 대인성향 관계이고, 다음이 독립적-책임감적/ 3 번째가 동정적-수용적/ 사교적-우호적/ 경쟁적-공격적/ 과시적-자기도취적/ 마지막 7 번째가 반항적-불신적 성향이다.

이 중 가장 높은 점수를 받은 것이 그 사람의 대표적 대인관계 성향이다.

〈대인관계 성향검사〉

강원대학교 교육학과 안 범 희

〈일러두기〉

본 검사는 여러분들의 대인관계가 어떠한 성향을 띠고 있는지 알아보기 위한 것입니다. 각 사람마다 개성이 있으므로 특별히 좋고 나쁜 대인관계를 진단하기는 어려운 것이나, 본 검사를 통해서 여러분들의 대인관계가 어떠한 성향을 보이고 있으며, 어떤 점을 좀더 긍정적인 방향으로 개선해 나갈 것인지 스스로 판단할 수 있을 것입니다. 별도로 마련된 답지의 기입요령에 따라 솔직히 기입해 주시면 고맙겠습니다.

1. 남들에게 충고나 조언 등을 잘한다.
2. 남들로부터 잘난 척 한다는 말을 자주 듣는다.
3. 동료가 지시하는 일은 잘 따르지 않는다.
4. 남으로부터 신용 있는 사람이란 말을 자주 듣는다.
5. 남의 입장이나 처지를 잘 이해해 주는 편이다.
6. 타인을 비판하기에 앞서 이해하려 애쓴다.
7. 사교적인 모임에 참석하기를 좋아한다.
8. 남들에게 별로 화를 낼만한 일도 없고 화를 내는 적도 없다.
9. 경기나 게임에서는 내기를 해야만 신이 난다.
10. 윗사람에게라도 따질 일은 따진다.
11. 칭찬을 받으면 그 일이 오랫동안 기억에 남는다.
12. 어떠한 여자(또는 남자)와도 친해질 수 있다.
13. 지도적 위치에 있는 사람의 하는 일이 늘 마땅치 않다.
14. 웃어른의 말이라고 해서 다 믿지는 않는다.
15. 여러 사람을 대표해서 그들의 의견을 윗사람에게 전달하는 역할을 자주 한다.
16. 내가 이야기하면 상대방이 기분 나쁜 표정을 보이는 경우가 종종 있다.
17. 남의 일에는 간섭하지도 않고, 남의 눈치를 보지도 않는다.
18. 여러 가지 일을 맡아서 하기를 좋아한다.

19. 남의 느낌에 민감한 반응을 보이길 잘한다.
20. 남의 약점을 보기 보다는 장점을 높이 평가한다.
21. 여러 사람과 같이 어울리기를 잘한다.
22. 남들로부터 친절하다는 얘기를 자주 듣는다.
23. 남이 좋은 물건을 가지면 나도 곧 갖고 싶어진다.
24. 토론을 할 때마다 언쟁을 벌이길 잘한다.
25. 남의 주목을 끌기 위해 가끔씩 유별난 행동을 하는 수가 있다.
26. 나의 용모나 옷차림에 대해 자신이 있다.
27. 권위적인 행동을 하는 사람에게는 공연히 반발심이 생긴다.
28. 다른 사람이 하는 일은 미덥지 못해 부탁하는 일이 별로 없다.
29. 내가 할 수도 있는 일이지만 부릴만한 사람이 있는 경우 시키길 잘한다.
30. 나의 의견과 다르면 무조건 반대하는 경우가 있다.
31. 남의 도움 없이 내 스스로 계획을 세워 이에 맞추어 일을 수행한다.
32. 부탁받은 일은 밤을 새워서라도 한다.
33. 남의 잘못을 너그럽게 이해해 주기를 잘한다.
34. 여러 가지 일로 사람이 찾아오지만 귀찮지 않으며, 성의껏 대한다.
35. 혼자 있는 것보다 여러 사람과 같이 있는 편이 즐겁다.
36. 남들을 어떤 선입견이나 편견을 가지고 대하지는 않는다.
37. 사소한 일이라도 남에게 지고 싶지 않다.
38. 자존심이 상하면 참지 못하고 다툰다.
39. 여러 사람 앞에서 의견을 말하길 좋아하고, 더러는 과장해서 말한다.
40. 친구들은 나를 부러워하는 눈치다.
41. 나는 집안 식구들로부터 불평이 많다는 이야기를 종종 듣는다.
42. 나에게 호의적으로 대하는 사람들도 믿지 못하는 경우가 있다.
43. 어떤 모임에서나 나의 주장을 관철시키려 노력한다.
44. 어느 모로 보나 친구들보다는 내가 유능하다는 생각으로 행동한다.
45. 남들의 의견과는 관계없이 내 방식대로 일을 처리하기를 좋아하면 이에 만족한다.

46. 약속을 하는 경우 상대방보다 먼저 나오는 경우가 많다.
47. 경기에서 지는 편을 응원한다.
48. 실수로 당황하는 친구를 보면 그를 격려해 주고 안심시켜 준다.
49. 다른 사람들은 나와 쉽게 친해질 수 있다고 한다.
50. 혼자서 보다는 여럿이서 같이 일하거나 공부하기를 좋아한다.
51. 어떤 일이고 친구들보다 뒤지지 않으려 애쓴다.
52. 잘못한 사람이 용서를 빌어야 직성이 풀린다.
53. 남 앞에서 나의 집안일이나 나에 대한 자랑을 잘한다.
54. 사람들은 나를 꽤 관심 있게 보는 편이다.
55. 남의 묻는 말에 대답하지 않는 경우가 종종 있다.
56. 타인의 말을 곧이곧대로 믿지는 않는다.
57. 내 뜻대로 되지 않으면 몹시 속이 상한다.
58. 나는 다른 사람의 의견을 대수롭지 않게 여긴다.
59. 누가 도와 주거나 충고해 주는 것을 좋아하지 않는다.
60. 나는 무슨 일에나 책임의 한계를 명백히 한다.
61. 불쌍한 친구를 보면 도와 주기를 좋아한다.
62. 친구들은 고민거리가 있으면 나를 찾아온다.
63. 다른 사람과 잘 사귀며, 비위도 잘 맞춘다.
64. 내 의견을 내세우기 보다는 남의 의견에 잘 따르는 편이다.
65. 남들과 다투는 일이 종종 있다.
66. 남이 잘못하는 일은 그 자리에서 즉각 시정해 준다.
67. 옷차림에 대해 꽤 신경을 쓰는 편이다.
68. 친구들과 어울리는 경우 내가 얘기를 가장 많이 하는 편이다.
69. 돌멩이나 그 밖의 물건을 차거나 치거나 하는 경우가 있다.
70. 내게 접근하는 사람은 일단 경계부터 한다.
71. 다른 사람들은 나의 의견을 잘 따른다.
72. 누가 묻는 것에 모른다고 답하기를 싫어한다.
73. 나에게 부당한 일에는 적극적으로 내 권리를 옹호한다.

74. 남에게 빌린 것은 제때에 돌려주어야 직성이 풀린다.
75. 걸인이나 껌팔이 소녀(소년)를 보면 돈을 준다.
76. 나에게 잘못한 친구와도 곧잘 어울리게 된다.
77. 여행 중에는 모르는 사람과도 곧잘 이야기를 나눈다.
78. 여럿이서 하는 일에 적극적으로 협조한다.
79. 나보다 뛰어난 친구를 보면 앞지르고 싶다.
80. 나에게 고통을 준 사람에게는 그만큼의 고통을 준다.
81. 자그마한 일에도 곧잘 흥분한다.
82. 한참 동안 거울을 들여다보는 일이 자주 있다.
83. 마음에 안 드는 사람의 말은 일단 반대하고 본다.
84. 믿고 의지할 만한 친구가 없다.

대인관계의 평가

Chapter

09

1. 대인관계의 평가준거
2. 대인관계 적절성 평가준거
3. 대인관계와 자아개념과의 관계

대인관계 적절성의 평가준가는 여러 학자들이 제시하고 있는 대인관계의 평가준거 중에서 대인관계의 목적과 기능에 부합하고, 정상인 및 적절한 인간의 특성에 포함되는 요소들로 구성되었다. 따라서 우선 대인관계의 평가준거가 될 만한 제학자들의 견해를 살펴보고 이를 수합하고, 상호 관련성을 분석하여 대인관계의 목적과 기능, 정상인 및 적절한 인간의 특성에 비추어 타당하다고 인정되는 요소들을 정리한 것이 최종적인 대인관계 모형이 된다.

1. 대인관계의 평가준거

1) Bennis의 견해

Bennis와 그의 동료들은 네 가지 대인관계의 유형들을 설정하고 이에 따른 평가준거를 정리하였는데, 우선 네 가지 대인관계의 유형을 살펴보면 다음과 같다.

Type A : 자신의 만족을 충족시키기 위해 형성된 관계로서 사랑, 우정 등이 이에 속하며 이를 [표현적-정서적 관계]라 한다.

Type B : 현실성(reality)을 구축하기 위해 존재하는 대인관계로서 자아에 관한 것과 사회에 관한 것이 있으며, 이를 [확인관계]라 한다.

Type C : 이는 양자 간에 어떤 변화를 일으키거나 영향력을 미치거나 하기 위해 형성되는 관계로서 [변화와 영향력의 관계]라 한다.

Type D : 이는 어떤 목적, 또는 과업을 달성하기 위해 형성되는 관계로 이를 [도구적 관계]라 한다.

이러한 네 가지 대인관계 유형의 내용과 이에 따른 좋고, 나쁜 관계의 준거와 결과를 요약한 것이 〈표 9-1〉이다.

Type A의 표현적-정서적 관계는 '느낌'이 중요하고, 상호간의 만족이 좋은 관계의 기준이 되며 '결속'이 좋은 관계의 결과다. 애인이나 친구간의 관계가 주로 이 타입에 속하는 것으로 볼 수 있다. Type C의 '변화와 영향력의 관계'는 교사와 학생간의 관계를 설정해 볼 수 있다. 교사는 학생들을 변화시킴으로써 그들을 성장시키는 것이 의무이며, 이에 저항하거나 계속 의존적인 학생의 태도는 나쁜 관계의 결과로 볼 수 있을 것이다.

표 9-1 대인관계 평가준거(Bennis-1)

	(1) 대인적 상호작용의 내용	(2) 좋은 관계의 기준	(3) 좋은 관계의 결과	(4) 나쁜 관계의 결과
Type A **표현적 - 정서적 관계**	느낌	상호간의 만족	결속	소외 반대감정 병존 (예 : 애증, 적의)
Type B **확인관계**	자신에 관한 정보 1) 대인적인 feedback, 즉 반사된 평가 환경에 관한 정보 2) 상황 규정	1) 확인 2) 총의, 또는 합의	1) 통합된 주체의식, 자아실현, 현실에 대한 합의 2) 인지적 정통 현실에 대한 합의	1) 불확정성 2) 일탈
Type C **변화와 영향력의 관계**	추구하는 목표에 대한 정보교환 및 달성하고자 하는 목표로의 전진	추구하는 변화	성장 목적달성 내면화	저항 계속되는 의존관계
Type D **도구적 관계**	과업에 대한 정보	생산성 창조성	유능 산출	부적합 낮은 산출

Bennis 등은 또한 적절한 대인관계의 평가준거로서 첫째, 사회적 조건, 둘째, 개인적 자질을 제시하고 있다. 이에서 개인의 자질 측면을 좀 더 자세히 설명하면 다음과 같다.

(1) 정보를 받아들이고 보내며…… 이는 정확하고 충분한 지각 이상의 것을 의미한다. 이를테면 민감성(sensitivity)같은 것도 이에 포함되는 바 단순히 수동적으로 받아들이는 것뿐만 아니라 적극적인 창조적 각성 등을 포함한다.

(2) 자아를 부정하거나 자아에 대한 두려움 없이 생각, 믿음, 느낌을 표현하고 들을 수 있는 능력을 뜻한다.

(3) 다양한 대인관계의 경험을 하는 중에 어떠한 진단이 내려지고, 이를 개념화하고 체계화할 수 있는 능력을 말한다.

(4) 진단의 결과에 따라 이를 행동으로 옮길 수 있는 능력으로 행동에 융통성을 두는 일은 이의 플러스 요인이 된다.

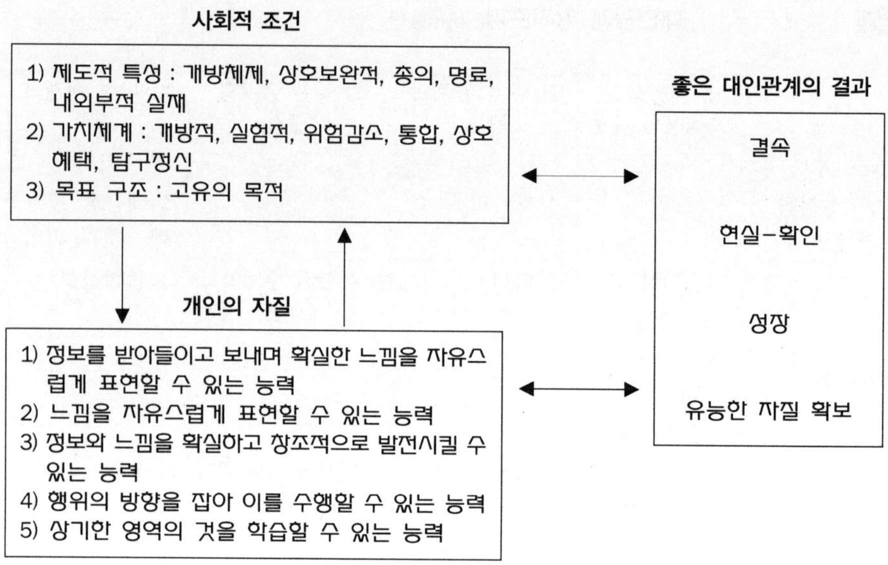

[그림 9-1] **대인관계 평가기준(Bennis-2)**

(5) 개개인은 관찰적인 참여의 태도를 개발해야 하며, 이는 자신의 대인적 경험들을 허용하고 격려하며, 계속적으로 분석하는 심적 준거를 갖는 것을 뜻한다.

2) Berger의 견해

Berger(1952)는 자기수용에 관한 연구에서, 자기수용을 잘할 줄 아는 사람이 대인관계의 적절성을 유지할 수 있다는 견해를 밝히면서 이러한 사람들이 타인과 어떠한 관계를 맺는가에 대해 다음과 같은 7가지 요소를 들고 있다.

첫째, 타인이 자신과 다른 견해를 보이더라도 미워하거나, 거부하거나 쉽게 판단해 버리거나 하지 않는다.

둘째, 타인을 지배하려 하지 않는다.

셋째, 타인에게 책임을 전가하지 않는다.

넷째, 타인의 가치나 평등성을 인정한다.

다섯째, 타인에게 봉사하고자 한다.

여섯째, 타인에게 적극적인 관심을 갖고 상호 만족스러운 관계를 만들려고 노력한다.

일곱째, 자아발전에 조심성을 보이며 타인의 권리를 침해하지 않는다.

3) Jourard의 견해

Jourard는 만족스러운 관계를 구축하고 유지하는 능력은 건전한 성격의 주요 요소임을 지적하고 대인관계의 적절성을 유지할 수 있는 요소로 7 가지 특성을 들고 있다.

첫째, 서로가 서로를 잘 안다. 즉, 타인의 특이성을 정확히 파악할 줄 안다.

둘째, 상대방의 특성을 싫어하기 보다는 좋아한다.

셋째, 서로가 상대방의 행복과 성장에 관여하고 있다고 생각한다.

넷째, 서로가 상대방의 성장과 행복을 증진시킬 수 있는 방식의 행동을 한다.

다섯째, 서로가 효율적인 의사소통을 할 수 있으며, 자신을 상대방에게 충분히 드러낼 줄 안다.

여섯째, 서로가 상대방에게 적절한 선에서의 요구와 기대를 한다.

일곱째, 서로가 상대방의 자율성과 개성을 존중한다.

Jourard(1971)는 건전한 성격과 자기노출(폭로) 사이의 관계를 연구하기도 했다. 그는 자기노출은 건전한 성격, 만족스러운 대인관계의 징후이자 동시에 궁극적으로는 건전한 성격, 만족스러운 대인관계를 이루기 위한 수단이기도 하다는 결론을 내리고 있다. 즉, 건전한 성격의 소유자인 동시에 만족스러운 대인관계를 유지하는 사람은 최소한 의미 있는 타인에게 자기 자신을 충분히 알릴 수 있는 능력을 보인다는 것이다.

4) Rogers의 견해

Rogers(1958)는 임상 경험을 통해 심리적 치료에 있어서 도움을 주는 관계에 있는 치료가가 지녀야 할 몇 가지 자질을 들고 있다. 그는 최적의 도움을 주는 관계는 심리적으로 원숙한 사람에 의해 창조되는 어떤 관계가 아닌가 하는 생각을 가짐으로써 도움을 주는 관계의 특성이 곧 대인관계의 적절성과 일치할 수 있는 것임을 암시하고 있다.

그가 도움을 주는 관계(helping relationships)에서 효율적인 것으로 제시한 것은 다음의 열 가지다.

첫째, 타인을 믿을 만하고 연관성이 있으며 분별력이 있는 존재로 생각한다.

둘째, 타인들과 솔직한 대화를 할 수 있다.

셋째, 부드럽고 조심스러우며, 자신을 좋아하고 존경하며 관심을 보이는 태도를 지닌 사람에게 적극적인 태도로 자신의 체험을 털어놓을 수 있다.

넷째, 다른 사람으로부터 독립하여 독자적으로 행동할 수 있다.

다섯째, 타인이 자신으로부터 독립하여 독자적으로 행동하는 것을 허용할 수 있다.

여섯째, 타인이 느끼는 지각 및 의미의 세계로 들어갈 수 있으며, 타인의 행동을 충분할 이해할 수 있다.

일곱째, 타인의 존재를 있는 그대로의 모습으로 받아들인다.

여덟째, 자신의 행동이 타인에게 위협적인 것이 되지 않도록 충분한 지각을 가지고 행동할 수 있다.

아홉째, 타인의 외부적인 평가에 대해 두려움을 갖지 않고 대할 수 있다.

열 번째, 타인의 성장 가능성을 믿는다.

Rogers 역시 타인에 대한 지각을 대인관계의 주요 요소로 보고 있다. 그는 특히 지각의 개방성을 강조하고 있다. 이는 Gilford가 말한 수렴적 사고와 발산적 사고 중 후자에 가까운 것으로, Maslow는 이를 안전과 성장이라는 대응적 표현을 쓰고 있다. 수렴적-폐쇄성-안전이 괘를 같이 하는데 비해 발산적-개방성-성장은 또 다른 괘를 형성한다. Barron(1971)의 연구에 의하면 창의적인 사람은 지각적인 성향을 보이고, 그렇지 않은 집단은 판단적인 성향을 보였다고 하는데, 지각적인 성향이란 모든 경험에 개방적인 것을 뜻한다. 그러한 개방성이 효율적인 지각을 가능케 하고 따라서 경험 및 상대방의 이해 및 수용을 돕는 것으로 볼 수 있을 것 같다.

5) Weiss의 견해

Weiss(1973)는 효율적인 대인관계의 요소로 다음의 다섯 가지를 들고 있다.

첫째, 정서의 통합

둘째, 사회적 통합 : 상대방과 관심을 나누는 관계

셋째, 양육에 대한 관심과 기회를 갖는 것 : 상대방에게 필요한 존재가 될 수 있다는 느낌을 지니고 있음

넷째, 개인적 가치의 인정
다섯째, 이웃이나 친지들과 친밀히 지낼 줄 앎

6) 기타의 견해

Fromm(안범희, 2009, 재인용)은 개인의 성격을 타인들과의 상호작용을 통해 형성된 습관으로 파악하고, 인간의 성격을 5가지로 구분했는데, 그는 감수성이 지나치게 예민한 성격은 타인들로부터 사랑과 지지를 받는 대인행동의 범위에 제한을 받으며, 저항적 성격은 타인과 일정 간격을 유지하고자 하며, 시장적 성격은 자신을 하나의 상품으로 간주하고 그의 가치 또한 교환적 가치로 본다는 것이다. 착취적 성격은 대인행동을 수단삼아 지배적인 영향력의 행사 및 교활성을 보이는 바, 생산적인 성격의 소유자가 건전한 성격을 지닌 사람으로 그는 대인행동에 있어서도 타인들과 만족할 만한 방식으로 행동하여 지신의 만족을 구한다고 한다.

또한 Ruesch와 Bateson(1951)은 효과적인 의사소통이 대인관계의 관건이 되는 바, 개방적인 의사소통은 애정의 충족, 성장, 가치추구를 가능케 한다고 주장했고, Adler(1979)는 "대인관계란 서로 자신에 관한 것을 나누어 가질 때 발전할 수 있기 때문에 어떤 대화에서든지 쌍방이 최소한 어느 정도는 자기 자신을 개방하는 것이 매우 중요하다"고 지적하면서 타인과의 동일시감이 대인관계에서 중요한 것임을 주장하였다.

역시 자기폭로의 중요성을 강조한 바 있는 Jourard는 대인적 자질은 건전한 성격과 동일시되리 만큼 중요한 것으로서, 이러한 자질의 두 방면으로 역할의 다능성과 역할의 적절성을 꼽고 있다.

상호간의 개방성 여부가 대인간의 적절성의 주요 요인이 된다는 사실은 Josep과 Harris에 의해서도 지지되고 있는데, 이들은 'Johari의 창문' 이라는 도식 [그림 9-2]를 통해 '나와 너에게 개방된 자유영역(1의 영역)', '너에게는 보이나 나 자신은 지각 못하는 영역(2의 영역)' 등 4영역을 설정하고, 1의 영역이 넓어질수록 효율적인 대인관계가 형성된다는 주장을 하고 있다(Luft, 1970, 재인용). Sullivan은 타인에 대한 정확한 지각을 대인관계의 적절성의 관건이 되는 요소로 보았다.

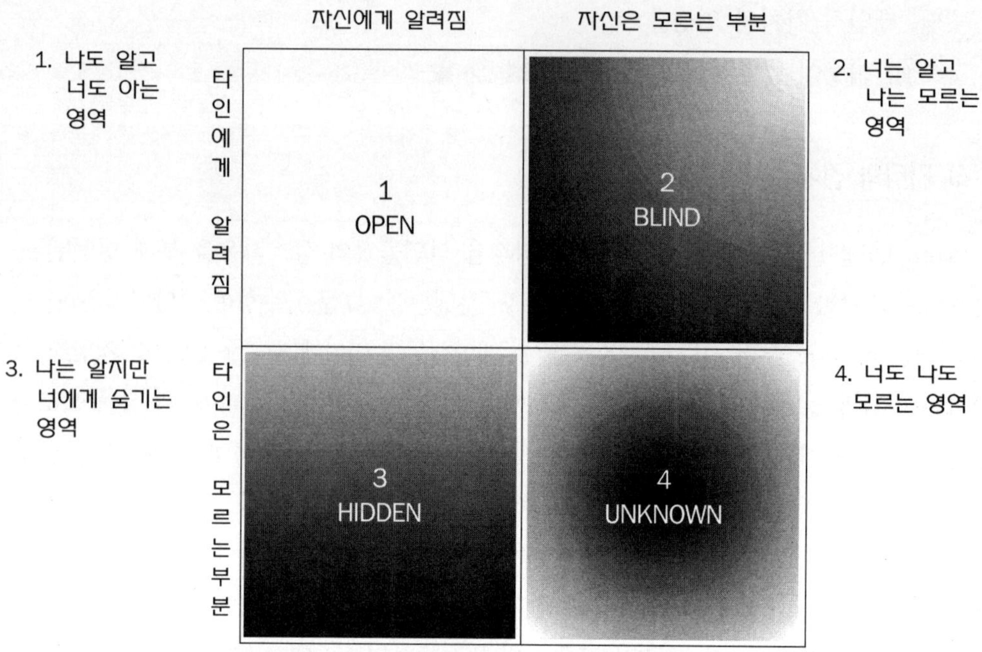

[그림 9-2] Johari의 창문

그 밖에 앞에서 언급한 바 있는 Schutz는 모든 사람들이 세 가지 기본적인 대인관계 욕구를 지닌 것으로 보고(소속, 통제, 애정의 욕구), 이 세 가지 욕구를 통해 타인과 만족스러운 관계를 유지하는 것이 효율적인 대인관계라 보았다. Krech 등은 대인관계의 양상을 역할성향, 사회관계 상향, 표현적 성향으로 구분하였는 바, 이 중 사회관계 성향에서는 타인의 수용, 사교성, 우호적 관계, 동정적 관계가 효율적인 대인관계의 요소가 된다고 지적하였다.

이상의 절차의 과정을 거쳐 도출된 '대인관계의 적절성 평가준거'는 다음과 같다.

2. 대인관계 적절성 평가준거

1) 타인의 독립성, 평등성, 가치인정, 타인의 능력 믿음, 타인 신뢰, 타인에 대한 폭넓은 동일시

2) 경험의 개방성(정확하고 효율적인 지각), 편견 및 선입견의 적음
3) 자기폭로(솔직성), 경청의 정도, 감정 전달 및 이입, 표현의 명쾌
4) 비평가적 태도, 타인의 지각의 세계 이해, 우호, 동정, 애정의 수용 및 표현, 심리적 자유
5) 과업지향적, 생산적, 상호성장, 이타적, 자아실현
6) PAC관계의 탁월, 소속감의 정도, 소속 잡단에서의 역할
7) 독립적, 솔선적, 자발적 관계
8) 주체적, 실존에 대한 책임, 생의 의미추구, 긍정적 자아

이를 기초로 대인관계 적절성 검사의 체계를 표로 요약하면 다음과 같다.

표 9-2 대인관계 적절성 검사의 영역 및 내용

영역	하위영역(요인)	내용	문항수
지각관계 영역	대인지각(PO)	타인의 독립성, 평등성, 가치인정, 타인의 능력 믿음, 타인 신뢰, 타인에 대한 폭넓은 동일시	
	경험에 대한 지각(PE)	경험의 개방성(정확하고 효율적인 지각), 편견 및 선입견의 적음	
표현·정서적 관계	의사소통(CO)	자기노출(솔직성), 경청의 정도, 감정전달 및 이입, 표현의 명쾌	
	수용적·허용적 관계(AP)	비평가적 태도, 타인의 지각의 세계 이해, 우호, 동정, 애정의 수용 및 표현, 심리적 자유	
역할관계 영역	변화와 영향력(CH)	과업지향적, 생산적, 상호성장, 이타적, 자아실현	
	역할의 다능성(RV)	PAC관계의 탁월, 소속감의 정도, 소속집단에서의 역할의 다능성	
자율·통정 관계영역	자율·자발적 관계(SA)	솔선적, 자발적, 자율적 관계	
	통합된 삶의 철학(IP)	주체적, 실존에 대한 책임, 생의 의미추구, 통정(統整)적 관계	
합계			64

〈대인관계 적절성 검사〉

강원대학교 교육학과 안 범 희

〈일러두기〉

본 검사는 대인관계가 어느 정도 적절한가를 알아보는 검사입니다.

솔직한 답변을 토대로 자신의 대인관계가 어느 정도 위치에 있는가, 개선할 점은 무엇인가를 알아보는 일은 앞으로 여러분의 생활에 큰 도움이 될 것입니다. 각 문항을 읽고 별도 답지의 기입 요령에 따라 솔직하고 성실하게 답변해 주시기 바랍니다.

1. 사람들은 저마다 어느 정도 남과 다른 특성을 지니고 있다.
2. 어떤 사람에 대해 한번 내린 평가는 좀처럼 변하지 않는다.
3. 나는 내가 느끼는 바를 상대방에게 스스럼없이 이야기한다.
4. 나는 타인의 객관적인 칭찬이나 충고, 비판 등을 기꺼이 받아들인다.
5. 나는 동료와 어떤 일을 같이 하는 경우 결과에 대해 서로 만족한다.
6. 나는 나의 동료들과 대등한 입장에서 활동한다.
7. 나는 여러 사람이 모인 자리에서 어색함을 느낀다.
8. 인생은 살만한 가치가 있다고 생각한다.
9. 사람은 누구나 자기 나름대로 장점을 지니고 있다.
10. 나는 사물이나 사건을 있는 그대로만 볼 뿐 나에게 유리하게 해석하지는 않는다.
11. 나는 대화를 나눌 때 상대방의 느낌에 적잖이 유의한다.
12. 나는 상대방의 입장에 서서 그를 이해하고자 한다.
13. 내 동료들은 나의 능력을 과소평가하는 것 같다.
14. 나는 학식이나 덕망이 높은 사람의 말을 신용한다.
15. 자신과 관련된 문제에 대해 결정을 내리는 일이 부담스럽다.
16. 나는 사회에 무엇인가 기여할 것으로(또는 기여하고 있다고) 믿고 있다.
17. 사람들은 누구나 이 세상에 존재할 만한 이유와 가치가 있다.
18. 나는 이상(理想)이나 양심에 어긋난 행동을 하면 오랫동안 심한 죄의식으로 고통받는다.

19. 나는 상대방이 대화 중에 말하지 않은 사실도 헤아려 알 수 있다.
20. 나는 타인이 베푸는 호의를 기꺼이 받아들일 수 있다.
21. 나의 부모님은 나의 의견을 잘 받아들이는 편이다.
22. 나는 내가 속한 집단(학교, 가정, 사회 등)에 긍지를 느낀다.
23. 나는 어떤 사람을 처음 만나는 것이 부담스럽지 않다.
24. 어떤 목적이나 규칙, 규범보다는 인간 자체가 존중되어야 한다.
25. 사람은 태어나면서부터 누구나 평등한 존재라고 믿는다.
26. 나는 나와 취미나 성격이 맞는 사람하고만 사귀고 있다.
27. 나는 창피하다거나 비굴하다는 느낌, 두려움 없이 내 생각이나 느낌을 상대방에게 말할 수 있다.
28. 상대방이 내 도움을 필요로 하는 경우, 다소 궂은일이라도 기꺼이 도와준다.
29. 나의 성격이나 태도, 대인관계 등은 특별히 변화의 필요성을 느끼지 않는다.
30. 나는 상대방의 연령이나 지위에 맞추어 그에 합당한 처신을 할 수 있다.
31. 나는 누구의 지시를 받는 일보다는 자발적으로 일하길 좋아한다.
32. 목적을 달성하는 것도 중요하지만, 그 과정도 이에 못지않게 중요하다고 생각한다.
33. 사람들은 스스로 자신의 일을 해결할 수 있는 능력을 지니고 있다.
34. 나는 어떠한 경험이든 많이 하고자 한다.
35. 나는 상대방과의 대화시 딴전을 부리거나 내 할 일을 하면서 이야기를 들을 때가 있다.
36. 남으로부터 충고나 지적을 받으면 오랫동안 마음이 언짢다.
37. 부모님이 내게 요구하는 일은 대개 합당한 일이다.
38. 내가 맡은 일은 대개 무리 없이 수행한다.
39. 나는 상대방이 독자적으로 행동하는 것을 허용할 수 있다.
40. 내 생활은 어떤 목적 하에 일관성 있게 진행되고 있으며, 내 인생은 내가 책임져야 한다.
41. 나는 타인의 성장 가능성을 믿는다.
42. 나는 내가 한일에 대해 객관적인 평가를 할 수 있다.

43. 나에게 호의적인 사람에게 나의 체험이나 느낌을 솔직하게 이야기할 수 있다.
44. 나는 타인이 지닌 가치와 태도가 나와 다르다고 해서 이상하게 여기거나 싫어하지 않는다.
45. 나는 쉬운 일보다 어렵고 복잡한 일에 더 매력을 느낀다.
46. 내가 소속된 집단의 행사에는 기꺼이 참여한다.
47. 나는 남으로부터 책임감이 강하다는 말을 자주 듣는 편이다.
48. 어떤 일을 수행함에 있어서 타인과 격리되기 보다는 더불어 하기를 좋아한다.
49. 자신에게 해를 끼치지 않는한 사람들은 누구나 우호적이다.
50. 나는 동료들과 비교해 볼 때 융통성이 많은 편이다.
51. 나는 나 자신에 대해 잘 알고 있으며, 동료들도 나에 대해 잘 알고 있다.
52. 나와 비슷한 입장에 있던 동료가 잘되면 은근히 질투심이 생긴다.
53. 나는 언젠가는 내가 꼭 하고 싶은 일을 할 수 있을 것으로 생각한다.
54. 나는 상대방을 지배하기 보다는 동등한 입장에서 참여하고자 한다.
55. 나는 어떤 일을 솔선하여 하길 좋아한다.
56. 나는 나의 행동이 상대방에게 부담을 주지 않도록 주의한다.
57. 대부분의 사람들은 근본적으로 선하고 친절하다.
58. 꽤 오래 전에 겪은 불쾌한 경험이 이따금 마음에 걸린다.
59. 상대방과 대화를 할 때 표정이 자연스럽지 않거나 말이 잘 안나오는 등 부자연스러운 경우가 있다.
60. 나는 동료가 느끼는 지각의 세계 및 의미의 세계로 들어갈 수 있으며, 동료가 하는 행동을 충분히 이해할 수 있다.
61. 책을 읽으면 무언가 새로운 생각이나 느낌을 갖게 된다.
62. 내가 속한 집단 성원과 만족스러운 관계를 맺고 있다.
63. 나는 새로 알게 된 사람에게 호의를 베풀기 좋아한다.
64. 나는 나보다 어린 사람을 대하게 되면 그들에게 무언가 도움을 주고 싶은 생각이 든다.

〈대인관계 적절성 검사 답지〉

기입요령

- '언제나 그렇다(또는 그렇다고 생각한다)'에는 5
- '대체로 그렇다(또는 그렇다고 생각한다)'에는 4
- '그럴 때도 있고 그렇지 않을 때도 있다'에는 3
- '대체로 그렇지 않다'에는 2
- '그런 경우가 거의 없다.'에는 1을 쓰시오.

이름 : ____________ 성 별 : 남, 여

________과 ______년 ______세

성장지 : 대도시, 중 · 소도시, 농촌

PO	PE	CO	AP	CH	RV	SA	IP	
1) ____	2) ____	3) ____	4) ____	5) ____	6) ____	7) ____	8) ____	
9) ____	10) ____	11) ____	12) ____	13) ____	14) ____	15) ____	16) ____	
17) ____	18) ____	19) ____	20) ____	21) ____	22) ____	23) ____	24) ____	
25) ____	26) ____	27) ____	28) ____	29) ____	30) ____	31) ____	32) ____	
33) ____	34) ____	35) ____	36) ____	37) ____	38) ____	39) ____	40) ____	
41) ____	42) ____	43) ____	44) ____	45) ____	46) ____	47) ____	48) ____	
49) ____	50) ____	51) ____	52) ____	53) ____	54) ____	55) ____	56) ____	
57) ____	58) ____	59) ____	60) ____	61) ____	62) ____	63) ____	64) ____	
								총점

채점방법

〈역순 채점 문항 번호〉

우선 다음의 번호의 문항은 5를 1로, 4를 2로——1을 5로 교정한다(부정 문항).
2/7/13/15/18/26/29/35/36/52/58/59계 12문항

답지의 세로 방향으로 채점한다. 즉 PO(대인지각)의 합계 점수는 1/9/17/25/33/41/49/57 등 8개 문항 점수의 합이다. 같은 이치로 PE(경험에 대한 지각)는 2/10/18/26/34/42/50/58 번 문항 점수의 합계가 된다.

두 점수를 합치면 '지각관계 영역'의 점수가 된다. 해석은 8가지 하위영역별로 해도 되고 4가지 영역별로 해도 된다.

3. 대인관계와 자아개념과의 관계

1) 자아개념의 특성

긍정적인 자아개념을 지닌 학생들은 쉽게 비행에 빠지지 않으며, 학업성취도 우수하다. 마찬가지로 자신을 긍정적으로 보는 성인들이 대인관계나 성취에 있어서도 탁월하다. Harris의 I'm OK-You're OK에서 보듯이 지기긍정-타인긍정의 관계가 바람직한 대인관계를 만든다. 자신에 대한 관점, 자신에 대한 평가는 모든 관계의 시발점인 것이다. 대인관계와 자아개념은 다음과 같은 점에서 상호 관련을 맺고 있는 것으로 보인다.

첫째, 개인은 자아를 계속적으로 유지하고, 보호하고, 고양시키고자 한다. 따라서 자아개념이 모든 행동의 이면적 동기가 되므로 행동이란 개인의 자아개념에 의해 결정된다.

자아개념에 대한 정의는 "개인이 그 자신에 대해 어떠한 관점, 또는 믿음을 갖고 있느냐"하는 것이다.

Purkey(1970)는 P. Lecky, C. R. Rogers, A. T. Jersild 및 A. W. Combs와 D. Snygg에 의해 제시된 자아에 대한 여러 가지 정의로부터 자아개념에 대해 다음과 같은 정의를 내린 바 있다.

> "자아란 개인이 그 자신에 관해 사실이라고 믿는 믿음들의 복합적이고 역동적인 체제로서, 이러한 각기의 믿음은 가치와 부합되는 것이다."

그는 또한 자아가 지닌 중요한 특징으로서 첫째, 자아는 조직된다는 것, 즉 자아는 조화(harmoney)와 균형(orderliness)에 의해 특징지워지는 안정성을 지녔다는 점과 둘째, 자아는 역동적(dynamic)이라는 것, 즉 각 개인은 그 자신이 알고 있는 자아(지각된 자아)를 계속적으로 유지하고, 보호하고, 고양시키려 애쓰고자 하는 것이 모든 행동의 이면적 동기가 된다는 점이다.

이러한 점을 인정한다면 경험이란 자아에 대한 적합성 여하에 따라 지각되는 것임으로, 행동은 이러한 지각에 의해 결정된다는 설명이 가능해진다. 이러한 선택적 지각의 문제는 상징적 상호작용주의 학파에서도 견해를 같이 하는 것인 바, Meltzer(1975)는 상호작용에 대해 다음과 같은 세 가지 기본적인 전제조건을 제시하고 있다.

> "첫째로, 인간의 행동은 그 자신에게 의미를 부여하는 것에 기초를 둔 지향성을 갖는다는 것이며, 둘째, 이러한 의미들은 인간사회 내에서의 사회적 상호작용의 결과이며, 셋째, 이러한 의미들은 각자가 마주치는 상징(signs)을 다룸에 있어서 각 개인이 사용하는 해석과정을 통하여 수정되고 운용된다는 것이다."

Meltzer가 말하는 '의미의 부여', '지향성', '해석과정' 등이 바로 각자가 지니고 있는 자아개념, 지각향성과 같은 의미를 지닌 것으로 보인다. 그러한 맥락에서Purkey는 "우리는 우리의 행동으로 우리가 지닌 자아개념을 표현한다."고 말하고 있는 것이다.

둘째, 자아개념은 개인의 행동을 결정해 주는 역할을 함으로 대인관계적 행동 역시 자아개념의 영향을 받게 된다. 따라서 개개인이 지니고 있는 자아개념의 차이는 대인관계에 차이를 가져올 것으로 볼 수 있다.

인본주의 심리학자들과 성격심리학자(personologist)들은 행동의 중핵적 요소로서 자아개념을 들고 있다. "자아개념 없이 개인의 지각과 동기와 가치의 중심적 조직 양상을 어떻게 설명할 수 있겠는가?"하는 것이 성격심리학자들의 주장이다.

Royce(1981)는 "자아는 정신적 구조물이 아니라 살아있는 유기체인 인간이다."라는 표현을 씀으로서 자아 자체가 곧 그 사람(the self as the person)임을 시사하고 있고, Mischel(1973)은 행동에서의 개인 간의 차이가 어떻게 일어나는가를 다음과 같은 도표로 요약하여 제시하고 있다.

표 9-3 인지적 사회학습에서의 개인변인 요약

1. 구조적 능력 : 특정한 인지와 행동을 구안하는 능력
   IQ, 사회적 및 인지적(정신적) 성숙과 적성, 자아 발달, 사회적-지적 성취 및 기술 등과

관련된 것, 자극이 무엇인지 알고 이에 대처할 수 있음.
2. 암호화하는 방략 및 개인적 구조 : 사상을 분류하고 자기묘사를 하는 유목
3. 특수한 상황에서 기대되는 행동결과 및 자극에 대한 반응
4. 자극에 대한 주관적 가치화 : 자극을 동기화하고 유발하며, 유인과 혐오자극의 구분
5. 자아조절 체계와 계획 : 복합적인 행동연속의 수행과 조직에 관한 규제와 자기 반응

위의 표에서 자아개념과 직접적인 관련을 맺는 것에 대한 Mischel의 설명은 다음과 같다.

> ……그들이 사건을 어떻게 암호화하고 분류하며 명명하는가에 따라, 그리고 그들 자신과 타인들을 어떤 식으로 받아들이는가(해석하는가) 하는 점에서 사람들 간에 차이가 있다.
> ……수행상의 차이는 또한 그 상황에서 기대되는 결과의 주관적 가치에 있어서의 차이에 기인하기도 한다."

2) 자아관련 용어와 이들의 상호관계

Hamachek(1995)는 자아는 개념(concepts)과 느낌(feelings)이라는 두 가지 기본적 내용으로 구성된 것으로 보고 있다. 그가 구분한 자아, 자아개념, 자아존중은 다음과 같다.

- 자아(self) : 개인적 존재감(our sense of personal existence).
- 자아개념(self-concept) : 개인적 정체성에 대한 자신의 생각(our idea of personal identity)으로 자기지각의 인지적 부분이다.
- 자아존중(self-esteem) : 자기지각의 정서적 차원으로 자기에 대한 평가적 요소다.

인본주의적 견해에 충실한 Hamachek의 이러한 정의를 염두에 두고, 심리 및 교육학에서 사용(혼용)되는 자아, 자아개념을 그 강조하는 바에 따라 정리하면 다음과 같거니와 이에서 보면 그 내용은 각기 다르지만 각 학자들이 자아(자기)를 행동의 원인 대행자로 보고 이를 통해 행동을 설명하고자 함을 볼 수 있다.

(1) 정신분석학에 기초를 둔 자아(자기)

① Freud의 자아(ego)

원욕(Id)이 관장하는 기초과정만으로 인간은 긴장을 해소하지 못하므로, 이를 해결하기 위해 이차적인 심리적 과정으로 출현하는 것이다. 원욕으로부터 분화되어 나온 자아는 판단하고, 사유하고, 좌절도 하며 어떤 대상과 관련을 맺는 등 여러 가지 기능을 현실에서 수행한다. 자아가 수행하는 근본적인 일은 원욕이 요구하는 충동들을 현실세계에서 실현하는 데 있다. 유기체의 본능적인 요구와 주위 환경의 상태를 조정하므로 성격의 통괄자라 하기도 한다. 자아의 궁극적 목적은 개인의 생활을 유지하고, 종족이 안전한 상태로 번식할 수 있도록 하는 데 있다. Freud에 의하면 자아는 6~8개월 후에 발생하여 2, 3세경에는 충분히 형성되는 것으로 보았다.

② Erikson의 자아(ego)

프로이트가 행동에 가장 큰 영향력을 미치는 것을 원욕으로 본 반면 에릭슨은 자아를 더 강조했다. 그는 자아를 성격의 자율적 구조로 파악하였는 바, 자율적 자아란 원욕으로부터 파생되어 나오는 자아가 아니라, 그 스스로의 힘에 의해 나타나 계속 독립적으로 발달하는 자아다. 자아의 발달이 심리, 사회적인 요인에 영향받음을 주장했다.

③ Jung의 자기(self)

성격의 모든 부분의 통일성, 완전성 및 전체성을 향해 노력하는 것으로 의식과 무의식 과정의 동화를 이루려 노력한다. 자기가 충분히 발달하면 자기실현(self-realization)이 가능하다. 융의 자기는 프로이트의 자아와 초자아의 일부 특성을 한데 묶고 있다. 자기의 발달이라는 개념은 에릭슨의 견해와 같다.

(2) 인본주의적 입장에서의 자아(자기, self)

① Rogers의 자아

개인이 그 자신에 대해 인지하는 특성들의 집합이다.

· 현실적 자아(actual self) — 현재 자신이 지각하고 있는 자아의 모습

· 이상적 자아(ideal self) — 자신이 최선의 노력을 경주했을 때 되고 싶은 자신의 모습

② Allport의 자아(selfhood, 또는 proprium)

우리가 자신을 중요하고 친밀하게 그리고 중심적으로 느끼는 자아, 즉 인식된 자아(self-as-known)다.

③ Mead의 자아

· 주관적 자아(I) — 개인의 충동적이고 즉각적이며 비조직적인 생활경험의 표현
· 객관적 자아(Me) — 개인 속에 내면화된 타자(internalized other)로서 자기가 소속되어 있는 일반화된 타자에 의해 만들어진 일반의미

④ 자아에 대한 대표적 정의(Purkey, 1970)

"자아란 개인이 그 자신에 관해 사실이라 믿는 믿음들의 복합적이고 역동적인 체제로서, 이러한 각기의 믿음은 가치와 부합되는 것이다(Self is a complex and dynamic system of beliefs which an individual holds true about himself, each belief with a corresponding value)".

(3) 자존감(자아존중감)과 자존의 욕구

자아개념은 개개인의 자아에 관한 지식(예, 나는 수학을 잘한다)이고, 자존감은 자아의 상이한 속성들에 대해 개인이 어떠한 느낌을 갖느냐 하는 측면의 것이다. 자아개념이 개인에 자신에 대해 갖는 지적 측면이라면, 자존감은 정서적 · 평가적 측면이다. 자존감은 이러한 자신에 대한 느낌과 평가로 나타나므로 개인의 행동에 큰 영향을 미치리라는 가정을 할 수가 있다.

자존감은 소속감, 능력감, 그리고 가치감을 충족시켜야 나타나고(Felker, 1974, 김기정 역, 1987), 능력감이나 가치감은 대체로 성취 경험의 결과로 나타나므로 자존감이 높다는 것은 그만큼 현실적응이 잘되고 있는 것으로 볼 수 있다. 특히 Maslow(1970)는 인간행동의 강력한 동기가 되는 욕구로서 자존감에 대한 욕구를 들고 있다. 그는 자존의 욕구를 다음과 같이 2가지로 구분하여 설명하고 있다.

① '자기 자신에 대한 스스로의 존중'

개인의 능력, 신뢰감, 개인적 힘, 자기 적절감, 성취, 독립, 자유 등이 포함된다. 개인은 자신에게 주어진 과업을 완수할 수 있는 능력이 있으며, 생에 도전할 수 있는 능력을 지닌 가치 있는 존재임을 확인하고 싶어한다.

② '타인에 의한 존경'

명성, 인정, 수용, 지위, 평판, 인식 등이 이에 포함된다. 자신의 능력이 중요한 의미를 지닌 타인으로부터 인정받음으로 인해 자신이 가치 있는 존재라는 인식을 하는 것이다.

자아개념의 여러 국면과 일반적 자아가치(general self-worth)와는 어떠한 관련이 있는가를 알아본 연구에서 Harter(1986)는 아동의 자신에 대한 능력의 지각과 일반적 자아가치와는 .40~.67 사이의 정적 상관이 있음을 보고하였다. Marsh와 Shavelson(1985) 역시 자아개념의 여러 국면(하위척도)과 일반적 자아가치와는 소수의 항목을 제외하곤 모두 .30 이상의 정적 상관이 있음을 보고한 바 있다. 자아개념이 개인의 일반적 자아가치에 어떠한 영향을 미치는가를 따지는 일은 쉬운 일이 아니다. 그러나 지적 능력이 중요하다고 생각하고, 또한 자신의 능력이 뛰어나다고 믿는 아동은 지적 능력은 중요한 것인데 자신의 지적 능력은 그렇지 못하다고 믿는 아동보다 더 높고 긍정적인 자아가치를 갖는다는 점에서 자아개념의 여러 국면은 행동에 큰 영향을 미치리라는 가정이 가능하다. 이 점은 자기 효능감 이론에서 다루어지고 있다.

3) 대인관계와 자아개념

Mischel은 자아개념의 차이에 따라 대인관계가 달라지는 것임을 설명해 주고 있거니와 Newcomb(1975)도 개인의 지각적 특성이 대인관계에 차이를 가져올 수 있음을 다음과 같이 표현하고 있다. 즉, "상대방에 대한 지각자의 표현은 다만 그 자신의 지각적 과정에 의해 좌우될 뿐이다. ……지각된 사람은 지각하는 사람 자신을 반영한다."고 하여 개인의 자아개념에 따라 대인관계의 양상이 달라지는 것임을 지적하고 있다.

자아개념은 사회적 상호작용을 통해, 즉 대인관계를 통해 형성되고 발달하는 것임으로 양자는 밀접한 관련을 맺게 된다. 그러나 자아개념 형성과정에서 부정적 자아개념은 대인관계의 적절성과 성향에 좋지 않은 영향을 미칠 것으로 추측된다.

Dewey와 Humber(1959)는 "자아개념은 타고난 것이 아니라 개인의 사회작용의 결과로 개발된다."고 했고 Purkey 역시 자아를 형성하는데 주된 영향을 미치는 것은 의미있는 타인들임을 지적하였다. 또한 Sullivan은 불안이 자기체제(self-system)의 출현과 함께 나타나는 것으로 본 바, 이때의 자기체제는 자아개념과 거의 같은 의미로 쓰이고 있다. 그는 자기체제는 승인이나 불인정, 상과 벌의 경험으로부터 다져지며, 중요한 사람의 승인은 매우 가치있는 일이 되고 불인정은 만족을 주는 대신 불안을 주기 때문에 이때 자아는 매우 중요한 역할을 하게 된다고 주장하고 있다. 그 역시 자아는 타인의 평가에 의해 형성되는 것으로 본 것이다. 그는 자아가 지나치게 손상받게 되면, 즉 아동이 사랑을 받아보지 못하거나 부모가 관심을 갖지 않는 등 자기체제가 주로 손상된 경험으로 구축된 경우 아동은 타인에 대해 적의와 경멸을 불러일으키며, 자기 자신에 대해서도 그러한 감정을 지니게 된다고 하였다. 따라서 부정적인 자아개념은 대인관계의 적절성 및 성향에 좋지 않은 영향을 미칠 것으로 짐작할 수 있다.

Raimy(1970)는 "자아개념이 인간행동에 영향을 줄 뿐만 아니라 그 개념 자체가 자아 행동이나 충족되지 못한 욕구 때문에 변화되고 재구성된다"고 한 바 있다. 자아개념은 대인적 상호작용 과정 중에 형성되고 변화하는 것으로 볼 수 있으며, 따라서 자아개념과 대인관계는 인과관계에 관계없이 상호 영향 하에 있다고 볼 수 있는 것이다.

Sanford(1973)는 대인간의 효율적인 의사소통의 요소로서 자아개념과 자기노출, 표현의 명쾌 등을 들고 있다. "자아개념은 의사소통에 큰 영향을 미친다. 일반적으로 자신을 잘 알고 자신을 Okay라고 보는 사람이 의사소통에 있어서 효과적이며, 자신을 기꺼이 잘 드러내는 사람일수록 더 효과적인 의사전달을 한다."고 지적한 바 있다. 또한 Tolstedt와 Stokes(1984)는 60쌍의 부부를 대상으로 친밀도와 자기폭로의 관계를 살펴보았는데, 친밀도가 떨어짐에 따라 자기폭로의 정도도 떨어지는 것임을 밝혔다.

Rogers 역시 임상을 통해 알아낸 대인관계의 효율적인 측면에 대해 자아개념과 관련된 내용을 많이 포함시키고 있다. 즉 타인 이해를 위한 허용적 태도, 타인의 수용, 인간성에 대한 기본적 신뢰의 중요성 등을 대인관계의 주요 요소를 들고 있는 것이다.

그 밖에 Harris(1968)는 자기긍정-타인긍정(I'm OK-You're OK)의 관계가 효율적인 대인관계를 맺는다고 주장했고, Combs와 Snygg(1974)는 적절한 인간은 긍정적인 자아개념을 지니고 있으며, 경험에 개방적이고, 타인과 광범위한 동일시를 하는 것으로 보았다.

자아개념은 내적 일관성을 유지하기 위한 행동의 결정 요인으로서, 개인의 경험에 의미를 부여하는 요인으로서, 그리고 개개인의 기대 수준을 결정하는 요인으로 개개인의 행동에 강한 영향을 미친다.

대체로 긍정적인 자아개념은 다른 바람직한 행동특성과 관련이 되고, 부정적인 자아개념은 다른 바람직하지 못한 행동 특성과 관련이 된다. 자아개념의 형성, 특히 긍정적 자아개념을 형성하는 데는 의미 있는 타인이 개인의 능력을 인정해 주고(자기효능감 형성에 영향), 존재가치를 인정해 주는 일(자존감, 자아가치의 형성에 영향)이 필요하며, 개인적으로는 자아 일관성을 통한 자기 신뢰감을 형성하는 일이 필요한 것으로 보인다. 이의 관계를 도식으로 정리하면 다음의 [그림 9-3]과 같다.

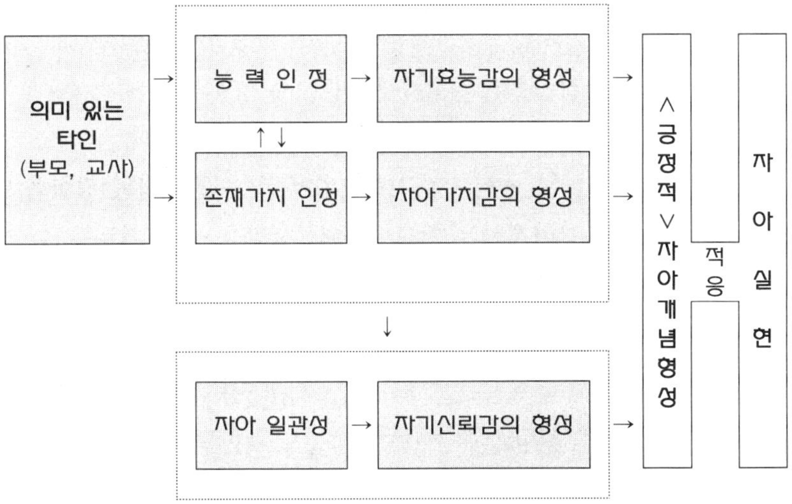

[그림 9-3] **자아개념 형성 과정 모형**

만약 의미 있는 타인이 능력, 존재 가치를 인정하지 않으면 그의 자기효능감과 자아가치감은 손상을 받아 부정적 자아개념을 형성하게 될 것이다. 의미 있는 타인(중요한 타인)에 대해 종합적인 문헌 검토를 한 바 있는 Larus(1989)는 의미 있는 사람들이 된 사람들의 본질로 생각되는 다수의 특징들을 다음과 같이 밝혔다.

표 9-4 의미 있는 타인의 본질적 요소

1. A의 가치를 공유하는 사람
2. A에게서 인격적 성장을 초래하는 관계의 사람— A가 "넓어지고 향상하는 영향의 존재"를 같이 느낄 수 있는 사람
3. 그의 의견과 행동이 A에게 중요한 사람—그의 존중, 혹은 승인이 A에 의해 추구되고 그의 불승인은 A에게 회피된다.
4. A가 감정적으로나 심리적으로 가장 완전하게, 충분하게, 기본적으로 행해지게 하는 사람
5. 한 사람으로서 A에 대한 그의 평가가 상당히 A에게 관여되는 사람
6. A가 평가적인 피드백을 부여하기에 적합하다고 판단하는 사람
7. A의 삶에서 무엇인가에 대해 중요한 결정을 하는 사람
8. A가 많이 좋아하거나, A를 많이 좋아하는 사람
9. A가 충고를 얻으려고 찾아가는 사람
10. A가 되고 싶어하는 사람
11. A의 자아개념의 영향의 근원인 평가적 피드백을 제공하는 사람
12. 상당한 시간을 상상적이거나 실질적 교류에서 같이 보내는 사람; A가 자주 접촉하거나 시간을 같이 보내거나 일을 같이 하는 사람
13. A의 삶에서 친밀감이나 관심의 내면적 근원을 제공하는 사람—A가 그(그녀)의 삶에서 좀 더 친밀감 있게 속하기를 원하는 사람

자아실현이나 충분히 기능하는 존재로서의 능력감은 개인의 누적된 경험을 통해 형성된다. 적절하고, 성숙한 자아개념은 학교 및 사회생활을 통해 획득될 수 있다. Hamachek(1995)는 자아를 고양시키는 순환적 과정을 [그림 9-4]와 같이 제시하고 있다.

그는 청소년들에게 확신감과 능력감을 개발시키기 위해 우리가 할 수 있는 촉진적 관계를 다음과 같이 제시하고 있다.

① 수용적 태도를 길러줄 것, 즉 학교는 청소년들이 그들의 정서적 · 지적 가능성을 검증하고 확장하는 장소다. 따라서 학교는 학생들의 깊은 생각과 느낌을 표현할 수 있는 곳이어야 하며 교사의 수용적 태도를 통해 학생 스스로가 있는 그대로의 자신을 수용하고, 개방적인 태도를 갖도록 해야 한다.

② 교실에서의 상호작용에 대한 기회를 넓혀 줄 것

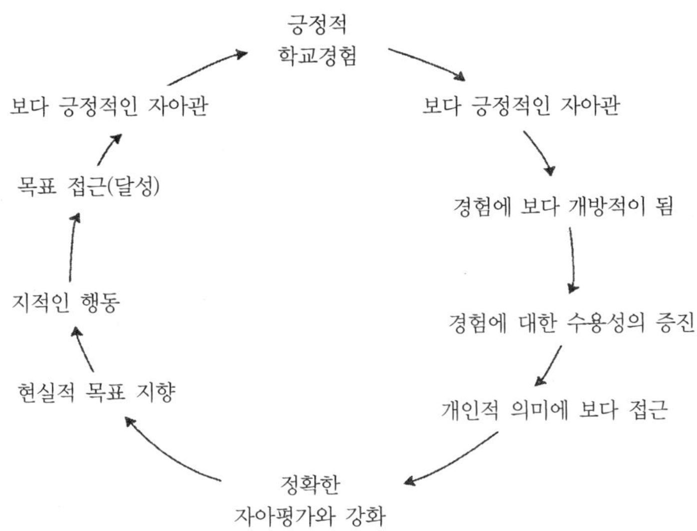

[그림 9-4] **긍정적 자아개념 형성의 순환모형**

③ 확고하며, 공정하고, 명시적인 규칙을 세우고 지킬 것, 즉 무엇이 옳은 행동이고, 잘못된 행동인지를 분명히 알면 잘못된 행동을 줄일 수 있다.
④ 성공에의 확신을 심어 주고, 성공의 기회를 많이 만들 것

Purkey(1970)는 교사가 창출해야 할 분위기로 도전의 분위기 조성, 자유로운 학습분위기, 온화함, 통제, 성공의 기회 부여 등 6가지를 제시한 바 있다. Felker(1974) 역시 아동에게 긍정적 자아개념을 길러 주기 위해 교사가 해야 할 역할로 다음의 5가지를 제시하고 있다.

① 우선 자기 자신을 칭찬하라.
② 아동이 자신을 현실적으로 평가하도록 도와라.
③ 아동이 현실적인 목표를 설정하도록 가르쳐라.
④ 아동이 자신을 칭찬하도록 가르쳐라.
⑤ 어린이가 타인을 칭찬하도록 가르쳐라.

안범희(1997)는 여러 학자의 견해를 종합하여 학생들이 긍정적 자아개념을 형성할 수 있도록 교사가 학생의 능력을 믿음, 수용적이고 건설적인 태도의 견지를 바탕으로 학생들에게 심리적 안정과 자유, 소속감의 증진, 학생의 현실적 평가 유도, 적절한 도전의 기회 부여, 귀인조작을 통한 내부 노력 귀인 형성, 적절한 통제, 그리고 학습 외의 다양한 평가를 할 것 등을 제시하고 있다.

대인간 의사소통

Chapter
10

대화는 대인행동의 핵심적 요소다. 대화와 대인관계는 많은 연구에서 본질적으로 같은 것을 의미하는 동의어로 사용되기도 한다. 대부분의 학자와 연구자들은 커뮤니케이션이 [그림 10－1]에 나타난 것처럼 연속선상에 존재하고, 그림 오른쪽에 대인관계의 중요한 부분이 있다고 한다. '개인적'인 것의 끝과 '대인적' 인 것의 시작은 구별하기 쉽지 않다.

개인적	택시운전사와 손님	토지중개상과 손님	의사와 환자	이웃동료	직장	조금 친한 친구	삼촌과 숙모	아주 친한 친구	형제자매	부모	자녀들	영원한 동반자	대인적

[그림 10－1] **대인관계의 연속선**

여기 가능한(한 개의) 대인관계 연속선의 예가 있다. 사람들은 관계에 따라 다른 위치를 갖는다. 당신은 대인관계 연속선상에서 자신만의 관계를 만들기 위해 노력할 수 있다.

1. 대인간 커뮤니케이션의 발달

대인간의 커뮤니케이션은 세 가지 요소로 구분된다. (1) 심리에 기초한 예측 (2) 설명적인 인지 (3) 개인적으로 만든 규칙(Miller, 1978)이 그것이다.

1) 심리적 자료에 기초한 예측

개인적인 만남에서 당신은 당신이 속해 있는 그룹이나 집단의 사회적인 배경을 기본으로 다른 사람과 상호작용을 한다. 예를 들어, 학생은 특정한 한 대학 교수에게 학생들이 일반적으로 교수에게 하듯 상호작용을 한다. 이와 유사하게 교수도 다른 교수들이 일반적으로 학생들에게 하듯 상호작용을 한다. 그러나 이 관계가 좀 더 친밀해진다면 교수–학생 모두 각 그룹의 구성원으로서가 아니라 한 개인으로서 상호작용하기 시작한다. 그들은 심리적인 정보에 근거하여 상호작용을 한다. 교수와 학생이라는 일반적인 관계를 떠나 개인적인 친분이 형성되는 것이다.

2) 상대방에 대한 인지

대인관계는 상대에 대한 설명적인 지식이 기본으로 작용한다. 어떤 사람을 안다고 할 때 당신은 그 사람이 다양한 상황에서 어떤 행동을 할지 예상할 수 있다. 그러나 당신이 그 사람을 좀 더 잘 안다면 그 사람의 예상행동 뿐만이 아니라 그 행동을 하는 이유도 추측할 수 있다. 예를 들어 개인적인 관계에서 교수는 A라는 학생의 행동을 예상하여 매주 금요일 수업에는 지각할 것을 안다. 그러나 대인관계 상황에서 상대 학생에 대한 지식이 충분하다면 교수는 그의 지각이라는 행동뿐만이 아니라 지각을 하는 그 이유에 대해서도 설명할 수 있다.

3) 상호작용의 규칙은 개인적으로 만든다.

사회는 개인적인 상황에서의 상호작용에 대한 규칙을 만든다. 그러나 위에서 언급한 학생과 교수의 예에서 소속된 그룹의 배경에 의해 만들어진 상호작용의 규칙은 좀 더 친밀한 개인적 관계가 형성되면서 그 중요성을 잃게 된다. 이런 사회적 규칙을 벗어나 이들은 나름대로의 친밀한 개인적인 규칙을 만든다. 각 개인들이 상호작용을 위해 사회에 의해 규정된 규칙을 사용하기보다 자신만의 규칙을 만들어갈 때 상황은 좀 더 대인관계적인 측면이 늘어가게 된다.

2. 대화과정

대화는 두세 사람이 의견을 주고받을 때 면 대 면으로, 전화로, 아파트 베란다를 통해, 혹은 인터넷으로 발생한다. 면 대 면으로 의견을 나눌 때는 언어 및 비언어적 방법이 사용된다. 오늘날 이 메일의 대부분의 메시지는 기본적으로 단어다. 그러나 이모티콘, 디지털 비디오카메라의 대중화, 음성 소프트웨어 등의 사용으로 이 메일 메시지가 점점 면 대 면 대화와 같이 증가하는 비언어적인 요소와 함께 언어적 요소가 혼합되어 사용된다.

그러므로 대화의 과정을 살필 때, 이 대화가 어디서 이루어지는지에 유념해야 한다(면대 면 뿐만이 아니라 인터넷, 전화 그리고 다른 기술을 사용한 것 모두).

모든 화자가 유창하게 말하는 것은 아니다. 대화와 언어의 문제는 몇몇 기본적인 가이드라인을 따르지 않는다면, 대화과정을 심한 혼란에 빠뜨릴 수 있다. 다음의 내용은 이런 어려움을 극복할 수 있는 몇 가지 제안이다.

대화와 언어상의 문제는 말을 더듬는 것(부정확한 발음, 적당한 단어를 찾지 못하는 것, 실어증) 같이 매우 다양한 문제들을 포함한다. 이 때 다음의 몇몇 간단한 조치로 상호작용을 쉽게 할 수 있다.

1) 대화와 언어상의 문제가 없는 사람

만일 당신이 대화나 언어상의 문제가 없는 사람이라면,

① 다른 사람의 문장 마무리하는 것을 피하라.

비록 당신이 말더듬기, 혹은 단어 사용에 어려움을 가진 사람을 도울 수 있다고 생각하더라도 문장 마무리는 권할만 하지 않다. 이는 당신이 참을성이 없고, 효율적인 대인관계를 위해 필요한 시간 투자를 원하지 않는다는 인상을 준다.

② 대화 시 문제가 있는 사람에게 방향 지시를 하지 마라.

"천천히" 혹은 "편하게"라는 말은 자주 무례한 느낌을 주고, 상호작용을 좀 더 어렵게 한다.

③ 눈 맞추기를 계속하라.

관심을 표현하면서 동시에 성급함이나 난처함의 표시를 피하라.

④ 필요하다면 설명을 요청하라.

만일 상대방이 말한 것을 이해하지 못했다면 다시 해달라고 요청하라. 이해하지 못했으면서 이해하는 척하지 마라.

⑤ 언어적인 문제가 있는 사람들을 아이 취급하지 마라.

실어증이 있는 사람은 일반적으로 이름이나 명사 말하는 것이 힘든 것이지 결코 아이와 같은 수준은 아니다.

2) 대화와 언어상의 문제가 있는 사람

만일 당신이 대화 혹은 언어상의 문제가 있는 사람이라면,

① 다른 사람들로 하여금 당신은 특별히 필요한 것이 있음을 알려라.

예를 들어 당신이 말을 더듬는다면, 당신은 다른 사람들에게 "나는 어떤 발음을 하는데 어려움이 있어서 여러분들이 괴로울 수도 있습니다."라고 말하라.

② 자신의 마음을 보여 주어라.

대인관계에 대한 당신의 긍정적인 태도를 보여 주어라. 만일 당신이 편안함과 긍정적인 모습을 보여 준다면 다른 사람들도 그럴 것이다.

〈험담(Gossip)하기〉

우리가 많은 시간을 험담하며 보낸다는 것은 의심의 여지가 없다. 사실 모든 문화에서 가십은 보편적이고, 몇몇 그룹에서는 보통 관습으로 받아들여진다(Hall, 1993).

가십은 대화에 참여하지 않은 사람을 평가하기도 한다. 이것은 보통 두 사람이 제 3자에 대해서 이야기할 때 발생한다(Eder & Enke, 1991).

조직에서 가십은 해고, 소송, 하자가 생긴 경력 등으로 많은 사례에서 나타난다. 이것은 조직의 구성원들이 빠르고 쉽게 다른 사람과 상호작용할 수 있기 때문에(예를 들어 문자, 이메일, 블로그 등) 가십은 빠르고 넓게 확산될 수 있다.

사람들은 보상의 목적 (예를 들어 사회적 지위를 얻거나 통제, 재미, 견고한 사회적 결속 혹은 사회적 비교를 하기 위해)으로 가십을 듣고 말한다.

그러나 당신의 가십이 긍정적이든 부정적이든지에 관계없이 다른 사람들은 자주 가십을 말하는 당신을 부정적으로 보게 된다(Turner, Mazuri, Wendel & Winslow, 2003).

게다가 가십에는 도덕적인 면이 고려되므로 가십을 하는 사람에게 부정적인 영향을 미치기 쉽다. 많은 경우 가십은 비도덕적이라고 간주된다. 예를 들면 불공정한 방법으로 다른 사람에게 해를 끼쳤을 때, 그것이 진실이 아니라는 것을 알 때, 아무도 그러한 개인 정보를 사용할 권리가 없을 때, 당신이 비밀로 하기로 한 약속을 깰 때 상대방은 당신의 도덕성을 의심하게 될 것이다.

3. 대화의 5단계

[그림 10－2]는 대화과정 모델을 5단계로 나누어 제공하고 있다. (1) 시작 단계 (2) 사전 준비, (3) 본 활동, (4) 피드백 (5) 마무리가 그것이다.

각 단계는 두 사람이 이야기할 때 언제 무엇을 해야 하는지에 대한 안내를 줄 것이다.

[그림 10-2] **대화의 과정**

1) 시작 단계

대화의 첫 번째 단계인 열기는 보통 몇 가지 인사말로 시작된다. 인사는 보통 언어적, 비언어적인 것, 혹은 두 가지 모두를 포함하는 것으로 이루어진다. 예를 들면 언어적 인사는 언어 예절(안녕, 안녕하세요); 주제의 시작(내가 ~라고 부르는 이유는 ~); 다른 사람에게 말을 하기(안녕 재호, 요즘 어때?) 그리고 개인적 관심 표현(어떻게 지내니?)이다. 비언어적 인사는 손 흔들기, 미소, 그리고 윙크하기 등이다. 언어적 · 비언어적 인사를 동시에 하는 것이 일반적이다.

보통의 대화에서 당신의 인사는 상대방과의 관계(형식/비형식의 정도, 친근의 정도)에 따라 달라진다. 당신의 "좋은 아침이에요, 안녕하세요?"라는 친근한 인사에 어떤 사람이 냉담하게 반응하며 돌아선다면 당신은 뭔가 잘못되었다는 것을 알 수 있다. 시작단계는 대화의 중요한 부분으로 보통 일관적인 틀이 있다. 가족의 죽음에 대한 소식을 듣고 명랑하게 "오늘은 어때, 귀염둥이?"라고 말하지는 않는다. 그러나 이 틀은 문화마다 다르다. 예를 들어 핀란드에서는 "안녕하세요?"가 단순한 인사가 아니라(진짜 안녕한지에 대한) 성실한 정보를 요구하는 것으로 사용된다(Halmari, 1995).

대화를 시작할 때는 다음의 두 가지를 고려할 필요가 있다.

첫째, 긍정적인 표현으로 시작하라는 것이다. 예를 들어 "이 장소를 진짜 싫어하는 거 아니지?" 보다는 "난 정말 이 곳에 오게 되어 기뻐!"라고 말하는 것이 좋다.

둘째, 너무 노출하지 말라는 것이다. 대인관계의 시작에서 자기 스스로를 너무 빨리 드러내게 되면 상대방이 불편함을 느끼게 된다.

〈시작 단계에서의 멘트〉

미팅에서 처음 만나는 사람과 당신은 어떻게 이야기를 시작하는가? 사람들은 당신과 어떻게 이야기를 시작하려고 하는가? 이 질문에 대한 연구자들의 조사를 통해 이야기를 시작할 때 다음 3가지 타입이 있음을 알 수 있다(Kleinke, 1986).

- 귀엽고 경박한 타입은 대화를 시작할 때 진짜 원하는 대화의 시작이 무엇이든지 유머러스하고 간접적으로 그리고 모호하게 한다. 예 : "이거 진짜 당신 머리인가요?" "당신이 다 마신다에 돈을 걸게요."
- 재미없는 타입은 간단한 말을 상대방(뭔가를 이야기하려고 마음먹고 만난 사람이든, 그냥 만난 사람이든)에게 한다. 예 : "이 밴드에 대해 어떻게 생각해요?" "이 기계를 어떻게 작동시키는지 가르쳐 줄래요?"
- 직접적인 타입은 미팅에서 다른 사람에게 화자의 관심을 정확히 보여 준다. 예 : "난 이것에 대해서는 조금 당황스럽지만 당신을 만나 기뻐요" " 저녁식사 후에 차 한 잔 할까요?"

연구들은 남녀 모두가 시작 멘트로 재미없는 타입, 또는 직접적인 타입을 더 좋아함을 밝히고 있다. 가장 점수가 낮은 것은 귀엽고 경솔한 타입인데 남녀 모두가 선호하지 않았고, 특히 여자가 남자보다 더 싫어했다.

2) 사전 준비

두 번째 단계는 사전 준비의 단계다. 이 때 당신은 다른 사람에게 대화의 초점을 알리는 일반적인 아이디어를 준다. "난 내 며느리에 대해 말하려고 해", "어제 교실에서 무슨 일이 있었는지 들었니?" 혹은 "우리는 휴가에 대해 이야기를 해야 해" 등이다.

피드포워드 역시 대화할 때 일정한 틀이 있다는 것을 확인할 수 있다("난 진짜 속상해, 그래서 너와 이야기하고 싶어"). 시간이 전제되기도 한다("이 얘기는 일분 쯤 걸릴거야"). 혹은 당신은 이것을 대화를 시작할 때 당신 이야기를 이해할 수 있도록 하거나 당신에 대해 부정적인 반응이 나오지 않도록 하는데 사용할 수 있다.

효율적인 사전 준비에 대한 몇 가지 제안이 있다.

① 당신이 말하고자 하는 내용을 다른 사람이 알 수 있도록 피드포워드를 사용하라.

예를 들어 데이트를 신청하기 전에 당신이 승낙을 받을 수 있을지 미리 테스트를 하는데 이 방법을 사용할 수 있다. 당신은 그 사람이 다른 사람과 함께 저녁을 먹는 것을 즐기는지, 또는 요즘 누군가 사귀고 있는 상대가 있는지 물을 수 있다. 친구로부터 돈을 꾸기 전에 당신은 아마도 당신의 가난한 재정 상태를 말하거나 "난 내 차 할부금을 낼 30만원이 정말 필요해" 같은 말을 하고 누군가가 (당신이 바라는 말) "내가 좀 도와줄까?"라고 이야기하길 기다릴 것이다.

② 다음에 이어질 이야기와 일치하는 사전 준비를 한다.

만일 당신 이야기가 나쁜 소식이라면 당신이 사용하는 피드포워드는 다른 사람이 나쁜 소식을 듣고 이겨내는데 도움이 될 수 있는 것이어야 한다. 예를 들어 당신은 "난 너에게 뭔가를 이야기해야 하는데 너는 별로 듣고 싶어하지 않을 수도 있어. 여기 앉아 보렴."이렇게 말할 수 있다.

③ 좀 더 중요하거나 복잡한 메시지는 역시 좀 더 중요하고 폭넓은 사전 준비가 필요하다.

예를 들어 공식석상에서의 연설인데 상대적으로 내용이 길다면 화자는 안내, 또는 오리엔테이션이라는 이름의 명확한 형태의 피드포워드를 주는 것이 현명하다. 사업회의의 시작에 사회자는 회의 스케줄이나 협의 사항에 대한 안내를 하는 것이 일반적이다.

3) 본 활동

3단계는 대화의 요지이자 중심이라고 할 수 있는 '비즈니스'다. 이것은 분명히 대화의 가장 긴 부분이고 오프닝과 피드포워드의 존재 이유이기도 하다. 비즈니스는 이 단계에서 사용하기 좋은 단어다. 왜냐하면 이것은 면 대 면, 전화, 이메일 등의 모든 대화에서 목적을 이루기 위해 강조하기 때문이다. 무엇을 배우거나, 관계 맺기, 영향 주기, 놀기, 혹은 돕기와 같은 한 개 혹은 몇 개의 목적을 달성하기 위해 이야기한다. 이것은 일반적인 면 대 면, 컴퓨터를 매개로 하는 이메일, 블로그, 사회적 네트워크 수다방, 혹은 핸드폰 같은 모든 종류의 상호작용을 통합하는데 충분하다. 이메일에서 당신은 다른 이메일 뿐만이 아니라 웹사이트, 그리고 단어, 소리, 비디오 파일 등을 핫 링크로 연결함으로써 쉽게 당신의 이야기를 보충할 수 있다. 비록 당신이 면 대 면 대화에서 보충의 자료를 사용할 수 있다 할지라도 이메일 대화에 미치지는 못할 것이다.

대화의 비즈니스는 화자와 청자의 역할이 바뀌는 것을 통하여 이루어진다. 보통 말하기 순서가 빨리 바뀐다는(늦게 바뀐다는 것 보다는 상대적으로) 것은 대부분 편안한 대화라고 할 수 있다. 당신의 '재호에 대해 말하기'나 '교실에서 있었던 일 이야기하기' 혹은 '휴가 계획에 대해 이야기하기'가 포함된다.

이메일과 면 대 면 상호작용의 중요한 차이점은 보통의 면 대 면 대화는 대화의 기록이 영원히 남지 않는다는 것이다. 기록은 단지 그 자리에 있었던 사람들의 기억 속에만 존재한다. 이와 대조적으로 이메일에서는 상호작용의 기록이 영원히 남으며 제3자에게 쉽게 전달될 수도 있다. 큰 조직의 직원의 이메일은 하드 디스크나 백업 테이프에 모두 저장되고 이 기록은 검색되거나 파괴될 수 있다. 이런 이유로 이메일을 사용할 때는 주의가 필요하다.

4) 피드백

대화의 네 번째 단계는 두 번째 단계의 반대다.

이 단계에서 당신은 당신의 대화를 되돌아보고, 비즈니스가 완성되었는지에 관한 사인을 보낸다. ; "그래서 당신은 재호에게 안부 카드를 보내고 싶군요." "당신이 들었던 것처럼 나빴던 건 아니었다는 거지?" 혹은 "당신이 필요한 걸 구입하는 동안 난 예약을 할게".

물론 다른 사람들은 비즈니스가 끝났다는 것에 동의하지 않고 이의를 제기할 수도 있다. 예를 들어 "그런데 그 사람은 어느 병원에 있어?" 이럴 때 당신은 비즈니스 단계로 돌아가서 계속 진행하면 된다.

각 피드백의 기회는 다음의 5가지 종류 중에서 선택할 수 있다. '긍정적-부정적, 사람 중심-내용 중심, 즉시-나중, 대략적인 모니터- 상세한 모니터, 그리고 지지적 - 비평적'이 바로 그것이다. 피드백을 효율적으로 사용한다는 것은 위의 내용들을 명확한 근거를 바탕으로 선택했을 때 가능하다. 위의 내용들은 서로 배타적이 아님을 명심해라. 피드백은 지지적이거나 비평적인 것이 아니다. 두 가지 모두가 가능하다.

예를 들어 누군가에게 좀 더 효율적인 리포터가 되는 것을 가르친다고 해 보자. 당신은 인터뷰 연습을 비평적으로 평가할 수 있지만 그 사람의 노력을 지지하는 표현도 같이 할 수 있다. 비슷하게 당신은 친구의 질문에 즉각 답을 할 수도 있고, 1, 2일 후에 좀 더 상세하게 답을 할 수도 있다. 각 상황들은 특별하기 때문에 당신이 피드백을 좀 더 효율적으로 사용할 수 있도록 확실한 제안을 하는 것은 매우 어렵다. 그러나 특별한 상황에 사용할 수 있는 몇 가지 제안이 있다.

① 이야기나 행동 뒤에 있는 동기보다는 이야기나 행동 그 자체에 초점을 맞춰라.

예를 들면 "넌 집중해서 글을 쓰지 않았구나." 혹은 "너는 정확하게 글을 쓰기 위해 충분히 노력하지 않았구나." 대신 "이 글은 고쳐 주기에는 너무 많은 오류가 있구나."라고 말하는 것이 낫다.

② 만일 당신의 피드백이 부정적이라면 뭔가 긍정적으로 바꿔 표현하라.

충분히 살펴만 본다면 항상 긍정적인 것을 찾을 수 있다. 청자는 긍정적인 몇몇 평가를 들은 후에 좀 더 쉽게 스스로 부정적인 부분을 찾을 수 있을 것이다.

③ 적당한 시간과 장소를 선택하라.

피드백이 부정적일 때 특별히 조심스럽게 비공식적으로 한다. 그리고 모든 문제를 상세히 이야기할 수 있는 충분한 시간을 갖고 한다.

④ 피드백에 대한 피드백을 요청하라.

예를 들면 "어때, 이치에 맞니?", "내가 말한 거 이해하겠니?"라고 묻는다.

피드백의 균형을 이루는 다른 한 부분은 피드백을 받아들이는 사람이다. 당신이 피드백을 받아들일 때는 다음과 같이 하라(Robbins & Hunsaker, 2006).

- 피드백에 관심이 있음을 보여라. 이것은 당신이 무엇을 하든지 간에 당신이 향상될 수 있도록 돕는 아주 중요한 것이다. 피드백을 주는 사람을 격려하라.
- 피드백을 기분 좋게 받아들여라. 싸우지 말고 방어도 하지 마라.
- 피드백이 이해되지 않는다면 방어적이지 않은 형태로 설명을 요청하거나, 질문을 하라.
- 당신이 이해한 내용을 체크하라. 당신은 피드백을 이해했는가? 당신이 받은 피드백을 부연해서 설명하여 당신의 이해가 올바른지 확인한다. "당신은 메일이 오전

9시 전에 모든 임원에게 전달되어 사람들이 이 일을 먼저 하길 원하는 거지요?"

5) 마무리

다섯 번째 단계이자 마지막 단계는 첫 단계의 반대인 마무리 인사다.

오프닝처럼 마무리도 언어적 · 비언어적 표현 두 가지 모두가 사용된다. 명확하게 대부분의 마무리는 이해하기 쉽다. 보통 마무리는 지지 정도를 나타낸다. 예를 들어 "당신과 이야기하니 정말 좋은 걸!"처럼 상호작용 속에 당신의 기쁨을 표현한다. 마무리는 상호작용을 요약하기도 한다.

이메일에서의 마무리는 면 대 면 대화와 유사하다. 그러나 당신이 연락받고 싶은 전화번호, 좋은 인용구나 격언과 함께 사인을 하는 것이 다르다.

마무리 대화는 오프닝 대화만큼 어렵다. 자주 마무리는 대인간 상호작용의 거북하고 불편한 부분이 되기도 한다. 대화를 마무리할 때 사용할 수 있는 몇 가지 힌트가 있다.

① 대화의 끝을 반영하고 짧게 요약해서 마무리에 사용하라.

예를 들면, "당신을 우연히 만나 동아리 모임에서 무슨 일이 있었는지 알게 되어 기뻐요. 아마 모임에서 당신을 보겠군요."

② 대화의 마지막에 직접적으로 당신이 희망하는 것을 말하라.

예를 들면, " 난 당신과 계속 이야기하고 싶어요. 그런데 난 지금 가야 해요. 다음에 다시 만나요."

③ 다음 번 대화에 대해 언급하라. 예를 들면, "리포트를 다 읽으면 나에게 이 메일을 보내세요." 혹은 "다음 주쯤 시간을 내서 이 토론을 계속하는 것은 어때요?"

④ 마무리를 요청하라.

예를 들면, "당신이 알고 싶어하는 것이 설명됐지요?"

⑤ 상호작용을 즐겼다는 것을 말하라.

예를 들면, " 난 당신과 이야기해서 즐거웠어요!"

이러한 마무리 시도들은 다른 사람들로 하여금 당신이 마무리를 하고 있다는 것을 알게 한다. 당신이 보내는 이런 사인을 못 알아듣거나 대화의 마무리에 중요한 역할을 해야 하는 사람이 깨닫지 못한다면 좀 더 직접적인 방법을 사용해야 한다.

이메일에서의 마무리 대화는 면 대 면 대화에서의 마무리를 위한 원칙을 같이 사용할 수 있다. 당신이 모호한 내용을 이메일로 보내면 문제가 될 수 있다. 예를 들면, 만약 당신이 어떤 사람에게 질문을 했고, 그 사람이 답을 했다. 이 때 당신이 "고맙습니다." 라고 답 메일을 보내면 그 사람은 "오히려 제가 영광입니다." 라고 말하게 되고, 당신은 또 "제 메일에 이렇게 답해 주시니 감사합니다." ……만일 그 사람이 "괜찮아요."라고 하면 그만한다.

한편 필요 이상으로 상호작용이 길어지길 원하지 않거나 예의바르지 않게 보이길 원치 않는다면 이메일을 주고받을 때 어떻게 할까? 여기 몇 가지 제안이 있다(Cohen, 2002).

① NRN(답장 필요 없음) 같은 메모를 이 메일에 함께 보내라.
② 만일 다른 사람이 요청한 것에 답을 한다면 당신의 글 뒤에 "도울 수 있어 기뻤어요." 같은 글을 적는다.
③ 제목이나 당신 글 맨 앞에 FYI(당신을 위한 정보), 즉 당신의 글이 단지 누군가와의 약속을 지키기 위한 의도된 것임을 간단히 표시한다.
④ 당신이 정보를 요청할 때 당신의 글 마지막에 "감사드립니다."를 적는다.

〈미디어의 영향〉

미디어 메시지는 시청자, 청취자, 독자에게 영향을 미친다. 몇몇 메시지는 아주 명백하게 영향을 미친다(예 : 텔레비전이나 인터넷의 광고, 신문의 사설). 다른 미디어 메시지는 간접적으로 영향을 미친다(예를 들면 드라마나 시트콤은 가족, 일 그리고 직장에서의 관계, 우정, 사랑에 대한 당신의 생각에 영향을 미친다).

원스텝 이론이라고 불린 초기 이론은 미디어의 영향은 직접적이고 즉각적이라고 논했다. 이것은 미디어에서 당신으로 한 단계로 발생한다. 당신은 신문을 읽거나 텔레비전을 보고 그들이 말하고자 하는 내용에 설득되어진다(Schramm & Porter, 1982). 상대적으로 듣는 입장은 수동적으로 보이고, 거의 반대하지 않는 대상으로 보인다.

좀 더 정교한 설명은 **투스텝 과정**으로 미디어의 영향을 보여 준다. 첫째, 미디어는 여론주도자들에게 영향을 미친다(1단계). 둘째, 이 여론주도자들은 나머지 사람들에게 영향을 미친다(2단계). 최근에 유행하는 좀 더 복잡한 접근을 **멀티스텝 이론**이라고 한다. 이 이론은 미디어가 대인간의 다양한 채널들과 상호작용한다고 주장한다. 예를 들어 미디어가 특별한 이슈로 당신에게 영향을 주었다. 그 다음 당신은 아마도 (원래 미디어의 영향에 강하거나 약한) 다른 사람들을 온라인상에서 만나 이야기할 것이다. 또 당신은 그 주제에 대해 더 읽고 수업 시간에 이야기할 수도 있다. 여기서 미디어의 영향은 당신의 다양한 만남(면 대 면, 온라인)과 미디어로부터 당신이 받은 모든 메시지의 합의 결과로 보인다.

4. 대화 지속하기

대화의 특징은 상호작용 내내 화자와 청자의 역할이 바뀐다는 것이다. 당신은 이 과정을 통해서 대화의 순서와 폭넓고 다양한 언어, 비언어적인 힌트를 사용하는 대화의 관리를 달성할 수 있다.

오늘날 대부분의 이메일은 보내는 사람과 받는 사람 간의 잦은 역할 변화가 부족하다. 이 변화는 몇 시간, 며칠, 심지어는 몇 주 동안 이메일을 보내고 답하는 사이에 발생한다. 이러한 피드백은 면 대 면 대화에서는 일반적인 "즉시성"이 부족해서다.

듣지 못하거나 보지 못하는 사람들은 청각과 시각적인 사인을 통해 이야기 순서를 바꾼다. 시각장애 화자들은 주로 청각적인 신호나 접촉을 통해서 그 순서를 바꾼다. 청각장애가 있는 화자들은 시각적인 신호나 접촉을 통해서 이루어진다.

커뮤니케이션 연구자들의 다양한 시각을 종합해 보면 대화에서 다음과 같은 사항들이 고려된다(Burgoon, Buller & Woodall, 1996).

1) 화자의 역할

화자에게는 계속 말하는 역할과 순서를 양보하는 역할이 있는데 이것으로 대화가 조절된다. 확실하게 충분한 상호작용을 하는 것은 물론 즐거운 참여를 증가시키기 위해서도 이러한 역할은 효율적으로 사용되어야 한다.

각 문화권에서는 대화의 순서유형과 그에 대한 적절성이 다르게 정의되어 나타나곤 한다. 예를 들어, 복합 문화권(주로 개인주의 문화권)의 사람들은 자주 단일 문화권(주로 집단주의 문화권)의 사람들보다 대화 순서를 신경 쓰지 않을 것이다. 대화의 순서 규칙을 조심스럽게 사용하는 단일 문화권의 사람들은 복합 문화권의 사람들이 순서를 무시해 동시에 말하거나 다른 사람의 말을 방해하는 모습을 보며 교양이 없다고 생각할 것이다(Grossin, 1987). 어떤 문화권에서는 (넓은 의미의 개인주의 문화) 대화의 순서가 좀 더 자주 한 개인 개인에게 전달되고, 또 다른 문화권에서는(넓은 의미의 집단주의문화) 대화의 순서가 몇몇의 사람에 의해 독점되는 경향이 있다.

대화를 계속하거나 순서를 바꾸는 역할은 화자 역할을 하는 사람이 계획하고 다양한 형태로 실행한다. 대체로 다음과 같은 방법이 효율적이다(Burgoon, Buller & Woodall, 1996).

(1) 자신이 이야기를 계속하고자 하는 경우

① 화자가 말할 내용이 더 있을 때 사람들이 들을 수 있게 숨을 들이쉬는 모습을 보인다.
② 생각이 아직 완전하지 않다는 것을 보여주는 제스처, 혹은 행동들을 계속 하라.
③ 말하는 순서가 바뀐다는 의미가 전달되지 않도록 청자와 눈맞추기를 피하라.
④ 좀 더 말할 것이 남아 있음을 표시하는 억양 패턴을 사용하라.
⑤ 청자에게 화자의 이야기가 아직 남아 있음을 나타내고, 말하는 것을 막기 위해 중단하는 소리(어, 음)를 내라.

대부분의 경우 우리는 화자가 상대적으로 짧게 이야기하고, 스스로 말하기 순서를 자진해서 넘기기를 기대한다. 이 규칙을 따르지 않는 사람들은 대개 부정적으로 평가된다.

(2) 대화를 넘기고자 하는 경우

이것은 화자의 이야기가 끝났고, 화자와 청자의 역할을 교환하고 싶을 때 청자에게 말하는 것이다. 그들은 청자에게(때때로 특별한 한 청자에게) 화자의 역할을 하라고 말한다. 예를 들어, 당신은 이야기의 끝에 "알았어요 ? ", "맞나요 ? "와 같은 말을 청자 중의 한 사람에게 하면서 화자의 역할을 넘긴다. 당신은 말을 중단하거나, 억양을 낮춤으로써 당신 이야기가 끝났음을 표시할 수 있다(Wennerstrom & Siegel, 2003). 또 청자와의 직접적인 눈맞추기, 특정한 사람을 향해 질문하거나 고개를 끄덕이며 표시할 수도 있다.

1) 청자의 역할

(1) 대화를 넘겨받고자 하는 경우

화자로 하여금 당신이 하고 싶은 말이 있고, 화자 역할을 하고 싶어하는 것을 알게 한다. 때때로 당신은 "말할 게 있는데요." 라는 말로 간단하게 표시할 수 있다. 그러나 자주 당신이 말할 것이 있다고 화자에게 표시하는 '어', '음'을 통해서는 적절한 순간을 포착하기 어렵다. 말하기를 요청할 때 자주 얼굴이나 입의 제스처를 활용한다. 흔히 청자는 뭔가를 말하는 것처럼 눈이나 입을 움직이거나 손을 이용한 행동, 혹은 몸을 앞으로 기울이며 말하고 싶어하는 것을 전달한다.

(2) 맞장구치기

사람들은 화자의 역할을 하지 않으면서 화자와 다양한 종류의 정보를 공유하는데 '맞장구치기'를 사용한다. 맞장구로 다양한 메시지를 전달할 수 있다. 미소, 눈살을 찌푸리기, 찬성 혹은 반대의 제스처, "맞아" "절대" 혹은 "으-흠"같은 간단한 표현으로 당신의 동의나 반대를 화자에게 표현할 수 있다.

당신은 지루함, 또는 몰입의 정도를 나타낼 수 있다. 세심한 태도, 앞으로 몸을 기울이기, 눈맞추기 등은 당신이 대화에 몰입하고 있음을 말해 줄 것이다. 그리고 세심하지 못한 자세, 몸을 뒤로 기울이기, 눈맞추기를 피하는 것 등은 당신이 대화에 몰입되지 않았음을 나타낸다.

당신이 제공한 행동들은 화자의 말하기 속도를 조절한다. 예를 들어 당신은 손을 귀 근처로 가져감으로써 화자의 속도를 줄이게 할 수 있고, 몸을 앞으로 구부리거나, 계속해서 머리를 끄덕여 속도를 빠르게 할 수도 있다. 당신은 말로 이 목적을 달성할 수도 있다("천천히 해 주세요, 정확히 듣고 싶네요."). 비슷하게 당신은 "그래서요 ? " "어서요!"와 같은 말을 함으로써 화자에게 빨리 말해 줄 것을 요구할 수 있다.

설명을 요청하는 것은 맞장구의 또 다른 기능이다. 몸을 앞으로 기울이며 당신이 짓는 복잡한 얼굴 표정은 아마도 대부분의 화자들로 하여금 당신에게 설명이 필요함을 느끼게 할 것이다. 이와 유사하게 당신은 "누가 ? " "언제 ? "어디서 ? " 같은 질문을 함으로써 설명을 요청할 수 있다.

이러한 맞장구의 몇몇 종류는 실제적으로 방해다. 그러나 이러한 방해는 일반적으로 부정적이라기보다는 긍정적인 의미를 갖는다. 그들은 당신의 말을 듣고, 몰입하고 있다는 것을 전달받고 있는 것이다(Kennedy & Camden, 1988).

5. 대화에서 부인과 변명의 효과

대화에서의 부인과 변명은 다양한 경우에 도움이 된다는 것을 증명할 수 있다. 다음에 부인과 변명을 살펴보자.

1) 부인

청자들이 당신의 이야기가 현재 상황에 적당하지 않다고 생각하거나 끝까지 듣지도 않고 경솔하게 당신을 판단하려 하는 것을 두려워한다고 가정해 보자. 이런 경우 당신은 자신의 메시지가 잘 이해되도록 하고 당신이 부정적으로 비춰지지 않게 하기 위해 '부인'의 몇 가지 형태를 사용하게 될 것이다.

다음 5가지 형태의 '부인'의 글을 읽고 당신 자신을 위한 부인에 대해 생각해 보자 (McLaughlin, 1984).

(1) 제한하는 말, 즉 전제 조건을 달거나 의미를 제한시키는 말은 청자들이 당신이 말한 내용을 거부할 수도 있는 상황에서 당신 자신을 분리시키는 데 도움이 된다. 그들은 당신을 거부하지 않을 것이다(예를 들면, "내가 틀렸을지도 몰라, 그러나……" 혹은 "나는 이 책을 전부 읽지는 못했어. 그러나 그것은 ~처럼 보이네!").

(2) 자격증명(credentialing)은 당신이 한 말 때문에 (어떤)자격을 잃게 하지는 않을 것이다(예들 들면, 나를 오해하지 마세요, 난 대인기피증 환자가 아니에요……).

(3) 잘못을 인정하는 것은 보통 일반적으로 통용되는 것과 다를지라도 청자의 승낙을 얻어낸다(예를 들면, 이곳이 사업 얘기하기에 적당하지 않다는 것을 나도 알아. 그렇지만……).

(4) 인지적인 부인은 당신의 능력(재능) 정도를 상세히 나타낼 수 있도록 도와 준다(예를

들어, 난 당신이 나를 미쳤다고 생각하는 것을 알아. 그러나 내 설명을 논리적으로 들어봐!).

(5) 판단 유보를 호소하는 것은 청자들이 판단을 하기 전에 당신의 이야기를 끝까지 듣도록 한다(예를 들어, 내 입장의 이야기를 다 들을 때까지는 나를 평가하지 마!).

부인은 몇몇 상황에서 효력이 있다. 예를 들면, 부인은 일반적으로 당신이 농담으로 청자를 불쾌하게 했다고 생각될 때 효과적이다(나는 보통 이런 농담은 하지 않아요. 그러나……).

한 연구에서 11살 어린이들에게 나쁜 행동을 하는 사람 이야기를 읽도록 했다. 어떤 어린이들은 거부(부인, 포기)하면서 이야기를 들었고, 다른 어린이들은 거부 없이 같은 이야기를 들었다. 이야기 속의 사람은 어떤 벌을 받아야 할까라는 질문에 거부하며 이야기를 들었던 어린이들이 두드러지게 낮은 처벌을 요구했다(Bennett, 1990).

그러나 부인은 역시 당신을 곤경에 빠뜨릴 수도 있다. 예를 들면 당신이 이야기할 때 "나는 거짓말쟁이가 아니에요"라는 말로 시작을 한다면 청자들은 아마도 당신이 '거짓말쟁이' 일거라고 생각할 것이다. 그리고 만일 당신이 너무 많은 부인을 사용한다면 신념이 확실하지 않은 사람, 혹은 모든 것에 책임을 피하려고 하는 사람으로 생각되어질 것이다.

부인이 포함된 말로 대답할 때 흔히 부인과 말 모두에 대해 언급한다. 이렇게 한다면 화자는 당신이 부인을 듣고, 이 상호작용을 부정적으로 보지 않을 것이란 걸 알게 된다. 적절한 반응은 다음과 같다("난 당신이 성차별주의자가 아니란 것을 알아요. 그러나……에 동의할 수는 없어요." 혹은 "글쎄요, 이것이 옳지 않더라도 우리는 지금 돈에 대해 이야기를 꼭 해야 할 것 같습니다").

2) 변명하기

과거에 의사소통이 되었던 사실도 때로는 의사소통이 되지 않을 수 있다. 이 사실 때문에 우리는 부정적으로 인식된 메시지를 정당화하거나 변호할 시간이 필요하다. 아마도 가장 보편적인 방법은 변명을 하는 것이다(Fraser, 2000).

변명은 다양한 형식의 의사소통과 행동으로 나타난다. 대인관계에서, 조직 내에서, 사회에서, 그리고 그 밖의 여러 상황에서 변명이 이루어지고 있다. 어떤 일을 하다가 당신이 부정적으로 인식되는 어떤 행동을 하게 되는 경우, 잘못된 행동을 정당화하기 위해 변명이 필요하다는 것은 어려서부터 배운게 된다.

보통 변명이 필요한 경우는 다음의 3가지 조건이다(Snyder, 1984).

① 당신이 변명하고 싶을 때
② 당신이 한 말이 부정적으로 비춰져, 당신이 원하는 것과 맞지 않을 때
③ 어떤 사람이 그 내용이나 대화 내용이 미치는 결과를 듣고, 그 '목격자'가 사장, 친구, 동료와 같은 외부인이거나 당신이 말한 내용의 목격자인 경우에는 당신 자신이 될 수 있다.

Snyder(1984)는 변명이란 ' 변명을 함으로써, 설명이나 행동이 적어지거나 부정적인 의미를 담고 있는 말하는 이의 행동을 자신과 다른 사람을 위해 긍정적인 이미지로 바꾸려 하는 것'이라고 정의 내린 바 있다.

변명은 특히 우리가 한 말이나, 일반적으로 그 사람이 속해 있는 집단이나 사회에서 기대하거나 올바른 것이라고 여겨지는 것과는 상반되는 것을 말해 비난을 받을 때 사용한다.

변명은 다음과 같은 3가지 형태로 정의된다(Snyder, 1984).

① "내가 하지 않았어." 타입은 당신이 비난받아야 하는 행동을 하지 않았다고 주장하는 것이다. "난 그런 말한 적이 없어". "난 그 일이 일어날 때 그 근처에 조차 있지 않았어."
② "그게 잘못은 아니었어." 타입은 그 행동이 정말 나쁜 것은 아니었음을 주장한다. 다른 사람이 먼저 생각한 것이니 자기 잘못이 아니라는 것이다. "난 대답을 따라했을 뿐이고."
③ "그래 맞아, 하지만" 타입은 그와 같은 행동을 할 수밖에 없었던 어쩔 수 없는 상황 탓을 한다. "술 먹고 한 말이야," "실은 그 사람을 도와 주려고 했는데, 그 사람 기분을 상하게 하려고 했던 뜻은 아니었어."

(1) 변명을 하는 몇 가지 동기

변명을 하는 주된 동기는 자신과 타인에게 긍정적인 인상을 주기 위해서와 자신의

자존감을 지키기 위해서다. 또 자신의 잘못된 의사 표현 방식에 의해 발생하는 스트레스를 줄이기 위한 것도 있다. 변명의 좋은 점은 변명을 통해, 잘못된 의사 표현 방식에 따른 부정적 반응과 그에 수반되는 정신적 스트레스를 스스로 인지하고 교훈으로 삼을 수 있다는 점이다.

미리 생각되는 변명은 바람직하지 못한 행동으로 인해 야기되는 문제와 피해를 받아들일 수 있도록 해 준다. "내가 목이 심하게 아프지만 연설을 해 볼게." 이러한 변명은 당신이 다소 실수를 하더라도 사람들이 양해해 줄 수 있는 여지를 준다.

또한 변명은 부정적인 상호작용이 있은 후에라도 상호 대인관계의 효율성을 유지시켜 주는데 도움이 될 수도 있다. 예를 들면, 친구의 행동을 비판하고, 그 비판에 대한 부정적인 반응이 있을 때 "용서해라, 그땐 내가 정말 피곤했어, 내가 직선적으로 생각한 것은 아니야."라고 변명을 하면 당신이 한 실수조차도 좀 더 호의적인 것으로 받아들일 수 있다.

(2) 바람직한 변명과 바람직하지 않은 변명

대부분의 사람들에게 가장 주된 의문점은 바람직한 변명이 무엇이고 바람직하지 않은 변명은 무엇인가이다. 어떻게 하면 바람직한 변명을 해서 문제 상황을 모면할 수 있으며 어떻게 하면 문제를 더 심각하게 만드는 바람직하지 않은 변명을 피할 수 있는가이다.

① 바람직한 변명가는 절제된 변명을 하지만, 바람직하지 않은 변명가는 너무 자주 변명을 한다. 이와 비슷하게 부적절한 변명(환심을 사기 위해 종종하는 거짓말)은 거의 긍정적인 인상을 주지 못한다.

② 바람직한 변명가는 그 일이 일어난 곳에 있었던 사람들이 있는 자리에서는 변명을 하지 않는다. 바람직하지 않은 변명가는 적절하지 않은 상황에서 조차 변명을 한다.

③ 바람직한 변명가는 함께 일하는 다른 사람을 비난하는 일을 피한다. 바람직하지 않은 변명가는 동료조차 비난한다.

④ 이와 비슷한 방식으로, 바람직한 변명가는 자신의 실수를 타인이나 조직의 탓으

로 돌리지 않지만 바람직하지 않은 변명가는 남의 탓을 한다.

⑤ 바람직한 변명가는 잘못된 것을 알아차리고 그 실수에 대한 자신의 책임을 인정하지만 바람직하지 않은 변명가는 실수에 대한 어떤 책임도 받아들이기를 거부한다.

3) 변명하는 방식

변명을 하는 것이 늘 상황에 맞는 것은 아니지만 당신의 실수에 의해 발생하는 부정적인 효과를 교훈으로 삼는 데는 종종 효과적이다.

변명을 함으로써 당신의 잘못을 되돌리거나 부정적인 영향을 아예 없애 버릴 수는 없다. 하지만 변명은 대화나 관계가 잘못되는 것을 보완하는 데에는 어느 정도 도움이 된다.

최선의 변명은 5가지 요소를 가지고 있다(Coleman, 2002).

① 당신은 그 문제를 진심으로 이해하고 상대방의 기분이 정당하고 그럴 만하다는 것을 설명해 준다. 그리고 상대방의 감정이나 문제를 별것도 아닌 것으로 만드는 것을 피한다("그거 겨우 2만원 짜리잖아, 당신 너무 한다"라든가, "내가 겨우 2시간 늦었는데"라는 표현은 상대방을 언짢게 만든다).

② 당신의 책임을 인정한다. 책임을 회피하는 말(내가 잘못했다면 미안하다)이나, 진심이 결여된 표현("좋아, 미안해, 분명 또 내 잘못이지")을 피한다.

③ 당신이 한 행동에 대해 당신 자신도 불편하다는 것을 인정한다. 당신이 한 행동으로 인해 당신 자신도 기분이 좋지 않다는 것을 분명히 한다.

④ 당신이 한 것에 대해 용서를 구한다. 상세하게 설명한다.

⑤ 다시는 그런 일이 발생하지 않도록 할 것임을 분명히 한다.

가장 나쁜 변명은 "내가 하지 않았어"형이다. 그런 사람들은 자신의 책임을 인정하지도 않고 다시는 그런 일이 일어나지 않는다는 확신조차 주지 않기 때문이다.

〈표 10-1〉은 좋은 변명이 연애나 사업에서 어떻게 활용되는지의 실례를 보여 준다.

어떤 특정한 사례에서 사과를 효과적으로 표현하는 5가지 의도한 메시지가 여기에 있다. 이 표를 읽을 때, 당신이 최근에 변명을 했던 구체적인 상황을 상상해 보라. 당신이 했던 말이 이 5단계의 구조에 알맞게 구성되었는가?

표 10-1 연애와 사업에서 변명하기

의도한 메시지	연애	사업
알아요	내가 당신에게 먼저 물어 봐야 했었는데, 당신이 화내는 것은 당연해요.	이 일로 고객을 놓치게 된 것을 압니다.
내가 그랬어	전적으로 제 책임이에요.	제가 달리 행동을 했어야 했습니다.
미안해	내가 먼저 물어 보지 않아서 미안해요.	지난번 요구에서 고객의 목적을 제가 잘 몰랐던 것이 잘못입니다.
용서해 줘	용서해줄 수 있니?	다른 기회가 있었으면 합니다.
더 잘할게	당신과 먼저 의논하지 않고는 누구에게도 돈을 빌려주지 않을게요.	다시는 이런 일이 생기지 않게 하겠습니다.

6. 대화의 기술

대화에서 기술은 몇 가지 차원에 따라 맞출 수 있는 당신의 능력에 달려 있다. 예를 들어, 공감하기와 편견 없이 듣기처럼 효과적인 경청이 당신의 응용력에 달려 있다. 이와 비슷하게, 효율적인 대화는 특정한 기술의 차원에 따라서 응용할 수 있는 당신의 능력에 달려 있다. 여기서는 12가지 기술에 대해서 논하고자 한다. 대화, 유념, 융통성, 문화적 민감성, 초(超)커뮤니케이션(말이 아니라 시선 · 동작 · 몸짓 · 태도 등에 의한 커뮤니케이션), 개방성, 공감, 긍정성, 즉시성, 대화 조절, 표현성, 타인지향(배려) 그 외의 방침 등이다 (Greene & Burleson, 2003; Apitzberg & Hecht, 1984; Rubin, 1985).

1) 대화

진정한 대화는 각각의 사람이 둘 다 함께 주고받고, 말하는 이가 되고 듣는 이가 된다. 이런 대화방식에서는 상대편과 둘 사이의 관계에 깊은 관심을 갖는다. 편견 없는 대화는 상호이해이며 지지와 공감을 하는 것이다. 이 사람이 무엇을 할 수 있는 능력이 있고 주기 때문이 아니라 단지 있는 그대로의 인격체이기 때문에 상대방을 존중하는 것이므로 정직하고 진심으로 대하는 것이다.

일방적인 대화는 그 반대다. 한 사람은 말을 하고 다른 사람은 듣기만 하는 대화다. 대화를 하는 사람 사이에 진정한 상호작용이 없다. 일방적인 대화를 하는 사람은 듣는 사람의 기분이나 태도에는 관심이 없고 오로지 자신의 목표에만 초점을 맞춘다. 이런 사람은 다른 사람이 자신의 목적을 이루어 줄 수 있을 때에만 그 사람에게 관심을 갖는다.

대화를 증진시키고, 일방적인 대화 성향을 줄이기 위해서 다음과 같이 해 보라.

대화 증진 기술

➲ 상대방에 대한 존중을 표한다.

강요, 처벌에 대한 공포, 두려움, 사회적 압력 없이 선택할 수 있는 권리를 사람에게 허락해 주어라. 상호대화를 하는 사람은 상대방이 결정할 수 있다는 것을 신뢰하고, 상대방이 어떤 선택을 하던 외적, 내적으로 알 권리가 있고 개인으로 존중받게 될 것임을 알려 준다.

➲ 부정적인 비판을 피한다.

"난 그런 설명하고 싶지 않아." 부정적인 판단(넌 훌륭한 경청자가 아니지?) 대신에 긍정적인 비판하기 연습을 한다(처음에 말한 두 가지 설명이 가장 마음에 들었어. 그럴 만한 이유가 돼).

➲ 기꺼이 듣겠다는 의지를 보여줌으로써 대화의 통로를 열어 놓는다.

상대방에게 간단한 단서(비언어적 끄덕임, 간단한 언어적 동의 표현, 부연 설명)를 제공함으로써 당신이 잘 듣고 있다는 것을 알게 해 주어라. 무슨 말을 했는지 의문점이 있을 때는 간단하게 설명해 달라고 하고 그 사람의 관점을 질문해라. 그러면 상대방과 상대방이 말하고 있는 것에 진정한 관심을 표현하는 것이 된다.

➲ 당신이 말하고 있는 것에 대해 상대방이 긍정적인 말을 하도록 유도하거나 상대방으로 하여금 억지로 어떤 특별한 방식으로 생각하고 믿고 행동하도록 강요하는 것을 피한다.

2) 유념

유념은 당신이 생각하고 행동하는 것에 대한 이유를 인식하고 있다는 것을 이해하고 있다고 말하는 것이다. 효과적인 대인관계 기술을 적용하기 위해서는, 당신이 처한 나름대로의 대화 상황을 유념해야 한다. 가능한 대화의 선택 상황에서 그 선택이 다른 것들보다 더 나을 것 같은 이유를 알고 있어야 한다.

유념 증진시키기

➲ 부류를 재구성한다.

사물, 사건, 특히 폭넓고 다양한 부류에 속한 사람들을 이해하는 것을 배워라. 예를 들어 각 사람의 삶 속에 처한 어린 아이, 부모, 고용인, 이웃, 친구, 재정 기부자 기타 등등과 같은 다양한 역할을 이해하도록 해라. 어느 특정한 계층에 있는 사람의 인상을 기억 속에 저장하지 않도록 해라. 그렇게 한다면 당신은 나중에 그 사람을 재분류하는 데 어려워지게 될 것이다.

➲ 당신이 가장 확고하게 갖고 있는 신념과 상충되는 상황에서 조차 새로운 정보와 관점에 개방적이 되도록 한다.

새로운 정보는 당신이 오랫동안 가지고 있었지만 현재 상황과는 잘 맞지 않는 신념이나 태도에 대해 도전을 할 수 있다. 예를 들어, 성별, 인종이나 종교와 같은 것이다. 당신과 다른 사람의 관점에서 당신 자신과 타인의 행동을 기꺼이 이해하도록 한다.

➲ 첫 인상에 너무 강하게 의지하지 않도록 주의한다.

추후 관찰이 필요한 첫 인상은 불확실한 가정으로 취급한다. 이러한 첫 인상을 바꾸고 거부하거나 받아들일 준비를 한다.

3) 융통성

융통성은 정해진 상황의 기본 틀에 의사소통 전략을 응용하는 능력이다. 융통성 평가 기준은 당신으로 하여금 당신이 어떤 말을 얼마큼 신뢰성 있게 믿고 있는가 하는 것을 생각하도록 해 준다. 예를 들어, 사람들이 대화에서 솔직하고 거침없어야 한다거나, 화가 나면 어떤 사람은 말을 하기보다 가만히 있다가 나중에 미안하다고 하는 경우가 있다. 때와 상황에 따라 이러한 방법은 좋을 수도 있고, 그렇지 않을 수도 있다. 모든 대인관계 상황에서는 융통성의 중요성을 강조한다.

융통성 증진시키기

➲ 똑같은 상황이나 똑같은 사람은 없다는 것을 인식할 필요가 있다.

당신 스스로에게 이 상황이나 사람과 무엇이 다른가를 질문해라. 그러면 당신이 무슨 말을 하고 어떻게 말해야 할지를 결정할 때 차이점을 고려하게 된다.

➲ 의사소통은 항상 전후 상황 속에서 일어나는 것임을 인식한다.

개개의 상황에서 특별한 것이 무엇이며 이 특별함이 당신의 대화 내용에 어떻게 영향을 미치는가를 스스로에게 질문한다.

➲ 모든 것이 끊임없이 변하는 상황임을 인식해 본다.

지난 날에 효율적이었던 의사소통 방식도 오늘이나 내일은 효율적인 것이 되지 못할 수 있다. 실직이나 치명적 질병과 같은 주요한 변화는 적절한 대화 내용인지 아닌지에 영향을 미칠 것이다.

➲ 의사소통을 하기 위해서는 모든 상황이 당신으로 하여금 다양한 선택을 하도록 함을 인식한다.

이러한 선택에 관한 생각을 하여 각각의 선택이 미치는 효과를 예견할 수 있어야 한다.

4) 문화적 민감성

문화적 민감성(Cultural sensitivity)은 문화적 다양성을 인정하고 이해하는 행동방식과 태도다. 문화적 예민성은 세계 평화와 경제 성장을 위해서 노력하는 국제적 수준에서뿐 아니라, 일반적인 대인관계의 성공과 효율적인 의사소통에서 매우 중요하다. 문화적 민감성이 부족하면 성별, 인종, 국적, 정서적 뿌리가 서로 다른 사람들 사이에서의 대인관계적 의사소통이 효율적이지 못하게 된다.

자신과 다른 사람과의 사이에 존재하는 문화적 이질감에 유념할 필요가 있다. 유럽계 미국인과 잘 통하는 대인관계 의사소통 기술이 아시아계 미국인과는 잘 되지 않을 수 있다는 것과 일본에서는 효율적인 것으로 입증된 것도 멕시코에서는 성공적이지 않을 수 있음을 유념해야 한다. 아랍국가에서는 대면할 때 가까운 근접거리가 적절한 것이지만 대부분의 미국과 북유럽 국가에서는 너무 가깝거나 지나치게 끼어드는 것으로 인정될지 모른다. 대부분의 미국인들은 공감해주는 것을 좋아하지만 보통의 한국 사람에게 이는 불편한 것이 될 수도 있다(Yun, 1976).

문화적 민감성 증진시키기

➲ 문화적으로 영향을 미칠 수 있는 내용에 대해 공부하고, 그들의 이야기를 주의 깊게 듣고 관찰한다.

➲ 문화가 다른 구성원과 함께 있을 때 부적절한 행동을 하는 것에 대한 두려움을 인정하고 정면으로 맞서 대면한다.

➲ 당신과 타인 및 다른 문화에 속한 사람들 간의 문화적 차이점을 진심으로 인정한다.

➲ 다른 사람의 문화적 규율과 관습을 이해하도록 하라.

당신의 문화에서 하는 것을 다른 문화에 속한 사람에게 꼭 그런 것으로 가정하는 유혹에 빠지지 않도록 한다.

5) 초의사소통 능력

초의사소통 능력(Metacommunication)은 다른 의사소통에 관해 언급하는 의사소통기술이다. 의사소통에 대한 의사소통 기술이다. 언어적, 비언어적 대화 내용이 초의사소통일 수 있다. 언어적으로 말할 수 있는 것을 예로 들면, “내가 말하려고 하는 것을 이해할 수 있겠니?”비언어적으로 하면, 당신이 위로하고 있는 사람을 안아줄 수 있는 것이다.

대인관계의 효율성은 종종 초의사소통 능력에 달려 있기도 하다. 예를 들면, 갈등 상황에서는 당신의 다투는 방식에 대한 이야기를 하는 것이 종종 도움이 되고, 연애관계에서는 각자가 “차분한 태도”나 “진심으로 위로하는” 방법에 대해 이야기를 나누는 것이 효과적이며, 직장에서는 명령을 위임하거나 비판을 표현하는 방식에 대한 대화를 할 때 필요하다.

초의사소통 능력 증진시키기

➲ 당신의 생각과 함께 감정에 대해서도 설명한다. 종종 사람들은 대화 내용에서 생각하는 부분에 대해서만 의사소통을 한다. 그 결과 듣는 이는 대화 내용의 다른 뜻(숨은 뜻)을 이해하지 못할 수 있다.

➲ 타인으로 하여금 이어질 대화 내용의 일반적인 정황을 이해할 수 있도록 사전 안내를 분명하게 제공해 준다.

➲ 알아듣기 쉽도록 부연 설명해 준다.

당신이 말하는 의미를 분명하게 이해할 수 있도록 당신의 복잡한 대화 내용을 쉽게 부연 설명해 주어라. 다른 사람이 말하는 대화의 뜻을 당신이 생각한 것으로 쉽게 다시 설명함으로써 당신도 타인이 대화 내용을 이해하고 있는지를 확인하라. 그런 다음에 그 사람이 의미하는 것이 무엇인지를 질문한다.

➲ 당신과 다른 사람과의 사이에서의 의사소통 유형에 관해 이야기하는데 초의사소통을 이용한다.

예를 들면, "전 당신이 저에 대해서 친구에게 이야기하는 방식에 관해서 대화하고 싶어요. 라든가, 전 우리가 성에 대해서 이야기하는 방식에 대해 대화를 해야 한다고 생각해요."이다.

6) 개방성

개방성은 자연스럽게 자신에 대한 정보를 드러내는 것이다. 개방성은 타인의 대화 내용에 정직하게 반응하는 것이며 열린 마음으로 기꺼이 듣고자하는 것과 관련되어 있다.

개방성 증진시키기

➲ 적절한 상황에서 자기개방을 하는 것이 좋다.

친밀한 의사소통 방식에는 이점과 취약점이 둘 다 존재한다는 것을 명심하고 자기개방에 대한 생각을 신중하게 한다.

➲ 대화하고 있는 사람에게 자연스러움과 적절한 정직함으로 응대하되, 또한 자신이 말하고 있는 것에 대한 인지와, 발언 취지에 대한 결과가 어떠할지에 대하여 알고 있어야 한다.

➲ 자신의 고유한 느낌과 생각을 갖는다.

말한 것에 대한 책임을 진다. You-message 대신에 I-message를 사용한다. "당신이 나의 견해를 묻지 않으면, 나는 수치감을 느끼게 된다."라고 말하는 대신, 자신의 느낌을 가지고 말한다. 예를 들면, "다른 사람들에게는 어떻게 생각하는지 묻고, 나한테는 묻지 않으면 어딘가 수치감이 느껴진다."라고 표현할 수 있다.

자신의 느낌과 생각을 가지면, 즉 I-message 방식을 사용하면, 효과적으로 말할 수 있다. "나는 그 상황을 이렇게 본다.", "이게 내가 생각하는 바이다." I-message를 사용하면, 피부 바깥에서 일어나는 것(예 : 다른 사람의 말)과 피부 안에서 일어나는 것(예 : 자신의 선입견, 태도, 편견) 사이에서 상호작용으로 발생하는 느낌을 명료하게 할 수 있다.

〈자기평가〉

나는 대화에 얼마나 융통성을 가지고 있을까?

다른 사람과 대화할 때 사람들이 어떻게 행동하는가를 묘사하는 상황들이 제시된다. 각 상황의 처음 부분은 당신이 바로 그 상황 하에 있다고 생각하고, 그런 다음 행동이 정의된다. 그리고 이 상황에서 묘사된 행동이 나의 습성과 얼마나 같은가를 질문받는다.

정확하게 같다면 5점, 상당히 같다면 4점, 어느 정도 같다면 3점,
그다지 같지 않다면 2점, 전혀 같지 않다면 1점을 기재한다.

_____ 1. 지난주, 가족들과 당신의 재정문제를 논의할 때, 가족들은 몇 가지 가능한

해결책을 제안했다. 당신은 이미 하나의 해결책을 마음에 정해 놓고 있었음에도 불구하고, 최종 결정을 내리기 전에 모든 가능성을 고려하는데 더 시간을 보내기로 마음먹는다.

_____ 2. 할로윈 파티에 초대되었고, 가장파티로 생각했기에, 호박으로 분장하였다. 파티에 도착하여 보니, 다른 모든 이들은 정장을 차려 입고 있는 것이다. 당신은 웃었고, 오해한 것에 대하여 농담을 던졌고, 파티에 남아서, 즐기기로 마음먹었다.

_____ 3. 친구인 크리스와 늘 잘 지냈다. 그러나, 크리스의 중간에 말을 끊는 습관은 싫다. 지난번 그를 만났을 때, 매순간 그는 당신의 말을 끊었고, 그래서 교훈을 주기 위하여 당신도 크리스의 말을 끊었다.

_____ 4. 당신의 매일의 스케줄은 매우 확고하고, 달력엔 약속이 빼곡하다. 당신의 스케줄을 바꾸도록 요청받게 되면, 변경을 심사숙고하기도 전에 변경이 불가하다고 말한다.

_____ 5. 50명이 넘는 사람들이 참가하는 파티에 참석했다. 아주 좋은 시간을 가졌는데, 대부분의 시간을 새로운 사람을 만나기 보다는, 아주 친한 친구 한 명과 보냈다.

_____ 6. 친구들과 개인적인 문제로 토론할 때, 여러 가지 다양한 해결책이 나오는 것을 알았다. 몇 가지의 해결책이 실현가능한 것으로 보였지만, 당신은 당신 나름대로의 견해가 이미 있어서, 다른 차선책의 어느 것도 귀담아듣지 않았다.

_____ 7. 당신은 한 친구와 즐거운 저녁을 계획하였고, 시간보다 일찍 옷을 차려 입었다. 친구가 오기 전까지 당신은 어떠한 일도 할 수 없음을 알았다.

_____ 8. 야구장에서 당신의 자리를 찾았는데, 옆에 앉은 사람 중에 아는 사람이 아무도 없음을 알았다. 그러나, 당신은 근처에 앉은 사람에게 자신을 소개하고, 대화를 트려고 시도한다.

_____ 9. 친구인 크리스와 점심식사를 하는데, 크리스가 너무도 개인적인 가족문제에 대하여 이야기했다. 당신은 점심을 서둘러 먹고는, 오후에 업무가 바빠서 가봐야 한다고 말한다.

_____ 10. 지인들로 구성된 모임에서 국제정치에 대하여 토론하게 되었다. 이 주제에 대하여 나만큼 구성원들이 해박할 것이라 생각했는데, 토론이 진행되어 감에 따라, 대부분이 이 주제에 대하여 잘 모르는 것을 알게 되었다. 당신의 견해에 대하여 피력하

는 것 대신에, 이 토론에서 물러나기로 마음먹었다.

_____ 11. 당신과 친구들이 총기 소지 규제에 대하여 토론하게 되었는데, 한참 후에 당신의 견해가 나머지 친구들과 너무도 달랐다. 당신은 다시 한번 견해를 밝혔지만, 그들의 견해도 존중한다.

_____ 12. 당신이 속해 있는 단체에서 연사로 요청을 받았고, 30분짜리 프레젠테이션을 열심히 준비하였다. 그런데, 그 회합에서 주최자는 프레젠테이션 대신에 질의응답세션을 하라고 한다. 당신은 수락하고, 가능한 솔직하고 충실하게 단체의 질문에 답변하였다.

_____ 13. 당신은 매일 새로운 업무와 도전, 하루하루 변화하는 일을 접하는 관리직을 부여받았다. 당신은 매일 안정된 일을 하는 직무 대신에 이 직위를 받아들이기로 마음을 먹었다.

_____ 14. 상공회의소 조찬 모임에서 연설하도록 요청을 받았다. 조찬 모임에서 아는 이가 없었고, 청중 중에 아는 이가 없어 불편을 느꼈기에, 이 초대를 거절하였다.

채점방법

1. 점수 전환(4, 5, 6, 7, 9, 10 그리고 14)
즉, 각 질문에서 다음과 같이 전환한다.
a. 5점으로 답한 경우, 1점으로 전환
b. 4점으로 답한 경우, 2점으로 전환
c. 3점으로 답한 경우, 3점으로 전환
d. 2점으로 답한 경우, 4점으로 전환
e. 1점으로 답한 경우, 5점으로 전환

2. 점수 전환 후 14개 항목 전부의 점수를 더한다(4, 5, 6, 7, 9, 10, 14항목은 전환된 점수를 사용함). 1, 2, 3, 8, 11, 12 그리고 13항목은 원래의 점수를 사용한다.
일반적으로, 아래와 같이 점수를 해석할 수 있다.
. 65–70 = 평균보다 상당히 높은 융통성
. 57–64 = 평균보다 높은 융통성
. 44–56 = 평균정도
. 37–43 = 평균보다 낮은 융통성
. 14–36 = 평균보다 상당히 낮은 융통성

* 자료 : "Development of a Communication Flexibility Measure", Matthew M. Martin and Rebecca B. Rubin in *Southern Communication Journal*, V. 59, Winter 1994, 171-178.

7) 공감

공감이란 자신의 정체성을 상실하지 않은 채, 다른 사람의 감정을 그 사람의 관점에서 느낄 수 있는 능력이다. 공감을 하게 되면, 다른 사람의 감정을 그와 유사한 방식으로 느끼게 되어, 다른 사람이 경험하고 있는 것을 감정적으로 이해하게 된다(반대로, 동정한다는 것은 바로 그 사람에 대하여 어떤 감정을 느끼는 것이다. 예를 들면, 그 사람이 불쌍하다거나, 그 사람 때문에 기쁜 것 등).

공감 증진시키기

➲ 다른 사람의 행동을 쉽게 평가, 판단, 비판하지 않는다.

평가나 판단이 아니라, 이해하려고 노력하고 있다는 것을 명백히 한다.

➲ 주의를 집중한다.

눈맞추기와 경청하는 자세, 근접 거리를 유지한다. 적절한 표정과 몸짓으로 관심을 표현한다.

➲ 내가 생각하고 있는 느낌을 화자에게 반향하여, 그에게 내가 알아들은 것의 정확성을 점검토록하고, 그가 언급한 것에 대하여 이해하려고 노력한다는 성의를 보여줄 수 있다. 예를 들면, “아버지에 대하여 정말로 많이 화가 나 있구나” 혹은 “궁금해하는구나” 등이다.

➲ 적절할 때, 자신의 이해를 소통하기 위하여 자기토로를 한다.

하지만, 주의하여 자기토로에 너무 몰입하지 않도록 하며, 논의에 다시 집중할 수 있도록 한다.

8) 긍정성

긍정성(Positiveness)은 개인간의 대화에서 긍정적인 것은 부정적 메시지보다 긍정적인 메시지의 사용과 연루된다. 예를 들면, 부정적 사용 “내 의견을 무시하지 않았으면 해.” 대신, 긍정적 사용의 차선책의 가치를 고려한다. “내 의견을 물어 봐 주면 너무 기분이 좋아”. 부정적 사용” 줄무늬는 너에게 어울리지 않아.” 대신에 긍정적 사용을 고려한다. : ”단색이 네겐 잘 어울려”.

긍정적인 태도는, 육체적으로도 유익하여 질병에 잘 걸리지 않게 된다는 연구가 많다(Goode, 2003).

긍정성 증진시키기

➲ 사람이나 그 사람의 업적에서 긍정성을 찾거나, 칭찬한다.

일반적인 칭찬("네 프로젝트는 흥미롭구나") 보다 상세하며 구체적인 칭찬이 더 효과적이다('네 제안으로 큰 경제적 절감을 얻을 수 있겠다").

➲ 대화에 만족함을 표현한다.

적절하고 적당한 물리적 거리를 유지하고, 눈맞추기를 하며, 오랫동안 상대방의 시선을 주시한다.

9) 즉시성

즉시성(Immediacy)은 화자와 청취자 사이에 친교와 일치감을 부여하는 효과적 특성의 하나다. 즉시성을 통해 당신은 관심과 주목을 보여 준다. 즉, 상대방과 유대를 느끼고, 마음이 끌리고 있음을 전달하게 된다. 사람들은 즉각적이지 못한 대화보다 즉각적인 대화에 더 호의적으로 응답한다. 예를 들면, 즉시성을 가지고 의사소통하는 교사의 학생들이 그렇지 못한 교사의 학생들보다 교사의 지시가 보다 더 적절하며, 교과과정이 더 값지다는 느낌을 갖는다(Witt & Wheeless, 2001).

즉시성 증진하기

➲ 심리적인 친밀과 개방을 표현한다.

예를 들면, 근접 거리를 유지하고, 제3자(의 방해)를 배제할 수 있도록 몸을 배치한다. 적절한 eye contact를 유지하며, 다른 사람들을 둘러보는 것을 제한하고, 웃으며, 상대방에게 관심이 있음을 표현한다.

➲ 상대방의 이름을 불러 준다.

예를 들면, "무엇을 생각하니?" 대신에 "무엇을 생각하니? 조?"라고 한다.

➲ 상대방의 말에 주목한다.

화자로 하여금, 그가 말한 것을 듣고 있으며, 이해하고 있음을 알게 하고, 적절한 언어나 비언어로 화자에게 반향하도록 한다.

➲ 즉시성을 표현할 때, 문화적으로 민감해야 한다.

미국에서는 상당수의 사람들이 즉시성 행동양식을 친절하고, 적절한 것으로 본다. 그러나 다른 문화에서는 그러한 즉시성 행동양식을 과도한 친밀함으로 보기도 한다.

7. 상호작용 관리

상호작용 관리 기술(Interaction Management Skills)은 상호간의 대화를 조절하고, 잘 전달되게 하는 기술과 전략이다. 효과적인 상호작용 관리는 양측 모두 만족하는 대화를 만들어 낸다. 누구도 무시되어졌다거나, 무대에 올려져 있다거나 하는 느낌을 갖지 않는다. 상호 간의 교류에 서로 기여하며, 같이 득을 보게 된다.

상호작용 관리 증진하기

➲ 대화의 순서를 유지한다. 적절한 눈동작이나, 목소리로 표현하거나, 몸이나 얼굴 동작을 통하여 말하는 기회를 주거니 받거니 한다.

➲ 대화의 흐름을 유지한다. 길거나 갑작스런 중단을 피한다. 예를 들면, 의사와의 대화에 있어서, 의사의 말 사이에 침묵이 있거나, 답변이 너무 길어지면 환자들은 그 대화에 만족이 감하여 진다는 것이다.

➲ 일치되는 언어와 비언어 메시지로 대화한다. 조화되고, 상대를 복돋아주는 메시지를 사용한다. 모순되는 신호를 보내지 않는다. 예를 들면, 감사의 표현을 하면서 신경질적인 얼굴 표정을 해서는 안 될 것이다.

1) 표현력

표현력(Expressiveness)은 참된 참여를 하는 의사소통 기술이다. 이것은 자신의 생각이나 느낌에 대하여 책임을 감수하는 것과 같은 능력을 포함하며, 다른 이들의 표현력이나 개방성을 진작시키고, 적절한 피드백을 제공한다.

표현력 증진하기

➲ 말소리의 속도, 높이, 성량, 리듬에 적절한 변화를 주어 연관되어 있음과 관심을 보낸다. 또한 단어에도 변화를 준다. 판에 박히거나 흔한 문구를 피하여, 창의성이 부족하다든가 개인적인 연관의 부족함을 나타내는 일이 없게 한다.

➲ 적절한 몸동작을 한다. 특히 자신에게 집중하는 것보다는 상대에 집중하는 몸동작을 취한다. 예를 들면, eye contact를 유지하고, 그 사람 쪽으로 몸을 기울인다. 동시에, 자신을 만지는 몸동작이나, 방에 있는 다른 사람을 바라보고 있는 등의 행동을 삼간다.

➲ 표현력을 소통할 때에는 문화적인 관점을 인지해야 한다. 어떤 문화(이태리, 그리스 등)는 표현력을 장려하며, 아이들에게 표현력을 기르도록 가르친다. 다른 문화(일본, 태국 등)에서는 보다 보수적인 스타일을 장려한다. 어떤 문화(아랍, 다수의 아시아 문화 등)에서는 사업에 있어서, 여성의 표현력의 발현은 적절하지 않다고 여긴다(Hall & Hall, 1987).

➲ 언어 및 비언어 피드백을 통하여 듣고 있음을 보여 준다. 이러한 피드백은 관계의 만족을 증가시킨다.

2) 타인지향(배려)

타인지향(Other-orientation)은 자신의 메시지를 상대방에게 적용시키는 능력이다. 이것은 상대방이나 상대방의 말을 경청함과 동시에 서로간의 관심에 대해 소통하는 것이다.

타인지향을 증진시키기

대화하기 좋아하는 사람에게서 다음과 같은 행동을 나타남을 알게 될 것이다.

➲ 배려와 존경을 보인다.

예를 들면, 자신의 고민을 토로하기 전에 그래도 되겠냐고 물어 본다. 또는 대화를 시작하기 전에 전화해도 괜찮은지 물어 본다.

➲ 상대방의 감정이 적당한 것인지 알려 준다.

"맞아요" 혹은 "재미있군요" 혹은 "왜 그렇게 화가 나셨는지 알겠군요, 나라도 그렇겠네요."라고 말함으로써, 대화를 상대방에게 중점을 두고, 상대방이 말하고 있는 것을 듣고 있음을 확신시켜 준다. 동시에, 상대에게 상대방의 느낌을 말해도 좋은지에 대한 승낙을 한다. "감정에 대해 털어놓은 것이 얼마나 어려운 일인지 알아요"와 같은 단순한 문장으로 감정에 대한 주제를 시작하며, 상대에게 그러한 대화를 해도 좋을지, 말지에 대한 승낙을 표현한다.

➲ 상대방의 존재와 중요성을 알려 준다.

상대방의 제안이나, 의견을 물어 본다. 유사한 방법으로, 적절하게 설명을 요청한다. 이렇게 함으로써, 상대방이 말하고 있는 것을 상대방의 관점에서 이해하고 있다는 것을 확신시켜 준다.

➲ 자신의 메시지를 상대방에게 중점을 둔다.

말로 하는 것일 때, 대화에 상대방이 연관될 수 있도록 개방형 질문(단순히 예, 아니오의 대답을 요구하는 것과는 반대로)을 사용하고, 그 사람에게 직접 요구하는 질문을 한다. 말로 하지 않는 것일 때는 상대방을 주목하는 eye contact를 취하고 적절한 얼굴표정을 지으며, 웃고, 고개를 끄덕이고, 상대방을 향하여 몸을 기울인다.

〈문화별 대화 금기 사항〉

별로 놀랄 일도 아니지만 각각의 문화는 나름의 금기시되는 대화, 특히 다른 문화에서 온 방문자들이 피해야 할 금기사항이 있다.

몇 가지 예를 들면, 노르웨이에서는 봉급과 사회 분위기에 대하여 언급을 피해야 하고, 스페인에서는 가족, 종교, 직업에 대한 토론은 금기며, 투우에 대하여 부정적인 언급은 피해야 한다. 이집트에서는 중동지역 정치에 대한 언급은 금기다. 일본에서는 2차 세계대전에 대한 대화가 금기다. 필리핀에서는 정치, 종교, 뇌물, 외국 원조에 대하여, 멕시코에서는 멕시코-미국 간 전쟁과 불법 체류에 대하여, 카리브에서는 종족, 지역정치, 종교에 대하여 언급하는 것이 금기다(Axtell, 1993).

8. 의사소통과 경청

1) 자기평가

다음 각각의 질문에 대해 당신의 대화에서의 듣기 습관과 가장 유사한 것을 골라 V표 하시오.

	항상	때때로	드물게
1. 나는 말하는 사람의 눈을 보면서 듣는다.	____	____	____
2. 나는 말하는 사람의 생각이 가치 있는 것인지 아닌지 간에 상관없이, 오직 말하는 사람의 태도나 말투에 관심을 갖는다.	____	____	____
3. 나는 나의 생각과 느낌을 말하는 사람의 생각이나 느낌에 맞추려고 노력한다.	____	____	____
4. 나는 말을 들을 때 전체적인 내용보다는 특별한 사건에 더 귀를 기울인다.	____	____	____
5. 나는 말의 내용을 사실 그대로를 받아들이면서도 그 안에 숨어 있는 감정 등도 알아차리려고 노력한다.	____	____	____
6. 나는 내가 들은 내용을 잘 이해하고 명확히 하기 위하여 질문을 하기도 한다.	____	____	____
7. 나는 말하는 사람이 말을 끝마칠 때까지, 그 사람이 말하려 하는 것이 무엇인지에 대해 성급하게 판단을 내리려 하지 않는다.	____	____	____
8. 나는 말의 내용을 논리성과 일관성에 비추어 평가하려고 노력한다.	____	____	____
9. 나는 말을 듣고 있는 동안, 내게 기회가 주어졌을 때 무슨 말을 해야 할지 생각한다.	____	____	____
10. 나는 누구와 이야기할 때 의사결정권을 가지려고 한다.	____	____	____

채점방법

1, 3, 5, 6, 7, 8 의 질문에 대해서는 (항상)이라는 표시에 3점을, (종종)이라는 표시에 2점을, (가끔)이라는 표시에 1점을 주고,

2, 4, 9, 10 의 질문에 대해서는 (가끔)에 3점을, (종종)에 2점을, (항상)에 1점을 준다.

점수를 낸 후에 모두 합산한다. 점수가 27점 이상이라면 당신은 아주 훌륭한 경청자이고, 점수가 22점에서 26점 사이라면 경청하는 기술(태도)이 약간 부족하다고 볼 수 있다. 점수가 22점 이하라면 몇 가지의 잘못된 경청 습관을 가지고 있음을 보여 준다.

우리는 종종 '듣기(hearing)'와 '경청(listening)'을 혼동하는 경향이 있다. "듣기"는 단지 소리를 듣는 것에 불과한데 비해 "경청"은 우리 귀에 들린 내용 중 우리가 듣고자 하는 것에 주의를 기울여 듣는 것을 의미한다. 즉 "hearing"은 의도성이 결여된 것을 말하고 "listening"은 의도적으로 듣는 것을 의미한다.

따라서 우리가 소리를 들을 때 "listening"은 주의 집중과 소리에 대한 해석과 기억을 필요로 하는 활동이다. "listening" 활동은 학습될 수 있는 기술이다.

'경청하기'는 대화 및 대인관계 기술 중 가장 중요한 기술이라고 할 수 있다. 대인관계 기술 중 경청하기 기술은 다른 대인관계 기술을 배우는데 아주 중요한 요소가 된다. 만약 여러분이 좋은 경청자가 되지 않는다면 여러분은 다른 대인관계 기술들을 개발시키는 데 많은 어려움을 겪게 될 것이다.

2) 능동적인 경청태도와 수동적 경청태도

훌륭한 경청태도는 수동적 태도보다는 능동적 태도를 보이는 것이다. 수동적 경청태도는 마치 테이프 레코더와 흡사하다. 만약 화자가 여러분들이 관심을 가질 만한 흥미거리를 분명하고 재미있는 말투로 말한다면 여러분은 아마도 화자가 말했던 것들의 대부분을 알아들었을 것이다. 그러나 능동적 경청태도는 대화자가 스스로 화자의 내면으로 들어가 그들의 입장을 이해하는 태도를 말한다. 이처럼 능동적으로 경청하기란 어려운 일이다. 화자가 말하는 것이 무엇인지에 주의를 집중해야 할 뿐만 아니라 내용을 완전하게 이해할 줄 알아야 한다. 만약 학생들이 50분 정도의 강의를 들을 때 능동적으로 경청하는 태도를 보인다면 강의가 끝날 무렵에는 강의를 한 강사만큼 지쳐있을 것이다. 왜냐하면 강의를 하는 강사가 말하는데 힘을 다 소비하는 것처럼 학생들은 경청하는데 에너지를 다 소비해 버리기 때문이다.

능동적인 경청태도를 보이기 위해서는 다음의 4가지 조건이 필요하다.

(1) 집중력 (2) 공감하기 (3) 수용력 (4) 책임감 있는 의사표현(Rogers & Fason, 1976)

등이다.

능동적인 경청자는 화자가 말하는 것들에 대해 의도적으로 주의를 집중하며 주의를 산만하게 하는 수천 가지의 잡다한 생각들을 떠오르지 않도록 한다.

능동적인 경청자는 자신을 화자의 내면속으로 끌어들인다. 그래서 능동적 경청자는 자신의 생각과 맞는 것만을 이해하는 것이 아니라 화자가 말하고자 하는 것이 무엇인가를 이해하려 한다. 공감의 태도는 화자가 가지고 있는 생각과 여러분이 가진 생각을 융통성있게 조정할 때 생겨난다.

능동적인 경청자는 수용적인 태도를 보여야 한다. 객관성을 띠고 무엇을 들어준다는 것은 쉬운 일이 아니다. 화자의 의견과 자신의 의견이 불일치할 때 혼란이 오는 것은 자연스러운 것이다. 우리가 어떤 것에 동의하지 않을 때, 우리는 자신에게 대응하는 의견에 맞설 만한 논쟁점을 찾기 시작한다. 이러한 과정 속에서 우리는 상대방이 전달하고자 하는 나머지 것들을 놓치고 만다. 능동적인 경청자가 되고자 한다면 화자가 말을 끝마칠 때까지 내용에 대해 판단하거나 의견을 말하는 태도는 보류하는 것이 좋다.

능동적으로 경청하기의 마지막 요소는 책임감 있는 의사 표현을 해 주는 것이다. 능동적 경청자는 귀로 듣고, 눈으로 듣고, 마음으로 듣는다. 그들은 화자가 말한 것 그대로를 경청하고 그것을 (객관적으로) 사실대로 받아들인다. 그러나 모든 메시지는 숨은 의미가 있을 수 있다. 화자들은 주관적인 정보(그들의 느낌이나 감정)를 소리를 통해서나 비언어적인 어떤 행동을 통해서 의미를 전달한다. 여기서 소리로 표현되는 것들은 억양의 크기나 어조, 혹은 머뭇머뭇거리기, 말의 속도 등을 말하며 비언어적 표현들은 눈의 움직임이나 얼굴 표정들, 몸짓이나 손짓 등을 말한다.

화자가 말한 것을 문자 그대로 뿐만 아니라 느낌이나 감정을 통해 듣는다면 화자가 전달하고자 하는 메시지의 의미를 명확히 포착할 수 있을 것이다. 그러나 아무리 잘 듣는다고 해도 여전히 의미를 오해하는 경우가 있을 수 있다. 이때 능동적 경청자는 질문을 함으로써 오해할 수 있는 말의 의미를 명확히 한다. 질문은 왜곡된 것을 밝혀내는 데 이용된다.

성공적인 의사소통이란 오로지 화자에게 달려 있는 것은 아니다. 의미를 명료화시킴으로써 능동적 경청자는 화자가 의도하는 메시지를 확실히 받아들이고 확실히 이해할 수 있는 것이다.

3) 좋은 경청태도

능동적 경청태도는 여러분들을 훌륭한 경청자로 만드는 기초가 된다. 다음의 요약한 14가지의 경청 기술은 유능한 경청자들이 자주 사용하는 기술들이다.

(1) 동기를 갖도록 하라.

만약 경청자가 듣고 이해하려고 노력하지 않는다면, 듣기 능력을 향상시킬 수 있는 아무리 특별한 충고라 할지라도 소용없다. 앞에서 언급했듯이, 능동적으로 경청하는 것은 어려운 일이다. 훌륭한 경청자가 되기 위해 해야 할 첫 번째 일은 의도적으로 들으려고 노력하는 것이다.

(2) 눈을 마주쳐라.

여러분이 말을 할 때 상대방이 당신을 쳐다보지 않는다면 어떤 느낌을 받겠는가? 만약 여러분이 다른 사람에게 그런 태도를 보인다면 여러분은 무관심하고 흥미가 없는 것으로 보일 것이다. "당신은 귀로 듣지만 사람들은 당신의 눈을 보고 당신이 듣고 있는지, 아닌지를 판단한다."

눈을 마주치는 것은 여러분의 주의력을 한 곳에 집중하는 것이고, 방해 요소를 경감시키는 것이다. 그리고 화자를 격려하는 것이다.

(3) 관심을 보여라.

훌륭한 경청자는 화자의 말에 흥미를 갖는다. 이러한 태도는 무언의 표시를 통해 나타낼 수 있다. 긍정의 표시로 고개를 끄덕인다던가 적절한 얼굴 표정을 지어 보일 수 있다. 이러한 표시를 할 때 상대방의 눈을 보면서 하게 되면 상대방은 당신이 듣고 있다는 것을 쉽게 알아차릴 것이다.

(4) 산만한 행동은 삼가라.

관심을 보이는 또 다른 행동으로는 주의가 산만한 행동을 하지 않는 것이다. 경청을 할 때, 시선을 딴 곳에 두지 말아라. 또 종이를 만지작거린다거나 연필을 가지고 장난을 치지 말아라. 이러한 행동은 당신이 지루해 하고 있음을 보여주는 행동이다. 또 이러한 행동은 당신이 화자에게 관심이 없음을 지적해 줄 뿐 아니라 화자가 전달하고자 하는 메시지를 놓쳐 버릴 수 있다는 것을 명심하라.

(5) 공감하기

능동적으로 경청할 줄 아는 사람은 화자의 내면으로 들어가 화자가 느끼는 것이 어떤 것인지를 이해하려고 노력한다. 절대로 자신의 생각이나 요구 조건을 화자에게 강요하지 말아라. 만약 그렇게 한다면 당신은 당신이 원하는 것만을 듣게 되는 것이다. 그렇기 때문에 우리는 화자의 말에 공감할 줄 알아야만 한다.

자문 자답해 보아라 : 화자는 어떤 사람이며 어디에서 왔는지? 그의 태도는 어떠한지, 그의 관심거리는 무엇인지, 그가 경험한 것은 어떤 것인지, 그에게 필요한 것은 무엇인지, 그리고 그가 기대하는 것은 무엇인지.

(6) 모든 상황을 자세하게 살펴보아라.

훌륭한 경청자는 말의 내용뿐만 아니라 느낌이나 감정까지도 이해할 줄 알아야 한다. 만약 당신이 화자의 비언어적인 표현이나 어조 등에 신경 쓰지 않고 듣는다면 포착하기 어려운 작은 메시지는 놓쳐 버리게 될 것이다.

(7) 질문을 하라.

좋은 경청자는 그가 들은 내용에 대해 질문을 한다. 질문은 이해를 하는데 도움을 줄뿐 아니라 들은 내용을 명확히 해 준다.

(8) 부연설명하라.

부연설명이란 화자의 말을 반복하여 말하는 것을 의미한다. 훌륭한 경청자는 다음과 같은 말을 사용한다."내가 듣기로는……" "네가 말한 것의 의미는……"

화자가 말한 내용을 반복하여 말하는 것은 화자에게 피드백을 주며 당신이 내용을 얼마나 잘 이해하고 있는지를 말해 준다.

(9) 방해하지 말아라.

화자가 말을 끝마칠 때까지 화자의 말을 방해하지 말아라. 절대로 화자의 생각에 대해 추측하려 하지 말아라.

(10) 내용을 통합시켜라.

화자가 말하는 내용을 부분별로 나누어 생각하지 말고 통합시켜서 이해하려고 노력하라. 마치 퍼즐을 맞추어 나가는 것과 같이 각각의 메시지를 연결지어 생각하라. 만약 연결이 잘 안 될 경우에는 화자에게 그 부분에 대해 질문을 하는 것이 좋다.

(11) 말을 너무 많이 하지 말아라.

대부분의 사람들은 대화를 할 때 듣기보다는 자신의 생각을 말하는데 더 많은 시간을 사용한다. 대화를 할 때 그것이 즐거운 내용이든 아니면 지루한 내용이든 간에 너무 많이 말하지 말아라. 좋은 경청자라면 지나친 말은 삼갈 것이다.

(12) 편견을 버려라.

화자의 외모나 어휘력 등을 살펴보는 것은 좋다. 그러나 그러한 것들을 당신이 가지고 있는 것들에 맞추려고 하지 말아라. 예를 들어 인종차별주의, 동성연애자, 보수주의, 다수결주의 등등의 정보들을 화자가 말한 내용의 이해력을 높이는 데에만 이용하라. 당신의 편견이 메시지를 왜곡시키지 않도록 조심하여라.

(13) 화자와 청자 간의 자연스러운 변화를 갖도록 하라.

훌륭한 경청자는 대화하는 동안 지루함을 없애기 위해 자연스럽게 화자와 청자의 역할을 바꾸는 능력을 발휘한다.

(14) 자연스럽게 행동하라.

훌륭한 경청자는 자연스럽고 믿을 만하게 행동한다. 억지로 좋은 경청자가 되려고 행동하지 말아라. 만약 당신이 과장되게 눈을 마주치려 하거나 과장된 얼굴 표정을 보인다면 당신은 신뢰성을 잃고 말 것이다.

〈연습하기〉

연습 1

이제 앞의 기술들을 이용해서 연습을 해 보도록 하자.
몇 가지 주의 사항은 다음과 같다.
첫째, 연습하기에서 당신이 맡은 역할에 대한 정보만을 읽어 보도록 하여라. 만약 당신이 상대방의 역할에 대한 것까지 읽어 버리면 효과적인 연습이 될 수 없기 때문이다. 만약 당신이 이 연습에서 관찰자로 남아 있다면 다 읽어 보아도 좋다(아래의 기본 역할 사항에 따라 미리 면접 진행 사항을 만들어 놓는다).
둘째, 배역에 충실하여라. 아래의 정보를 보고 자신이 맡은 역할의 성격을 잘 묘사하여 연기를 하도록 하여라. 당신에게 주어진 것들을 변경시키거나 없는 것을 꾸며서 연기하지 말아라.

연기자 : 철수 – P&G회사에 다니는 신참. 2년간의 경험을 가지고 있다.
영수 – M.B.A를 받고 직업을 구하고 있는 사람

상 황 : P&G회사에서 마케팅 관리자를 뽑기 위해 예심 면접을 하고 있는 상황이다.

철수의 역할 : 당신은 4명의 신참을 뽑기 위해 150명의 응시자들을 면접할 것이다. 당신은 아주 명석하고 야심이 있는 후보자를 찾아내야 한다. P&G 회사의 훈련 프로그램은 약 1년 동안에 걸쳐 실시된다. 신참들은 소매점에 전화를 해서 물건을 판매해야 한다. 연봉은 3,000만원이고 차를 한 대 준다. 당신은 이러한 정보를 모두 알고 있어야 한다.
당신은 면접을 보러온 사람들에게 다음과 같은 질문을 해야 한다. 직업에서 가장 중요한 것이 무엇이라고 생각하는가? 당신이 이 직업을 선택한다면 잘할 수 있겠는가? 등이다.

영수의 역할 : 당신의 이력서를 보여 준다. 당신은 대학을 졸업하기 이전에 여름방학동안 마트에서 아르바이트를 한 경험이 있는 응시자다. 이번이 최초의 면접이며 이 회사에 많은 관심이 있다.

시간 : 15분이 넘지 않도록 한다.
아래의 평가표를 보고 두 사람을 행위를 평가한다.

연습 2

교실에서 2명을 선택하여 철수와 영수의 역할을 하도록 하라. 연기가 진행되고 있는 동안, 다른 사람들은 연기자의 경청태도를 평가해 본다.
경청태도는 다음의 표를 보고 평가한다.

1	2	3	4	5
불만족	미약	보통	좋음	훌륭함

	철수	영수
눈 마주치기	_____	_____
긍정적 반응 보이기	_____	_____
산만한 태도 피하기	_____	_____
질문하기	_____	_____
부연설명하기	_____	_____
방해하지 않기	_____	_____
말 많이 안하기	_____	_____
자연스럽게 대화하기	_____	_____
계	_____	_____

9. 대인관계 증진을 위한 감수성 훈련

감수성(Sensitiity)은 일반적으로 사람, 사물, 행동, 상황 등과 같은 환경으로부터의 자극을 지각하는 능력의 정도, 혹은 어떤 자극의 존재를 선택하는 능력과 자극의 차이를 구별하는 능력으로 정의된다. 상담이나 심리치료 등의 분야에서 자신이나 타인의 행동에 대해 정확한 이해를 하고, 이를 표현할 수 있도록 교육하기 위해 고안된 것이 감수성 훈련 방법이다. 감수성 훈련은 소집단 경험을 토대로 해서 배우는 대인관계의 학습 방법을 말한다.

훈련에 참가한 사람들은 소집단을 형성해서 일정한 기간 동안 경험 학습의 기회를 갖는다. 참가자들의 감정, 반응, 지각, 행동을 포함한 자기들의 경험을 분석하고 토의함으로써 얻어지는 인간관계를 통해서 배우게 된다.

대인관계 증진을 위한 감수성 훈련은 각 도시의 상담지원센터나 대학의 상담소 등에서 수시로 실시하며 약 10~12회기 정도 참여하는 것이 일반적이다.

감수성 훈련은 다음과 같은 면이 강조된다.

① 훈련 참가자 자신과 타인의 의사 표현이나 정서적인 면에서 대인관계를 하는데 있어서 이를 받아들이고 소화할 수 있는 감수성을 증가시킨다.

② 본인이나 타인의 기뻤던 일과 슬펐던 일을 시간제한 없이 이야기하거나 듣는 동안 마음으로 느끼는 느낌을 집중시키기 때문에 사람들의 행동 결과로부터 오는 상황을 지각하고 배우는 능력을 배양하게 된다.

③ 대인관계를 맺고 일을 추진하는 데 있어서, 외부에서 오는 상황과 필요성, 내적·심리적인 요소와 일치되는 행동에 대한 개인의 가치관이나 목적 등에 연결되는 도구로서 개념과 이론적 통찰력을 기른다.

④ 감수성 훈련을 통하여 배운 것을 실생활에 적용하는 능력을 향상시킨다.

⑤ 자기 자신이 뜻하고 행동하는 데 보다 좋은 결과를 가져오기 위한 한 방법으로서 행동하는 데 필요한 기술과 실천 능력을 개발한다.

⑥ 훈련 결과를 통하여 배우고 느낀 것을 토대로 바람직한 인간이 되고 자기 자신의 행동을 분석해 가면서 계속 노력함으로써 일상생활 속에서 수많은 사람과 좋은 대인관계를 맺는 방법을 배우게 된다.

감수성 훈련은 지금까지의 대인관계에 있어서 성패의 경험과 자기 자신을 보는 눈과 타인을 통한 비평과 격려 및 용기를 얻게 된다. 새로이 다듬어진 자신을 발견하며 또 새로운 출발의 계기가 되어, 바로 그 생활 속에서 대인관계 능력을 증진시킬 기회를 마련해 나가는 것이다.

Memo

설득하기와 피드백

Chapter
11

1. 설득하기
2. 피드백

1. 설득하기

1) 자기평가

다음 각각의 질문에 대하여, 구두 설득에 있어서 당신의 접근 방법을 가장 잘 기술하고 있는 대답을 선택하시오.

	대체로 그렇다	가끔 그렇다	거의 그렇지 않다
1. 나는 상대방에게 질문하기 전에 마음속에 분명한 목적을 갖고 있다.	☐	☐	☐
2. 설득하려는 사람의 개성에 맞추어서 나의 주장을 조절한다.	☐	☐	☐
3. 상대방에게서 무엇을 원할 때, 어떻게 하는 것이 상대방 자신에게 이익이 되는지를 분명히 한다.	☐	☐	☐
4. 만약 내가 관리자라면, 직위에 따른 권위 때문에 부하가 나의 요구에 복종할 것으로 기대한다.	☐	☐	☐
5. 상대방에게서 무엇을 원할 때, 인간은 지성적이며 논리적으로 반응할 것이라고 생각한다.	☐	☐	☐
6. 상대방에게서 무엇을 원할 때, 내가 원하는 것이 왜 중요한가를 설명한다.	☐	☐	☐
7. 상대방에게서 무엇을 원할 때, 논리적 호소뿐만 아니라 감성에도 호소해 본다.	☐	☐	☐

채점방법

질문 1, 2, 3, 5, 6, 7에 대해서는 "대체로 그렇다"는 3점을, "가끔 그렇다"는 2점을, 그리고 "거의 그렇지 않다"는 1점을 준다.

질문 4에 대해서는 "거의 그렇지 않다"는 3점을, "가끔 그렇다"는 2점을, 그리고 "대체로 그렇다"는 1점을 준다.

모든 점수를 더한 후, 19점 이상이면 설득방법을 효과적으로 사용하는 것이다. 점수가 16에서 18이면 대인관계에서 설득적일 수 있다. 16점 이하의 경우에는 구두 설득 기법상 상당한 개선의 여지가 있음을 의미한다.

성공적인 정치가와 그렇지 못한 정치가를 구별짓는 한 가지 재능이 있다면, 그것은 상대방을 설득시킬 수 있는 능력이다. 그들은 논리적이며 강요적으로 보이는 강력한 논쟁을 할 수 있다. 물론 성공적인 정치가가 이러한 재능을 독점하는 것은 아니다. 설득력이 있는 사람은 무엇을 언제 말해야 하는가를 아는 것 같다. 그들은 이러한 재능을 타고 나는가? 아니다! 아마도 그들은 이러한 재능을 학습하는데 훌륭한 역할 모델이 되는 사람들을(부모, 친척, 교사 및 친구) 접하였을 것이다.

2) 설득의 개념

설득이란 상대방이 행동하도록 유도하는 의도적인 언어적 상징 조작이다(Lerbinger, 1972). 설득은 권위나 권력과는 다른 성질의 것이다. 세 가지 모두 영향력에 관한 것으로, 상대방으로 하여금 당신이 원하는 것을 하도록 하는데 초점을 맞추고 있다. 설득력은 자유를 보장하는 독특함이 있는데 피설득자는 설정된 목표와 지침 내에서 자율적으로 행동한다고 느낀다(Lerbinger, 1972, p. 5)는 것이 그 특징 중 하나다.

예를 들면, 권위는 조직에서의 강제력이다. 이것은 관리직에 수반되는 권한으로 관리자의 요구에 대하여 순종하도록 하는 효과적인 수단이다. 그러나 권위는 자체의 한계점이 있다. 권위는 동료, 상급자 또는 직접 지휘를 받지 않는 외부인을 상대할 때에는 별로 가치가 없으며, 합법적인 권한에 대한 조직원의 인지도에 따라서 제한을 받기도 하고, 조직원을 동기화시키기 어려우며 민주적 조직보다는 독재적 조직에 더 적합하다. 이러한 관점에서 이들을 좀 더 면밀하게 살펴보자.

권위는 부하에게는 잘 통용된다. 그러나 조직에 있어서의 대인관계는 여러분을 위하여 직접적으로 일하는 사람만을 상대하는 것으로 한정되어 있지는 않다. 상급자의 협조도 필요한데 권위만으로는 그것을 얻을 수 없다. 여러분과 동급의 다른 관리자들의 지지를 필요로 하는 회의의 경우, 권위를 통하여 그러한 지지를 얻을 수는 없다. 바로 이때, 여러분의 업무 완수를 위하여 조직 내외의 다른 사람의 도움이 필요함을 분명히 깨닫게 될 것이다. 예를 들면, 지휘 계통이 아닌 다른 부서의 보고, 또는 공급자의 도움을 필요로 할지도 모른다. 이러한 다양한 상황 하에서 필요한 것이 바로 설득력이다.

또한 권위는 자체가 갖는 제한점이 있는데, 모든 조직원은 설정된 심리적인 노선에 따라서 상급자의 권위의 한계를 정한다. 조직원으로 하여금 초과 근무, 추가 과제 및 불쾌한 임무 등과 같은 일정한 한계를 넘는 일을 해 주기를 원할 경우, 권위는 효과적이지 못한 경우가 많다.

권위를 갖고 있고, 또한 그것이 유효함을 아는 상황에서조차도 권위의 행사는 유보되기도 한다. 왜냐하면, 권위는 때로는 부정적인 영향을 갖기 때문이다. 권위는 복종을 수반한다. 반대로, 상대방을 설득하여 어떤 일을 하도록 하면(그것을 하도록 요구할 권위를 갖고 있음에도 불구하고) 그 임무를 더욱더 열성적이며 헌신적으로 수행하게 된다. 설득은 권위보다 조직원을 더 동기화시킨다. 여러분의 발상이 아무리 훌륭하다 하더라도, 최종적인 효과는 상대방에 의하여 얼마나 잘 수행되었느냐에 달려 있다는 사실을 명심할 필요가 있다.

또한 권위는 인도적-민주적인 가치들과 모순되는 경우가 많다. 많은 기관들, 특히 소규모이며 전문가의 고용이 우세한 조직은 조직 구성원의 자발적 참여를 권장하고 있다. 권위와 통제 위주의 조직 관리는 개방성, 신뢰 및 민주적 관리절차로 바뀌었다. 그러한 조직에 있어서 설득은 상대방으로 하여금 여러분이 원하는 어떤 일을 하도록 하는 유일한 유효 수단이기도 하다.

3) 설득 전략

신뢰성(credibility), 논리적 논증(logical reasoning) 및 감성적 호소(emotional appeal) 등 세 가지 전략을 활용하여 설득시킬 수 있다(Verderver and Verderver, 1986).

(1) 신뢰성

상대방이 여러분을 좋아하고, 믿고, 또한 친밀하다면 상대방을 더 잘 설득할 수 있다. 이러한 신뢰는 맹신의 산물이 아니라 획득되는 것이다. 이의 획득에 필요한 것 중의 하나는 능력(competence)이다. 그 방면의 지식, 또는 능력을 증명함으로써 신뢰성을 쌓을 수 있다. 둘째는 가치 있는 의도(intentions)나 목표를 갖는 것이다. 상대방이 당신의 동기를 객관적이며 정직한 것으로 받아들일 때, 당신은 신뢰성을 얻는다. 셋째는 인격(character)이다. 당신이 도덕적이고 근면하며 믿을 만 하다면 신뢰도는 증가할 것이다. 끝으로, 신뢰성은 당신의 인성(personality)을 통하여 증대될 수 있다. 상대방을 친근하게 보살피며 열성적으로 대하고, 인생을 긍정적으로 볼 때 사람들은 당신에게 끌릴 것이다.

신뢰를 얻기는 쉬운 일도 아니고 시간을 요하기도 한다. 그러나 조절 가능한 요소도 있다. 예를 들면, 유능하다는 평가를 받는데 소요되는 기간 중에, 이것과 병행하여 신뢰를 쌓는데 도움이 되는 행동을 할 수 있다. 특정의 프로젝트에 자원봉사 함으로써 시야를 넓히고 자신의 재능을 과시할 수도 있다. 상대방을 친근하고 사려 깊게 대하며, 업무를 성실히 하고 또한 이해 다툼으로 보일 수 있는 행동을 피하면 당신에 대한 구성원의 신뢰는 점차 높아질 것이다.

(2) 논증

자신이 원하는 대로 상대방이 행동해야만 하는 논리적인 이유를 예시할 수 있다면 상대방을 더욱더 잘 설득시킬 수 있다. 사람은 이성적이기를 원한다. 인간은 어떤 일을 하기 전에 그것이 자신의 목표와 일치한다는 확신을 느끼기를 좋아한다. 만약 그것이 불명확할 때에는, 왜 상대방이 당신이 원하는 방식으로 생각하거나 행동해야 하는지를 분명하게 해둘 필요가 있다. 즉, "왜?"라는 질문에 대답할 준비가 되어 있어야 한다. 이것은 미리 계획을 하고 부정적인 반응을 예견함으로써 가능하다. 왜 어떤 특정한 행동이 바람직한가에 대한 타당한 이유를 몇 가지 준비한 후, 특정 상황에 가장 적합한 하나의 대안을 선정한다. 이러한 방식으로, 여러분은 가능한 최선의 논의를 할 수 있다고 확신하게 된다. 여러분이 생각하거나 발견할 수 있는 모든 이유를 활용한다고 하여도 그것이 논의를 효과적으로 하는 것은 아니다. 어떤 이유든 다음의 세 가지 사항을 충족시켜야 한다(Verderver and Verderver, 1986).

첫째, 그것은 당신의 주장을 실제로 뒷받침하여야 한다.
둘째, 사실에 의거하여 입증될 수 있어야 한다.
셋째, 설득하려는 상대방에게 영향을 미쳐야 한다.

이러한 세 가지 기준의 적용은 자명한 것이다. 산탄총으로 과잉 살상하기 보다는 소총으로 목표를 정조준하는 것이 효과적이다. 논리적 논증으로 설득하려면 논거를 뒷받침해 주는 사실들을 수집하고 피설득자에 대하여 파악하는 것이 매우 중요하다. 설득하려는 상대방의 목표와 필요성, 그리고 관심사를 고려하지 않는다면 가장 잘 뒷받침된 논의도 실패할 수 있다.

(3) 감성적 호소

타당한 이유 하나만으로도 사람을 설득시킬 수는 있지만, 더불어서 상대방의 감성을 자극하는 언어를 사용한다면 더욱더 효과적일 것이다. 따라서 가능하면 타당한 이유에 부가하여 인간의 공포, 사랑, 기쁨, 그리고 좌절 등에 호소하는 것도 필요하다. 논리적 방법과 감성에 호소하는 것을 결합한 것이 단지 논리적인 방법보다 더 효과적인 것은 사람은 논의된 논리를 믿는다 하더라도, 그 믿음대로 바로 행동하지는 않기 때문이다. 감성에 대한 호소는 피동적인 그들을 능동적으로 변화시키는데 필요한 자극이다.

4) 설득 유형

Hultman(1981)은 사람들이 상대방에게 영향을 미치려할 때 사용할 수 있는 네 가지 유형의 책략을 제시하였는데, 이는 능동적 촉진(active facilitative), 수동적 촉진(passive facilitative), 능동적 억제(active inhibiting), 그리고 수동적 억제(passive inhibiting)다. 앞의 두 가지 책략은 설득의 결과를 개선시키지만, 뒤의 두 가지는 효과를 방해한다. 사람들이 고의로 억제적 책략을 사용하는 경우는 드물다. 반면에 그것은 부실한 계획, 정보의 부족, 부적절한 청취 기술, 또는 상대방에 대한 영향의 부적절한 평가에서 비롯되는 의도되지 않은 결과로 나타난다. 그것은 촉진적으로 시작된 전술이 어떻게 설득 효과를 실제로 방해하고 역효과를 나타내게 될 수 있는가를 극적으로 보여 준다.

(1) 능동적 촉진

상대방에게 영향을 주려는 행동에 적극적으로 개입한다면, 당신은 능동적 촉진의 기법을 활용한 것이다. 이러한 기법의 일반적인 예로서는 준비 및 조직화, 확신 있는 견해, 정보 제공, 정보 요청, 추천, 자발적인 협상, 기선 제압 및 부연설명 등이 있다. 이 기법은 사실의 명료화, 잘못되고 부정확하거나 불완전한 신념의 교정, 그리고 우선순위의 수정에 효과적인 수단이다.

(2) 수동적 촉진

상대방을 설득시키는 가장 효과적인 방법은 때로는 아무것도 하지 않는 것이다. 수동적 촉진의 기법은 조용하게 있는 것, 인내심 있게 기다리는 것, 상대방이 말하도록 하는 것 등과 같은 피동적인 행동들이 때로는 아주 효과적인 영향력을 행사하는 수단임을 깨닫는 것이다. 소란스럽고 씩씩대거나 많은 사실을 갖춘 사람이 항상 승리하는 것은 아니다. 기민한 설득자는 말하지 않아야 할 때와 상대방이 공세적이도록 하는 것을 안다.

(3) 능동적 억제

어떤 부류의 행동이 설득의 효과를 방해하는가? 그 몇 가지 예로써 Hultman은 즉석에서 해치우기, 유동적인 견해, 협상 기피, 공격적 행위, 피드백의 부재, 비판, 주제 바꾸기, 아이디어 거절 및 미숙한 충고 제공 등을 제시하고 있다. 훌륭한 설득자가 되려는 사람은 생각없는 행동은 역효과를 초래한다는 그의 메시지를 잊지 말아야 한다.

(4) 수동적 억제

마지막으로 태만으로 인하여 실패를 초래하는 경우를 들 수 있다. Hultman에 의하면, 이것은 정보의 보류, 부주의, 복종, 상대방 또는 그의 아이디어 무시, 감정이입적 반응의 실패, 쟁점의 모호한 방치, 칭찬이나 감사를 게을리함, 인정하기를 거절함, 도움이나 지원의 유보, 도움이나 지원 요청의 실패, 또는 상대방이 당신의 역할을 한정하도록 허용하는 경우 등이다.

이러한 네 가지 범주의 전술을 통하여 설득하기에 있어서의 유념사항을 살펴보면 다음 세 가지로 귀결된다.

첫째, 설득은 항상 실패의 가능성이 있다. 최상의 의도를 갖고 있어도 실패할 수 있다.

둘째, 능동적인 접근법이 항상 더 효과적인 것만은 아니라는 것이다. 일부러 '아무것도 안하는 것'이 더 효과적일 때도 있다.

셋째, 영향을 주고자 하는 상대방에 따라서 능동적, 또는 수동적 접근법 중 어느 것을 선택할 수 있다. 상대방의 필요, 관심사 및 기호 등에 관하여 필요한 정보를 갖고 있다면, 능동적 또는 수동적 방법 중 어느 것을 사용할 것인지 잘 결정할 수 있다.

5) 설득기술의 증진

설득력을 향상시키는데 도움이 되는 몇 가지 제안들이 의사소통과 설득 연구에 관한 검토를 통하여 확인되었다. 그것은 앞에서 논의한 전술 및 전략을 형성하고 확장시킨다.

(1) 신뢰를 쌓아라.

신뢰의 결핍보다 더 설득의 성과를 잠식하는 것은 없다. 사람은 믿지도 존경하지도 않는 사람에게는 귀를 기울이지 않는다. 우리는 앞에서 여러분의 신뢰도를 높일 수 있는 단계들을 살펴보았다. 여러분이 그러한 것들을 실행한다 하더라도, 당신을 대수롭게 생각하지 않는 사람들을 만날 수 있다.

(2) 긍정적이고 재치있는 어조를 사용하라.

설득하고자 하는 사람을 지적이고 신중한 사람으로 여기고, 업신여기지 말아야 한다. 존경스럽고, 솔직하고, 진지하고, 재치있게 대하는 것이 필요하다. 그러한 노력에도 불구하고 상대방이 설득되지 않을 수도 있다. 그러나 그러한 경험은 당신의 신용을 진보시키고 다음에는 좀 더 효과적인 설득을 하기 위한 기반을 쌓게 되는 것이다. 반면에, 만약 당신의 어조가 부정적이거나 상대방을 어리석은 사람으로 취급한다면 상대방은 방어적이고, 그 사람을 설득하려는 당신의 노력은 허사가 되고 먼 훗날 설득하고자 노력할 때 이미 당신의 신용도는 추락해 있을 것이다.

(3) 표현을 명확히 하라.

설득이 성공적일 경우 당신이 얻고자 한 것은 정확히 무엇인가? 다른 누군가에게 당신의 견해가 납득이 가도록 말하기 전에 당신은 자신이 원하는 것이 무엇인가를 명확히 해야 한다. 많은 사람들이 자신이 성취하고자 하는 것에 초점을 맞추지 못하는 경우는 왕왕 있는 일이다. 그들이 요구하는 것에 대한 적절한 설득이 종종 혼란스럽고 명확하지 못하다는 것은 놀랄 만한 일이 아니다. 일단 당신의 목적이 명확해지고 나면 그때 당신의 주장을 한 가지씩 차례로 펼쳐야 한다. 논쟁의 주제를 건너뛰지 말고 연관성이 없는 주제는 피하는 것이 좋다. 최종적 목표에 초점을 맞추고 그 사람으로 하여금 당신이 원하는 결론을 이끌어 내고 당신이 설정한 목표에 이르게 할 당신의 생각을 직접적으로 표현하는 것이 좋다.

(4) 당신의 입장을 뒷받침하는 강력한 근거를 제시하라.

당신이 원하는 것이 왜 중요한지를 확실히 이야기해 줄 필요가 있다. 단지 그 요망이 중요하다고 말하는 것만으로는 충분하지 못하다. '나는 최고다' 라는 이유만으로 순종을 요구하는 것은 적절하지 못하고, 설령 적절한 상황이더라도 권위에 의존하여 신뢰를 쌓을 수는 없다. 당신은 강력한 근거가 있는 단서로써 왜 그가 당신이 원하는 바대로 해야만 하는가를 입증해야 한다.

(5) 피설득자의 특성에 따라 주장을 조절하라.

효력 있는 설득은 융통성을 요구한다. 당신은 특정한 청취자를 위해 당신의 주장을 선별해야 한다. 당신은 누구에게 말할 것인가? 그들의 목적, 요구, 흥미, 두려움, 열망은 무엇인가? 청취자들이 당신이 논하고 있는 주제에 대해 얼마나 알고 있는가? 그들은 이 주제에 대한 선입견을 가지고 있지는 않은가? 만약 그렇다면, 어떻게 그들이 당신에게 동조할 수 있겠는가? 이와 같은 질문들을 던짐으로써 올바른 설득 전략을 결정하는 데 도움을 얻을 수 있다.

Karlins와 Abelson(1970)은 개개인의 성격이 그들의 설득력에 영향을 준다는 사실을 발견했다. 한 예로, 조사에 의하면 지성이 높은 사람은 강력하고 논리적인 논증에 의존하는 설득력 있는 대중매체에 노출되었을 때 지성이 낮은 사람보다 쉽게 영향을 받게 된다고 한다. 그렇지만 높은 지성을 지닌 사람은 불확실한 일반설이나 혹은 허위적이고 비논리적이며 타당성 없는 주장에 의존하는 설득력 있는 대중매체에 영향을 덜 받는다. 바꿔 말하면, 높은 지식은 사람들을 논리적 논증을 좀 더 잘 받아들이고 비논리적 논증은 잘 받아들이지 않게 만드는 것이다.

조사에 의하면 권위주의적인 인품의 소유자는(조직 사회 안에 다른 사람들 사이에서 권력과 지위를 믿는) 이들 권력에 의하여 동요된다. 반면에, 비권위주의적인 타입의 사람들은 사실에 의해 더욱 잘 설득된다.

이 조사에 기초하면 우리의 보편적인 결론은 그 주제에 대해 개개인의 특성에 따라 당신의 전략을 바꾸어야 한다는 것이다. 개개인의 지성이 높을수록 당신의 논증은 더욱 논리적이고 더욱 잘 다듬어진 것이어야 한다. 그리고 당신은 비권위주의자들을 설득하기 위해서는 지위보다는 더욱 사실에 기초하여야 한다.

(6) 상대방의 이기주의에 호소하라.

효과적으로 누군가를 설득하기 위해서는, 당신은 무엇이 그들을 신용 거래자 (tick)로 만드는 가를 이해할 필요가 있다. 그러면 당신은 당신이 요청할 때마다 그들을 당신의 편으로 만들 수 있다. 개개인의 행동은 자신의 이익을 만족시키기 위한 것이다. 당신은 어떤 요청을 하기 전에, 상대방이 "그래서 제게 이익이 되는 것은 무엇입니까?"라고 질문하리라고 예상하고 그러한 이기주의에 호소할 필요가 있다. 당신이 신용이 있고 논리적인 주장을 펼 수 있다는 이유만으로 다른 사람들이 당신이 원하는 바를 해 줄 것이라고 추측해서는 안 된다. 당신은 또한 당신이 원하는 바대로 하는 것이 왜 그들에게 가장 이득이 되는가를 보여줌으로써 그 사람들이 행동하게끔 마음을 움직여야 한다.

(7) 논리성을 활용하라.

논리적이고 이성적인 논쟁이 항상 상대방을 설득시킬 수 있는 것은 아니지만 만약 주제를 뒷받침할 만한 사실이나 이유가 부족하면 설득력은 약해진다. 그러므로 당신의 설득시키는 재능이 당신이 논리적인 주장을 펼칠 수 있는 능력이 된다.

(8) 감성적 호소를 활용하라.

당신의 의견을 뒷받침할 증거가 아무리 명확하고 이성적이고 객관적이라 해도 부족할 수가 있다. 그래서 감성에 호소해야 한다. 문제에 좀 더 깊게 다가가도록 노력하고 그들의 사랑, 증오, 좌절, 두려움을 이해하도록 노력하라. 무엇을 어떻게 말해야 할 것인가에 대한 정보를 이용해야 한다. TV 복음 전도사들의 설득은 청중을 이해하는 능력과 청중의 감정에 호소하기 위해 표현을 구사하는 능력이 있다.

Demosthenes : 고대 그리스의 웅변가이자 수사학자

그의 말을 들으면 영혼을 빼앗긴다는 최고의 웅변가

그는 어려서 심각하리만큼 말을 더듬었다. 그뿐 아니라, 정확하게 발음할 수 없는 단어도 있었고, 폐가 약해 긴 음절이나 문장을 한꺼번에 말할 수가 없어서 말하는 중간중간에 숨을 쉬지 않으면 안 될 정도였다.

그는 수공업을 하는 부유한 집안에서 태어났으나, 일곱 살 때 고아가 되었고, 그나마 부모의 유산마저 후견인이 가로채 버렸다. 그래서 성인이 된 후, 유산을 횡령한 후견인들을 상대로 재판을 하기 위해 당대에 유명한 웅변가 이사이오스에게 수사법을 배웠다. 그 결과 재판에 승소하게 되었고, 이것이 계기가 되어 변론술의 교수로 입신출세하여 아테네를 좌지우지하는 정치가로 발돋움하게 된다.

말더듬이였던 그가 대웅변가가 되기 위해 어떤 노력을 기울였는가?

그는 발음을 정확하게 하기 위해 입 속에 작은 돌멩이를 넣고 발음 연습을 했으며, 호흡을 키우기 위해 가파른 언덕을 쉴 새 없이 뛰어오르며 발성연습을 했고, 제스처를 연구하기 위해 거울 앞에서 끊임없이 연습했으며, 어깨를 추켜올리는 나쁜 버릇을 고치기 위해 예리한 칼날 밑에서 연습까지 하였다.

또한 이론 무장을 하기 위해 지하실을 서재로 만들고, 한 달 남짓 두문불출하며 독서와 연구에 몰두하기도 했다. 그때 밖으로 나가고 싶은 충동을 물리치려고 머리와 수염을 반쪽씩 깎기도 했다. 연설문을 멋지게 만들기 위해서, 세지데이즈라는 역사가의 저서를 여덟 번이나 베껴 쓰는 노력도 했다.

2. 피드백

1) 자기평가

다음 각각의 질문에 대하여 당신의 생각과 가장 일치하는 답을 고르시오. 해야 한다고 생각하는 것이 아니라 실제로 당신이 행동한 대로 또는 행동할 것 같은 답을 고르시오.

다른 사람에게 피드백을 줄 때 :

	대개의 경우	때때로 그렇지	거의 않다
1. 나는 일과 관계된 행동에 초점을 맞추어 논평을 한다.	☐	☐	☐
2. 나는 평가적이기보다는 기술(記述)적인 논평을 한다.	☐	☐	☐
3. 나는 언급을 자제함으로써 그들이 개인적으로 연간의 수행에 대해 자세하게 설명하고 토의할 수 있도록 분위기를 만든다.	☐	☐	☐
4. 내가 하는 피드백이 상대방에게 분명하게 이해됐다고 확신한다.	☐	☐	☐
5. 나는 그 사람이 개선할 수 있는 것에 대한 제안과 함께 비평을 추가한다.	☐	☐	☐
6. 나는 그 사람의 과거의 일과 미래의 가능성을 반영하는 피드백을 한다.	☐	☐	☐

채점방법

질문 1, 2, 4, 5, 6 에 대해서는 "대개의 경우 그렇다"에 3점을, "때때로"에는 2점을, "거의 그렇지 않다"에는 1점을 준다. 질문 3은 역으로 채점한다.

모든 점수를 합쳐서 점수가 16점 이상일 경우에는 훌륭한 피드백 제공기술이 있는 것이고, 점수가

13에서 15일 때는 이 기술이 약간 부족한 것을 나타낸다. 점수가 13 이하일 때는 개선의 여지가 상당히 있다는 것을 나타낸다.

2) 피드백의 개념

관리자는 부하로부터 적절할 것 같은 답을 얻기 위해 얼마나 많은 피드백을 해야 하는지 자문자답해 볼 필요가 있다. 만일 그 피드백이 긍정적인 내용의 것이라면, 즉시 그리고 열정적으로 주는 것이 좋을 것이다. 그러나 부정적인 피드백의 경우라면 종종 매우 다르게 취급되어야 한다. 관리자들은 나쁜 소식의 전달자가 되는 것을 특히 즐기지 않는다. 그들은 수용인의 감정을 상하게 하거나, 수용인에 의해 방어적으로 취급되는 것을 두려워한다. 그 결과 부정적인 피드백은 자주 의식적으로 피하게 되고, 지연되고, 부분적으로는 왜곡되기도 한다(Fisher, 1979).

피드백의 개념은 무엇인가? 어떤 사람에 대한 어떠한 커뮤니케이션도 그의 행동의 어떤 관점과 그것이 당신에게 미치는 영향에 대한 정보를 그에게 준다. 그것은 작업장에서, 또는 직업 활동에 한정된 것인가? 물론 아니다. 당신이 레스토랑 안에 인접한 테이블에 앉아 있는 어떤 사람과 이야기할 때 그 사람의 흡연은 당신을 괴롭혀서, 당신은 그 사람에게 피드백을 하게 된다. 우리의 관심은 주로 피드백의 실행에 있지만, 여기에 존재하는 숙련기술은 대인기술의 피드백에 가장 좋은 형태로 일반화할 수 있다.

3) 피드백의 가치

피드백은 왜 중요한 기술인가? 그 답은 피드백이 고용인의 작업 증진을 이끈다는 것을 나타내는 연구가 상당 수 있기 때문이다(Komaki, Collins, Penn, 1982; Locke and Latham, 1984). 그러나 이 답은 그리 의미있는 것이 아니다. 피드백이 어떻게 작업을 증가시키는가? 이에 대해 다음과 같은 몇 가지 설명이 있다.

첫째, 피드백은 이전에 목표를 정한 것이 없는 사람에게 어떤 목표를 유발시킬 수 있다. 더 높은 작업동기를 주는 것과 같은 행동목표다.

둘째, 피드백은 그들의 목표에 어떻게 잘 접근할 수 있는가를 사람들에게 알려주는

데 목표가 있다. 피드백이 호의적인 것이라면 이는 긍정적인 강화물로 작용한다.

셋째, 만일 그 피드백이 부적절한 수행을 나타낸다면, 이에 대한 인식은 더 많은 노력을 촉구하게 될 것이다. 더 나아가서, 그 피드백의 내용은 같은 방식으로 더 노력을 하기보다는 다른 방식으로 작업을 증가시키는 방법을 시사할 수도 있다.

넷째, 피드백은 사람들에게 이전의 목표를 달성한 후에 그들의 목표 수준을 상향시키는 역할을 하기도 한다.

마지막으로 고용인들에게 피드백을 제공하는 일은 고용인들이 하고 있는 일에 대해 다른 사람들이 관심을 갖고 있다는 사실을 알게 해 준다. 따라서 피드백은 사람들에게 더 높은 단계의 수행에 대한 동기를 유발시킬 수 있는 간접적인 방식이기도 한 것이다.

4) 긍정적인 피드백과 부정적인 피드백

관리자는 긍정적인 피드백과 부정적인 피드백을 다르게 취급한다고 앞에서 말했다. 그것은 피드백을 받는 사람의 입장에서도 마찬가지다. 이 사실을 이해하고 자신의 스타일에 맞추어 피드백을 조절해야 한다.

긍정적인 피드백은 보다 더 쉽고 부정적인 피드백보다 정확히 지각된다. 긍정적인 피드백은 거의 항상 인정되지만, 부정적인 피드백은 종종 저항에 부딪친다. 논리적인 답은 사람은 좋은 소식은 듣기를 원하고 나쁜 소식은 듣기를 원하지 않기 때문이다. 긍정적인 피드백은 대부분의 사람들이 듣기 원하는 것과 이미 그들이 믿는 것에 맞춘 것이다.

이러한 사실은 부정적인 피드백을 피해야 한다는 것을 의미하지는 않는다. 그것이 의미하는 것은 부정적 피드백에 따른 잠재하는 저항을 깨닫는 것이 필요하고, 부정적인 피드백이 대부분 좋게 수용될 수 있는 상황에서 피드백하기를 배워야 한다는 것이다. 연구의 결과를 보면 부정적인 피드백이 신뢰할 만한 출처에서 나온 것이거나, 그것이 목적적일 때 대부분 좋게 받아들여진다는 것을 시사한다. 고용인들은 그것이 높은 지위를 지닌 신뢰성을 가진 사람으로부터 나온 것이라는 이유 하나만으로도 그 피드백에 대해 무게를 두는 것으로 알려져 있다. 이러한 사실은 부정적인 피드백은 견실한 데이터에 의해 지지될 때, 즉 수량화나 명백한 예증이 있을 때 인정되는 좋은 기회를 가진다.

부정적인 피드백은 경험 있는 관리자를 위한 의미 있는 도구가 될 수 있는데, 특히 조직 내에서 경험이 많을 때 고용인들의 존경을 받을 수 있다. 경험이 적은 관리자는 조직의 위계상에서도 낮은 지위이고, 그 사람의 평판은 아직 안정된 것이 아니어서 부정적인 피드백은 잘 받아들여지는 것 같지 않다.

5) 피드백 기술

이제 기본적인 피드백 기술을 알아보자. 피드백을 어떻게 할 것인지를 결정하고, 언제 해야 할지를 살펴보자.

(1) 구체적인 행동에 초점을 맞춰라.

피드백은 일반적인 것보다 구체적인 것이 좋다. "당신은 나쁜 태도를 갖고 있다"라든가 "나는 당신이 정말로 훌륭하게 직무를 수행했다고 생각한다"와 같은 투의 말은 피하는 것이 좋다. 그러한 말은 너무 막연하고, 그 정보의 제공 중 "나쁜 태도"나 당신이 "훌륭하게 한 직무"라고 한 것이 무엇인지를 충분하게 정확히 말해 주지 못한다. 만약 당신이 "재호씨, 나는 직장에 대한 당신의 태도가 걱정스럽다. 당신은 어제 직원회의에 30분 늦었고, 그때 당신은 나에게 우리가 토의하고 있는 보고서를 미리 읽어 보지 않았다고 말했습니다. 오늘 당신은 나에게 치과치료를 위해 3시간 일찍 퇴근한다고 말했습니다." 또는 "철수씨, 나는 당신이 J회사와의 거래에서 한 일에 대해 정말 기쁘게 생각합니다. 그들은 지난달 우리 회사에서의 구입품을 22% 늘렸고, 며칠 전 나는 그 회사 사장으로부터 당신이 마이크로 칩의 설계 변경을 어떻게 그렇게 빨리 할 수 있었는지에 대해서 찬사의 전화를 받았습니다." 이렇게 말하는 것이 구체적인 행동에 초점을 맞춘 것이다. 이것은 당신이 수신인에게 왜 비판하는지와 왜 칭찬하는지를 알게 해 준다.

(2) 사람이 아닌 '일'에 대한 객관적인 피드백을 하라.

피드백은 특히 부정적인 종류의 것일 때, 도덕적 판단이나 평가보다는 설명적인 것이 낫다(Mill, 1976). 일과 관련된 피드백을 할 때 당신이 얼마나 높은 지위에 있는가는 문제가 되지 않고 어떤 부적당한 행동 때문에 어떤 사람을 개인적으로 비판해서는 안 된다. '바보', '무능력자' 같은 말을 하게 되면 거의 언제나 반대의 결과를 초래한다. 그러한 감정적인 태도는 그것 자체와는 유리된 정서적 반응을 과민하게 야기시킨다. 당신이 비판할 때, 일과 관련된 행동을 비판하고 있는 것이지, 그 사람을 비판하는 것이 아니라는 것을 명심하라. 어떤 사람에게 "버릇없고 센스가 없다"(비록 그것이 사실이라고 해도)라고 말하고 싶을지도 모른다. 아무튼 그것은 객관적인 것이 아니다. "당신은 내가 부산의 한 고객과 장거리 통화를 하고 있는 것을 알면서도 긴급하지도 않은 질문으로 나를 세 번 방해했다."와 같이 말하는 것이 더 낫다.

(3) 목표에 맞추어라.

피드백은 우선 "무책임하게" 또는 "할 말을 다하여 마음을 후련하게" 해서는 안 된다(Mill, 1976). 만약 당신이 어떤 부정적인 말을 해야 한다면, 상대방의 목표에 맞추어서 직접적으로 확실하게 하는 것이 좋다. 그 피드백이 누구를 돕기로 생각한 것인지 자신에게 물어 볼 필요가 있다. 만일 그 답이 당신 자신에게 해당하는 것이라면 나는 단지 나의 가슴 속을 시원하게 하기를 원했다는 것을 알게 될 것이다. 그런 피드백은 당신의 진실성을 손상시키고, 의미를 작게 하고 미래의 피드백에 악영향을 끼친다.

(4) 시기를 잘 택하라.

피드백은 어떠한 행동이 있은 후 가능한 한 빨리 이루어질 때 의미가 있다(Mill, 1976). 예를 들면, 게임을 하는 동안 실수를 한 축구 선수는 그의 실수 후에 적당한 개선을 위한 코치의 시사가 즉시 행해지는 것이 그 게임 후에, 또는 며칠 뒤 그 게임의 필름을 다시 보면서, 또는 몇 달 뒤에 코치가 피드백을 하는 것보다 더 잘 반응하는 것 같다. 만일 한 상황을 어떤 사람의 기억을 되살리게 하기 위한 것이라면 당신의 피드백은 효과가 없을 것 같다(Verderber & Verderber, 1986). 게다가 만일 당신이 특히 행동의 변화에 관심이 있다면 그 피드백이 요구하는 변화의 가능성이 적을 때에는 바람직스럽지 못한 행동에 대한 피드백의 제공을 늦추어야 한다. 물론, 만약 당신이 불충분한 정보를 가지고 있거나, 화가 나 있거나, 감정적으로 혼란 상태에 있을 때, 단지 신속함을 위해 격려하는 피드백을 하는 것은 실패할 수 있다. 그런 경우에는 "적당한 시기"가 "약간 늦추는 것"을 의미할 수도 있다.

(5) 확실하게 이해시켜라.

당신의 피드백은 상대방에게 당신의 커뮤니케이션 내용이 확실하게 그리고 충분하게 이해할 만큼 간결하고 충분하게 완성되었는가? 모든 성공한 커뮤니케이션은 의미의 전달과 의미의 이해 둘 다를 요구한다. 그래서 피드백이 효과적이 되기 위해서는 수령인이 확실하게 이해하는 것이 필요하다(Mill, 1976). 경청기법에 대한 우리의 토론에서 일관된 것은, 당신이 의도한 의미가 충분히 마음을 사로잡는 것인지 아닌지 알 수 있게 당신의 피드백의 내용을 상대방에게 재진술하는 방법을 쓸 수도 있다.

(6) 만약 부정적인 피드백이라면, 상대방이 조정할 수 있는 행동에 대해 확실하게 하라.

그 사람이 조정할 수 없는 결점을 그 사람에게 상기시키는 것은 거의 가치가 없다. 따라서 부정적인 피드백은 상대방이 그것에 대해 무언가를 할 수 있는 행동에 대해 직접적으로 해야 한다. 그런 예로 자명종 시계를 정확하게 맞추는 것을 잊어서 지각한 고용인을 비판하는 경우를 들 수 있다. 그가 매일 직장에 갈 때 타고 가는 지하철이 전기 고장이 나서 지각한 것에 대해 비판할 때, 그가 30분 동안 지하철에 있었던 것을 비판하는 것은 무의미하다. 그가 무슨 일이 일어날지 바로 잡을 수 있는 것은 아무것도 없다. 게다가, 부정적인 피드백이 수령인이 조정할 수 있는 어떤 것과 관련지어 주어질 때, 그 상황을 향상시킬 수 있는 어떤 것을 구체적으로 시사하는 훌륭한 아이디어가 될 수도 있다. 이것은 그 비판에서 지적하는 것을 받아들이고 그 문제를 이해하고 있는 상대방에게 길잡이를 제공하지만 문제를 해결하는 방법은 알지 못 한다.

(7) 그 사람에게 적합한 피드백을 하라.

피드백에 관한 마지막 충고는 피드백을 받는 사람을 고려하라는 것이다. 당신은 상대방의 과거의 작업과 그의 미래의 가능성에 대한 당신의 평가를 고려해서, 작업 피드백의 빈도와, 양, 내용을 계획하여야 한다. 성장 가능성이 높은 작업자에게는 행동을 교정하는데 그들을 자극하기 위해 충분히 자극을 주어야 하지만, 통제와 주도(권)를 약화시키는 것과 같은 경험은 자주 주어서는 안 된다.

그들의 일에 기틀이 잡히고, 발전에 대해 제한된 가능성을 가진 작업자에게는 그들이 확실한 능력을 발휘할 수 있고, 과거와 한결 같은 행동으로 그들의 직무를 알고, 그들이 하는 일이 왜 필요한지 알기 때문에 이러한 경우에는 피드백을 최소화시키는 일이 필요하다.

불충분한 작업자여서 그들의 작업이 향상되지 않는다면 직무를 바꿀 필요가 있다. 피드백은 자주, 그리고 매우 구체적으로 주어야 하며 피드백에 대한 행위와 부정적인 조치 간의 연결은 신중을 기해야 한다.

조직관리와 동기이론

Chapter 12

1. 동기와 욕구: 성장이론 모형
2. 동기의 일반적 원리
3. 동기유발을 위한 분위기 조성
4. 생리적 동기
5. 심리적 동기
6. 성취동기
7. 성장동기
8. 성장모형이론

대인관계는 대체로 소수인과의 관계를 의미하지만 작게는 가정이라는 조직에서부터 직장과 사회까지 그 폭을 넓힐 수 있다. 유능한 조직 관리자가 되기 위해서는 조직의 특성은 물론 인간에 대한 폭넓은 이해가 필요하다. 조직 구성원의 동기와 욕구, 일에 대한 그들의 생각, 그밖에 사소해 보이는 일에 이르기 까지 이해의 폭을 넓히는 것이 유능한 관리자가 갖추어야 할 기본 조건이다.

우선 인간은 어떻게 동기지워지는가에 대해 성장이론 모형을 중심으로 살펴보면 다음과 같다.

1. 동기와 욕구 : 성장이론 모형

동기란 사람들의 행동을 자극 또는 유발시키는 내면 상태를 말한다. 즉 사람들이 의도적으로 목표를 추구하는 행위를 향하여 나아갈 수 있게 그들을 활성화 시켜 주고 이끌어 주는 내적 조건들을 의미한다.

1) 추론되는 동기

우리는 행위를 관찰함으로써 동기를 추론한다. 예를 들면 하이킹이나 장거리 여행을 할 때, 활기찬 처음 출발과는 달리 시간이 지남에 따라 수통에 물을 찾게 되며 배낭 속으로 손이 자주 가고 휴식이 잦아지게 되는데 이러한 모든 사항은 배가 고프다는 징조를 의미한다. 그러나 어떻게 그 사실을 알게 되는가? 라는 질문에 대해서 우리는 "배고픔"을 눈으로 볼 수는 없지만, 전후의 행동으로 미루어 보아 추론하는 것이다. 기아, 갈증, 성욕 및 호기심 등과 같은 동기 변수도 인간행위의 변이를 설명하는데 도움이 된다.

2) 내면적 동기와 유인적 동기

동기가 사람들에게 영향을 미치는 양상에 대해서는 신체가 자신의 생존을 보장하기 위해서 적당한 안정 상태를 유지하려는 과정인 '균형유지 원리'로 설명되어 왔다. 어떤 것이든지 평형을 깨뜨리면 균형유지 기능은 자동적으로 반응을 일으켜 불균형 상태를 바로잡는 활동을 시작한다.

내적 지배력의 불균형 상태가 이와 같은 균형유지 조직의 일상적인 범위를 초과하게 될 때 동기화된 행동이라는 말을 사용하며, 처음에는 이러한 불균형 상태를 "긴장상태 또는 욕구"라고 인식하게 된다. 갈증과 같은 욕구는 너무 급박해서 종종 "충동"이라고 일컬어지는데, 그 이유는 그러한 필요를 만족시키도록 충동당한 것 같이 느끼기 때문이다. 충족되지 않은 욕구나 충동으로 인한 긴장 상태는 번갈아 가며 사람을 자극하거나 활력을 주어 적절한 만족감을 추구하게 하는데 이를 동인(motive), 또는 집합적으로 동기(motivation)라고 한다. 동기의 긴장해소 모형에 의하면 주로 충족되지 않는 욕구로 인해 생긴, 해결되지 않은 긴장상태가 사람들에게 동기를 부여해 주는 것으로 보고 있다. 그 밖에도 긴장해소에 따른 만족감은 이후에도 그 동기를 더욱더 강화시켜 주는 역할을 하기 때문에 사람들은 그러한 행동을 앞으로도 계속하여 반복하게 된다.

그러나 때때로 사람들은 긴장해소 이론에 꼭 들어맞는 방식으로 행동하지만은 않는다. 커다란 위험이 수반됨에도 불구하고 산악등반이나, 자동차 경주 같은 도전적인 일도 하는 것이다. 호기심, 자극 및 우월감과 관련된 행위의 연구에 의하면 사람들은 종종 의도적으로 긴장상태를 고조시키는 방향으로 행동한다고 한다. 그 결과 Maslow 같은 심리학자들은 "동기의 실현모형, 혹은 성장모형"이라는 용어를 사용하는데, 이 모델은 평형상태를 회복시키고자 하는 경향뿐만 아니라 성장이나 변화하고자 하는 경향도 고려하고 있다.

심리학자들은 "충동이론"에서 전통적으로 간주해 온 것처럼 과연 동기가 언제나 인간의 내부에서 발생하는지의 여부에 대해서도 의문시하고 있다. 그들은 인간의 행위는 우리를 유인하거나 혐오감을 주는 환경에 있는 대상이나 조건에 의해서도 좌우된다고 보고 있다. 행동주의 심리학이론에서와 같이 하나의 요인이 강화물(reinforcer)로 해석될 때, 그 유인은 동기라기보다는 오히려 강화자극으로 설명된다.

이와 같이 용어 사용에 대한 의견의 불일치는 심리학 분야에 있어서 동기에 대한 상충된 이론 때문이다. 전통적으로 심리학자들은 동기를 설명함에 있어서 '내적인 힘 또는 사람이 얼마나 고무되었는가'를 중시해 왔으나, Skinner와 같은 행동주의 심리학자들은 '환경적인 강화물의 역할과 외적인 힘이 사람들의 행위에 미치는 유인성'을 강조하고 있다. 결국 우리가 '동기'를 충동, 유인(incentive), 강화물, 또는 동인 등 무엇이라고 부르든지 간에 전반적인 동기는 내적 및 외적 영향의 상호작용으로 발생한다고 할 수 있다.

3) 동기의 분류

동기의 분류는 일차적, 이차적 동기 또는 동인을 구별하는 것이다. 일차적 동기는 선천적인 것으로 기아가 이에 해당되고, 이차적 동기는 주로 학습을 통해서 습득된 것으로 성취감이 이에 해당된다. 그러나 호기심, 또는 성욕과 같은 동기들은 위의 분류처럼 명확히 구분되지는 않는다.

또 다른 동기의 분류는 Maslow의 생존동기와 성취동기인데, 기아 및 수면은 생존동기이고, 자아실현의 추구는 성장동기라 볼 수 있다.

다른 동기의 분류는 동기를 연속선으로 개념화하여 분류하는 것으로, 이 연속체의 한쪽 끝에는 생리적인 욕구가 위치해 있고, 또 다른 끝에는 심리적(또는 정신적) 욕구가 위치하여 이 두 상이한 동기가 서로 상호작용을 한다는 것이다. 그러나 이들 모든 동기는 어느 정도 학습에 의해 영향을 받는다.

4) 동기의 기능

동기는 학습의 원인적인 측면은 물론 결과적인 측면에서도 매우 중요한 요소로 간주되고 있다. 학습과 관련하여 볼 때 동기가 갖는 기능은 다음의 세 가지다.

(1) 시발적(始發的) 기능

행동을 촉발시키는 기능으로서 학습태도를 유발시키고, 학습활동을 개시시킨다.

(2) 지향적(志向的) 기능

행동의 방향을 규정짓는 기능으로서 학습의 목표를 향한 학습태도를 갖게 한다. 뜻을 두고 나간다는 점에서 指向, 대신 志向이라는 한자를 썼다.

(3) 강화적(强化的) 기능

학습 결과가 주는 만족의 정도, 행동의 적부성(適否性)을 결정짓는 기능으로서 학습의 결과가 만족스러우면 보다 의욕적인 태도를 갖게 하고, 또 만족의 유인(誘因)에 대해 강한 결합을 하게 한다.

흔히 동기의 기능은 행동을 촉발시키는 시발적 기능 위주로 설명되어 온 경향이 있으나, 동기의 강화적 기능은 시발적 기능보다 더 중요한 것으로 볼 수도 있을 것이다. Tolman(1959)에 의하면 동기화에는 두 가지 형태가 있다. 결핍은 욕구 증진의 내적 상태를 일으키고, 보상은 동기의 강도를 결정짓는다는 것이다. 즉, 우리는 작은 것보다는 큰 것을 얻을 수 있는 일에 더 동기화된다. 그는 행동을 동기화하는데 있어서의 보상의 영향을 받는 현상을 유인동기(incentive motivation)라 부르고 있다. 그리고 이러한 보상의 효과는 그와 유사한 상태에서의 그 일을 하게 하는 강한 추진력이 될 것이다.

Thorndike의 효과의 법칙-반응의 결과가 만족스러우면 자극과 반응 간의 결합, 즉 학습이 잘 일어난다는 것과 밀접히 관련된 강화적 기능이 강조되면 동기유발이 최종적으로 겨냥하고 있는 내재적 동기 유발이 보다 용이해질 것이다.

2. 동기의 일반적 원리

사람마다, 그리고 각자 처한 상황에 따라서 동기는 다를 수 있다. 그러나 동기가 갖는 다양성 못지않게 동기에도 공통되는 점이 있다. 그러한 동기의 일반적 특성을 정리하면 다음과 같다.

(1) 모든 행동은 동기에 의한 것이다. 모든 사람은 동기화된다. 다만 그 지향하는 바가 다를 뿐이다.

(2) 동기는 개인 내부의 욕구나 열망으로부터 나온다.

(3) 동기는 부실한 책, 부실한 수업, 또는 부실한 학습 환경 하에서는 활성화되기 어렵다.

(4) 문화에 따라 동기화의 유인도 다르다. '청소년'이라는 것도 그 자체가 하나의

문화다. 따라서 각기의 세대는 그 세대의 흐름에 맞는 동기 체제를 갖게 된다.

(5) 사람들마다 각기 다른 성공에 대한 견해가 있을 수 있으므로 자신의 잣대로 동기화가 성공적이라 판단하기는 어렵다.

(6) 특정 과제를 개인이 선택해서 시도해 보아야 과제에 대한 책임감을 갖게 된다.

(7) 사고는 동기화의 과정이다. 무시당하는데 대한 두려움 없이 생각한 것을 말할 수 없는 분위기라면 수업에서의 동기는 활성화되지 않는다.

(8) 상호작용을 통해 많은 동기화가 이루어진다. 지역사회라는 것도 따지고 보면 상부상조하는 가운데 안전과 동일시, 공동의 가치를 나누는 상호작용 집단인 것이다.

(9) 매슬로우의 욕구위계 이론에 의하면 공포는 안전의 욕구를 위협하여 상위 단계 욕구로의 진입을 어렵게 한다. 하위의 욕구가 충족되어야 상위 욕구로의 이행이 가능하다는 것이다.

3. 동기유발을 위한 분위기 조성

동기유발에 앞서 효율적으로 동기를 유발할 수 있는 토대가 조성되어 있으면 동기유발이 보다 쉽게, 그리고 효율적으로 이루어질 수 있다. 그러한 분위기 조성의 방법으로는 다음과 같은 것들이 있다.

(1) 당신이 대접받고 싶은 방식으로 남을 대하라. 학생들을 존중과 존엄성을 가지고 대하며 개인의 독특성을 존중하라.

(2) 소속감을 증진시킨다. 상호협력하며 지역사회 발전에 기여할 수 있는 과제를 제공한다. 긍정적 기대감을 가질 수 있게 하고 모두가 성공할 수 있다는 점을 부각시킨다.

(3) 개개인이 자신의 견해를 십분 피력할 수 있으며, 남과 다른 견해도 아무 거리낌 없이 표현할 수 있는 심리적으로 안전한 분위기를 창출한다.

(4) 모두에게 성공의 기회를 자주 맛보게 하며 실패의 위험은 극소화시킨다. 동기는 학생의 성공과 흥미를 증진시키는 마력을 지닌 독특한 심리기제다.

(5) 학생들의 성취, 그 자체에 대해서만 아니라 그들의 노력에도 가치를 부여한다.

비록 학생들의 시도가 실패했더라도 그 노고 자체가 값진 것이며, 실수나 실패도 학습의 하나의 경험임을 주지시킨다.

(6) 학생들이 서로를 잘 알 수 있는 기회를 마련하고, 그들이 서로간의 경험을 공유할 수 있는 시간을 가지게 한다.

(7) 동료들이 공동의 목표를 세우게 하고 이의 수행과정을 정기적으로 평가해주며 필요한 경우 전략을 바꿀 수 있게 돕는다.

4. 생리적 동기

1) 기아와 갈증

기아는 동기현상 중에서 가장 널리 연구된 것 중의 하나다.

인간의 체중은 음식물 섭취가 학습이나 감정에 의해 심한 영향을 받기 때문에 변동된다. Freud는 행위의 정신역학이론에서 사람들이 가끔 과식하는 것은 '애정 결핍'에 기인한다고 주장하였으며, 이와 같은 사람들은 음식이나 음료수가 애정에 대한 상징적 대체물이 된다.

또한 미국에서는 식욕감퇴 신경증의 발생률이 증가하고 있는데, 식욕감퇴증에 걸린 사람은 먹은 것을 전폐하거나 식후에 의도적으로 토해 내기도 한다(이것은 신체적으로 건강하지 못한 데 원인이 있기도 하지만 심리적 원인이 작용하고 있다고 볼 수 있다. 예를 들면 이러한 증세에 걸린 사람들은 비대해지는 것을 꺼려 지나치게 음식물을 조심하였거나 자학경험을 가졌으며, 2차 성징이 나타나는 것을 매우 불쾌하게 여겨 이와 같은 2차 성징이 나타나지 않도록 하기 위해 체중을 줄이기도 한다). 즉, 생리적 동인은 심리적 요인에 의해 조정되는 것이다.

갈증은 외부 작용이나 학습에 의해서도 영향을 받는다. 식사할 때 사람들은 생리적 욕구라기보다는 습관에 의해 물을 마시게 된다.

2) 고통의 회피와 극단적 자극

고통 감각은 기타의 생리적 동기와는 여러 면에서 다른 양상을 띤다. 결핍 상태의 결과로서만 고통을 느끼는 것이 아니며, 고통이 생기거나 그로 인한 보상도 주기적인 것은 아니다. 우리는 고통을 느낄 때, 그 고통은 우리를 자극하여 자신에게 위협적인 것을 피하도록 하게 한다. 또한 통증은 우리의 생존을 유지하는데 필수 불가결한 경고 장치이기도 하다.

고통 감각은 정상적 자극의 부족으로 인해 둔감해질 수 있다(예를 들면 가학성 음란증 행위 같이 고통 경험을 쾌감 자극의 수단으로 찾게 될 경우 고통 감각은 조건화 형태를 통하여 병적으로 나타난다).

그러나 실제로 광선, 음향, 열, 추위와 같은 지나친 자극이나 상처가 신체조직을 자극하면 고통스럽다. 다행히 선천적인 균형유지 조직은 이러한 여러 경우의 고통에 대해 본래의 평형을 회복하도록 자동적으로 작용한다.

3) 성

성(性)은 그 자체가 생리적인지 또는 심리적인지 단순히 분류하기 어려운 동기 중의 하나다. 또한 성은 확실히 생리적 근거를 포함하고 있기 때문에 반드시 심리적 동기라고도, 학습된 동기라고도 할 수 없다. 실제로 성적 동기는 학습 및 기타 심리적 요인과 연결된 호르몬과 신경중추 작용이 독특하게 혼합된 것이다.

남성 및 여성 호르몬이 강하게 배출되는 시기는 사춘기다. 사춘기 이전에는 남자나 여자 모두 두 가지 성호르몬을 동시에 생산한다. 그러나 사춘기에 이르면 뇌하수체의 점액분비선이 복잡한 연결을 통한 작용을 하여 체내에 있는 두 종류의 호르몬에 자극을 주어 그 구성비율을 변화시킨다.

인간에게 있어서 여성의 성적 수용력은 정서적이고 사회적인 요인에 대한 감수성 때문에 동물과는 달리 심하게 변화한다. 그 결과 인간 호르몬 분비영향은 환경에 의한 적절한 자극에 반응할 준비태세를 갖춘다. 또한 인간의 성행위는 주로 대뇌피질에 의한 지배를 받기 때문에 학습은 동물에서보다 인간의 성행위에 있어서 훨씬 더 중요한 역할을 한다고 말할 수 있다.

연령이 많아짐에 따라 생기는 체력, 혈액순환 및 성호르몬 분비의 일반적인 감소는 성적 반응의 속도와 강도를 낮추는 경향이 있다. 그러나 이 말은 성행위를 완전히 포기한다는 의미가 아니고, 단지 성적 자극에 좀 더 늦게 반응한다는 것을 뜻한다. 또한 성에 대한 생리적인 토대가 점차 없어지기 시작하면(가령 갱년기 같은 경우에), 개인마다 성에 대한 학습된 동기적 가치가 더욱 중요한 것으로 나타나며, 성행위를 하지 않을 경우 성능력은 더욱 감퇴되기 쉬운 것으로 나타난다.

5. 심리적 동기

심리적 동기(동인)는 학습된 동기며, 육체적 생존보다 심리적 기능 및 안정감이 더 깊이 관련되어 있는 동기다. 성취동기와 같은 동기는 학습에 의해 크게 영향을 받는다. 학습 경험이나 동기는 개인에 따라 다르기 때문에, 심리적 동인에 대한 절대적인 하나의 목록은 제시할 수 없고 다만 모든 사람에게 적용되는 일반적인 몇 개의 동기가 있을 수 있다.

1) 안전

어린아이들은 일찍부터 안전(security)에 대한 선호를 표현하며, 모든 아이들은 불안한 상황에 당면했을 때 그들이 의지할 수 있는 '안전담요(security blanket)' 같은 것을 필요로 한다.

또한 안전 동기는 우리가 성장함에 따라 여러 가지 다른 형태로 변하게 된다(예를 들면 좋아하는 음식을 먹는다거나 자기 방에서 수면을 취하는 것과 같이 자기에게 익숙한 방법으로 자신의 생리적 욕구를 충족시키기를 좋아한다). 이를 일반적으로 "특수화 발현(canalization)"이라고 한다. 즉 발현 기회를 노리는 일반적인 에너지나 동인이 특수한 대상으로 향하는 길을 열고 만족하는 과정은 일단 사람들이 특수한 방식으로 자기의 욕구를 충족시키는 방법을 배우게 되면 그들은 이와 같이 친근하게 된 것에 대해 선호 내지는 기호를 갖게 된다는 것이다. 따라서 사람들은 스스로 자신을 위해 관례, 상습을 구축한다고 볼 수 있다.

안전에 대한 또 다른 형태는 자신이 처한 주위 환경을 이해하고 예견하고 싶어하는 욕망 속에 반영되어 있다. 예를 들면 사람들은 그 직업이 장래성이 있는지 없는지에 대해서 알고 싶어하는데, 이는 불안을 줄이고 싶어하는 인간의 욕구와 관련되어 있다. 이렇게 하기 위해서 사람들은 실패했을 경우에 자신을 보호하기 위해 변명을 하거나 자신을 스스로 낮추는 것과 같은 모든 종류의 안전기능을 습득한다.

일치(consistency)에 대한 욕구는 안전 동기의 또 다른 형태다. Festinger(1957)의 인지 부조화 이론에 의하면 모든 사람들은 불일치를 견디지 못하며, 가능한 한 불일치를 감소시키거나 회피하려고 노력한다고 하였다. 즉 사람들은 인지적으로나 심리적으로 양립할 수 없는 두 가지 사상 또는 신념을 가지고 있을 때마다 그 같은 상극으로 인한 긴장감을 제거하기 위해 무의식적으로 노력한다고 볼 수 있다. 결국 우리는 불일치, 부조화, 불안에 대해 혐오감을 지니고 있기 때문에, 긴장을 회피하기 위해 모든 종류의 자기 정당화 방법에 의존한다는 것이다.

2) 자극과 모험

많은 연구 조사에 의하면 인간은 환경 조건과는 무관하게 자극과 모험에 대한 근본적인 동기를 지니고 있음이 밝혀졌다. 어떤 심리학자들은 우리의 대뇌피질이 정상적으로 작용하기 위해서는 최소한의 자극이 필요하다고 말한다.

또한 사람들은 흥미 있는 자극과 변화를 좋아한다. 즉, 지적으로 호기심을 느끼거나 신체적으로 환경을 탐구해 보고자 하는 의욕을 느낄 때가 있으며, 이따금씩 우리에게 도전적이거나 매혹적인 특정 대상물을 잘 다루어 그것에 숙달되고자 하기도 한다.

우리는 항상 적당한 자극을 필요로 하는데, 이는 각 개인의 과거 경험에 따라 크게 좌우된다. 지나치게 흥분될 때는 전반적인 자극을 감소시키는 조치를 취하고, 지루할 때는 흥미로운 일을 만들기 위해 일상궤도에서 벗어나기도 한다. 또한 변화나 자극에 따르는 위험보다 그것에 수반되는 이익이 더 크면 보상과 만족을 느끼게 되지만, 위험부담이 그것에 따르는 만족감보다 비슷하거나 클 때는 현상유지와 안전을 원하게 된다.

3) 소속

인정받고 싶고 소속되고 싶어하는 욕구는 "애착, 의존, 유친성, 사랑 또는 수용"과 같은 여러 가지 복합적인 욕구에서 발생한다. 이러한 욕구들이 충족되지 않을 때 사람들은 이질적으로 느끼고 행동하게 된다.

대개 첫 번째 자녀로 태어난 사람들은 일생을 통해 강한 유친 경향을 보이는데, 이는 유아기 때 지속적인 부모의 관심과 애정을 받았기 때문이다. 또한 공포가 더하면 더할수록 걱정을 경감시키는 한 방법으로 다른 사람과 함께 있기를 더 원하므로, 공포의 강도가 강할수록 유친 동기의 강도는 강해진다고 볼 수 있다. 또한 사람들은 유친욕구를 충족하지 못할 때 외로움을 느끼게 된다. 군중 속의 고독이라는 아이러니는 사람들이 사회적인 접촉, 또는 집단에 참여하는 것 이상의 것을 필요로 하고 있음을 말해 주고 있다. 결국 인생의 한계와 불확실성 그 자체가 모든 인간에게 피할 수 없는 외로움을 가져다 주기 때문에, 유친욕구는 심리적 차원에서 뿐만 아니라 실존적인 차원에서도 가치를 지닌다고 볼 수 있다.

6. 성취동기

성취동기는 대부분 학습되어지기 때문에 부모의 행동에 의해 상당한 영향을 받는다. 예를 들면 성취동기가 높은 학생들의 부모는 일을 처리하는 방법 등과 같은 구체적인 도움을 주기보다는 암시나 긍정적인 강화로 간접적인 도움을 주는 경향이 있는 반면 성취동기가 낮은 학생들의 부모는 긍정적인 칭찬은 하지 않으면서 많은 것을 기대하는 경향이 있는 것으로 나타났다.

비록 성취동기가 사회적 지위나 또는 지능과 같은 요인과 직접적인 관계가 있다고 하더라도, 일반적인 성취 욕구는 적절한 도움으로 변화될 수 있다. 예를 들면 성취동기가 낮은 학생들의 부모를 매일 30분씩 15주간 상담한 결과 자녀들의 성취동기가 현저하게 향상된 것으로 나타났다.

또한 성취동기는 여러 가지 요인에 따라 변하는데, 이러한 요인을 살펴보면 다음과 같다.

첫 번째 요인은 개인이 성공가능성을 어떻게 인지하는가 하는 것이고,

두 번째 요인은 얼마나 성공하기를 열망하는가에 달려 있으며,

세 번째 요인은 자신의 성취에 대한 책임감이고,

네 번째 요인은 주어진 유인 자극으로부터 만족을 얻으려는 개인적 의욕의 정도이며,

다섯 번째 요인은 목표를 달성하는데 필요한 수단, 또는 방법에 얼마나 익숙한가 하는 것이다.

다시 말해서 성취동기는 어느 정도 사람에 따라 변할 뿐만 아니라 상황에 따라서도

변한다고 할 수 있다.

성취동기의 유형에는 두 가지가 있는데, 하나는 성공에 접근하려는 욕구이고, 다른 하나는 실패를 피하려는 욕구다. 성공 지향적으로 동기화된 사람은 실현가능성이 있는 적당하게 어려운 목표를 정하려는 경향이 있고 성공할 확률도 크지만, 실패-회피 지향적으로 동기화된 사람은 아주 낮거나 터무니없이 높은 비현실적 목표를 정하는 경향이 있다.

또한 사람들이 목적을 달성하기 위하여 얼마나 기꺼이 위험을 감수하는가 하는 것은 다른 동기에 비해 상대적으로 성취동기가 얼마나 강한가에 달려 있다.

7. 성장동기

동기는 지각이나 기억, 특히 학습과 같은 심리적 과정에 의해 영향을 받으며, 생활환경 역시 동기에 영향을 준다.

Cannon은 먼저 근본적인 균형 유지 욕구가 충족된 후에야 비로소 "생존 유지와는 무관한 귀중한 것"을 추구하게 된다고 말하였고, Maslow는 심리학자들이 성장동기에 대한 연구를 경시하고 있다고 지적하면서, 개인의 동기화 유형을 근본적으로 생리적 경향으로 예리하게 구분하지 말고 총체적으로 이해해야 한다고 주장하였다. 또한 동기에 대한 그의 견해는 동기 긴장해소 이론을 바로잡는데 커다란 기여를 하였다.

1) 생존과 성장 추이

Maslow는 인간이라는 유기체는 생존의지 뿐만 아니라 잠재력 실현과 본질적으로 성장하려는 생물학적 경향이 있다는 점에 동의하였다. 기아, 안전, 유친, 성취와 같은 생존동기가 충족되지 못할 때 사람들은 긴장을 해소하여 정신적인 균형을 되찾으려고 행동하게 되는데, Maslow는 이를 "결핍동기" 라고 불렀으며, 그것은 현실 인식을 왜곡시키는 경향이 있기 때문에 현실이 무엇인지를 바로 인식하게 하기보다는 우리에게 필요한 것이 무엇인지만을 인식하게 하는 경향이 있다고 하였다.

또한 그는 삶의 의미, 평등의 추구, 또는 창조적인 표현과 같은 동기가 충족되지 않을 때는 "성장동기"에 의해 행동하게 되는데, 성장동기는 결핍동기와는 달리 사회

실체에 대한 지각능력을 무디게 하기보다는 오히려 예리하게 하며, 성장동기화된 사람은 현실을 직시하고 자신과 타인에 대하여 더 수용적이며 세상사에 관심을 집중시킬 수 있다고 하였다.

결국 두 종류의 동기를 충분히 고찰하지 않고서는 동기 유형을 총체적으로 이해할 수 없으며, 비록 성장동기가 생존동기보다 강하지는 않지만 이를 과소평가할 수도 없다. 또한 생존동기의 박탈은 신경과민이나 정신착란과 같은 심리적 질병을 초래하지만, 성장동기를 억제하면 위와 같은 질병은 물론 무관심, 냉소, 소외감 또는 절망과 같은 더 심각한 정신질환을 유발할 수도 있다.

2) 동기의 위계체계

Maslow의 동기위계체계는 동기가 생존에 얼마나 결정적인 관계가 있는지에 따라 밑에서부터 위로 단계적으로 분류된다. 즉, 좀 더 기본적인 동기가 비교적 충족된 정도에 따라 더 위에 있는 동기를 경험하게 된다. 또한 저차원적 동기 또는 생존동기가 비교적 충족되면 고차원적 동기 또는 성장동기를 인식하게 된다.

Maslow는 여러 가지 성장동기들을 동등하게 다 중요하다고 보아 계열화하지 않았으며, 생존동기가 어느 정도 충족된 연후에 비로소 성장동기가 확실하게 나타난다는 점을 강조하였다. 또한 Maslow의 동기위계체계는 선천적인 차이나 과거의 경험 등에 따라 사람마다 어느 정도 다르다고 할 수 있다.

3) 성장에 대한 저항

Maslow는 인간이 천성적으로 자아실현의 경향성을 지니고 있다면 "왜 사람들은 좀 더 충분히 자아실현을 하지 않는가? 라는 문제에 대해 여러 가지 가능한 설명을 제시하고 있다. 먼저 그는 성장 경향은 바람직하지 못한 환경에서 쉽게 억제되고 발견할 수 없게 된다고 하였다. 또한 그는 실패에 대한 두려움이나 습관적인 타성과 같은 영향에서 유래된 결과일 수도 있다고 보았다. 아울러 Maslow는 성장에 대한 저항도 대부분 학습되어진 것이라는 견해를 지지했다.

Maslow는 개인적 성장을 조장하는 힘과 성장의 고통, 미지의 것에 대한 두려움 등과 같은 성장을 억제하는 힘과의 투쟁으로 보았다. 그런데 여러 면에서 사회가 지나치게 안전을 강조함으로써 성장을 억제하고 있다고 주장하였다. 그는 안전에 대한 유혹을 극소화시키고 지루함이나 정체와 같은 위험을 극대화시켜야 한다고 주장하였다. 실제로 Maslow는 성장 그 자체가 보상이고 흥미진진한 과정이라고 하면서, 성장 거부의 극복을 강조하였다.

또한 Maslow는 정신적으로 건강하고 자아실현을 한 사람일지라도 완전무결한 인간이 아님을 지적하였다. 즉, 개인의 성장은 긴장, 또는 문제가 없는 상태에서 이루어지는 것이 아니라, 일반적으로 이러한 문제를 일상생활에서 대처해 나가는 과정에서 이루어지는 것으로 볼 수 있다.

8. 성장모형이론

1) 매슬로우의 욕구위계이론

(1) 욕구의 위계

인간의 행동에 대한 Maslow의 기본 가정은 대부분의 인간 행동은 자신의 삶을 의미있고 가치있는 것으로 만드는 개인적인 목표를 달성하려는 욕구에서 비롯된다는 것이다. 이러한 욕구에 대해 매슬로우는 자아실현의 욕구라는 말을 썼는데 이는 '개인의 선천적이고, 긍정적인 가능성을 개발하고 성취시키려는 경향'(Bruno, 1977)을 뜻한다.

그는 인간의 여러 욕구는 생득적인 것이며, 각기의 강도와 중요성에 따라 위계를 이루는 것으로 보았다. 그는 인간의 욕구를 다음과 같은 7단계(편의상 6, 7단계는 5단계에 포함시켰음)로 구분하여 제시하고 있다(Maslow, 1970).

매슬로우에 의하면 인간은 여타의 동물과 마찬가지로 생리적인 욕구를 지니고 있으며, 안전에 대한 욕구를 충족시키고자 노력한다. 일단 이러한 생물학적 욕구가 충족되면 그 다음으로 사랑 및 소속의 욕구가 나타나고, 이것이 충족되면 자기 존중에 대한 욕구가 나타나게 된다. 이러한 하위의 욕구가 순차적으로 위계에 따라 충족되면 마지막으로 나타나는 것이 자아실현의 욕구라는 것이다.

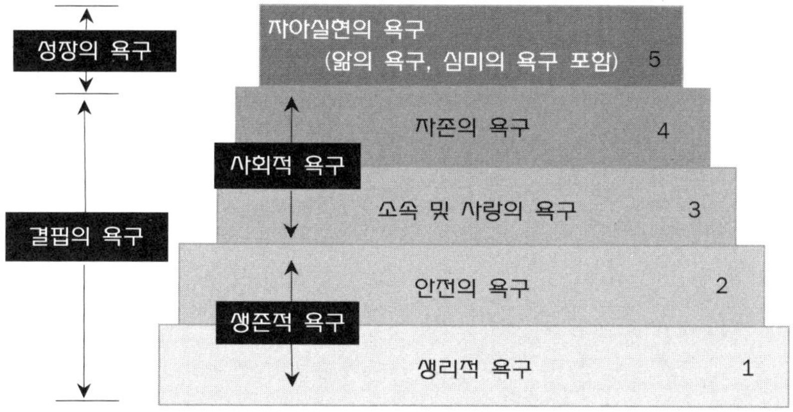

[그림 12-1] Maslow의 욕구위계

1~2단계의 욕구는 생존을 위해 필요한 것이므로 생존적 욕구라 하고, 3~4단계의 욕구는 사회관계 속에서 성립되는 욕구이므로 사회적 욕구라 하며, 이 단계까지는 부족한 것을 채우기 위한 욕구이므로 결핍 욕구라고도 한다. 이에 비해 5단계의 자아실현의 욕구는 개인적 성장을 도모하는 단계이므로 성장 욕구라 칭한다.

매슬로우의 욕구위계가 행동과 어떤 관계에 있는지 Dembo(1977)는 다음과 같은 예를 들어 설명하고 있다.

> 교사는 어떤 아동은 숙제를 안 해 오고 수업시간에 놀기만 하며, 수업 활동에 왜 전혀 관심을 보이지 않는가 등의 이유를 이해하는 데 어려움을 겪는다. 그는 학습하고자 하는 욕구가 모든 아동에게 중요한 욕구일 것으로 가정하고 있는 것이다. 그러나 매슬로우는 하위의 기본적 욕구가 충족되지 않으면 공부에 대한 관심이나 동기유발이 일어나지 않는다는 것이다. 아침식사를 걸렀거나 충분한 잠을 자지 못한 학생, 불안이나 공포를 지닌 학생 등은 그들의 잠재력을 개발하는 수단으로서 학습하는 일을 통해 자아실현하는 데 관심이 없는 것이다(p. 303).

요컨대, 낮은 단계의 욕구의 충족이 있어야 더 높은 단계의 욕구에 대한 인식과 동기 부여가 있게 된다는 것이다. 매슬로우는 이러한 동기의 위계적 배열에 예외가 있을 수 있음을 인정하고 있다. 어떤 창조적인 사람들은 고된 시련 속에서도 업적을 남기고, 사회개혁가들은 온갖 억압을 무릅쓰고 투쟁을 하기도 한다. 그러나 낮은 욕구 단계일수록 그 강도와 우선 순위가 앞서는 것임은 누구나가 인정할 수 있다.

Maslow가 제시한 인간의 욕구가 인간의 행동에 미치는 영향을 보면 다음과 같다.

첫째, 인간은 욕구를 갖는 존재로 항상 무엇인가를 원하고 만족하면 또 다른 것을 원한다.

둘째, 만족된 욕구는 더 이상 행위의 동기 변인이 되지 못한다.

셋째, 인간의 욕구는 일련의 욕구 체계를 이룬다는 것이다. 인간의 동기는 강한 것으로부터 약한 것으로 위계를 가진 보편적이고 선천적인 욕구들에 의해서 동기가 유발된다고 하였다(Arkes & Garske, 1982).

각각의 욕구에 대한 설명은 다음과 같다.

(2) 욕구의 종류

① 생리적 욕구

인간이 지닌 모든 욕구 중에서 가장 기본적이고, 강력하고, 분명한 생물학적 생존을 위한 욕구다. 이에는 음식물, 물, 공기, 활동과 수면, 극단적 기온의 조절, 그리고 감각적 자극에 대한 욕구가 포함된다. 이러한 생리적 충동들은 유기체의 생물학적 유지와 직접적으로 관련되어 있고, 따라서 이 욕구 수준을 충족시키지 못하면 더 높은 단계로의 진전은 거의 어렵다. 굶주린 상태에서 이의 극복보다 더 시급한 과제는 없는 것이다. 매슬로우는 '항상 배가 고픈 사람에게 있어서 유토피아란 단지 음식이 충분히 있는 곳'으로 정의된다고 말하고 있다. '사흘 굶어 도둑질하지 않는 사람 없다'는 우리 속담과 같은 맥락이다.

② 안전의 욕구

이 동기를 생성하는 힘은 개인이 자신의 환경 내에서 확실성, 질서, 구조, 그리고 예측 가능성을 적절한 수준에서 보장받기 위한 필요에서다. 따라서 이 욕구는 안전(safety) 및 보장(security)에 대한 욕구라 할 수 있다.

생리적 욕구가 비교적 잘 채워지면 우리가 대개 안전의 욕구라고 말할 수 있는 일련의 새로운 욕구들이 나타난다(안전, 안전성, 의지, 보호, 공포, 불안, 혼란에서 벗어남, 구조, 질서, 법, 제한의 필요, 안전장치의 강함 등). 이 동기는 개인의 환경 내에서 확실성, 정돈, 조직, 그리고 예측성을 알맞은 정도로 보장받고자 하는 동기다(Kweskin, 1997).

취직도 중요하지만 큰 실수가 없는 한 직업에 대한 보장이 있어야 안전감을 느낀다. 우리나라의 노사문제에 있어서 해고자의 복직문제가 끊임없이 제기되는 것은 이 '보장'에 대한 노동자의 생존적 차원에서의 투쟁의 성격 때문이다.

어린이의 경우 부모간의 불화, 별거, 이혼 등은 이들의 안전감 확보에 치명적인 악영향을 미친다. 이들은 자신이 처한 환경이 불안정하고, 예측불허의 상태이며, 불완전하다는 인식을 갖게 된다.

저축, 보험가입은 부분적으로 안전의 추구 때문에 동기가 부여되며, 종교도 부분적으로는 이 영향을 받는다. 어떤 강박 신경증 환자는 큰 재앙이 곧 임박할 듯이 행동하는 것을 볼 수 있는데, 이러한 환자의 안전욕구는 자신이 의지할 수 있는 강력한 보호자, 지도자, 신을 찾으려는 노력으로 동기화된다.

③ 소속 및 사랑의 욕구

이 단계에서는 타인과의 애정적 관계, 자기 가족 내에서의 확고한 위치, 소속감을 주는 집단에의 소속과 집단의식에 동기 부여된다. 가족간의 불화로 가족에 대한 소속감과 애정이 결여될 경우, 이 아이는 자연 유사한 환경의 아이들과 어울림으로써 자신의 소속감을 확보하려 할 것이다. '고향 까마귀만 보아도 반갑다'는 말은 인간의 보편적 소속의식을 잘 나타내 주고 있다.

④ 자존의 욕구

매슬로우는 이 단계의 욕구를 '자기 자신에 대한 스스로의 존중'과 '타인에 의한 존경'으로 구분하여 설명하고 있다. 전자는 개인의 능력, 신뢰감, 개인적 힘, 자기 적절감, 성취, 독립, 자유 등을 포함한다. 개인은 자신이 자신에게 주어진 과업을 완수할 수 있는 능력이 있으며, 생에 도전할 수 있는 능력을 지닌 가치 있는 존재임을 확인하고 싶어한다.

다른 사람으로부터의 존경은 명성, 인정, 수용, 지위, 평판, 인식 등을 포함한다. 자신의 능력이 중요한 의미를 지닌 타인으로부터 인정받음으로 인해 자신이 가치 있는 존재라는 인식을 하는 것이다.

이 단계에서의 확고한 자리매김에도 불구하고, 이전 단계인 사랑과 소속의 욕구에 이상이 생기면 4단계를 포기하고, 전 단계로 회귀하는 것이 일반적이다. 어떤 여성활동가가 맹활약하여 명성을 얻었는데, 그 과정에서 가정에 소홀하여 남편과 헤어질 위기에 처하면 그녀는 남편(단, 남편이 마음에 드는 경우)의 환심을 사는 일에 몰두하게 되는 것이 일반적이다.

자존의 욕구가 좌절되는 경우 열등감, 어리석음, 약함, 무력감, 자기비하 등의 부정적 정서가 생긴다. 그리고, 자신의 실제 능력에 근거한 자존감이 아닌 타인 의존형 자존감은 자칫 심리적 위기를 초래할 수 있다.

⑤ 자아실현의 욕구

앞 단계의 모든 욕구가 충족되면 자아실현의 욕구가 생긴다. 자아실현은 자기가 성취할 수 있는 모든 것을 성취하고자 하는 욕구다. 자기가 자기인 것을 실현하는 것, 자기가 원하는 모습의 사람이 되고자 하는 것이다. 자신의 재능, 능력, 잠재력을 유감없이 발휘하고자 하는 욕구다.

그러나 자아실현의 욕구는 그 자체 내에서 갈등을 일으키기도 한다. Maslow(1962)에 의하면 인간은 한편으로는 자신의 장점을 드러내고자 하지만, 다른 한편으로는 자신의 뛰어난 면, 재능, 추진력, 창조성을 내심 두려워하는 측면도 지니고 있다는 것이다. 자아실현은 개인에게 충족감, 만족감을 주지만 이는 또한 그에 따르는 책임감과 미지의 불확실한 것에 대한 두려움을 불러일으키기도 하는 것이다.

자아실현은 반드시 창조적이거나 예술적이거나 해야 할 성질의 것은 아니다. 매슬로우는 창의성을 특수재능의 창의성과 자아실현의 창의성으로 구분하였는 바, 전자는 천재적인 재질을 지닌 과학자, 발명가, 문필가 등의 속성인 한편, 후자는 모든 개인이 지니고 있는 보편적인 창의성을 뜻한다(Foster, 1971, p. 41). 그가 어디에 있든 어떠한 일을 하던 최선을 다한다면 자아실현을 하고 있다고 볼 수 있을 것이다. 영국 런던에 세워진 성 바울 성당 공사장에 찾아간 설계가 크리스토 페렌 백작이 몰타르 작업을 하고 있는 인부에게 "당신 지금 무엇을 하고 있소?"라고 묻자 그는 자신 있게 "네, 저는 지금 성 바울 성당을 짓고 있습니다."라고 답했다 한다. 그런 태도와 자세로 일하는 것이 바로 자아를 실현하는 일이다. 자아실현의 형태와 내용은 사람마다 크게 다를 수밖에 없다. 욕구 중에서 가장 개인차가 크게 나타나는 것이 바로 자아실현의 욕구다.

매슬로우에 의하면, 인구의 약 1% 정도만이 진정한 의미에서의 자아실현을 하는 것 같다는 추정을 하고 있다. 자아실현이 어려운 까닭은 많은 사람들이 자신의 잠재력에 대해 잘 모르고 있다는 점과, 자아고양이 주는 보상에 대해서도 잘 모르며, 오히려 그들은 자신의 능력을 의심하고 심지어는 두려워하는 경향이 있으므로 자아실현의 기회를 스스로 포기한다. 그 밖에 사회적 환경이 이를 제한한다. 우리나라와 같이 중·고등학생이 모두 공부에만 매달려 있는 상황에서 그들의 잠재력 계발이란 원천적으로 불가능한 일이며, 따라서 이들 중 자아를 실현하는 경우는 공부를 뛰어나게 잘하는 극소수(1%는 커녕 0.5%도 되기 어렵다) 만이 궁극적으로는 자아를 실현한다 할 것이다. 사회에 따라 다소간의 차이는 존재하겠지만 모든 구성원의 자아실현을 완벽하게 촉진시켜 줄 수 있는 사회는 없지만 우리의 경우는 너무 심하다 아니할 수 없다.

자아실현에 장애가 되는 큰 요인의 하나는 안전의 욕구가 미치는 부정적 영향이다. 성장과 실현은 위험과 실패를 무릅쓰고, 구습을 타파하겠다는 지속적 의지와 용기가 전제된다. 막대한 노력도 기울여야 된다. 따라서 그렇지 못한 대다수의 사람들은 이에 따른 두려움에서 도피하여 현실적인 안전과 보호막 아래 숨어버린다. 잘 살게만 해주면 독재를 해도 괜찮고, 쫓아내지만 않는다면 악조건 하의 직장이라도 그냥 넘어간다. 사업을 확장하다 실패하느니보다는 지금의 작은 사업이 좋다고 위안한다.

개인의 기본적 욕구가 위협받지 않는 건강한 상태 하에서 성장이 이루어지며 개인은 그가 할 수 있는 최선에 도달하기 위한 노력을 하게 된다. 보다 많은 사람이 자아실현을 할 수 있게 하려면, 누구나가 기본적 욕구를 충족시킬 수 있는 그런 사회를 만들어야 할 것이다.

(3) 결핍욕구와 성장욕구

결핍욕구를 Maslow는 부족에서 기인하는 것이라 하여 deficiency, 혹은 D 동기라고 했다. 결핍욕구의 유일한 목적은 결손상태, 즉 배고픔, 추위, 불안 등으로부터 야기될 유기체의 긴장을 미리 막는 것이다. 이러한 의미에서 D 동기는 행동결정에 있어서 긴급한 요인인 것이다. Maslow에 의하면 결핍욕구에는 다섯 가지 기준이 있다.

① 이것이 없으면 병을 일으킨다(배고픔을 예로 들면, 만약 사람이 먹지 않으면 그는 곧 앓게 된다).

② 이것이 있으면 병을 막아 준다(먹으면 그 때문에 앓지 않는다).
③ 이것의 회복은 병을 막아 준다(굶주림에 있어서 음식보다 좋은 치료는 없다).
④ 일련의 자유로운 선택과 복잡한 여건 하에서, 이것은 부족한 사람이 더 선호성을 갖게 만든다(만약 그가 굶주린다면 그는 성(性)보다 음식을 택할 것이다).
⑤ 이것은 건강한 사람에게는 기능적으로 작용을 못하거나 사장되어 있다(건강한 사람들은 매우 다행스럽게도 그들의 행동이 음식에 대한 욕구에 의해 계속적인 영향을 받지 않는다).

D 동기와는 대조적으로, 성장욕구(metaneed, 또는 B 동기, being need)는 인간의 잠재력을 실현하려는 선천적 충동과 연관된 목표다. 성장욕구의 목적은 경험을 넓힘으로써 삶을 풍요롭게 하고, 삶의 기쁨을 증대시키는 것이다. 성장욕구는 주로 D 동기가 만족된 후에 작용한다.

2) Alderfer의 생존 · 관계 · 성장이론

Alderfer(1969)는 욕구위계의 범주를 세 가지로 줄였다. 그의 생존 · 관계 · 성장이론(ERG Theory)에서는 욕구의 범주를 ① 생존 욕구(existence needs), ② 관계 욕구(relatedness needs) 및 ③ 성장 욕구(growth needs)로 나누었다. 첫째 범주는 육체적인 생존과 안녕을 유지하려는 욕구로서 Maslow가 말하는 생리적 욕구와 안전에 대한 욕구를 포괄한다고 볼 수 있다.

둘째 범주의 욕구는 자기에게 중요한 사람들과의 대인관계를 잘 유지하려는 욕구이며, 여기에는 Maslow가 말하는 소속 및 사랑의 욕구와 자존의 욕구가 포함된다.

셋째, 성장 욕구는 자기발전을 도모하고 자신감을 가지고 일에 임하려는 욕구다. 여기에는 자존의 욕구와 자아실현의 욕구가 포함된다고 볼 수 있다.

Alderfer와 Maslow는 다 같이 욕구의 범주를 열거하고 있으며 욕구 발로의 단계적 전진성을 시인한다. 그리고 Alderfer의 성장 욕구와 Maslow의 자아실현의 욕구는 유사한 것이다.

그러나 Alderfer는 욕구만족에 의한 욕구 발로의 단계적 전진성 뿐만 아니라 욕구좌절로 인한 욕구 발로의 후진적 · 하향적 진행(frustration regression)을 인정한다. 그리고 하나의 행동에 두 가지 이상의 욕구가 동시에 작용할 수 있음을 원칙적으로 강조한다.

3) McClelland의 학습된 욕구에 관한 이론

McClelland(1961)의 학습된 욕구에 관한 이론(Learned Needs Theory)은 인간의 욕구(충동)를 사회문화적으로 학습되는 것이라고 규정하고 욕구의 범주를 세 가지로 분류하였다.

McClelland가 분류한 세 가지 욕구범주는 다음과 같다.

(1) 성취욕구(Need for Achievement : *n* Ach)
(2) 친화욕구(Needs for Affiliation : *n* Aff)
(3) 권력욕구(Need for Power : *n* Power)

성취욕구는 복잡한 과제의 숙달, 문제의 해결 등을 위해 무엇인가를 더 잘하려는 욕구다. 성취욕구가 강한 사람은 일에 대한 책임을 지는 것, 달성 가능하고 도전적인 목표를 추구하는 것, 그리고 자기 업무수행에 대한 환류를 받는 것을 원한다.

친화욕구는 다른 사람들과 따뜻하고 우호적인 관계를 만들고 유지하려는 욕구다. 이 욕구가 강한 사람은 대인관계와 의사전달의 기회를 중요시한다.

권력욕구는 다른 사람들을 통제하고 그들의 행동에 영향을 미치거나 그들을 책임지려는 욕구다. 권력욕구가 강한 사람은 다른 사람들에게 영향을 미치고 사람들의 관심을 끌고 인정을 받는 것을 중요시한다.

McClelland는 욕구는 문화를 반영하며 사람들이 삶의 경험을 통해 욕구를 배우는 것이라고 보기 때문에 교육훈련을 통한 욕구의 개선을 강조한다. 그리하여 사람들의 욕구를 측정하고 그것을 조직의 목표와 양립할 수 있도록 발전시키기 위해 훈련시킬 것을 처방한다.

4) Murray의 욕구와 압력이론

Murray(1962)는 그의 명시적 욕구이론(Manifest Need Theory)에서 27가지의 욕구를 제시한 바 있다. Murray는 욕구의 계층을 인정하지 않았다. 어떤 욕구이든 언제나 나타날 수 있다는 것이다. 그리고 여러 욕구가 동시에 나타날 수도 있다고 하였다.

(1) 욕구, 동기 및 환경적 압력

성격에 대한 욕구-동기론적 접근은 몇 가지 다른 국면의 이론과 관련되어 있다. 예를 들면 욕구의 개념은 Hull(1952)이 주장한 동기의 추동-습관 이론(drive-habit theory of motivation)과 관련이 있는 바, 이 이론은 학습의 한 변인으로써 중요한 의미를 갖고 있다. Hull의 추동-습관 이론은 동기를 추동과 습관 강도에 의해 설명하는 이론으로서 유기체의 욕구가 행동에 앞서 존재하거나 행동을 수반하기 때문에 욕구가 이와 같은 관련되는 활동을 동기화시키거나 충동한다고 보는 이론이다.

동기(motivation) = **추동**(drive) × **습관 강도**(habit strength)

추동-습관 이론은 또한 내부에서 발생하는 어떤 힘에 의해 행동이 발생한다는 정신역동적 견해와 연결되어 있다. 이 이론들 간의 연결고리는 행동은 개인 내부적 긴장 상태에 의해 야기된다는 관점이다. 욕구이론의 경우 개인의 내부적 상태는 그가 지닌 어떤 부족, 또는 결핍이 결정한다는 것이다.

욕구가 행동에 어떤 영향을 미치는가를 보다 상세히 살펴보기 위해서는 동기의 보다 일반적인 개념이 과연 무엇인지를 살펴보아야 한다. 동기라는 개념은 다음과 같은 행동의 두 가지 국면을 이해하는 데 도움을 주기 위해 심리학에서 차용한 개념이다(Carver & Schneier, 1988).

첫째, 동기는 행동의 방향성을 제시해 준다는 것이다. 이는 어떤 특수한 행위는 다른 많은 가능한 행위 중에서 선택되는 것임을 의미한다.

둘째, 동기는 행동의 강도를 결정짓는다는 것이다. 이는 사람들의 행위가 어떤 때는 느리고, 빠르기도 하고, 성의가 없는가 하면 어떤 때는 활발하고, 정력적이며, 철두철미한 이유를 설명해 준다. 모든 동기 이론은 행동이 어떻게 선택되며, 그 강도는 어떻게 조절되는 것인지를 설명해 주어야만 한다.

Tolman(1959)에 의하면 동기화에는 두 가지 형태가 있다. 결핍은 욕구 증진의 내적 상태를 일으키고, 보상은 동기의 강도를 결정짓는다는 것이다. 즉, 우리는 작은 것보다는 큰 것을 얻을 수 있는 일에 더 동기화된다. 그는 행동을 동기화 하는 데 있어서 보상의 영향을 받는 현상을 유인동기(incentive motivation)라 부르고 있다. 그리고 이러한 보상의 효과는 보상을 받은 적이 있는 유사한 상태일 경우 그 일을 하게 하는 강한 추진력이 될 것이다.

욕구이론에 있어서 행동의 방향은 욕구상태의 본질에 영향을 받는다. 욕구란 어떤 측면에서 보면 일반적인 것이지만 다른 측면에서 보면 특수한 면도 지니고 있다. 개인에게 욕구가 있다면 '어떤 것에 대한 욕구'가 있는 것이지 그냥 막연한 욕구가 있는 것은 아니다. 당신이 물을 원하는 경우, 당신에게는 물이 필요한 것이지 단지 '원하는 행위'만 있는 것은 아니다. 따라서 욕구는 항상 지향하는 대상이나 사상(事象)이 있기 마련이다. 욕구는 방향성을 가짐으로써 행동을 일으키게 된다. 물에 대한 욕구는 갈증을 일으키는 바, 이것이 바로 행동 지시의 동기적 상태인 것이다. 욕구는 그 목표물로 접근할 것인가 아니면 피할 것인가를 결정한다. 당신이 어떤 욕구를 지녔다면 당신은 어떤 것을 얻거나 피하거나 둘 중의 하나의 일을 하게 된다.

욕구는 인간의 동기에 영향을 미치지만 그것이 동기를 결정짓는 유일한 요소는 아니다. 동기는 부분적으로는 외부 환경의 영향을 받는다. 동기에 대해 외부적 영향력을 발휘하는 것은 압력(press)이다. 압력이란 어떤 것을 얻고자 하는 외부적 자극 상황이다. 그림에서 보는 바와 같이 압박 역시 동기에 영향을 미친다.

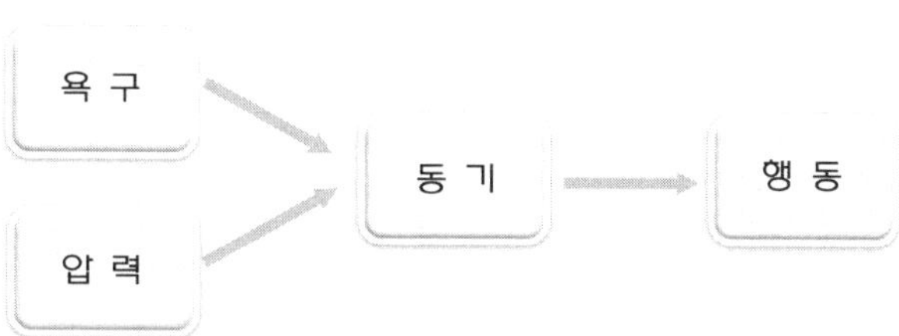

[그림 12-2] **욕구와 압력과 행동**

배고픔이나 목마름 같은 생물학적 동기를 살펴보면 욕구와 압력이 어떻게 작용하는지를 쉽게 알 수 있다. 배고프면 식욕이 증가하게 되고 따라서 음식물을 먹는다. 배불리 먹고 나면 식욕은 전혀 존재하지 않는다. 그런데 친구가 맛있는 피자를 들고 와서 같이 먹자고 하면 먹고자 하는 동기가 다시 생긴다. 결국 환경적 압력에 의해 자신의 욕구와는 상관없이 또 포식을 하게 된다.

생물학적인 욕구 상태는 인간의 행위에 강력한 영향을 미친다. 공기처럼 몇 초마다 처리돼야 할 욕구가 있고, 음식처럼 몇 시간마다 처리되어야 하는 것이 있다. 인간의 심리적, 사회적 욕구 또한 생물학적인 욕구 못지않게 강력한 것이 적지 않다. 욕구이론을 대표하는 머레이의 이론을 통해 그 면모를 살펴보기로 하겠다.

(2) 욕구 체계

욕구와 동기를 주개념으로 하여 성격이론을 제시한 최초의 학자가 Murray이다. 그는 사람들이 주변 환경에서 대상을 찾고 상황에 어떻게 대처하는가를 결정짓는 내적인 힘을 욕구라 정의했다. 머레이와 그의 동료들은 인간의 욕구에 대해 설득력 있는 목록을 개발했다. 그는 1차적인 욕구를 생리적 욕구, 이차적인 욕구를 심리적 욕구로 구분했다. 1차적인 욕구는 공기, 음식, 성욕, 배설, 고통에 대한 두려움과 같이 아주 분명하다. 그러나 심한 더위나 추위를 피하려는 욕구처럼 대뇌에 늦게 전달되는 생리적 욕구도 있다.

성격과 관련하여 우리가 관심을 갖는 것은 2차적 욕구다. 머레이는 27가지 주요한 심리적 욕구 목록을 다음과 같이 제시하고 있다.

표 12-1 주요 욕구 목록

주요영역	욕구이름	표현되는 행동
야심	성취욕구	장애가 되는 것 극복
	인정욕구	성취를 자랑
	과시욕구	놀래키는 일, 스릴 추구
	획득욕구	물질의 획득
	보존욕구	소유물을 수리함
	질서욕구	물건을 깨끗이 다루고 정돈함
	보유욕구	물건을 저장
	건설욕구	무언가를 만들거나 세움
지위 방어	불가침욕구	심리적 거리를 유지함
	굴욕회피욕구	배내점이나 약점을 숨김
	방어욕구	설명을 하거나 변명을 함
	저항욕구	어떤 일에 응수함

힘관련 반응	지배욕구 복종욕구 동조욕구 자율욕구 반박욕구 공격욕구 굴종욕구 비난회피욕구	타인에게 행동을 지시함 협동, 복종, 순종 타인과 친해짐 권위를 세움 반대 입장에 섬 공격하거나 얕잡아봄 사과하거나 참회함 비난받지 않으려 발버둥을 침
타인과의 애정	친애욕구 거부욕구 양육욕구 구원욕구 유희욕구	타인과 시간을 보냄 타인 무시, 구박하는 행동 타인을 돌봄 타인의 도움을 받고자 함 타인을 통해 즐거움 추구
정보의 교환	인지욕구 제시욕구	타인에게 질문함 타인에게 정보를 알려 줌

Murray는 이러한 욕구들이 광범위한 인간의 행동의 저변을 설명하는 동기가 된다고 보았다. 그는 또한 이러한 욕구들이 여러 가지 방식으로 상호 연관된 것으로 보았다. 다른 것에 우선하여 충족되어야 하는 욕구가 있으며, 상호 융합되거나 갈등을 일으키는 욕구도 있다. 지배욕구와 양육욕구가 동시에 작용하는 경우 그 사람의 교육 태도는 지배적이면서 부드러운 모습으로 나타날 수도 있는 것이다. 자율욕구는 친애욕구와 갈등을 일으킬 수 있다. 남편으로부터 독립하고자 하는 욕구와 그와 교감하고, 의존하고자 하는 욕구는 어느 정도 갈등을 일으킬 수밖에 없다. 어떤 욕구는 다른 욕구의 충족을 도와 주는 보조 역할을 하기도 한다. 성취에 대한 강한 욕구는 질서욕구와 건설욕구의 도움을 받아 상승되기도 한다.

환경적 압력은 동기를 유발케 하여 개인의 욕구를 자극한다. 누군가가 어떤 일로 칭찬을 받거나 돈을 벌거나 하면 당신도 그렇게 하고 싶은 충동이 일어나는 것이다. 욕구가 복잡한 형태로 상호 연결되듯이 욕구와 압력 또한 상호 관련이 있다. 대표적인 압력으로는 다음과 같은 것을 들 수 있다.

표 12-2 대표적 압력의 유형

압력	정의, 또는 행동의 예
친애압력	친절한 동료
공격압력	자기를 공격, 비판, 얕보는 타인
저항압력	말, 또는 신체적으로 공격당하는 것
지배압력	자기를 억제, 금지시키는 사람이나 사물
결핍압력	가난하게 사는 것
인정압력	보상과 명예를 위한 경쟁
거부압력	클럽이나 조직의 가입을 거부 당함

(3) 성취욕구

Murray의 업적으로 크게 부각되는 것 중의 하나가 인간이 지닌 여러 가지 욕구를 측정하기 위하여 그가 TAT(Thematic Apperception Test-주제통각검사)를 개발한 점이다. 이는 투사기법(投射技法)을 사용한 대표적 성격검사로 자리를 굳히고 있다. 성취욕구도 물론 이를 통하여 측정하였다. 피험자에게 이미지가 분명치 않은 애매모호한 상황의 인물 중심의 그림을 제시하고, 그것에 관해 몇 가지 질문을 통해 유도하면서 5분간의 이야기를 쓰게 하는 것이다.

[그림 12-3] 성취동기를 측정하는 주제통각검사의 한 장면

대표적인 TAT 그림은 [그림 12 - 3]에서 보는 바와 같은 것이다. 총이 있고, 누워있는 사람에게 칼을 들이대고 있는 그림이다. "자, 이 소년은 지금 무엇을 생각하고 있는가?"

"유명한 의사가 되기를 꿈꾸고 있다."는 식의 이야기가 나오면 그는 성취욕구가 높은 사람인 바, 성취욕구가 높은 사람들 중 상당수의 답변이 실제로 그런 식으로 나온다.

그는 성취욕구가 강한 사람의 특성으로 다음의 다섯 가지 사항을 꼽고 있다.

① 어려운 일을 달성하고자 함
② 물체, 인간, 관념 등에 대해 가능한 한 신속하고 독립적으로 숙달하고, 이를 조작하고 조직하려 한다.
③ 장애를 극복하고 높은 목표에 도달하고자 한다.
④ 자신을 탁월하게 만들고자 한다.
⑤ 경쟁하고 타인을 능가하고자 한다.

성취욕구가 높은 사람과 낮은 사람이 성취와 관련된 상황에서 어떻게 반응하는가에 대한 연구 결과를 보면 흥미로운 사실이 발견된다.

Atkinson(1965)의 연구에 의하면 높은 성취욕구를 지닌 사람은 중간 정도의 어려움(intermediate difficulty)을 지닌 과제를 선호하는 경향을 보였다. 이에 비해 낮은 성취욕구를 지닌 사람은 아주 쉽거나 매우 어려운 과제를 택하는 경향을 보였다.

그 이유에 대해 Trope(1979)는 중간 수준의 곤란도를 지닌 과제가 자신의 수행에 관한 가장 많은 정보를 제공해 주기 때문인 것으로 풀이했다. 쉬운 과제는 누구나 다 잘하기 때문에 자신이 수행한 부분의 능력에 대해 알 수 없고, 너무 어려운 과제는 누구나 다 실패하기 때문에 이 역시 자신의 능력에 대한 정보를 주지 못한다는 것이다. 중간 수준의 과제만이 자신에 대한 많은 정보를 준다.

다른 한 가지 이유로는 성취욕구가 강한 사람은 성취에 대해 강화를 받으므로 성취할 수 있는 일만 골라서 한다고도 볼 수 있을 것 같다. 여러 가지 선택의 기회가 있는 경우라면, 이들은 성취할 수 있고, 그에 따른 만족감을 느낄 과제를 선택할 것이 틀림없다(안범희, 1993).

낮은 성취욕구를 지닌 사람(또는 실패-회피 성향의 사람)이 쉽거나 매우 어려운 과제를 택하는 경향을 보이는 것은, 쉬운 과제는 실패의 위험이 거의 없어서 괜찮고, 아주 어려운 과제는 누구도 못하니까 실패에 대한 추궁이나 힐난이 따르지 않을 것이기 때문이다.

(4) 욕구의 상호관계

① 우위성의 원리

인간의 생존추구 과정에서 상대적인 중요성의 정도에 따라 서열이 정해진다.

예) 어떤 사람이 총을 나의 머리에 겨누고 어떤 것을 명령한다(신체적 위험을 피하기 위한 욕구)면 이를 거역하고 내가 다른 사람을 도와 주러(양호의 욕구) 갈 수는 없을 것이다.

② 융합의 원리

한 행동의 수행과정에서 둘 이상의 욕구가 수행되는 것을 일컫는다.

예) 사회부인클럽에서 자원봉사활동을 한다.

③ 종속의 원리

어떤 욕구가 비교적 덜 강력한 욕구의 충족을 통해서만 만족되는 현상이다.

예) 상사를 끊임없이 찬양하고 복종하는 사원은 종속적인 공경욕구를 통하여 실제로는 숨겨진 성취욕구, 즉 빠른 승진을 받기 위해 시도하는 것일 수도 있다.

④ 갈등의 원리

동등한 힘을 가진 욕구들은 흔히 서로 다른 것과 갈등의 상태에 있을 수 있으며, 그래서 긴장을 초래한다.

예) 강한 자율성과 독립심의 욕구를 가지고 있으면서 애인과 결혼을 원하기도 하는 어떤 젊은이의 상황이다.

5) Herzberg의 욕구충족 요인이원론

1950년대에 Herzberg와 그 동료들(1959)은 동기와 생산성의 관계를 분석하기 위해 미국 Pittsburgh 시에 있는 산업체의 종사원 가운데서 200명의 기사와 회계사들을 선정하여 면접조사를 실시하였다. 조사에서는 직무만족도를 현저히 향상시켰거나 저하시킨 사건을 묻고 자기의 직무에 관해 특별히 좋게 느껴진 때를 상기하도록 해서 그 이유를 알아내려 하였다. 그리고 직무에 관련된 만족감이 직무수행, 대인관계 및 복지에 영향을 미쳤는가에 대해서 물었다.

조사의 결과에서 조직참여자들에게 만족을 주는 요인과 불만을 주는 요인은 서로 다르다는 것을 발견하고 그에 따라 욕구충족 요인이원론(Two Factor Theory)을 발전시켰다.

Herzberg의 이론은 Maslow의 영향을 많이 받고 있으며, 옛날부터 내려오는 종교나 철학에서 흔히 규정하는 인간 본성의 이원성과도 일맥상통하는 면을 가지고 있다. 인간의 본성을 이원화하는 관점에 따르면 인간은 한편으로 동물적 · 본능적 측면을 가지고 있으며, 다른 한편으로는 고급의 정신적 측면을 가지고 있다는 것이다. Herzberg는 전자를 사람의 아담과 같은 본성(Adam nature)이라 부르고, 후자를 사람의 아브라함과 같은 본성(Abraham nature)이라 부른다.

Herzberg는 그의 욕구충족 요인이원론에서

(1) 인간은 이원적인 욕구 구조를 가지고 있으며,

(2) 불만과 만족은 별개의 차원으로 불만을 야기하는 요인과 만족을 주는 요인은 서로 다르다는 것이며,

(3) 불만 요인의 제거는 소극적이며 단기적인 효과를 갖는데 비해 만족요인을 크게 하는 것은 적극적이며 장기적인 효과를 갖는다는 것이다.

그는 이에서 더 나아가서 욕구충족에 관한 이해를 정신건강에 관한 이론에 연결시켜 동기요인 추구자와 위생요인 추구자의 차이를 구명하려 하였다.

(1) 동기요인과 위생요인

조직 생활에서 사람에게 만족을 주고 직무 수행의 동기를 유발하는데 작용하는 동기요인(Motivator)과 사람들에게 불만을 느끼게 하거나 그것을 해소하는데 작용하는 위생요인(Hygiene Factor)은 서로 다르며 두 가지가 중첩되는 경우는 매우 드물다.

① 동기요인

동기요인, 즉 직무에서의 만족요인(satisfier)은 다음과 같다.

가) 직무상의 성취,

나) 직무성취에 대한 인정,

다) 보람 있는 직무(직무내용 자체),

라) 책임,

마) 성장, 또는 발전 등이다.

이 가운데서도 다), 라), 마)의 요인이 더욱 중요하며, 직무행태에 지속적 영향을 미친다.

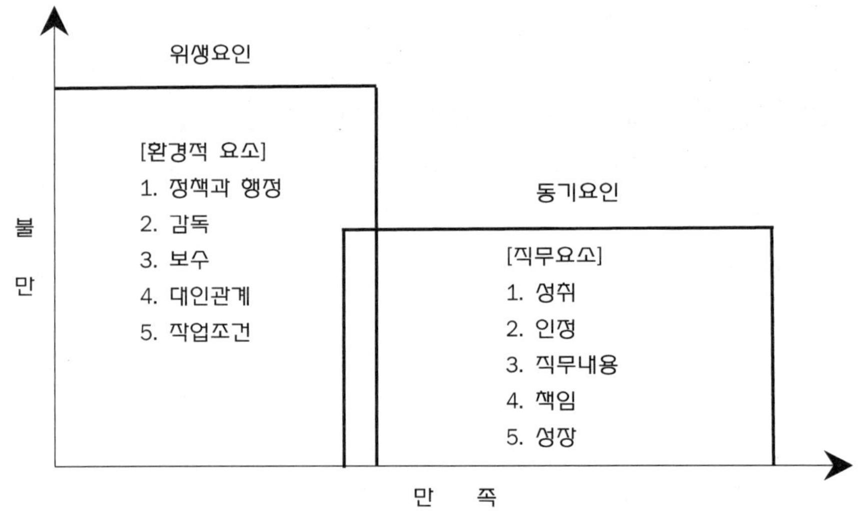

[그림 12-4] **동기요인과 위생요인**

동기요인은 직무, 즉 사람이 하는 일과 사람 사이의 관계에 관한 것으로 보다 나은 직무수행과 노력을 위한 동기유발의 요인이 된다.

② 위생요인

위생요인, 즉 직무에서의 불만요인(dissatisfier)은 다음과 같다.

가) 조직의 정책과 행정,
나) 감독,
다) 보수,
라) 대인관계,
마) 작업조건 등 다섯 가지다.

이러한 요인들이 직무 행태에 미치는 영향은 동기요인의 경우보다 훨씬 단기적인 것이다. 위생요인은 사람이 직무를 수행하는 상황, 또는 환경과 사람 사이의 관계에 관한 것으로 이것을 개선하면 불만을 줄이는데 도움이 된다.

만족을 주는데 기여하는 요인과 불만을 야기하는데 작용하는 요인은 서로 구별될 뿐 아니라 양자는 별개의 차원에 있다. 만족과 불만은 반대되는 개념이 아니다. 다시 말하면 만족의 반대가 불만인 것은 아니다. 만족의 반대 개념은 '만족이 없는 것'이다. 마찬가지로 불만의 반대개념은 '불만이 없는 것'이다. 이러한 관계는 시각과 청각의 관계에 비유할 수 있다. 빛은 시각에, 그리고 소리는 청각에 영향을 미친다. 시각과 청각은 반대개념이 아니다.

(2) 이원적 욕구 구조

동기요인과 위생요인의 이원적인 관계는 욕구 구조의 이원성을 반영하는 것이다. 사람의 욕구는 서로 반대 방향을 가리키는 두 개의 평행선과 같이 양분될 수 있다. 두 가지의 욕구체계 가운데 하나는 동물적인 것으로서 불유쾌한 것을 피하려는 욕구며 다른 하나는 인간적인 것으로서 성장과 자기실현을 도모하려는 욕구다.

불유쾌한 것, 또는 고통을 피하려는 욕구가 있기 때문에 불유쾌하거나 고통스러운 요인, 즉 불만요인이 있으면 불만을 느끼게 된다. 그리고 성장과 자기실현에 대한 욕구가 있기 때문에 그것을 충족시켜 주는 동기요인이 작용하면 만족을 느끼게 된다.

Herzberg는 위생요인에 관계되는 욕구체계를 동물적인 것이라고 부르지만 그것은 비교적 하급의 욕구를 지칭하는 것이지 동물에게서만 찾아볼 수 있는 욕구를 지칭하는 것은 아니다. Maslow의 욕구위계 중에서 생리적 욕구, 안전에 대한 욕구, 소속 및 사랑의 욕구, 그리고 자존의 욕구의 일부가 이른바 동물적 욕구에 해당한다고 생각할 수 있다. 동기요인에 관계되는 인간적 욕구에는 자존의 욕구의 일부, 그리고 자아실현의 욕구가 포함된다고 볼 수 있다.

불만요인이 없는 환경은 불만을 막아 주지만 심리적 성장의 달성을 필요로 하는 적극적인 의미의 행복은 가져다 주지는 못한다. 위생적 환경은 사람에게 성장감을 줄 수 있는 요소를 지니고 있지 않기 때문에 적극적인 만족을 가져오지 못한다. 성장은 직무의 성취에 직결되어 있는데 위생요인은 직무 자체와는 무관하기 때문에 성장감이나 성취감을 부여하는 데는 무력하다. 반면 동기요인은 성장에 필요한 직무요인으로서 자기실현을 추구하도록 하는 심리적 자극을 줄 수 있다.

(3) 정신질환과 정신건강

동기요인과 위생요인을 이원화하여 생각하는 관점은 정신적 균형의 유지를 위한 적응의 문제 내지는 정신건강의 일반적인 개념에까지 연관지어 볼 수 있다.

정신적 균형(mental equilibrium)을 유지하기 위한 적응에는 두 가지 양태가 있다. 그 하나는 환경에 대한 회피적 적응이고, 다른 하나는 심리적 성장과 자기실현을 도모함으로써 자기 자신에게 적응하는 것이다. 전자는 위생요인에 관계된 것이며 후자는 동기요인에 관계된 것이다.

동기요인과 위생요인이 서로 별개의 것이듯 정신적 불건강(정신질환)과 정신적 건강은 별개의 것이다. 즉 정신질환과 정신적 건강은 같은 차원에 있는 것이 아니다. 그리고 정신질환과 정신적 건강 역시 상반되는 개념은 아니다. 정신질환의 정도는 위생요인에 대한 반응에 관계된 것이며 정신적 건강의 정도는 동기요인에 대한 반응에 관계된 것이다.

과거에 직무 행태를 연구한 사람들은 위생요인에만 관심을 가졌었고 인간심리를 연구하는 사람들은 정신질환에만 주의를 기울이는 경향이 있었다. 동기요인과 정신건강의 문제는 너무 소홀하게 다루어져 왔다. 사람의 긍정적 적응은 부정적 부적응을 해결하면 얻어질 수 있는 부산물로 생각한 것 같다. 조직을 관리하는 사람들은 조직이나 조직구성원을 위해서 동기요인에 중점을 둔 관리전략을 펴나가야 할 것이다.

(4) 동기요인 추구자와 위생요인 추구자

건강하고 심리적으로 성숙한 사람은 대개 동기요인이 제공되면 만족을 느끼고 직무수행의 동기를 거기서 얻는다. 이런 사람들은 동기요인 추구자라 할 수 있다.

그런가 하면 위생요인 추구자도 있다. 위생요인 추구자들은 자기실현의 욕구가 발현되는 성격 발달단계에 도달하지 못한 사람들로서 불만을 없애 주는 일에만 이끌린다. 그들은 경험이나 훈련을 통해서 직업상황(환경)에만 반응하는 것을 배운 사람들이다.

위생요인 추구자들은 환경의 희생물이며 자기실현이 아닌 방향의 욕구에 사로잡혀 회피적인 행동으로 행복을 추구한다. 일시적인 효과밖에 없는 위생요인의 개선에 의해여 동기가 유발되기 때문에 만성적으로 불만을 느끼게 된다. 계속되는 불만과 만성적인 불행감, 그리고 성장의 실패는 신경병적 성격을 형성하게 된다. 위생요인 추구자와 동기요인 추구자의 특징은 다음과 같다(오석홍, 2005).

표 12-3 위생요인 추구자와 동기요인 추구자의 특징

	위생요인 추구자	동기요인 추구자
1	환경적 요인에 의하여 동기가 유발된다.	직무 요인에 의하여 동기가 유발된다.
2	보수, 감독, 작업조건, 지위, 직업적 안정, 조직의 정책과 행정, 동료직원 등 직무여건의 국면들에 대해 불만을 가진다.	불만야기 요인에 대해 높은 관용성을 보인다.
3	위생요인의 개선에 대해 만족감의 과잉반응을 보인다.	위생요인의 개선에 대해 비교적 작은 반응을 보인다.
4	위생요인의 개선에서 얻는 만족은 단기적이다.	위생요인의 개선에서 얻는 만족은 단기적이다.
5	위생요인이 개선되지 않는데 대해 불만의 과잉반응을 보인다.	위생요인의 개선이 필요한 경우에 비교적 가벼운 불평을 나타낸다.
6	업적성취에서 얻는 만족을 거의 인식하지 못한다.	업적성취에서 커다란 만족을 얻는다.
7	담당 직무의 종류와 질에 대해서 관심을 거의 보이지 않는다.	담당 직무를 즐길 수 있는 능력을 나타낸다.
8	직무와 인생 전반의 긍정적인 가치에 대해 냉소적이다.	직무와 인생 전반에 대해 긍정적인 자세를 갖는다.

9	직무상의 경험으로부터 성장에 필요한 도움을 얻지 못한다.	직무상의 경험을 통해 직업인으로서의 성장에 도움을 얻는다.
10	외부의 영향력에 말려들기 쉽다. 예컨대 과격한 자유주의자가 되거나 극단적인 보수주의자가 되기 쉽다.	사려 깊고 신념체계가 진지하다.
11	재능 때문에 직업생활에서 성공할 수도 있다.	초과 성취자가 될 수도 있다.

바람직한 조직 구성원은 동기요인 추구자다. 위생요인 추구자도 불만 요인을 해소해 주면 단기적으로는 일을 잘 할 수 있다. 그러나 위생요인 추구자들의 장기적인 반응은 바람직한 것이 아니다. 조직이 위기에 처하여 불만 해소 요인을 충분히 공급하지 못하면 그들은 조직에 등을 돌릴 것이며, 부하에게도 자기들과 같은 반응 유형을 전파시킬 위험이 있다.

동기요인 추구자와 위생요인 추구자라는 두 가지 범주를 일곱 가지 유형으로 세구분해 볼 수도 있다.

첫째 유형은 건강한 동기요인 추구자다. 만족을 얻으려는 욕구와 불만을 피하려는 욕구를 다 같이 충족시키고 있는 사람이다.

둘째 유형은 불행한 동기요인 추구자다. 직무 자체로부터는 만족을 얻고 있지만, 불만요인 때문에 고통을 받고 있는 사람이다.

셋째 유형은 동기요인 추구자로서 만족을 얻고 불만을 피하려 하지만 불만의 회피에만 성공한 사람이다.

넷째 유형은 비참한 동기요인 추구자다. 만족을 얻지도 못하고 불만을 회피하지도 못한 사람이다.

다섯째 유형은 위생요인 추구자로서 불만의 해소에는 성공하였기 때문에 정신질환은 모면하고 있지만 정신적 건강은 얻지 못한 사람이다.

여섯째 유형은 위생요인 추구자로서 불만해소에 실패한 사람이다. 정신질환 환자라 할 수 있다.

일곱째 유형은 수도사형 위생요인 추구자로서 불만해소의 필요를 스스로 부인함으로써 그 충족을 얻으려는 사람이다.

6) McGregor의 X이론과 Y이론

McGregor(1960)는 인간관을 두 가지로 대별하고 그에 따라 관리 전략도 두 가지로 나누었다. 인간의 하급욕구에 착안한 관리전략의 설정을 X이론으로 설명하고, 인간의 고급욕구에 착안한 관리전략의 설정을 Y이론으로 설명하였다.

그는 전통적 관점에 바탕을 둔 관리 전략으로서의 X이론은 시대적 요청에 부합하지 않으며, 따라서 앞으로의 조직관리 체제는 Y이론에 입각한 것이어야 한다는 주장을 하였다.

이론의 소개에 앞서 다음의 자기 평가를 해 보자.

(1) 자기평가

대인 가치관 질문

이 질문지는 당신이 인간 및 인간의 본성에 대해 갖고 있는 기본 관점을 이해할 수 있도록 만들어진 질문지 입니다. 10개의 진술문이 있습니다. 각기 짝지어진 진술문들에 대해 당신이 믿는 강도에 따라 0점에서부터 10점에 이르기까지 점수를 매기십시오. 두 개의 짝지어진 문항의 합이 반드시 10이 되어야 합니다.
(예, a가 7이면 b는 3이어야 함)

1. 그럴수만 있다면 가급적 일을 덜 하려는 것이 인간의 속성이다. ______(a)
   사람들이 일을 피하고자 한다면 그것은 대개 그 일에 의미가 없기 때문이다. ______(b)
   10
2. 만일 조직원들이 그들이 원하는 정보를 입수하는 것이 허락되면 그들의 태도는 더 좋아지고 보다 책임있는 행동을 하게 될 것이다. ______(c)
   만일 조직원들이 지금의 과업을 수행하는데 필요한 것보다 더 많은 정보를 입수하게 되면 그들은 이를 오용할 것이다. ______(d)
   10
3. 조직원들에게 아이디어를 구하는데 있어서의 문제점은 그들의 견해가 너무 실용적인 가치에만 편중되어 있다는 것이다. ______(e)
   조직원들에게 아이디어를 구하는 일은 그들의 안목을 넓히고, 유용한 제안을 가능케 한다. ______(f)
   10

4. 사람들이 그들의 직업에서 많은 상상력을 발휘하지 않고 발명도 하지 않는 이유는 아마도 그러한 능력은 소수의 사람들에게만 있기 때문일 것이다. ______(g)
대개의 사람들은 상상력과 창조력을 지니고 있지만 감독이나 직업 자체의 속성 때문에 이의 발휘가 제한되고 있다. ______(h)
10

5. 만일 사람들에게 자신의 행동에 대한 책무가 지워지고 자신의 잘못을 교정할 기회를 갖게 되면 그들의 행동 수준은 향상되는 경향을 보인다. ______(i)
사람들이 잘못된 행동이나 실수에 대해 벌을 받지 않는다면 이들의 행동 수준은 낮아질 것이다. ______(j)
10

6. 조직원들은 비록 그것이 고통스러운 일일지라도 사건의 전모를 알기 원하므로 좋은 소식이나 나쁜 소식을 다 알려주는 것이 좋다. ______(k)
대부분의 조직원들은 실제로는 좋은 소식만 듣기를 원하므로 사업에 관한 나쁜 소식은 알려주지 않는 것이 좋다. ______(l)
10

7. 상급자는 조직 내의 부하보다 더 존경받을 권리가 있음으로 그것이 위축된다는 것은 부하가 옳고, 그가 틀렸다는 것을 나타낸다. ______(m)
사람들은 모두 동등하게 존경받을 권리가 주어졌으므로 상급자의 위신은 부하가 옳을 수 있고 그가 잘못했음을 인정할 수 있을 때 증진된다. ______(n)
10

8. 사람들에게 충분한 보수를 주게 되면 책임이나 인정 같은 것에 대해 적게 신경을 쓰게 될 것이다. ______(o)
사람들에게 흥미롭고 도전적인 일을 하게 하면 보수나 그 밖의 부수적인 이득에 관해 불평이 적어질 것이다. ______(p)
10

9. 사람들에게 스스로 목표와 수행 기준을 정하게 하면 이들은 상사가 기대하는 것보다 더 높은 수준의 것을 제시하는 경향을 보일 것이다. ______(q)
사람들에게 스스로 목표와 수행 기준을 정하게 하면 이들은 상사가 기대하는 것보다 낮은 수준의 것을 제시하는 경향을 보일 것이다. ______(r)
10

10. 개인이 자신의 직업에 대해 더 많은 지식과 자유를 갖게 되면 그를 더 많이 감독해야 할 것이다. ______(s)
개인이 자신의 직업에 대해 더 많은 지식과 자유를 갖게 되면 만족할 만한 직무수행을 함에 있어서조차도 통제가 적어질 것이다. ______(t)
10

채점방법

> 이는 McGregor(1960)의 X이론, Y이론에 근거한 것이다. 다음과 같이 점수를 합한다.
>
> X 이론의 점수는 a, d, e, g, j, l, m, o, r, s 문항의 점수를 합한 것이다. 계 =
> Y 이론의 점수는 b, c, f, h, i, k, n, p, q, t 문항의 점수를 합한 것이다. 계 =
>
> X이론 문항의 점수 합계가 Y이론 합계보다 높다면 당신은 인간에 대해 부정적인 관점을 갖고 있는 것으로, Y이론의 점수 합계가 높다면 긍정적인 관점을 갖고 있는 것으로 볼 수 있다. 자세한 내용은 다음의 설명을 참고로 하면 된다.

(2) X이론 : 전통적 관점

X이론은 인간의 하급욕구에 착안하여 권위주의적, 통제 지향적 관리전략을 처방하는 전통적 접근방법이다.

[1] X이론의 인간에 대한 가정

X이론의 인간에 대한 가정은 다음과 같다.

① 일에 대한 피동성

보통 사람은 본질적으로 일을 싫어하며 될 수 있으면 일을 하지 않으려 한다는 것이다. 사람의 본성은 게으르며 금전적 보상이나 처벌의 위협 등 외적 압력에 피동적으로 따라갈 뿐이다.

② 책임 기피

보통 사람은 야망이 없으며 책임지는 것을 싫어하고 외재적인 지휘를 받으려 한다.

③ 변동 저항적 성향

보통 사람들은 안전을 원하고 변화에는 저항적이다.

④ **자기중심적 성향**

보통 사람들은 본래적으로 자기중심적이며 조직의 필요에 대해서는 무관심하다.

⑤ **인간의 어리석음**

보통 사람들은 영리하지 못하며 속기 쉽고, 사기에 넘어가기 쉽다.

[2] X이론에 따른 관리 전략

관리자는 조직 구성원의 행동을 수정하고 동기를 부여하기 위해 지도하고 통제하는 임무를 해야 한다. 관리자의 이 같은 적극적인 개입이 없으면 사람들은 조직의 필요에 대해 회피적으로, 심지어는 저항적으로 나가기 쉽다.

관리자는 일을 싫어하는 인간의 본래적 속성을 타파할 수 있는 방안을 채택해야 한다. 인간의 노동 기피성을 억제하려면 생산성, 적절한 작업량, 업적에 대한 보상 등을 강조하여야 한다. 조직의 목적을 달성하기 위해 적정한 노력을 바치게 하려면 강제, 조종, 지시, 처벌의 위협 등이 있어야 한다.

관리자는 일반적으로 다음의 두 가지 중 한 방식을 택하게 된다.

① **강경한 접근 방법**(hard approach)

가장 많이 쓰이는 방법으로 강제와 위협, 면밀한 감독, 행동의 엄격한 통제를 수단으로 사용하는 것이다.

② **부드러운 접근방법**(soft approach)

인간의 하급욕구 충족, 대인관계 개선 등 인간관계론적 수단을 동원하는 것이다.

위의 두 가지 방법이 비효율적이라 생각하는 관리자는 양 접근방법의 이점을 살리려는 이른바 **강경하면서도 정중한 접근방법**(firm but fair approach)을 채택하기도 한다.

[3] X이론에 대한 비판

X이론에 입각한 조직 관리가 많은 산업조직에서 시행된 바 있지만 이에 입각한 관리

는 인간의 동기를 효과적으로 유발하는 데에는 실패하고 있다. 사람들의 하급욕구가 일단 충족되면 그것은 동기유발 요인으로서의 의미를 상실한다. 조직구성원의 하급욕구가 대체로 충족되어 있는 상황 하에서 관리층이 그러한 욕구를 충족시키기 위해 아무리 힘을 쓰더라도 조직구성원들은 일을 열심히 하려는 생각을 하지 않을 것이다. 따라서 처벌 위협의 사용이 불가피하게 된다. 즉 강압적 통제수단이나 조종적 수단을 계속하여 쓰면 조직구성원들은 피동성, 저항적 행동, 책임회피 등의 성향을 나타내게 된다. 그러나 이것은 강압적 · 조종적 전략의 결과이지 그 원인이라 할 수는 없다.

피동성, 책임회피, 저항적 행동 등은 인간의 본성이 아니라 고급욕구를 충족시킬 기회를 박탈하는 관리 전략의 결과를 설명하는 것에 불과할 수도 있다. 인간은 계속하여 성장하는 존재인데 X이론은 인간이 미성숙한 채 굳어 있는 것으로 간주한다. 인간의 미성숙성에 기초를 둔 관리 체제의 기본적인 지향성을 바꾸지 않는한 인간의 성장과 자아실현을 도우려는 부분적인 기법들을 도입하더라도 그 효용성이 발휘되는 것을 기대할 수는 없다는 것이다.

(2) Y이론 : 현대적 관점

Y이론은 인간의 고급욕구에 착안하여 통합형의 관리 전략을 처방하는 현대적 접근방법이다.

1 Y이론의 인간에 대한 가정

Y이론의 인간에 대한 기본적 가정은 다음과 같다.

① 일에 대한 능동성

보통 사람은 본성적으로 일을 싫어하는 것이 아니다. 일을 위해 정신적 · 육체적 노력을 바치는 것은 휴식을 취하거나 놀이를 하는 것처럼 자연스러운 것이다.

② 자율규제적 성향

사람은 자기가 받아들이기로 마음먹은 일에 기여하기 위해 자율적으로 자기규제를 할 수 있는 존재다.

③ 조직목표와 개인목표의 통합 가능성

조직목표에 기여하려는 동기는 업적에 결부된 보상의 기능이라 할 수 있다. 그러한 보상 가운데 가장 중요한 것은 긍지와 존경에 대한 욕구의 충족과 자기실현욕구의 충족이다. 조직의 목표에 기여하려는 노력의 성공은 그러한 욕구를 충족시켜 주고, 욕구의 충족은 조직목표에 기여하려는 동기를 유발한다. 이렇게 볼 때 조직의 목표와 개인의 목표는 서로 통합될 수 있는 것이라고 할 수 있다.

④ 책임지향성

적절한 조건만 갖추어지면 보통사람은 책임을 받아들일 뿐만 아니라 책임 맡는 것을 원한다. 책임을 피하려는 것, 야망이 없는 것, 안전만을 중요시하는 것 등은 대체로 경험의 산물이며 사람의 본성은 아니다.

⑤ 창의적 성향

대부분의 조직구성원은 조직의 문제해결에 있어서 비교적 높은 수준의 상상력과 창의력을 발휘할 수 있다.

⑥ 인간의 잠재력 발휘를 제약하는 전통적 조직

오늘날 볼 수 있는 조직생활의 조건 하에서 보통사람의 지적 잠재력은 그 일부만이 활용되고 있다.

대체로 보아 Y이론은 Maslow가 말한 인간의 욕구 가운데서 자아실현의 욕구, 자존의 욕구, 그리고 소속 및 사랑의 욕구 등을 반영한 것으로 볼 수 있고, X이론은 생리적 욕구, 안전에 대한 욕구 및 일부의 애정적 욕구를 반영한 것으로 볼 수 있다.

2 Y이론에 따른 관리전략

Y이론에서 도출되는 관리의 중심 원리는 통합(integration)의 원리다. 이것은 조직구성원들이 그들의 노력을 조직의 성공에 지향시킴으로써 그들 자신의 목표를 가장 잘 달성할 수 있도록 하는 조건을 형성해야 한다는 원리다. 여기서 말하는 통합이란 개인

의 목표와 조직의 목표를 부합시키는 것이다. 따라서 통합의 원리는 조직의 필요와 개인의 필요를 함께 인정할 것을 요구한다.

통합의 원리에 입각한 관리의 기본적인 임무는 사람들이 조직의 목표를 위해 일함으로써 자기들의 목표도 최대한 달성할 수 있도록 여건을 조성하는 것이다. 그러한 여건의 조성에는 성취의 기회를 제공하고 성취의 장애를 제거하는 것, 그리고 기본적인 행동방향을 제시하고 성장을 촉진하는 것이 포함된다.

X이론에 입각한 관리체제는 인간행동의 외재적 통제에 의존하는데 반해서 Y이론에 입각한 관리체제는 사람들의 자율적 행동과 자기규제에 의존한다. 이러한 차이는 사람을 어린애로 취급하는 것과 성숙한 어른으로 취급하는 것의 차이에 비유할 수 있다.

3 Y이론의 한계

Y이론을 관리체제에 적용하려면 많은 어려움이 따를 것이다. 왜냐하면 오랫동안 X이론에 입각한 관리체제의 지배를 받아온 사람들의 타성화된 행태를 근본적으로 바꾸는 일은 쉽지 않을 것이기 때문이다. Y이론은 조직사회의 현실에 비추어 보았을 때 이상적이라는 비판을 받고 있다.

Y이론에 입각한 획기적 관리체제의 개선이 쉽지 않으므로 처음에는 Y이론의 적용이 용이할 것으로 보이는 영역을 골라 한정적으로 적용하는 것이 바람직 할 것이다. 예컨대 고급관리자나 전문직업인을 관리하는데 Y이론을 적용하는 것은 바람직할 것이다. 그리고 외재적 통제를 완화하고 자율성과 책임성을 높이기 위한 분권화와 위임, 책임 있는 직무수행과 성장을 촉진하기 위한 직무 풍요화, 참여관리, 목표설정에 의한 업적평가 등은 Y이론에 부합되는 관리체제의 구축에 유용한 수단이 될 수 있을 것이다.

7) Lundstedt · Lawless · Ouchi의 Z이론

McGregor가 관리체제에 관하여 X이론과 Y이론을 발표한 이후 이 방면의 연구인들 가운데 몇 사람은 X이론이나 Y이론에 부합되지 않는 조직관리 상황을 확인하고 거기에 Z이론이라는 이름을 붙였다. 그러나 Z이론의 내용이 통일되어 있는 것은 아니다. Lundstedt, Lawless, Ouchi 등은 각기 자기가 관찰한 어떤 조직관리 상황에 대한 설명을 Z이론이라 부르고 있지만 Z이론이라는 이름만 같을 뿐 그 내용은 서로 다르다.

(1) Lundstedt의 Z이론

Lundstedt(1972)는 조직에 관한 여러 이론들이 지나친 단순화로 인한 오류를 범하고 있다고 지적하면서 바람직하지 못한 단순화의 예로 McGregor의 이론을 들었다. 그리고 McGregor는 관리체제의 한 가지 중요한 양태를 간과하였다고 지적한 후 Z이론(방임형 또는 비조직형 관리체제)을 추가해야 한다고 주장하였다. Lundstedt는 X이론이 독재형 또는 권위형이고 Y이론이 민주형에 해당하는 것이라면 Z이론은 자유방임형 또는 비조직형에 해당한다고 하였다.

McGregor의 X이론과 Y이론은 인간관과 그에 관련된 관리모형에 대한 이론인데 반해서 Lundstedt의 Z이론은 조직의 특정한 상태, 또는 그러한 상태를 노정하는 조직 양태에 관한 이론이라 할 수 있다. 즉 무정부 상태와 같은 방임적 상태가 나타나 있는 일반적 조직 양태를 묘사하여 Z이론이라 부르고 있다.

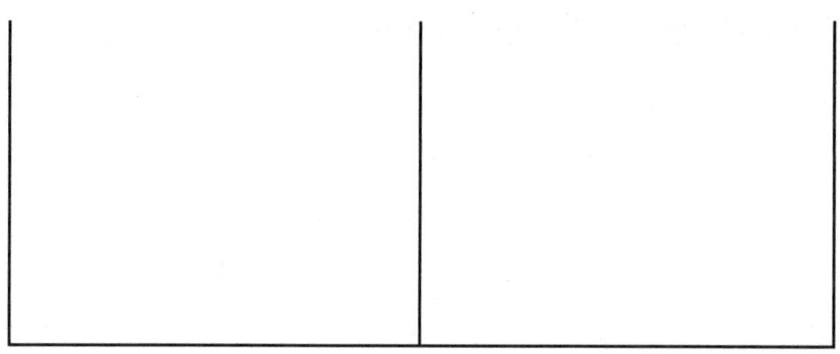

[그림 12-4] **X이론 · Y이론 및 Z이론에 입각한 조직유형**

조직 내에서 흔히 볼 수 있는 비조직화된 상태, 또는 방임된 상태는 바람직하지 않은 경우도 있지만 순기능적일 때도 많다. 리더십의 결여(리더의 책임회피) 때문에 자유방임의 상태가 야기되면 집단적 응집력은 약화되고 조직의 생산성은 떨어지는 경우가 있다. 그러나 조직 생활에서 관찰할 수 있는 여러 가지 사회관계의 비조직화가 순기능적이고 유용한 경우는 적지 않다. 휴식 시간이나 점심시간의 활동은 자발적이고 방만한 것으로서 무정부 상태를 방불케 하지만 개인의 욕구 충족을 위해서 최대의 기회를 제공할 수 있다. 뿐만 아니라 업무의 종류에 따라서는 방만한 조직 상태 하에서 훌륭한 결과를 가져올 수도 있다. 실험실에서 수행되는 업무나 대학에서 수행되는 업무가 그 좋은 예다.

조직 생활에 있어서 일정한 기간의 순기능적 비조직화는 조직 내의 사회적 변화를 수반하는 것이 보통이다. 어떤 비조직화가 조직의 발전에 선행되는 것을 흔히 볼 수 있다. 조직의 궁극적인 생존은 비조직화된 상태가 지속되는 기간뿐만 아니라 그러한 기간에 조직구성원이 누리는 생활의 질에 의해서도 영향을 받는 것으로 보인다.

이상과 같은 Lundstedt의 견해는 방임형이라는 조직유형이 있다는 점, 그리고 그것은 중요시되어야 한다는 점을 강조한 것으로 이해할 수 있다. 그러나 방임형의 조직 양태가 항구적인 것인지 아니면 일시적인 현상인지에 대해서 분명한 의견을 밝히지 않고 있다. 그리고 Z이론의 구체적인 내용, 또는 가정에 대해서도 별로 언급한 바가 없다.

(2) Lawless의 Z이론

X이론과 Y이론 이외에 제3의 관리이론을 탐색하면서 Lawless(1972) 역시 그러한 제3의 이론에 Z이론이라는 이름을 달고 있다. Lawless의 주장은 다음과 같다.

X이론이나 Y이론이 절대적인 적합성을 가진 것은 아니다. 때와 장소에 따라서, 그리고 조직의 특성에 따라서 그 적합성은 달라질 여지가 많기 때문이다. 관리 기능은 조직과 별개로 존재하는 것이 아니다. 관리는 조직의 기능이기 때문에 조직이 변동하면 관리 전략도 변동해야 한다. 마찬가지로 조직이 다르면 관리의 전략도 달라져야 한다.

고정적이고 획일적인 관리 전략의 절대성을 의심하는 것이 Z이론의 입장이다. Z이론은 변동하는 환경 속에 존재하는 조직과 집단, 그리고 사람은 변동한다는 사실을 객관적으로 파악하여 그에 대응하는 관리 전략을 펴야 한다고 주장하는 이론이다. Z이론은 관리방식이 구체적인 조직의 형편에 적응해야 한다고 주장한다.

구체적인 조직 · 집단 및 개인의 고유한 필요를 객관적으로 파악하여 거기에 융통성 있게 대응해야 한다는 것이 Z이론의 이상이다. 이와 같은 이상을 실현하는 것은 어려운 일이다. 그러나 정의 · 아름다움 등을 추구할 때와 마찬가지로 Z이론의 이상 성취가 완벽하게 될 수 없음을 알면서도 우리는 그것을 추구해야만 한다. 그러한 이상의 실현이 하나의 가능성으로 존재한다는 것을 알고 그 실현을 위해 기꺼이 노력한다는 사실이 중요하다는 것이다. Lawless의 Z이론은 복잡한 인간모형의 가정에 입각한 관리 전략의 처방인 것으로 보인다.

(3) Ouchi의 Z이론

Ouchi(1981)는 미국 사회에 실재하는 조직들 가운데서 일본식 관리방법과 유사한 관리의 원리를 채택하고 있는 조직들을 관찰하고 거기서 귀납적으로 Z이론을 구성하였다. 그는 미국 사회에 적응된 일본식 조직형에 Z이론이라는 이름을 붙인 것이다. Z이론의 조직형은 '미국판의 일본식 조직'(American version of the Japanese style organization)이라 할 수 있다.

Z이론의 관리는 조직구성원 사이의 상호의존성 · 동류의식 · 평등 · 참여, 그리고 공동 노력을 강조하는 참여관리다. Z이론의 조직형 또는 관리체제의 특성은 다음과 같다.

Z이론의 관리 특징

첫째, 장기적인 고용관계를 유지한다.

임용 구조는 폐쇄형에 가까우며 한 번 채용된 사람은 조직에 오래 남아 있게 하는 인사 방침을 채택한다. 비공식적으로 종신고용제와 같은 관계가 설정되는 예를 흔히 볼 수 있다.

둘째, 직원에 대한 평가는 빈번하지 않으며 평가의 많은 부분이 비공식적으로 이루어진다.

셋째, 직원의 승진 속도는 비교적 완만하다. 장기 근속체제 하에서 승진이 비교적 느린 것이다.

넷째, 직원들의 직무상 전문화 수준은 비교적 낮으며 일반능력자 지향적(generalist oriented) 인사관리를 한다. 순환근무제 또는 순환보직제가 널리 활용된다.

다섯째, 의사결정은 합의의 과정, 즉 집단적 과정을 통해서 한다. 그러나 집단적인 결정의 책임은 궁극적으로 어떤 개인에게 돌아간다. 이 점에서 집단적 결정에 집단적 책임을 내세우는 일본식 관리와 구별된다.

여섯째, 공식적 · 계서적 통제보다는 비공식적 · 사회적 통제가 강조된다.

일곱째, 관리층에서 직원들에 대해 갖는 관심은 전인격적 관심이다. 즉 직원들에 대한 관심은 매우 포괄적이다.

Z이론의 조직형은 구성원의 높은 단체 정신에 힘입어 높은 효율을 도모할 수 있는 이점을 가지고 있으나 미국사회의 구조에 잘 부응하지 못하는 단점도 있다. 미국식 조직보다 배타성이 강하다는 것, 전문화의 요청에 제대로 부응하지 못한다는 것, 조직의 근본적인 변동이 요청되는 상황이나 급변하는 환경에 적응하기 어렵다는 것, 인종차별 · 성적 차별의 경향이 강하다는 것 등이 단점으로 지적되고 있다.

이러한 관리의 특성은 전형적인 미국식 기업조직의 관리 특성과 현저히 대조된다. Ouchi는 미국식 관료제를 A형(A type)이라 부르고 있다. A형의 특성은 다음과 같다.

① 단기적인 고용관계
② 전문화된 경력 발전 계통
③ 개인적인 의사결정
④ 잦은 평가
⑤ 공식적 통제의 강조
⑥ 빠른 승진
⑦ 노사 간의 부분적 결합(직원에 대한 부분적 관심) 등을 열거하였다.

Z이론의 준거가 된 일본식 관리형은 J형(J type)이라 부르고 그 특성은 다음과 같다.

① 종신고용제
② 장기적이고 완만한 평가와 승진
③ 경력 발전 계통의 비전문화
④ 내재적이고 비공식적인 통제장치
⑤ 집단적 의사결정

⑥ 집단적 책임

⑦ 직원에 대한 전인격적 관심 등을 열거하였다.

효율적 관리자

Chapter

13

1. 효율적인 관리자의 특성
2. 목표설정
3. 훈육과 평가

1. 효율적인 관리자의 특성

효율적인 대인관계를 통해 조직의 관리를 잘 하기 위한 요소로는 다음과 같은 세 가지를 들 수 있다(Robbins & Hunsaker, 2003).

1) 행동

1978년 Morse와 Wagner는 관리자의 효율성을 높이는 데 기여하는 51가지 행동을 제시한 바 있다. Robbins는 이를 6가지 영역 행동으로 압축하여 제시하고 있다.

이들은 관리자의 이러한 행동이 관리자의 효율성의 50% 이상을 설명해 주는 것임을 밝힌 바 있다.

(1) 조직의 환경과 자원을 조정하는 역할

이러한 일련의 행동은 자발적이고 안정적으로 환경의 변화를 도모하는 능력으로서 현장에서의 의사결정 뿐만 아니라 기획과 역할 배정을 적절히 하는 행동이 포함된다. 이에는 또한 기초자원에 대한 명확하고, 현실적인 인지, 조직의 목적에 대한 정확한 인식이 포함된다.

(2) 조직하고 조정하기

이 역할은 제반 과업과 관련된 사항을 조직하고 그 과업들에 대한 유기적인 상호 관계를 조정하는 일이다.

(3) 정보 처리

이 행동은 정보를 사용하는 일과 문제의 본질을 밝히기 위한 의사소통의 채널을 구성하는 일을 포함한다.

(4) 성장과 발달에 대한 준비

관리자는 조직구성원의 개인적 성장과 발달을 도모함은 물론 업무에 대한 지속적 학습을 통해 그 자신의 개인적 성장과 발달을 도모해야 한다.

(5) 구성원에 대한 동기부여와 갈등의 처리

관리자는 구성원들이 그들의 임무를 수행해야만 한다는 당위감을 느끼도록 동기부여의 긍정적인 측면을 높여야 하며, 동시에 구성원들의 동기유발을 저해할 수 있는 갈등의 요인들을 배제해야 한다.

(6) 전략적 문제해결

관리자는 자신의 결정에 대해 책임을 져야 하며 구성원들이 그들의 의사결정 기술을 효과적으로 활용할 수 있도록 보장해 주어야 한다.

2) 동기

관리자의 효율성에 대한 또 다른 접근은 Miner와 Smith(1982)에 의해 행해졌는데 이들은 관리자의 효율성을 관리자가 되기 위한 개개인의 욕구와 결부지었다. 이들이 밝힌 관리를 위한 동기는 다음의 7가지로 구분된다.

연구자들은 40개 문항으로 구성된 문장완성형 검사를 통해 이러한 동기에서 높은 점수를 받은 사람들의 관리 효율성이 매우 높았음을 밝히고 있다.

(1) 권위의 수용

우수한 사람이 지닌 권위를 수용하고자 하는 욕구다.

(2) 경쟁력의 확보

게임이나 운동을 포함해서 동료들과의 경쟁에 기꺼이 참여하고자 하는 욕구다.

(3) 경쟁적 상황

직업이나 작업활동을 포함하여 동료들과 경쟁하고자 하는 욕구다.

(4) 단호성(assertiveness)

적극적이고 단호한 태도로 행동하고자 하는 욕구다.

(5) 위압의 욕구

타인들에게 영향력을 행사하는 방식으로 무엇을 해야 할지와 규제력을 높이고자 하는 욕구다.

(6) 차별성(distintiveness)

집단 내에서 독특하고 영향력 있는 존재로 부각되고자 하는 욕구다.

(7) 일상적인 기능

관리적 업무와 관련된 일반적이고, 일상적인 활동들을 무리없이 수행하고자 하는 욕구다.

3) 기술

관리자의 효율성을 재는 가장 대중적인 방법이 관리 기술에 관한 것이다. 이러한 연구를 통해 효율적인 관리자가 지녀야 할 4가지 기술로 꼽히는 것은 다음과 같다(Pavett & Lau, 1983).

(1) 지적 기술(conceptual skills)

조직의 모든 관심과 활동을 조정하는 정신적 능력이다.

(2) 인간관계적 기술(human skills)

개별적, 또는 집단적으로 타인을 이해하고 동기를 부여하면서 일하는 능력이다.

(3) 전문적 기술(technical skills)

도구의 사용, 절차 그리고 전문분야의 기술을 사용하는 능력이다.

(4) 정치적 기술(political skills)

개인의 위치를 고양시키고, 권력기반을 닦고 올바른 연결을 구축하는 능력이다.

이상에서 살펴본 바에 의하면 관리자로서의 성공은 대인관계적 기술에서의 능력에 좌우되는 것임을 보게 된다.

'행동'의 측면에서 볼 때 의사소통 채널을 사용하고, 조직원의 발달을 돕고 동기를 부여하며 갈등을 처리하는 등의 일은 모두 대인관계적 기술을 요하는 것들이다.

2. 목표설정

1) 자기평가

다음 각 질문에서 당신의 부하직원과의 관계를 가장 잘 묘사한 것을 선택하시오. 당신이 행동해야 한다고 생각하는 것이 아니라 행동했거나 행동할 것 같은 것에 대답하시오. 만약 당신이 관리자로서의 경험이 없다면 당신이 관리자라고 가정하고 질문에 답하시오.

나를 위해 일하는 사람은 다음을 가지고 있다.

	대개의 경우	종종	드물게
1. 분명하고 구체적인 목표	□	□	□

2. 그들의 업무수행과 관련된 모든 영역에 대한 목표	☐	☐	☐
3. 도전적이지만 합리적인 목표 (너무 어렵거나 너무 쉽지도 않은)	☐	☐	☐
4. 그들의 목표를 세우는데 있어서의 참여기회	☐	☐	☐
5. 목표를 달성하기 위한 수단의 결정에서의 언급	☐	☐	☐
6. 목표를 수행하는데 있어서의 기한 (마감시간)	☐	☐	☐
7. 목표달성을 위한 충분한 기술과 훈련	☐	☐	☐
8. 목표 달성을 하기 위한 충분한 자원 (예 : 시간, 돈, 시설)	☐	☐	☐
9. 목표를 향한 진행과정에서의 피드백	☐	☐	☐
10. 목표의 도달여부에 따른 보상 (예 : 급여, 승진)	☐	☐	☐

채점방법

모든 질문에서, '대개의 경우는' 3점, '종종'에 점수를 주었으면 2점, 그리고 '드물게'에 점수를 주었으면 1점을 부여한다.

전체 점수를 합한다. 점수가 26점 이상이면 목표설정 기술에 강한 이해를 증명하는 것이다. 21~25점 사이에 있으면 당신의 목표설정 기술을 향상시킬 수 있다는 것을 말한다. 그리고 20점 이하이면 목표설정 기술을 개선하기 위해 노력해야 한다.

2) 기술개념

고용인은 그들의 직업에서 성취를 위해 노력해야 한다는 생각을 가져야 한다. 게다가 관리자는 고용인들에게 작업 목표를 세우는 것을 도와줌으로써 목표를 달성하는 일에 책임을 져야 한다. 고용인들은 그들이 해야만 하는 것을 알 필요가 있고, 이 지침을 제공하는 것은 관리자의 일이다. 그것은 간단한가? 그렇지 않다.

목표설정은 관리자들에 의해 흔히 간단한 것으로 여겨진다. 그러나 그렇지 않다. 목표설정은 많은 관리자들이 불안전하게 행하는 고급기술이다. 그러나 관리자들이 이 장에서 언급되는 목표설정 순서를 따르면 그들은 향상된 고용인의 수행을 기대할 수 있다.

관리자들은 고용인으로부터 다음과 같은 평가를 들을 수 있을 것이다. "마침내 이 일에서 나에게 당신이 기대하는 것을 알았다."

(1) 효과적인 목표에 대한 기초

목표를 설정하고 규정하는데 있어서 참고해야 할 5가지 기본규칙이 있다. 목표는 ① 구체적이고, ② 도전적이고, ③ 성취에 대한 시간 제한을 설정하고, ④ 참여에 의해 설정되고, ⑤ 조직원에게 피드백을 제공할 수 있도록 설계되어야 한다.

이러한 점을 각각 자세히 살펴보면 다음과 같다.

① 구체성

목표는 충분히 측정되고 증명될 수 있도록 구체화될 때 의미가 있다. 이것은 목표들이 수량적인 용어로 진술될 때 최고로 이 목표에 접근하게 된다. 예를 들어 "우물들을 파라" 보다는 "세 개의 우물을 파라", "검소해라" 보다는 "한 달의 용돈을 30만원 이내로 하라", 혹은 "판매량을 증가시키도록 노력하라" 보다는 "나의 일정량 판매에서 10%를 증가시켜라", "나는 최선을 다할 것이다"라고 하기 보다는 "이번 학기에는 적어도 A학점 3개와 B학점 2개를 맞겠다"라고 하는 것이 좋다(Locke and Latham, 1984). 바라는 결과에 대한 혼동이 없을 때 그것이 성취될 수 있는 가능성은 증가된다.

② 도전성

목표는 고용인들이 도달할 수 있을 것으로 세워져야 한다. 만약 목표가 너무 쉽다면 도전을 제공하지 못한다. 만약 비현실적으로 높게 설정된다면 고용인은 좌절을 경험하고 포기하게 될 것이다. 그래서 고용인은 아직 도달해 보지 못한 도전과 같은 목표를 관망해야 한다. 그러나 어떤 사람의 도전 목표는 다른 사람에게는 불가능할 수도 있다. 만약 개인이 높은 자기 확신을 가지고 있다면, 그리고 이전에 실패보다는 목표 성취에 성공적이었다면 어려운 목표는 불가능하기 보다는 도전으로서 인지되는 것 같다.

③ 시간 제한

시간 제한이 없는 목표는 무시되기 쉽다. 왜냐하면 목표와 연합하려는 긴박감이 없기 때문이다. 그러므로 가능한 한 목표는 성취 도달에 대한 구체적 시간 제한을 포함해야 한다(Latham and Locke, 1979). 그래서 "나는 은행관리 훈련 프로그램을 85점 이상으로 마칠 것이다"와 같은 진술문 대신에 "나는 다음 해 2월 첫째 주까지 적어도 85점 이상으로 은행관리 훈련 프로그램을 마칠 것이다"와 같은 시간의 구체적 목표로 진술해야 한다.

④ 조직원의 참여

목표는 전형적으로 2가지 방법으로 세울 수 있다. 그것은 상사에 의해 고용인에게 제시될 수 있고, 혹은 상사와 고용인 간의 공동 참여로 결정될 수도 있다. 고용인이 수행할 목표를 고용인들이 참여해서 설정한 경우와 목표를 상사가 지명해준 경우와의 효과를 비교한 연구에서 강력하거나 지속적인 관련성을 보이지는 않고 있는 것으로 나타났다(Latham and Sarri, 1979a). 이는 다소 의외의 결과이기는 하지만, 목표 달성 곤란도가 지속되는 경우 빈번히 고용인이 참여해 만든 목표만큼 할당된 목표도 효과적으로 나타나기 때문이다.

대부분의 연구에서 참여 목표 결정이 더 우세하다는 지지를 하기는 하지만 통계적으로 유의미한 수치는 아니다. 그러나 참여는 더욱 도전적인 목표 설정을 이끌어 낸다. 이것은 참여가 개인의 목표 열망 수준을 증가시켜 주기 때문인 것 같다. 또한 참여하여 목표를 설정하면 참여자들이 이의 없이 이를 받아들인다. 그리고 받아들여진 목표는 더욱 잘 성취될 수 있다(Locke and Schweiger, 1979). 그래서 지명된 목표가 효과적일 수 있긴 하지만 공동목표는 더 높은 목표와 그러한 목표를 더 잘 받아들일 수 있는 결과를 가져오는 것 같다. 참여는 심지어 전체 목표설정 과정을 더욱 잘 받아들일 수 있도록 하기도 한다. 고용인은 그들이 상부에서 부여된 것 보다, 활동적으로 참여한 과정에서의 목표를 덜 방해하거나 의심하는 것으로 보인다.

⑤ 피드백

피드백은 사람들이 그들의 수행 수준이 충분한가 혹은 수행 효과 수준이 증가되는지 안 되는지를 알도록 한다. 피드백은 또한 이전의 목표 성취 후 그들의 목표 수준이 향상되었는가를 유도하고 목표 수행 향상을 위한 방법적 정보를 제공한다. 이론적으로 말하면 목표 과정에서 피드백은 외부적으로 제공되기보다는 자기 자생적으로 이루어져야 한다(Ivancevich and McMahon, 1982). 고용인이 자기 자신의 과정을 스스로 모니터링할 수 있을 때 피드백은 덜 위협적인 것으로 인식되고 관리통제 체제의 부분이 아니다라는 것을 인식하게 될 것이다.

(2) 목표설정 방법

다음의 7단계는 목표설정에서 가장 유용한 것을 얻기 위해 따라야 할 것들이다(Locke and Latham, 1984).

① 일반적 목적, 또는 행해야 할 과업의 구체화

목표설정은 '당신의 고용인이 수행해야 할 것은 무엇인가?'의 정의로 시작된다. 이 정보에서의 최고의 자원은 각 고용인들의 일에 대한 자세한 기술이다. 고용인이 수행해야 할 업무에 대한 자세한 설명은 이러한 업무가 어떻게 행해지며, 고용인이 성취해야 할 책임 있는 결과는 무엇인가 등이다.

② 수행이 측정될 수 있도록 하는 방법의 구체화

일단 고용인의 과업이 정의되면 당신은 이러한 과업의 성과가 측정될 수 있는 방법을 결정할 수 있다. 전형적으로 작업 성과는 물적 단위(실수의 수, 과정의 양 등), 시간(회의 마감 시간, 출근 시간) 혹은 돈(소득, 판매, 비용)으로 측정된다. 물론 많은 직업에서 다양한 개인적 업무 수행 측정을 개발하는 것은 쉽지 않다. 불가능하다고 할 수도 있다. 예를 들면, 상위계급, 경업업무는 복잡하고 종종 분명한 측정을 허용하지 않는다. 마찬가지로, 고용인이 작업 팀의 부분일 때 그들의 개인적 공헌의 정도를 평가하기는 어렵다. 그러한 경우에 가능한 성과 측정은 고용인에 의해 통제 가능하고 성공적인 결과를 이끌어 낼 것으로 가정된 투입 행동과 결부시켜 측정할 수 있다.

③ 도달해야 할 목표물과 기준의 구체화

다음 단계는 기대되는 수행의 수준을 확인하는 것이 요구된다. 2번째 단계에서 판매원이 판단해야 할 것 중의 하나가 소비자의 반품률이다. 이 단계에서 당신은 목표물을 구체화하는 것이 필요하다. 예를 들어 매달의 반품은 그 달의 판매의 1% 이상을 넘기지 말아야 한다. 만약 적절히 선택된다면, 목표물은 고용인들에게 구체적이고 도전적인 요구물로 인식될 것이다.

④ 시간 기한의 구체화

목표가 세워진 후 각 목표의 마감 시간을 각 분야에서 정할 필요가 있다. 일반적으로 시한 기한은 상위 수준의 관리자의 경우 하위 수준의 조직원보다 길어진다. 고용인들의 목표달성 시한이 하루나 몇 달의 범위 안에 존재하는 경향이 있지만, 중간관리자의 목표는 3달이나 일 년 범위로 정해지는 것 같고, 최고관리자의 목표는 2, 3, 5년으로 확장된다.

각 목표에 대한 시간 목표를 정하는 것이 모호함을 감소시키기 때문에 중요하지만 마감 시간이 임의로 선택되는 것은 좋지 않다. 그 이유는 마감 시한이 어떤 주어진 목표에 부합되든지 간에 사람들에게 스트레스를 주는 경향이 있기 때문이다. 만약 하루의 목표가 주어진다면 시간 초점은 하루가 될 것이다. 여기서 이 메시지는 2가지 면을 말하고 있다. 첫째는 파킨슨의 법칙으로 목표를 향한 노력은 그것이 완성될 수 있도록 이용 가능한 시간을 충분히 소비할 것이라는 것이다. 1주일이 요구되는 업무를 완성하기 위해 사람들에게 한 달을 주면 그들은 전형적으로 한 달을 충분히 사용할 것이다. 둘째, 짧은 기간 목표의 지나친 강조는 긴 기간 목표를 손상시킬 수 있다.

⑤ 목표의 우선 순위

어떤 사람에게 하나 이상의 목표가 주어졌을 때 목표들을 중요성의 순서대로 등급을 매기는 것이 중요하다. 이 단계의 목적은 고용인이 행동하도록 고무시키고 목표들의 중요성에 맞춰 각 목표에 대한 노력을 요하도록 하기 위한 것이다.

⑥ 목표의 곤란도와 중요성에 따라 목표 평가

목표설정은 성공을 확장하기 위해 사람들로 하여금 쉬운 목표를 선택하도록 고무시키지 말아야 한다. 그것을 극단적으로 설명하면, "나의 목표는 할 일이 아무것도 없고 나는 그것을 성취했다고 말할 수 있어 기쁘다."라고 말할 수 있는 고용인은 없다. 목표

설정은 개인이 올바르게 목표를 강조하고 있는지 아닌지 그리고 설정된 목표가 어렵다는 것을 고려해야 한다.

이 단계에서는 각각의 목표가 그 목표가 가지고 있는 어려움과 중요함이 평가되어야 한다. 이러한 평가가 실제적 목표 성취 수준과 조화될 때 조직원은 전체 목표 수행의 평가를 더욱 이해할 수 있을 것이다. 이 과정은 심지어 고용인이 충분히 목표에 도달하지 못할지라도 어려운 목표에 노력하는 개인들에게 신용을 준다. 그래서 매우 쉬운 목표를 설정하고 그 목표를 초과달성한 고용인은 어려운 목표를 설정하고 그 목표를 부분적으로 행한 고용인보다 전체적으로 더 낮은 평가를 얻을 것이다.

⑦ 조정 조건의 결정

어떤 사람의 목표는 다른 사람들의 공헌과 협동에 의존하여 성취되는가? 만약 그렇다면 잠재적인 갈등이 있다. 그것은 책임 보장을 위한 경우에서 이 목표들이 조정되는 것은 중요하다. 서로 돕는 목표 조정의 실패는 심각한 영역분쟁과 책임 포기, 그리고 노력의 중복을 초래할 수 있다.

(3) 목표 수행 달성하기

단순한 목표의 존재가 고용인들이 이를 받아들이고 목표를 실행한다는 보장은 없다. 그러나 관리자의 확실한 행동은 목표 수용과 실행을 증가할 수 있다(Latham and Locke, 1979).

① 관리자의 지원

관리자는 목표가 고용자를 협박하고 위협하는 속임수적인 도구로 보기 보다는 고용인의 기대를 고무시키는 방안으로 보이도록 지원적인 분위기를 창출해야 한다. 관리자는 고용자가 도전적인 목표를 선택하도록 도와 주고 고용인과 그들의 목표 달성 사이에서 오는 방해물을 감소하는 지원체계를 제공해야 한다. 예를 들어 이것은 고용인들이 그들의 과업을 완성하기 위해 필요한 시설, 보충물, 시간, 다른 자원을 가지고 있다는 것을 확신시키는 것을 의미한다. 관리자는 부하 직원이 관리자를 목표 촉진자로서 바라볼 때 지지가 된다.

② 참여의 사용

앞서 말한 것 같이 목표설정에서 고용인 참여는 목표 수용을 증가시킨다. 그러나 이것이 보다 효과적이 되기 위해서 참여가 믿을 만한 것이 되어야 한다. 관리자가 고용인의 참여를 진실로 추구한다는 것으로 인식시켜야 한다. 만약 관리자가 마지못해 고용인에게 참여해 달라고 권유한다면 참여는 성공하지 못할 것이다. 고용인은 우둔하지 않다. 만약 관리자가 고용인을 제멋대로 하려 한다면 고용인은 상부에서 결정된 것이 무엇을 위한 과정인지를 잽싸게 알아차릴 것이다.

③ 부하직원의 능력 알기

개인차는 그들의 기술과 능력에 의해 구별된다. 만약 이러한 차이가 고려된다면 각 개인의 목표는 고용인의 능력을 반영할 것이다. 게다가 어려운 목표와 개인의 능력을 조화한다면 고용자가 조정하고 현실적이고 집중할 수 있고 받아들일 수 있는 목표를 볼 수 있는 가능성을 증가시킬 것이다.

④ 보상의 이용

'가치 있는 행동을 하는 것은 돈을 위해 가치로운 일을 하는 것'이라는 속담이 있다. 목표 수행에 있어서 돈, 승진, 인정, 시간 단축, 혹은 고용인에게 부수적으로 보상을 제공하는 것은 목표 수행을 증가시키는 강력한 수단이 된다.

3. 훈육과 평가

1) 훈육

(1) 자기평가

다음 진술문을 읽고 당신 자신을 가장 잘 표현하는 것에 답을 쓰시오. 당신이 해야 하는 것이 아니라, 이미 했거나 앞으로 할 것에 대하여 답을 하시오. 당신이 관리자 경험을 가지지 않았다면 당신이 관리자라고 가정하고 답하시오.

언제 고용원에게 훈육을 할 필요가 있는가 :	대개	때때로	거의 아님
1. 구체적인 훈육을 하기 전에 충분한 사전 경고를 한다.	☐	☐	☐
2. 고용원의 주의를 환기시키기 전에 위반행위를 기다린다.	☐	☐	☐
3. 반복되는 위반행위 뒤에도 구체적인 훈육행위보다 문제를 교정시키는데 대한 격의 없는 토론을 좋아한다.	☐	☐	☐
4. 고용원의 다음 근무평가 때까지는 위반행위에 대하여 고용원과 대면하는 것을 피한다.	☐	☐	☐
5. 위반 행위에 대하여 고용원과의 토론시 나의 스타일과 톤이 강조된다.	☐	☐	☐
6. 나는 고용원으로 하여금 그의 위치를 명백히 설명하도록 요구한다.	☐	☐	☐
7. 내가 벌을 내리는데 편견이 없나를 살핀다.	☐	☐	☐
8. 반복되는 위반에 대해 강한 벌을 내린다.	☐	☐	☐

채점방법

1, 5, 6, 7, 8 번은 대개에 3점, 때때로에 2점, 거의 아님에 1점을 준다.
2, 3, 4는 거의 아님에 3점, 때때로에 2점, 대개의 경우에 1점을 준다. 점수의 합계가 22점 이상이면 좋은 훈육방법이고, 19~21점은 다소 문제가 있고, 18점 이하일 때는 훈육방법의 개선이 필요하다.

(2) 훈육 문제의 유형

당신이 훌륭한 관리자인가 아닌가에 상관없이 문제가 있는 조직원을 훈육(disciplining)할 필요가 있을 것이다. 많은 경우 관리자들이 훈육을 가장 어려운 일의 하나로 느끼고 있다. 훈육에 대한 효율적인 지식이 과업을 매우 쉽게 해 준다고 할 수는 없지만, 효율적인 결과는 유도할 수 있다.

훈육은 관리자가 조직의 표준과 규율을 강화시키기 위하여 취하는 행위를 말한다. 훈육은 벌과 동의어인가? 대체로의 견해는 '그렇지 않다'이다. 이를테면 훈육은 교정과 관련을 맺고 있다. 반면에 벌은 말 그대로 '처벌'이다. Arvey와 Jones는 두 가지

개념(벌과 훈육)이 개념상 차이나는 것이기는 하지만 내적으로는 관련이 있을 수 있는 개념으로 보고 있다.

관리자가 훈육이 필요하다고 여기는 문제 상황의 수십 가지 유형을 별 어려움 없이 만들 수 있다. 이러한 유형은 다음의 네 가지로 압축이 가능하다. 출석 내지는 출근 문제, 작업 상황에서의 행위, 부정직, 그리고 업무 외 활동 등이 그것이다.

① **출석**(출근)

관리자가 직면하는 가장 심각한 훈육 문제는 출석이다. 실례를 들어 보면 200개의 조직체를 대상으로 한 연구에서 천명 이상의 종업원 중 60%가 결근, 지각, 질병에 의한 조퇴, 그리고 여러 종류의 결근 형태를 보이며, 이것이 가장 큰 문제라고 79%의 응답자가 밝혔다. 출석 문제는 생산성(작업시 부주의, 의무 소홀, 제반 절차의 미준수)과 관련된 것보다 훨씬 더 큰 문제다.

② **작업시 행위**

작업시 행위는 두 번째로 크게 지적되는 사항이다. 이에는 반항, 야단법석, 싸움, 도박, 안전수칙 불이행, 부주의 그리고 알코올 남용과 약물 남용을 포함한다.

③ **부정직**

관리자와 직면하는 고용원의 큰 문제가 아님에도 불구하고, 부정직은 전통적으로 가장 심각한 훈육 조치를 초래한다. 조사에 응한 전체 조직체의 90%가 고용원의 해고 요인으로 도둑질을 들었고, 비록 초범이라 할지라도 해고하겠다는 뜻을 밝혔다. 이와 유사하게 이력서 위조의 경우는 88%가 해고하겠다는 뜻을 비쳤다. 이러한 조사 결과는 북미에서 부정직을 싫어하는 강한 문화적 규범이 반영된 것이라 볼 수 있다.

④ **업무 외 활동**

업무 외 활동은 고용원이 회사 밖에서 하는 활동을 일컫지만 작업시에 수행 능력에 영향을 주거나 단체 이미지에 부정적 영향을 끼치는 모든 행위를 지칭한다. 불법적인 파업 행위, 봉급 압류, 밖에서의 범죄 행위, 그리고 다른 경쟁 회사를 위한 간첩 행위를 포함한다. 인사관리에는 공적으로 회사를 험담하거나 회사의 가치에 의문을 제기하는 행위도 포함하는 업무 외 활동도 있다.

(3) 훈육과 문제해결

단지 고용원과 문제가 있다고 훈육이 해결책이 될 수 있다고 생각하지 말라. 고용원을 훈육하기 전에 고용원 스스로가 잘못된 점을 고칠 수 있다고 믿어라. 만일 고용원이 능력을 갖고 있지 않다면 훈육 행위는 해결책이 될 수 없다. 이와 유사하게 목적을 달성하는데 장애가 되는 외적 요인(부적절한 설비, 방해가 되는 동료, 과도한 소음)이 있다면 훈육은 의미가 없다. 능력상의 문제는 기술 훈련, 현장지도, 직업 재창출, 그리고 직업 전환과 같은 해결책과 병행되어야 한다. 작업 수행 능력을 방해하는 개인적인 문제들은 전문적인 상담, 의학적인 치료와 병행되어야 한다. 물론 고용원의 외적인 장애 요소가 있다면 그것들을 제거해야 한다. 만일 문제의 원인이 통제밖에 있다면 훈육은 해결책이 될 수 없다.

(4) "hot stove" 규칙

뜨거운 난로 규칙은 효과적인 훈육 방법의 하나다. 뜨거운 난로라는 말은 뜨거운 난로를 만지는 것과 훈육의 방법이 유사한데서 비롯되었다. 둘 다 고통이 따른다. 당신이 뜨거운 난로를 만졌을 때 즉각적인 반응을 한다. 당신이 받은 화상은 즉각적이고 원인과 결과의 관계에 관해서 당신의 마음 속에 각인된다. 당신은 조심성을 갖게 된다. 즉 당신은 뜨거운 난로를 만졌을 때 무슨 일이 일어날지를 알게 된다. 더 나아가서 그 결과는 일관성 있게 적용된다. 당신이 뜨거운 난로를 만질 때마다 같은 반응을 하게 되고 마침내 그 결과는 객관적이 된다."hot stove" 규칙은 다음의 네 가지 사항이 고려될 때 효과적이다.

① 즉시성

훈육 조치의 효과는 위반과 위반 사이의 시간이 길어지면 줄어든다. 위반이 있을 때 즉각적인 훈육이 따르면 위반행위를 즉시 교정할 수 있다. 그러므로 위반이 일어났을 때는 가능한 한 빨리 훈육하는 것이 좋다. 물론 즉시성은 급하게 하는 것을 의미하지는 않는다. 공정하고 객관적인 훈육 조치가 편의주의로 흘러서는 안 된다.

② 조심성

관리자 입장으로서 사전에 훈육 조치에 대한 경고를 해야 할 의무가 있다. 이것은 고용원이 회사의 규칙을 알고 행위의 기준을 받아들여야 한다는 것을 의미한다. 훈육 조치는 고용원들이 규칙을 위반했을 시 훈육을 받는다는 경고를 받았을 때와 어떤 훈육이 있을지 알고 있을 때 공정하게 행해진다.

③ 일관성

정당한 훈육 조치는 지속적이어야 한다. 만일 당신이 간헐적인 방법으로 훈육을 한다면 효과는 낮아질 것이다. 도덕은 무너지고 고용원들은 당신의 능력을 의심하게 될 것이다. 그 결과 생산성이 떨어질 것이다. 당신의 고용원들은 허용되는 행위의 한계를 알고자 할 것이고, 모델로서 당신의 행위를 알게 될 것이다. 만일 오늘 누군가가 지난 주에 했던 위반행위를 반복했을 때 지난 번에는 훈육이 없었지만 이번에는 훈육 행위가 있었다면 일관성에 문제가 있다. 두 사람이 같은 위반행위를 했는데 한 사람만 훈육 조치를 받았다면 일관성에 문제가 있다. 훈육은 일관적이어야 한다. 그러나 모든 사람을 똑같이 다룰 필요는 없다. 왜냐하면 나름대로 경감 사유가 있기 때문이다. 그러나 그러한 경우 경감의 사유를 모두에게 납득시켜야 한다.

④ 객관성

훈육은 사람이 아니라 위반행위에 초점이 맞추어져야 한다. 즉, 훈육의 대상은 고용원 자신이 아니라 고용원이 한 행동이다. 그러므로 한번 처벌을 내렸다면 그 사건에 대해서는 잊어버리고, 그 고용원을 그전의 방식으로 대해야 한다.

(5) 점진적 훈육과 처벌

처벌은 단계적으로 행해지는 것이 바람직하다. 처벌의 단계는 약한 것에서 시작하여 점진적으로 강해져야 한다. 전형적으로 처벌은 말로써 시작하여 사유서, 시말서, 그리고 징계나 감봉의 순으로 진행된다. 이러한 단계적 조치의 이유는 처음에 강한 처벌을 내리면 반복되는 위반행위에 대한 대책을 세우기 어려워지기 때문이다. 둘째 이유는 단계적인 처벌행위는 경감 사유를 고려한다는 측면에서 일관성을 띨 수 있다.

Davis(1985) 등은 다음과 같은 처벌 절차를 따라야 한다는 권유를 하고 있다.

첫째, 고용원의 위반행위의 진위 여부가 가려질 때까지는 고용원을 무죄로 인정해야 한다.

둘째, 위반자의 설명을 들어야 한다. 어떠한 경우 다른 사람에 의해 다시 소송이 걸릴 위험이 있기 때문이다.

셋째, 처벌은 관련된 위반행위에 대하여 적절성을 유지해야 한다.

(6) 경감 사유

징계는 그 속성상 해당자에게 심적, 물적 고통을 제공하게 되므로 가능하면 피하는 것이 바람직하다. 따라서 적당한 경감 사유를 들어 징계의 강도를 줄이는 조치가 필요한 경우가 적지 않다. 다음은 경감의 차별성을 비교한 것이다(Wohlking, 1975).

① 문제의 심각성 : 예를 들어 부정직은 근무태만 문제보다 심각한 것이다.
② 문제의 지속성 : 첫번째 위반행위와 두세 번째 반복된 위반행위는 다르게 취급된다.
③ 문제의 빈도와 성격 : 고질적인 위반행위는 우연한 위반행위, 처음의 위반 등과는 다르게 취급된다.
④ 고용원의 근무 이력 : 고용원의 근무 성적, 기간에 따라 다르게 취급한다.
⑤ 고용원 통제 밖의 요인들 : 예를 들어 부모님의 사망 때문에 보고서를 늦게 제출하였을 때 다르게 취급된다.
⑥ 경고의 강도 : 위반행위의 경중을 위반자가 얼마나 알고 있느냐에 따라 다르게 취급된다.
⑦ 조직체의 과거 처벌 사례 : 과거 판례에 따라 다르게 취급된다.
⑧ 다른 고용원에 대한 영향 : 다른 고용원들에게 어떠한 영향을 주는가에 따라 다르게 취급된다.

⑨ 상급 관리자의 이해 및 지원 : 중간 관리자로서 훈육을 하고자 할 때, 상급 관리자의 허락 및 승인이 있어야 한다.

(7) 훈육 원리의 실제에의 적용

Robbins(2003)는 훈육 원리를 실제에 적용하는데 필요한 사항을 다음과 같은 12가지로 요약하였다.

① 누군가를 훈육하기 전에 철저하게 위반행위의 내용을 파악하라.
② 충분한 사전 경고를 하였는지를 확인하라.
③ 훈육을 할 때는 신속히 하라.
④ 훈육은 반드시 일 대 일로 당사자 외에는 알지 못하도록 하라.
⑤ 진지하고 조용한 음성으로 훈육하라.
⑥ 문제에 대해 상세한 설명을 하면서 훈육하라.
⑦ 훈육 시에 사적인 감정을 개입시키지 말라.
⑧ 고용원의 입장을 충분히 경청하라.
⑨ 토론을 주도적으로 활용하라.
⑩ 다음의 실수가 어떻게 예방될 수 있는지를 위반자와 합의하도록 하라.
⑪ 훈육 행위를 점진적으로 취하고 경감 사유를 고려하라.
⑫ 훈육일지를 작성하라.

2) 평가

조직구성원들의 작업 능력을 평가하는 것은 어려운 일이다. 봉급 인상, 승진, 기타 보상, 그리고 알맞은 업무 분야에 대한 중요한 개인적인 데이터를 제공하는 것이 근무평가이기 때문이다. 근무평가 과정은 전형적으로 다음과 같은 5단계로 나누어진다.

(1) 근무 수행의 표준 설정
(2) 직원에게 기대되는 수행에 대한 의사소통

(3) 근무 수행에 대한 데이터 모으기
(4) 근무평가
(5) 공식적인 근무평가, 또는 면접 후 그 결과를 토론하기

이 5단계 모두가 대인관계 기술에 포함되는 것은 아니다. 예를 들어, 특정한 근무의 표준을 정하고 정확하고 지속적인 평가를 하는 것은 중요한 근무평가 기술이다. 그러나 그것들은 대인관계 기술이 아니라 전문적인 기술들이다. 무엇보다도 대인관계에 대한 수행평가는 수행의 내용 중에서 대인관계적인 여러 국면의 평가를 표면화하는 것이다(Beer, 1987). 물론 효과가 있다면, 많은 평가 활동들이 실제적인 검토 절차를 거쳐야 한다. 평가의 몇 가지 중요한 전문적인 요소들을 살펴보면 다음과 같다.

(1) 몇 가지 전문적인 기본 질문

① 평가는 언제 이루어져야 하는가?

근무 수행에 대한 평가는 공식적인 활동과 비공식적 활동이 있다. 공식적인 근무평가는 최소한 1년에 한번은 이루어져야 하며, 두 번이면 더 좋다. 1년에 한번보다 두 번 평가하는 것이 한 번에 더 적은 업무 수행량을 평가하게 될 것이고, 평가와 관련된 긴장을 줄여줄 것이다.

비공식적인 업무평가는 관리자가 직원에게 할 일을 주고, 또 주어진 일에 대한 피드백을 통해 직원이 업무 수행을 잘하는지에 대한 일상적인 평가를 말한다. 효과적인 관리자는 문제가 발생했을 때 문제점을 지적해 주고, 일에 대해 긍정적인 코멘트를 해 주는 것과 같은 비공식적인 정보를 계속적으로 조직원에게 제공해 준다. 보통 공식적인 평가는 1년에 1~2회 이루어지고, 비공식적인 평가는 언제든지 행해진다. 더욱이 비공식적 평가가 열려 있고 공정한 것이 될 때 공식적인 평가도 직원들에게 덜 부담이 되고 큰 어려움이 되지 않을 것이다.

② 누가 평가를 해야 하는가?

직속 상관에 의한 근무평가가 전형적인 평가 방법이다. 그러나 꼭 그래야만할 필요는 없다. 사장, 또는 계급 위계에서 더 높은 계급, 동료, 직속 후배, 또는 자기 자신의

평가 등의 여러 가지 평가 방법을 택할 수 있다. 누가 평가를 하는지 간에 평가 대상과 관련된 업무에 대한 적절한 지식을 가지고 있어야 한다.

③ 무엇이 평가되어야 하는가?

평가되는 요소들은 일반적으로 조직의 근무평가 도구와 양식에 쓰여 있다. 이 평가 도구와 양식에 무엇이 포함되어야 할 것인지를 결정하는 것은 인사과와 최고 간부다. 평가 문서를 전체 조직을 위해 또는 적어도 주요한 계급층을 위해 표준화함으로써, 평가 체제가 일관성과 비교 능력을 갖추게 하는 것이 바람직하다.

조직이 제공하는 근무평가 양식은 당신에게 직원의 특성, 행동, 일의 성취 결과(job outcomes), 또는 이들 요소들 간의 어떤 조합 형태에 대하여 물을 것이다(Schneier, Beatty, & Baird, 1986). 당신이 그들의 의존성, 자신감, 저항성, 충성심, 협동심 등의 정도를 평가할 때, 당신은 조직원의 개인적인 특성을 판단하는 것이다. 논리적으로는 이런 특성에서 더 높은 점수를 받는 사람이 그렇지 못한 사람보다 성공적인 수행자가 되는 것이다. 그러나 평가는 행동을 평가하는 것이다. 행동에 바탕을 둔 평가척도를 쓰는 것이 효과적이다. 전문가들은 개인적인 특성을 이용하는 평가척도가 행동척도나 특별한 일의 성취 결과를 측정하는 척도보다 못하다는데 동의하고 있다. 왜냐하면 오늘날 선택된 평가 도구는 타당성, 신빙성, 관련성, 선입관에서의 탈피를 위한 표준을 가지고 있다. 개인 특성 평가척도는 이러한 표준이 없는 경우가 많다. 예를 들어, 개인 특성과 업무 수행 사이의 연결고리가 약한 것이 종종 문제가 된다. 개인 특성은 업무 수행 결과 그 자체가 아니라 업무 수행에 대한 잠재적인 능력만을 예언해 주기 때문이다.

④ 평가는 어떻게 이루어져야 하는가?

근무평가는 업무 수행의 표준을 설정하는 일에서부터 시작된다. 그것은 또한 전형적인 출발점이다. 직원의 업무상의 의무가 무엇인가? 직원들이 얼마나 많은 일을 하며 얼마나 잘해야만 하는가를 결정하는 표준은 무엇인가? 그러한 정보는 직원의 일에 대한 의무, 과제, 책임을 상세히 기술함으로써 얻어질 수 있다. 많은 전문가들은 이러한 근무 차원을 선택하고 결정하는데 job holder(관리, 여기서는 직원)를 포함시키는 것을 추천한다. 직원의 참여는 예상되는 근무평가가 직원들에게 잘 알려지고 이해되게 할 뿐만 아니라 표준 내용에 대한 직원들의 참여도도 높일 수 있다.

일단 업무 수행 표준이 설정되고 예상되는 근무평가가 전달되면, 근무 데이터를 수집할 필요가 있다. 이것은 지속적으로 계속되어야만 하는 활동이다. 당신의 직원들 각 개인의 행동 일기를 계속 써야 하고 그 내용은 일의 성패에 영향을 주는 실제적인 사건들(행동 및 수행 결과)을 기록한다. 그러한 서류는 새로운 실수에 대한 가능성을 줄이고, 당신의 사건 평가를 재조명해 보는 증거를 제공한다. 당신이 가까이에서 직원들의 행동을 관찰할 기회를 더 많이 가지면 가질수록 근무평가가 더 정확하게 될 것이다.

일단 데이터가 있으면 조직에 의해서 제공되는 양식을 사용해서 실제적인 근무평가를 시작할 수 있다. 체계적인 절차는 결과의 정확성과 일관성을 증가시켜 준다. 당신이 단지 업무와 관련된 행동에만 초점을 맞추고, 독립적으로 직원의 업무 수행의 각각의 양상에 대하여 고려해 보고, 문서화된 증거를 가지고 평가의 초점을 맞출 때 정확성과 일관성이 증가한다.

(2) 평가의 대인관계적 측면

대인관계적 측면에서의 근무평가에는 세 가지 기본적인 접근방법이 있다.

① 말하고 납득시키기(tell and sell)
② 말하고 듣기(tell and listen)
③ 문제해결하기(problem solving) 등이다.

말하고 납득시키기를 통해 관리자는 판단자로서 행동한다. 즉, 관리자는 조직원이 얼마나 잘하고 있는지를 말하고, 관리자가 바라는 방식대로 일의 방식을 바꾸도록 설득한다.

말하고 듣기 접근방식은 관리자가 직원이 수행한 것에 관한 강점과 약점에 관해서 평가를 해 주고, 평가해 준 것에 대하여 직원들이 반응을 보이도록 하는 것이다. 관리자는 적극적인 듣기 기술을 강조함으로써 직원들의 감정을 이해하려고 노력한다.

문제해결 접근방식은 매우 어려운 일이다. 이 접근방식은 관리자가 파트너로서 행동하고, 직원의 작업을 발전시켜 주기 위하여 부하들과 함께 일을 한다. 여기서는 관리자가 연합 목표 설정과 효과적인 청취에 관해서 연습할 필요가 있다.

대부분의 근무평가에 대한 현대적인 토론은 문제해결 접근방식을 선호한다. 이 방식을 발전시키기 위한 많은 행동 가이드 라인을 살펴보자.

(3) 문제해결 방식의 평가 원리

① 미리 공식적인 평가에 대한 계획을 하고 준비하라.

계획이 없는 평가는 무가치한 평가가 될 수 있다. 따라서 효과적인 근무평가가 되려면, 계획이 선행되어야 한다. 직원의 업무에 대한 상세한 내용을 다시 검토한 후 평가지를 검토해 보라. 즉, 직원의 약점뿐만 아니라 강점도 신중히 고려했는가? 특별한 예문으로서 칭찬과 비평의 모든 점들을 입증할 수 있는가? 그 직원과의 과거 경험에서 어떤 문제가 있었다면, 평가시에 갑자기 그 문제가 다시 나타나리라고 예상하는가? 이런 문제들에 대한 계획을 어떻게 세울 것인가? 일단 이러한 문제들을 알았다면, 평가를 위한 특별한 시간과 장소에 대한 계획을 세우고 그 직원이 미리 충분히 알도록 해야 한다. 그리고 필요한 것은 무엇이든지 해야 한다 — 사무실 문을 닫는 것, 수화기를 내려 놓는 것과 같은 — 일단 평가를 시작할 때 외부로부터의 방해가 없도록 하기 위해서다.

② 직원이 편안한 마음을 갖게 하라.

많은 관리자들이 다른 사람을 평가하는 것에 대해 불편하게 느끼고, 정직해지는 것이 그들의 직원들 간에 분노를 생기게 할지도 모른다는 두려움과 같은, 근무평가에 대한 당신의 느낌에도 불구하고, 당신은 직원들을 위한 좋은 분위기를 만들어 낼 책임이 있다. 근무평가는 열심히 일하는 직원들에게 자극제가 될 수 있다. 사람들은 그들의 일에 대해 비평을 듣는 것을 싫어한다. 그리고 또한, 많은 직원들이 그 조직의 근무평가 체계가 그들의 공헌도를 정확히 평가할 것인지에 대하여 거의 확신을 가지지 못한다. 그래서 긴장과 반감을 가지게 된다. 직원은 아마도 불안하다는 것을 알고 있다. 그러니 그들을 지지해 주고 이해해 주어라.

③ 평가의 목적을 직원이 확실히 이해하도록 하라.

평가의 목적이 무엇인가? 인사를 결정하기 위하여 사용되는가 아니면 그 직원의 성장과 발전을 증진시키기 위하여 사용되는가? 전자의 목적은 과거에 초점을 맞추는 것이고, 반면에 후자는 미래에 초점을 맞추는 것이다(Kirkpatrick, 1986). 문제해결 접근 방식에서 평가는 직원이 잘하고 있는 일을 알도록 해 주고, 직원이 경험하게 될지도 모르는 업무관련 문제점들을 토론하는 기회를 제공하는 것처럼 보인다.

④ 위협을 최소화 하여라.

당신은 도움이 되고 건설적인 분위기를 만들기를 원한다. 평가는 경찰조사 같은 것이 되어서는 안 된다. 당신은 격려와 지지를 극대화하고 위협을 최소화하기를 원한다(Barker and Morgan, 1984).

⑤ 직원의 참여도를 높여라.

효과적인 평가는 직원의 높은 참여도가 특징이다(Barker and Morgan, 1984). 직원이 대부분의 말을 하도록 하라. 자료에 의하면 직원이 말을 많이 하면 할수록 더욱더 만족스런 평가가 된다(Burke, Weitzel, and Weir, 1978).

⑥ 직원이 자기평가를 하도록 하라.

지속적인 높은 참여도를 가지면서 직원이 자기평가를 하도록 격려하시오(Fletcher, 1986). 만약 고무적인 분위기이면, 직원은 당신이 확인하고자 하는 문제를 자인(自認)한다. 더욱이 직원이 이 문제점들에 대한 실행 가능한 해결책을 내놓을 수도 있다. 자기평가를 하도록 도와 주고 효과적인 듣기 기술을 보임으로써 부정적인 비평을 찾으려는 보스이기 보다는 직원의 일을 도와 주는 파트너가 된다.

⑦ 사람을 비평하지 말고 업무수행을 비평하라.

만약 비평이 필요하면 직원의 업무수행을 방해하는 것과 관련된 특별한 행동을 비평하라(Fletcher, 1986). 결코 사람을 비평하지 말라. 만족스럽지 못한 것은 사람 자체가 아니라 사람의 행동이다.

⑧ 비평을 할 때는 부드러운 어조로 말하라. 그러나 전달할 때는 부드러운 어조로 말하지 말라.

많은 사람들이 다른 사람을 비평하는 것이 어렵다는 것을 안다. 만약 비평이 필요하다고 생각하면, 전달의 효력을 약화시키지 말고, 문제를 여기저기 이야기하지 말고, 문제가 곧 사라지겠지 하는 바람으로 토론을 피하려 하지 말아야 한다. 철저히 비평의 말을 하고, 직원의 감정에 관심을 보여라. 그러나 전달을 부드럽게 하지는 말아야 한다. 비록 비평이 건설적이라 하드라도 비평은 비평이다. 당신이 모호성과 오해를 일으키기 쉬울 때는 그것을 납득시키려고 노력하라.

⑨ 과장하지 말아라.

많은 사람들이 요점을 지적함에 있어 극단적인 말을 사용하는 경향이 있다. 사실을 과장하지 말아라. 만약 어떤 직원이 최근 5번의 회의에 4번 지각했다고 해서, "당신은 회의에 항상 지각하는군요."라고 말하지 마시오. 가능하면 언제나 "항상" 또는 "결코"와 같은 절대적인 말들은 피하라.

⑩ 당신의 비평을 지지해 주는 특별한 보기들을 사용하라.

특별 사항이 있는 직원의 평가를 문서화하라(Beer, 1987). 이것은 당신의 평가의 신뢰성을 더해 주고, 당신이 평가한 "좋은"과 "나쁜" 업무수행의 의미를 직원이 보다 잘 이해하도록 도와 준다.

⑪ 부정적인 피드백 뿐만 아니라 긍정적인 피드백을 주어라.

아무리 일을 잘 처리하지 못하는 직원이라고 할지라도, 그 나름대로의 강점이 있을 것이다. 잘한 것을 말하고, 그것이 인정받을 만한 이유를 말하시오. 일반적으로 비평된 업무 분야는 개선이 거의 이루어지지 않는 다는 연구가 있다. 물론 당신은 직설적인 언급을 피하고 싶어한다. 정정당당하지 않은 입에 바른 칭찬(거짓 칭찬 : blanket praise)은 삼가는 것이 좋다. 만약 입에 바른 칭찬이 주어진다면 직원은 훌륭한 행동뿐만 아니라 2류급 행동도 또한 강화하게 된다.

⑫ 직원이 평가한 것을 요약하도록 하라.

평가를 마무리할 때는, 지금까지 언급했던 내용을 직원 스스로 요약하도록 하라(Brett and Fredian, 1981). 이러한 과정이 부하 직원에게 전체적인 평가를 재조명해 볼 수 있는 기회를 주게 된다. 그것은 당신의 평가를 분명히 전달했는지의 여부를 알게 해 준다.

⑬ 행동에 대한 미래 계획을 상세히 열거하라.

업무에 정말로 잘못된 것이 있으면, 평가의 마지막 부분에서 그 상황을 바로 잡을 수 있는 세분화되고, 단계적인 계획을 수립하여 직원을 도와 주는데 주력해야 한다 (Beer, 1987). 당신은 보조적인 역할을 해야만 한다 : "도와 주기 위해 내가 무엇을 할 수 있는가?" 질문에 대답을 하기 위하여 당신 스스로가 수련을 더 할 필요가 있습니까? 직원에게 더 많은 자유와 책임감을 줄 필요가 있습니까? 직원을 전문직회의, 워크숍, 또는 연수프로그램에 보내기 위한 안전 기금이 도움이 됩니까? 당신이 도와줄 수 있는 것이 무엇인지 직원에게 물어 보고 도움을 줌으로써 당신이 직원을 지지한다는 것을 보여주는 것이 목적이다. 사실상, 직원들이 그들의 목표로 향하는 길을 분명히 하도록 도와줌으로써 당신은 파트너로서의 역할을 수행하는 것이다.

Memo

대인관계와 성격

Chapter
14

1. Fromm의 성격유형론
2. Horney의 사회 · 문화적 정신분석이론
3. Sullivan의 대인관계이론
4. Jung의 성격유형과 MBTI의 16 성격유형
5. 대인관계와 성격장애

성격이론에서 대인관계에 주목한 대표적 학자로는 신프로이트 학파에 속하는 E. Fromm, K. Horney, H. S. Sullivan 등을 들 수 있다. 이들은 성격은 그가 속한 사회 · 문화의 소산이라는 전제 하에 관계 속의 성격이론을 제시하고 있다.

이와는 달리 C. G. Jung은 성격을 외향성과 내향성으로 대분하고, 각 사람이 지닌 4가지 기능이 어떻게 작동되는가에 따라 8가지 성격 유형을 제시한 바 있다. 융의 이론에 판단과 인식 기능을 추가한 Myers와 Briggs는 MBTI라는 성격 유형검사를 장기간에 걸쳐 개발해 왔다. 여기서 제시되는 16가지 성격 유형에 따라 이들의 행동 특성과 대인관계 양상이 달라짐은 물론이다.

1. Fromm의 성격유형론

Fromm은 신프로이트 학파의 학자로 성격 특성은 사회적 경험을 통해 형성된다고 주장했다. 사회의 영향을 강조하여 개인을 개선시키려면 먼저 사회가 개선돼야 하고, 사회는 인간의 욕구에 보다 충실히 대응해야 할 것을 설파하기도 했다. 그의 저서 『자유로부터의 도피』는 그의 이론에 대한 전반적인 이해를 높이는데 유용하다. 프롬은 인간이 여러 세기에 걸쳐 자연이나 사회제도로부터 자유로워지려고 했고, 그만큼 많은 자유를 얻게 되었음에도 불구하고 이전보다 훨씬 복잡하고 광범위해진 경제적 · 정치적 환경 속에서 안정감을 빼앗긴 채 고독감과 무력감을 느끼게 되었다고 말한다.

오히려 인간은 더 적은 자유 안에서 안정감을 느낀다는 것이 그의 주장이다. 그리고 그는 현대에 있어 일반화되어 가고 있는 신경증이나 정신적 불안은 개인적인 정신분석 요법으로 치료될 수 없는 사회적인 문제라고 보았다. 또 나치의 대두 이후 파시즘의 선풍에 대중이 말려들어 가는 것을 목격하고 사회의 문제를 정신분석학적 입장에서 고찰하여 파시즘이 유럽 대륙을 휩쓸게 된 원인을 분석하고, 스스로 자유를 포기하고 전체주의적 질서 속으로 도피해 들어간 사람들의 심리적 원인을 파악하여 사회적인 치유 방법을 이 저서를 통해 제시하고자 했다.

그는 인간에 대한 이해는 그 실존 조건에서 발생하는 욕구의 분석에 기초를 두어야 한다고 생각하고, 5가지 욕구를 제시했다.

1) 욕구의 종류

(1) 관계에 대한 욕구

상호간의 보호, 책임, 존경 및 이해를 기초로 한 생산적 사랑, 생산적 관계를 맺고자 하는 욕구다.

인간은 자연과, 그리고 서로서로에 대한 근본적인 결속을 상실해 가고 있다. 우리들 각자는 분열되었으며, 혼자이고 무력하다는 것을 안다. 그 결과 우리는 다른 인간과의 새로운 결속을 추구해야만 한다. 즉, 우리는 자연과의 결합을 잃은 대신 인간과의 관계 의식을 찾아야만 한다. 프롬은 다른 사람과 관련을 맺거나 조화시키려는 이러한 욕구를 만족시키는 것이 심리적 건강에 없어서는 안 된다고 믿는다. 분별없는 행동, 미치광이 같은 행동조차도 이러한 욕구를 만족시키지 못한 데 대한 필연적인 결과라는 것이다.

살아 있는 다른 존재와 결합하고 그들과 관계되어지는 필연성은 인간의 건전성을 유지하기 위한 불가피한 욕구다(Fromm, 1956).

관련성을 발견하는 데에는 몇 가지 방법이 있는데 어떤 것은 파괴적(불건전한)이고, 어떤 것은 건설적(건전한)이다. 사람은 다른 사람에게, 어떤 단체에 또는 신과 같은 한 이상에 복종함으로써 세상과 결합하려 할 수 있다. 복종시킴으로써 그 사람은 더 이상 혼자가 아니며 차라리 자기보다 더 훌륭한 사람이나 어떤 것에 예속되었다고 할 수 있다. 반대로 세상을 지배하는 권력을 성취하거나 또는 자신에게 복종시킴으로써 세상과 관계를 맺을 수 있다.

이러한 접근법은 둘 다 안정을 위하여 다른 사람들에게 의존한다. 그 결과 그 사람은 자유도 가지지 못하고 자아통합도 얻지 못한 채 타인 안에서 타인에 의해서 살게 된다. 남에게 복종적이거나 지배적인 사람은 자신의 안정이 그가 순종하거나 다스리는 사람들에 달려 있게 되고, 따라서 자아의 완전한 본질을 발달시키는 데 제약을 받기 때문에 이러한 접근법들은 불운할 수밖에 없다.

세상과 관계를 맺는 건전한 방법은 사랑을 통해서다. 이것은 안정에 대한 욕구를 충족시키며 동시에 통합의식과 개인의식을 인정한다. 프롬은 사랑을 단지 에로틱한 의미에서만 정의하지 않았다. 즉, 그의 정의는 자식에 대한 부모의 사랑, 자신에 대한 사랑, 그리고 더 넓은 연대의식을 가진 인류에 대한 사랑을 포함한다. 즉 생산적인 사랑은 언제나 상호의 보호, 책임, 존경 및 이해를 내포한다.

어떤 형태로든지 관련을 맺고 싶어하는 욕구를 충족시키지 못하는 데에서 비합리적인 행동의 근본인 자기도취(narcissism)가 생겨난다. 자기도취적인 사람은 그들의 유일한 실제로써 그들 자신의 사고, 감정, 그리고 욕구를 갖는다. 그들의 모든 관심의 초점이 자신에게 있기 때문에 외부세계나 다른 사람들과 관계를 맺을 수 없다. 즉, 그들은 그들 자신을 초월한 어떤 것을 객관적으로 경험할 수 없고, 그들 자신의 주관적인 견해로 모든 것을 인식한다.

(2) 초월에 대한 욕구

인간이 동물적 성질에서 벗어나 창조적인 인간이 되겠다는 욕구다.

피조물로서 우리의 수동적인 역할을 초월하거나 능가하려는 인간의 욕구는 관계에 대한 욕구와 밀접하게 관련되어 있다. 탄생과 죽음의 우연성과 존재의 예측할 수 없는 특성을 인식하면서 인간들은 창조되어졌었던 상태를 초월해서 대신에 창조자들, 즉 자신의 삶을 적극적으로 형성하려는 사람이 되려고 한다. 창조의 행위에서 인간들은 존재에 대한 수동적이고 우연적인 특성을 능가하고 그럼으로써 목적의식과 자유를 성취하고자 한다.

창조는 인간이 그들의 이성과 상상력의 힘 때문에 용납할 수 없는 수동적인 동물의 상태를 초월하려는 이상적 또는 건전한 수단이다. 그러나 만약 인간이 창조적이지 않다면 무슨 일이 일어날까? 초월에 대한 욕구는 만족되어야 하는데, 만일 건전한 방법으로 충족될 수 없으면 불건전한 방법으로 충족되어야 한다.

창조성의 반대는 파괴성이다. "만약 내가 생을 창조할 수 없다면 나는 생을 파괴할 수 있다. 파괴시키기 위해 생은 또한 내가 그것을 초월하도록 만든다." 라고 그는 진술했다. 파괴 행위에서 사람은 수동적인 상태를 초월할 수 있다. 창조에서와 같이 파괴할 때도 세상과 적극적인 관계를 가진다. 이런 것들은 한 사람이 창조, 또는 파괴하기 위해서 사랑하고 또는 증오하기 위해 가지는 유일한 선택들이다.

파괴와 창조는 둘 다 인간 본성에 깊이 기반을 두고 있다. 그러나 창조는 심리적 건강을 가져오고, 파괴성은 파괴의 대상과 또한 파괴자에게 단지 고통만을 안겨 준다.

(3) 정착에 대한 욕구

자연에 정착하고, 세상에 존재가치가 있는 인간으로의 정착하고, 소속감을 갖고자 하는 욕구다.

인간조건의 본질 , 즉 외로움과 무의미성은 자연과의 근본적인 결속의 단절로부터 생겨난다. 자연과의 이전의 인연을 대신할 새로운 정착이 세워져야 한다. 다른 욕구에서와 같이 정착도 긍정적, 또는 부정적인 방법으로 성취될 수 있다.

이상적인 방법은 인간에 대한 형제애(brotherliness), 관련의식, 사랑, 관심, 그리고 사회에서 참여의식을 확립하는 것이다. 다른 사람들과의 이러한 결속의식은 정착감을 얻고자 하는 욕구와 교제를 맺고 세계와 관계를 갖고자 하는 욕구를 만족시킨다.

정착을 얻으려는 불건전한 방법은 어린 시절 어머니와의 근친상간의 결속을 유지하는 데서 온다. 어떤 의미에서 그런 사람은 가정을 떠날 수가 없으며 이러한 어릴적 엄마와의 유대로 인한 안정에 끊임없이 집착한다. 근친상간의 결속은 엄마가 유아와의 관계를 초월하여 전 가족 집단과 더 큰 의미에서 사회를 포함하는 데까지 확장할 수 있다.

국가와의 근친상간의 결속을 유지할 수도 있다. '민족주의'는 근친상간의 형태, 즉 맹목적 숭배, 광적인 행위다. '애국심'은 민족주의의 예찬이다. 이러한 태도는 대개 인류에 대한 관심 위에 국가를 둔다. 한 나라에만 집중된 사랑은 다른 나라 사람들에 대한 사랑을 배척하며 그리하여 그것은 맹목적인 숭배의 한 형태이지 사랑은 아니라고 프롬은 말한다.

어떤 수준에서든지 근친상간의 결속을 유지시킴으로써 사람은 어떤 경험들을 차단시키고 단지 일부의 인간에 대한 사랑과 관계를 제한시키고자 한다. 이런 상황은 심리적 건강에 필수조건인 충분한 애정 공유, 세상에의 참여의 여지를 없애게 된다. 단지 몇몇 사람만을 사랑하고 일부의 인류에 대해서만이 형제애를 느끼는 사람은 인간의 모든 잠재성을 발달시킬 수 없다.

(4) 정체성에 대한 욕구

독특한 개인이 되고자 하는 욕구다.

인간은 또한 그들이 누구이며 무엇인가를 느낌으로써 자신을 다른 사람들과 구별짓는 정체성인 유일한 개체로서의 정체의식을 필요로 한다.

이러한 욕구를 만족시키는 건전한 방법은 사람이 자기 주체에 대한 명확하게 인식하는 과정인 개성을 갖는 일이다. 우리 각자가 자아에 대한 유일한 의식을 경험하는 범위는 우리가 가정, 씨족, 또는 국가와의 근친상간의 결속을 깨뜨리는 데 얼마나 성공적인가에 달려 있다. 개성의 잘 발달된 감정을 가진 사람들은 다른 사람들에 의해 형성된 삶을 갖는 대신에 그들 자신의 삶을 다스리는 그 이상으로 자기 자신을 경험한다.

정체의식을 형성하는 불건전한 방법은 국가, 인종, 종교, 또는 직업의 특성에 맹목적으로 순응하는 것이다. 이런 경우 개인의 정체성은 한 단체의 속성에 따라 한정되어지는 것이지 자아의 속성에 따라 되는 것은 아니다. 규범, 가치, 그리고 어떤 단체들의 행동에 집착함으로써 사람은 일종의 정체성을 찾고자 한다. 그러나 그것은 자아를 희생시키는 일이다. 순응하는 자아는 진짜가 아니다. 즉, 그것은 전적으로 개인에 속하지 않으며 그 사람은 완전한 인간미를 얻을 수도 없을 것이다.

(5) 지향의 근거(frame of orientation)에 대한 욕구

세상을 안정되고 일관성 있는 방법으로 지각하고 이해하기 위해 필요한 준거체제를 갖고자 하는 욕구다.

세상의 모든 현상을 설명하기 위해 개인의 준거체제, 혹은 배경의 구조에 대한 탐구는 독특한 자아의식에 대한 탐구와 관련이 있다. 각 개인은 모든 사건들과 경험에 대해 이해할 수 있게 하는 세상에 대한 어떤 일관된 관념을 형성해야 한다.

지향의 구조를 위한 이상적인 기본원리는 이성(reason)을 통해서이고, 이성에 의해 사람은 세상에 대한 사실적이고 객관적인 심상을 발달시킨다. 여기에 세상을 객관적으로 보고 적절하게 세상을 반영하며 자신의 욕구와 공포의 주관적인 렌즈를 통해서 세상을 곡해하지 않는 능력이 내재해 있다.

Fromm은 실제에 대한 객관적인 인식을 매우 강조한다. 우리의 인식이 더 객관적일수록 우리는 더욱더 실제와 접하게 된다. 즉, 더 성숙하고 더 잘 갖추어져 있을수록 세상과 잘 대처하게 된다. 이성은 발달되고 생활의 모든 국면에 적용되어야 한다. 예를 들어, 만일 어떤 사람이 생활의 한 국면에서 신화나 미신의 지배를 받는다면 생활의 다른 모든 국면에 대하여 적용할 수 있는 이성의 능력이 저하될 것이다.

2) 5가지 성격 유형

프롬은 개인의 성격을 비생산적 성격 4가지와 생산적 성격 등 5가지로 나누었다.

① 수용적 : 타인 및 환경으로부터 지지를 기대한다.
② 착취적 : 힘이나 꾀로써 타인들로부터 얻어 낸다. 모든 것이 착취의 대상이 되며 전반적인 태도는 선망, 질투, 냉소주의와 더불어 적대감과 조종의 태도다.
③ 저축적 : 취득한 것들이 곧 안전이다. 낭비는 사회에 대한 위협이다. 사랑은 소유하는 것일 뿐이다. 미래에 대한 신뢰가 없다.
④ 매매적(시장적) : 개인의 특질은 아무 가치도 없고 교환할 상품일 뿐이다. 성격은 팔 물건이고 유행하는 것이면 무엇이나 올바른 성격이다. 이러한 사람들은 기본적으로 공허하고 불안하다.
⑤ 생산적 : 스스로의 힘을 사용하여 자신의 본성 속에 있는 가능한 무엇이든 성취할 수 있는 능력이다.

표 14-1 비생산적 지향의 긍정적인 면과 부정적인 면

비생산적 지향	긍정적인 면	부정적인 면
수용적 지향(수락)	순응성 반응적 헌신적 겸손함 매력 융통성 사회적 적응성 이상적 민감성 공손함 낙천적	수동적, 솔선하지 못함 소신없고, 특성이 없음 복종적 자존심이 없음 아첨함 주관이 없음 비굴하고 자기확신이 없음 비현실적 소심함 우유부단 소망적 사고

	신뢰성 상냥함	속기 쉬움 감정적
착취적 지향(획득)	활동적 솔선하는 능력 자기주장하는 능력 자부심 충동적 자기확신 매혹적	착취적 공격적 자기 중심적 건방짐 경솔함 거만함 유혹성
저장적 지향(보존)	실제적 절약적 신중함 삼감 인내성 주의깊음 확고부동하고 집요함 침착성 긴장하에서 차분함 규율성 조직성 충실성	상상력이 없음 인색함 의심성 냉담함 무기력 초조함 완고함 나태성 활발하지 못함 현학적 강박관념적 소유욕
시장적 지향(교환)	목적성 변화력 젊음 미래지향 개방된 마음 사회적 시도성 비독단적 효율적 호기심 지성적 융통성 인내성 재치 있음 관대함	기회주의적 비일관성 유치함 미래나 과거가 없음 원칙과 가치가 없음 혼자 있을 수 없음 목적성 결여 상대론적 지나친 활동 요령이 없음 지성편중적 무분별성 무관성 어리석음 낭비적

비생산적인 지향의 이러한 긍정적인 면과 부정적인 면은 사실 같은 동전의 앞과 뒤의 부분들이며, 건설적이거나 파괴적인 방법으로 나타나는 같은 행동의 정 반대적 모습이다. 행동의 이러한 양면은 둘 중의 하나만 나타나는 상황만을 말하는 것은 아니다. 즉, 행동의 각각의 면은 그 두 가지 극단 사이에 많은 미소한 차이를 가진 연속선상에 존재한다.

건강한 성격에 대한 프롬의 견해에 대해 하나의 질문이 제시될 수 있는데, 그것은 어떻게 사람이 완전히 생산적인 사람이 되는가? 라는 것이다. 만약 한 사람의 성격이 뚜렷하게 생산적이거나 비생산적이라면 무엇이 건전하거나 또는 불건전하다고 결정을 내리는 것일까? 어린이가 자라면서 점차 엄마로부터 독립됨에 따라 그 아이는 덜 안전하게 된다. 안전과 자유 사이에 끼어서 어린이는 어린이에 대한 부모의 행동에 의존함으로써 세 개의 도피기제 중의 하나에 의해 성장에 따르는 자유를 처리한다. 그 세 개의 도피기제란 공생의 관계, 회피와 파괴, 그리고 사랑이다.

공생의 관계에서 어린이는 남에게 의존해 있으며 결코 독립과 자유의 상태를 성취하지 못한다. 실제로 그런 사람은 자기 이외의 그 어떤 사람의 한 부분이 됨으로써 자유를 갖는 데 따르는 불안전함을 회피한다. 이러한 행동은 남에게 복종하거나(피학대적), 아니면 그들을 지배하거나(가학대적) 하는 형태로 나타난다. 회피와 파괴기제는 남을 피하거나, 그들을 파괴하려는 것을 포함한다. 도피의 가장 이상적인 형태인 사랑은 생산적인 지향의 발달을 위한 기초다.

프롬은 사람의 성격은 위에서 지적한 5가지 유형의 하나이거나 그 5가지 유형의 혼합체라는 주장을 하고 있다. 이 중 하나, 또는 두 가지 속성이 다른 것보다 훨씬 강력한 형태로 나타날 수 있다. 1번부터 4번까지의 것을 프롬은 생산적 성격 유형인 것으로 보았다. 그러나 생산적-저축적 유형, 비생산적-저축적 유형이라는 조합은 가능하다. 전자는 보다 생산적이 되기 위해 땅이나 돈을 모으고, 후자는 사회에 아무런 도움을 주지 않고 오직 자신을 위해, 또는 모으는 일만을 위해 땅이나 돈을 모은다.

2. Horney의 사회 · 문화적 정신분석이론

Horney의 화두는 불안과 이로부터 파생되는 신경증적 욕구다. 그녀는 오이디푸스

콤플렉스는 어린이와 부모간의 성적이고 공격적인 갈등에서 비롯되는 것이 아니라, 부모와의 관계에서의 거부나 과잉보호, 처벌 등 기본적 장해에서 발전한 불안이 원인인 것으로 보았다. 공격성 역시 인간이 자신을 지키는 한 수단이며, 나르시시즘 또한 자기애라기 보다는 불안정감이나 불완전감에서 파생되는 자기 기만적 자만과 과대평가인 것으로 보았다. 개인이 맺는 이러한 관계의 불안전감에서 비롯되는 기본적 불안은 호나이의 기본적 개념으로 신경증의 토대가 된다. 호나이는 기본적 불안을 잠재적으로 적대적인 세상에서 고립감과 무력감을 느끼는 상태로 정의한 바 있다. 이러한 불안정감의 요인은 일방적인 지배, 무관심, 일관성 없는 행동, 아동의 의견 무시, 애정 결핍, 과잉보호, 차별 등 무수히 많다.

1) 기본적 불안과 자아보호 기제

일반적으로 어린이와 부모와의 관계의 안정을 방해하는 모든 것이 불안의 요인이 된다. 불안정하고 불안한 어린이는 자신의 고독과 무력감에 대항하여 자신을 보호하기 위하여 여러 가지 전략을 발전시키게 된다. 그 전략은 다음의 네 가지 중의 하나다. 이러한 전략 중에서 어떤 것은 성격에 어느 정도 영구적으로 고착되는데, 그 전략이 비합리적일 경우 이는 신경증적 욕구로 나타난다는 것이다(Horney, 1937 · 1950).

기본적 불안에 대처하는 자아보호 기제에는 다음과 같은 네 가지 대인행동이 있다.

(1) 애정과 사랑 확보

어린이는 타인으로부터 애정과 사랑을 확보함으로써 기본적 불안으로부터 자신을 보호하려고 한다.

(2) 복종

어린이는 타인에게 복종하고 순응함으로써 위협으로부터 벗어나고자 한다.

(3) 힘 성취

타인을 능가하는 힘을 성취하거나 우월성을 확보함으로써 자신의 무력감을 보상하고 안전을 성취하고자 한다.

(4) 철회

신체적으로나 심리적으로 타인들과 관계를 하지 않고 독립적이 되려고 시도한다.

2) 신경증적 욕구(neurotic needs)

각 개인이 안전을 얻기 위해 기본적 불안을 처리하는데 사용하는 비합리적이고 방어적 태도가 신경증적 욕구다.

Horney는 어린 시절에 생긴 기본적 불안을 이루고 있는 고립감, 무력감 그리고 증오감이 성인의 신경증을 배태하는 것으로 보았다. '내적 갈등'에서 그녀는 이런 신경증적 경향들이 어떻게 상층되는가를 설명한다(Horney, 1944). 이런 내적 부조화의 해결방법을 찾기 위해서 사람은 세 가지 인격 유형 중 한 가지를 취하게 된다. 동조적인 사람은 사랑과 인정을 받기 위해 사람들에게 접근한다. 공격적 유형의 사람은 다른 사람들을 지배하기 원하고, 지배적인 지위를 즐긴다. 회피적인 유형은 다른 사람들과 심리적인 거리를 유지하면서 친밀함이 요구되는 정서적인 솔직함을 회피한다.

이런 신경증적인 사람들은 자신을 정신적 갈등에서 방어하기 위하여 네 가지 기법을 사용한다.

첫째, 인격의 어떤 부분들을 억압하면서 심리적인 갈등을 없애려 한다.

둘째, 자신을 정서적인 것과 거리를 둠으로써 갈등을 의식에서 지워버리기도 한다.

셋째, 자아에 대한 이상화된 이미지를 창출해 나가는 데 관심을 집중한다.

넷째, 자신의 내면의 부조화의 감정을 외향화하여 내적인 문제를 외부의 탓으로 돌리면서 비난한다.

신경증적인 사람은 내적인 모순을 무시하거나, 합리화하거나, 정서적인 것을 경직되게 조절하거나, 또는 냉소적인 태도를 취하는 등의 방법으로 스트레스를 줄이고자 한다. 그러나 진정한 해결이 없는 한 내적 갈등은 바람직하지 않은 결과를 초래한다. 공포, 우울, 무력감 또는 절망에 빠지거나, 또는 자아중심적이 되거나, 지나치게 예민해지거나 다른 사람에 대해 잔인해지기도 한다. 호나이에 의하면 정신분석가의 임무는 내적 갈등을 환자에게 제시하고 환자가 진정한 자아를 발견하게 도와주는 것이다.

신경증적 욕구는 대인관계에서 세 가지 방향으로 갈리는데 사랑의 욕구와 같이 사람을 향한 것, 힘 욕구와 같이 사람과 맞서는 것, 자족과 독립의 욕구와 같이 사람으로부터 멀어지려는 것 등으로 구분된다. 10가지 신경증적 욕구는 다음과 같다.

(1) 사람을 향한 것(Moving toward people)

① 애정과 인정 욕구

이 욕구는 타인들을 즐겁게 하고 그들의 기대에 맞추어 살려는 무분별한 소원이 그 특징이다. 이런 사람들은 남에게 좋은 평을 듣기를 좋아하며 모든 거부나 불친절의 표시에 극도로 예민하다.

② 지배자적 배우자에 대한 욕구

이 욕구를 가진 사람은 기생하는 사람이다. 그는 사랑을 과대평가하여 격려되거나 혼자 떨어져 있는 것을 극도로 두려워한다. 이런 사람은 상대방의 자비, 사랑, 우정이 없으면 고독과 부적절한 감정을 느끼며, 너무 의존적이기 때문에 상호적인 배려, 공유, 사랑을 할 수 없다.

(2) 사람과 맞서는 움직임(Moving against people)

③ 힘에 대한 욕구

이 욕구는 힘과 권력 자체를 위해 권력을 갈망하는 것으로 남들에 대한 근본적인 불경, 힘에 대한 무분별한 찬양과 약함에 대한 멸시 등에서 나타난다. 권력을 외적으로 나타내기를 두려워하는 사람은 남을 지적인 기민성과 우월감을 통해 지배하려고 할 것이다. 권력에 대한 욕구의 또 다른 형태는 의지의 만능을 얻으려는 욕구다. 그런 사람은 의지력을 작용함으로써 모든 것을 간단히 얻을 수 있을 것으로 생각한다.

④ 착취 욕구

더 좋은 것을 얻기 타인을 착취하고자 하는 욕구다. 사람들을 단순히 이용수단으로 믿고 일을 꾸미고자 하는 욕구로 적대적이며 의심이 많다.

⑤ **사회적 인정 욕구**

명예에 대한 신경증적 욕구로서 그 사람의 자기평가는 남들로부터 받는 인정의 양에 의해 결정된다. 이들의 주된 두려움은 지위의 상실이다.

⑥ **자화자찬 욕구**

이 욕구를 가진 사람은 자신에 대한 과장된 상을 가지고 있으며 이 바탕 위에서 동경되기를 원하며 있는 그대로의 자기에 대한 찬미는 원치 않는다. 다른 사람과 거리를 둠으로써 타인과의 경쟁과 비교로부터 자신을 보호할 수 있기 때문에 이러한 환상은 깨지기 어렵다.

⑦ **자기 성취 욕구**

이런 사람은 자신이 최고가 되기를 원하며 자신의 근본적인 불안정의 결과가 보다 훌륭한 일을 성취하는 역할을 하도록 자신을 몰고 간다.

(3) 사람으로부터 멀어지려 움직임(Moving away from people)

⑧ **자족(自足)과 독립 욕구**

다른 사람들과의 따뜻하고 만족스러운 관계를 맺으려는 노력이 여의치 않게 되어 다른 사람들로부터 떨어져 어떤 사람이나 어떤 사물과도 유대를 갖기를 거부한다. 그는 결국 혼자 고립된다.

⑨ **완전추구 욕구**

완전과 비공격성에 대한 신경증적 요구로 실수하거나 비판받는 것을 두려워하는 것인데 이런 욕구를 가진 사람은 자신을 확고하고 과오가 없는 사람으로 만들려고 애쓴다. 그는 계속 자신의 결점을 찾아 그것이 남에게 보이기 전에 은폐시키고자 노력한다.

⑩ **생의 편협한 제한 욕구**

자신의 일생을 좁은 한계 속에 국한시키고자 하는 신경증적 욕구다. 이런 사람은 타인에게 어떠한 요구도 하지 않고, 거의 만족이 없고 눈에 띠지 않는 곳에 머무르려고 하며 무엇보다도 겸손한 것에 가치를 둔다. 다른 사람이 인정해 주지 않거나 비웃을 것을 우려해 자신의 소망을 표현하기를 꺼린다.

이 열 가지 신경증적 욕구는 내적 갈등이 발전되는 근원이다. 사랑에 대한 신경증적 욕구는 탐욕적인 것이다. 얻을수록 더 많은 것을 원한다. 결국 그는 만족하지 못한다. 마찬가지로 그의 독립에 대한 욕구도 그의 성격의 다른 일부에서는 사랑받고 동경되기를 원하기 때문에 충족될 수 없다. 완전에 대한 추구는 아예 처음부터 실패로 돌아가기 십상이다. 앞의 모든 욕구들은 결국 비현실적인 것들이다.

신경증적 욕구의 세 방향에 따라 다음과 같은 성격의 구분이 가능하다.

- 순응형 성격 : 사람을 향한 욕구를 반영하는 태도와 행동을 보이고, 애정과 인정에 대한 강하고 지속적인 욕구를 지닌다.
- 공격형 성격 : 사람과 맞서는 행동을 보인다. 이들에게 있어 타인은 모두 적이며, 오로지 적자생존의 원칙만이 있다.
- 고립형 성격 : 사람으로부터 멀어지려는 행동을 보이며, 정서적인 거리를 유지하려고 한다. 타인과의 사랑, 증오, 협동심도 없으며, 타인과 어떤 식으로든 연관되지 않으려 한다.

〈자아에 대한 연구〉

그녀는 일찍이 자아(self)에 주목했다. 그녀는 자아를 세 가지로 분류했다.

- 주관적 현실자아 : 자기 자신에 대한 지각의 산물이며 자신이 누구인가에 대한 스스로의 해석이다.
- 객관적 현실자아 : 자신의 지각 내용과는 상관없이, '있는 그대로의' 신체적 · 정신적인 모든 객체화된 자아다.
- 이상적 자아 : 자신이 되고 싶은, 혹은 반드시 되어야만 하는 자아상을 가리킨다.

3. Sullivan의 대인관계이론

대인관계에 대한 신정신분석 학파의 접근을 대표하는 입장으로 Sullivan의 대인관계 이론을 들 수 있다. 그의 대인관계 이론은 심리 치료에 입각한 것으로서, 그가 언명한 바에 의하면 정신병학은 사람과 사람 간의 일이 포함되거나 진행되는 과정에 대한 연구로서 정신병학의 연구는 대인관계가 존재하는 어떠한, 그리고 모든 상황 하에서의 대인관계에 대한 영역이라는 것이다. 따라서 그는 성격 자체를 대인관계적인 것으로 파악하였고, 건전한 성격 역시 건전한 대인관계로부터 파생되는 것으로 보았다. 그는 성격을 인간의 생활을 특징짓는 순환적(recurring)인 상황의 비교적 영속적인 형태라고 정의하였다.

Sullivan은 개인은 대인관계에서 자신의 성격을 드러낼 뿐만 아니라 심리 치료시에도 환자-치료자 간의 대인관계가 성공적인 치료에 결정적인 역할을 하는 것으로 믿었다. 그는 모든 정서적 문제의 근본이 되는 불안이 개인을 잘 기능하지 못하게 하는 요인이므로 안전감이나 정서적 편안함으로 대체되어야 한다고 주장했다.

1) 대인관계이론

그는 지각, 기억, 사고, 상상 등의 모든 심리적 과정은 그 성질에 있어서 대인적 관계이며, 꿈도 또한 대인적인데 왜냐하면, 꿈은 대체로 꿈꾸는 사람 자신과 다른 사람과의 관계를 반영하는 것이기 때문이다.

인간의 행동을 대인관계로 파악한 그의 이론의 요지는 인간이 어느 정도의 대인적 긴장으로부터 결코 벗어날 수 없다는 것이다. Sullivan이 주장하는 성격의 동기적 힘(motive force)은 Horney 및 Fromm과 마찬가지로 불안으로부터의 도피인데 이러한 불안은 대인관계에서 비롯된다는 것이다. 불안은 저하(derogation)의 두려운 기대와 타인, 또는 스스로에 의한 거부 반응에 근원을 두고 있다. 인간이 어느 정도의 대인적 긴장에서 벗어날 수 없음은 그가 하는 일, 또는 생각은 일반적으로 타인의 평가와 관련되는 것이기 때문이다.

이러한 이유로 행동의 동기적인 원리는 보다 정확히 말해서 "불안 감소(anxiety reduction)", 즉 커다란 불안으로부터의 도피와 보다 적은 불안 상태로 되는 것으로 보인다.

2) 불안과 대인관계

(1) 안전의 추구

행동의 동기적인 원리는 '불안 감소(anxiety reduction)', 즉 커다란 불안으로부터의 도피와 보다 적은 불안 상태로 되는 것이다. 불안은 무엇인가가 불확실하거나 잘못되어 가고 있다는 신호다. 설리반은 불안이 항상 대인관계에서부터 비롯된다고 믿었다. 사람간의 장기적, 또는 단기적인 적절치 못한 관계로부터 불안이 야기된다는 것이다. 불안을 유발하는 여러 원인들은 개인의 자기가치감과 유능감을 위협하여, 자아존중감을 손상시키기도 한다.

대인관계 현상, 또는 대인행동에 관한 가장 보편적인 기초는 ① 만족의 추구(pursuit of satisfaction)와 ② 안전의 추구(pursuit of security)다. 첫째의 경우, 이를테면 음식물에 대한 욕구는 음식물을 먹는 일을 하게 하며, 수면에 대한 욕구는 수면을 취하게 한다는 것으로, 모든 인간의 행동은 우선은 생리학적 만족을 추구하고자 하는 것임을 뜻한다.

둘째 번의 안전의 추구는 개인의 신체적이고 생리적인 것에 관한 것이라기보다는 오히려 개인의 제반 문화적인 상황에 보다 밀접히 관계된 것이다. 불안은 개인이 속한 가정, 사회, 전체적 문화와 관계되어 있다. 이러한 것들과 관련된 모든 대인행동이 안전의 추구라는 범주에 속하는 것으로 Sullivan은 파악하였다.

(2) 자기체제

Sullivan은 불안의 발생이 자기체제(自己體制 : self-system)의 출현과 함께 나타나는 것으로 보았다. 자기체계는 자아보호체제(self-protecting system)라는 용어로 보다 더 잘 설명될 수 있다. 자아보호체제란 불안으로부터 탈피하기 위해 개인이 대인관계에서 습관적으로 사용하는 자신만의 독특한 행동 전략이다.

언어를 학습함에 따라서 아동은 이제까지 즐겨온 자유에 대한 많은 제지를 경험하게 된다. 제지는 문화가 모든 사람에게 요구하는 어느 정도의 개인적인 습관을 가르치는데 사용되어 왔으며, 이러한 제지로부터 자기체제의 진전이 이루어지는 바, 이로부터 불안이 도출된다는 것이다. 즉, 자기체제의 출현은 자기 보호, 또는 안전의 추구가 방해받는 것으로부터 구축되는 것이다.

실제적인, 또는 잠재적인 불안을 피하거나 감소시키기 위해서 사람들은 그의 행동에 대하여 다양한 형태의 보호 수단과 감시적 통제를 가한다. 예를 들면 부모의 요구에 응함으로써 처벌을 피할 수 있다는 사실을 배우게 된다. 이러한 안전 수단의 추구에 의해 개인은 어떤 형태의 행동은 허용하고, 다른 어떤 행동은 금지하는 자기체제를 형성하게 되는 것이다.

일반적으로 인간이 불안을 많이 경험하면 할수록 그의 자기체제는 더욱 과장되고 성격의 나머지 부분과는 분리된다. 자기체제는 불안을 감소시키는 유용한 목적으로도 사용되지만, 다른 사람과 건설적으로 살 수 있도록 하는 개인의 능력을 방해하기도 한다. Sullivan은 자기체제를 사회의 비합리적인 국면에 의한 산물이라 생각했다. 앞서 밝힌 바와 같이 자기체제(=자기역동성)는 불안에 의해 창출되는 것이며, 성장하는 개인의 불안 감소를 위한 행동 특성의 체계를 형성하게 된다.

신생아가 경험하는 고통과 공포에 뒤따르는 것은 대인관계에 있어서의 불안이다. 자기 역동성은 승인이나 불인정, 상과 벌의 경험으로부터 다져지며, 중요한 사람의 승인(주로 어머니와의 관계)은 매우 가치 있는 것이 되고, 불인정은 만족을 거부할 뿐만 아니라 불안을 주기 때문에 이때 자아(self)는 매우 중요한 역할을 하게 된다. 자아는 타인의 평가에 의해 형성된다. 자아가 지나치게 손상을 받게 되면, 즉 아동이 사랑을 받아보지 못하거나 부모가 관심을 갖지 않는 등, 자기 역동성이 주로 손상된 경험으로 구축된 경우 아동은 타인에 대해 적의와 경멸을 불러일으키며, 자기 자신에 대해서도 그러한 감정을 지니게 된다는 것이다(Evans III, 1996).

(3) 역동성

설리반은 역동성을 개인의 대인관계와 정서적 기능을 특징짓는 비교적 지속되는 에너지 변형의 패턴으로 정의하였다. 역동성의 에너지 원천은 개인의 신체적 욕구에 있다. 이러한 에너지 변형이 어떤 형태의 행동이다. 역동성은 반복되고 지속되는 하나의 행동 형태로 습관과 유사한 개념이다.

이러한 역동성은 개인의 대인관계, 넓게는 인간관계를 특징짓게 된다. 어떤 사람이 개인이나 집단의 사람들에게 습관적으로 적대적 행동을 보인다면 이것은 악의(惡意)라는 역동의 표현이다. 지속적으로 여러 여자를 탐하는 남자는 색욕이라는 역동을 나타낸다. 낯선 사람을 두려워하는 어린이는 공포라는 역동을 가지고 있다. 대인관계에 있어서 모든 습관적 반응은 그것이 감정이든 태도든 행동이든 간에 모두 역동으로 이루어져 있다. 모든 사람은 기본적으로 같은 역동을 지니고 있지만 역동의 표현방식과 수준은 개인이 처한 상황과 경험에 따라 다르게 나타난다.

(4) 인간상의 형성

인간상의 형성은 개인이 자신 혹은 다른 사람에 대해 어떤 이미지를 형성하는 것이다. 이런 이미지는 욕구만족 및 불안의 경험에서 비롯되는 감정, 태도, 개념의 복합이다. 역동성처럼 인간상 형성은 유아기에 시작되며 불안으로부터 자신을 보호하려는 것과 관련되어 있다. 특정한 사람들에 대해 일관된 지각을 형성함으로써, 개인은 일관된 방식으로 그들에게 반응한다.

3) 자아상 형성

일단 기본적인 생물학적 욕구들이 충족되면 사람들은 다음 목표로 안전에 관심을 갖게 되는데 안전은 주로 다른 사람들과의 관계에서 추구되는 것이다. 이러한 대인관계 특히 엄마-아이의 관계로부터 각 개인은 자아체제를 발달시킨다. '자아'는 자신이 남들에 의해서 어떻게 평가되는가에 대한 지각을 통하여 형성된다.

설리반은 자아에 대한 상을 형성하는 개념으로 자아상 형성(personification of self)이라는 개념을 제안하였다. 발달의 주요한 결정 요인은 상황에 따른 불안의 수준이다. 유아는 엄마의 양육에 따라 다른 수준의 불안을 경험하면서 세 가지 자아상인 좋은 나(good-me), 나쁜 나(bad-me), 나 아닌 나(not-me)를 형성하게 된다(Flett, 2007).

많은 사람들이 공유하는 인간상 형성의 대표적인 예가 전형(典型, stereotype)이다. 스테레오타이핑은 특별한 집단에 속한 구성원의 행동과 태도에 대해 갖는 고정된 선입관이다. 스테레오 타입에 대한 예는 예술가는 인습적이지 않고, 창의적이며, 사업가는 냉정하며 교수는 권위적이다 라고 보는 것 등이다.

(1) 좋은 나 자아상(유쾌한 경험과 연합된 부분)

엄마가 유아의 반응에 온화하게 대하고, 칭찬해 주고, 신체적으로 보상을 해 주면, 아이는 좋은 나의 자기 지각을 형성하게 된다.

(2) 나쁜 나 자아상(고통과 안전에 대한 위협과 연합된 부분)

엄마가 양육하면서 불안과 긴장을 느끼게 되면 유아는 불안을 경험하게 된다. 시간이 지남에 따라 바람직하지 못하고 불안을 야기시키는 엄마의 행동들로 인해 유아는 나쁜 나 자아상을 형성하게 된다.

(3) 나 아닌 나 자아상(참을 수 없는 불안과 연합되었기 때문에 배척되는 부분)

이 자아상은 정상적인 사람이 꿈꾸는 동안을 제외하고는 의식적으로 거의 경험하지 못하는 성격의 부분이다. 반면에 정신분열증 환자는 '나 아닌 나' 자아상의 경험을 자주 한다. 나 아닌 나는 강렬한 불안을 경험하면서 형성되기 시작되는데, 불안이 크면 현실과의 접촉이 잘 이루어지지 않게 되고, 이에 따라 유아는 자신이 경험하는 것들을 제대로 조직화하지 못하게 된다.

4) 중요한 타자

중요한 타자(significant others, 의미있는 타인)란 우리의 삶에서 나에게 가장 의미 있는 사람들을 말한다. 본질적으로 성격은 중요한 사람들이 없으면 존재하지 않는다. 그들 없이는 자아체제의 발달도 없다. 성격은 전적으로 중요한 타자의 영향을 받아 생겨난다고 보는 것이다. 우리가 대인관계를 가지는 것만큼의 성격을 갖게 된다고 그는 믿으면서, 성격을 '인간의 삶을 특징짓는 사람과 사람 사이의 상황에서의 비교적 지속적인 패턴'이라고 정의하기도 했다. 자아존중감에 대한 우리의 인식 역시 다른 사람들에게 받는 긍정적이고 부정적인 평가에 의해 크게 좌우된다. Sullivan은 엄마-아이 관계뿐 아니라 소년기의 또래와의 관계도 발달에 중요한 영향을 미친다고 주장했다.

5) 경험 양식

Sullivan은 중요한 의미를 내포하는 세 가지 경험의 양식을 원형(原型 : prototaxic), 부형(副型 : parataxic), 통합형(統合型 : syntaxic) 등으로 구분했다. 그는 개인이 세계를 경험하는 세 가지 다른 방식, 즉 개인이 다른 사람들과 관계하는 세 가지 인지, 또는 사고의 수준이 있는 것으로 보았다.

(1) 원형

미분화되고(undifferentiated) 되고 비언어인 경험으로서 예민한 유기체의 순간적인 상태의 불연속적인 계열로 간주되는 것으로서, 개인의 마음 속을 흐르는 생생한 감각, 영상, 느낌과 같은 것들이다. 시간과 공간의 구별이 없고, 무선적이고 비조직적이며, 보통 아주 순간적이고, 새로운 경험의 영향으로 묻혀 버린다. 그리고 나와 남, 감정과 사고가 구별이 안 되는 경험이다. 이러한 양식은 생후 몇 개월 동안에만 나타나는 현상이다. 원형적이란 그리스어로 첫 번째 배열을 의미한다.

(2) 부형(병렬적 경험이라고도 함)

부형 사고는 자아나 직관적인 타인에 대한 무의식적인 파악을 뜻하는 것으로서 논리적으로 상관이 없이 동시에 일어나는 사건 사이의 인과관계를 파악하고자 하는 사고 형식이다. 이 경험은 초기 아동기에 일어나며 사물끼리의 연관성을 잘 맺지 못하는 단계의 사고다. 부적, 또는 병렬적 경험이란 사물을 나란히 놓지만 서로 간에 관련성을 제대로 인식하지 못하는 배열을 의미한다. 경험 간에 관련을 짓기는 하지만 이러한 관련은 논리성이 결여되어 있다. 이를 통해 유아는 자신과 자신이 아닌 것을 구별하기 시작하며 초보적 단계이지만 의사소통하는데 언어를 사용한다.

(3) 통합형

타인과의 합의적 확인에 종속되는 관찰되고 분석적이며 교육과 밀접한 관련을 갖는 것으로서, 특히 언어가 가지는 성질과 같이 합의된, 근거 있는 상징활동으로 구성된다.

합의된, 근거 있는 상징이란 모든 사람들에 의해서 표준적인 의미가 있다고 인정된 내용을 뜻하는 것으로 단어나 숫자와 같은 것은 이러한 상징의 가장 대표적인 예다. 이러한 통합형에 의해 비로소 타인과의 의사소통이 가능한 것으로 Sullivan은 파악했다. 중요한 타인들이 자기에게 주는 영향에 응답하면서 자기의 태도들을 형성해 간다. 통합적이란 조화로운 방식으로 연결되도록 사물들을 배열하는 것을 의미한다. 그는 현재와 과거, 그리고 미래의 논리적인 통합을 통합적 양식이라 했다. 통합적 사고를 통해 논리적 관계를 학습하고 비논리적인 것에 대한 자신의 지각을 검증할 수 있다. 세 가지 중 합리적이고 가장 성숙된 경험이다.

6) 성격의 방어

불안에 대해서 성격을 방어하는 세 가지 방식이 있다.

(1) 해리

이 방어 양식은 프로이트의 부정(denial) 및 억압(repression)과 유사한 개념으로 자기 역동성과 부합하지 않는 행동, 태도, 욕망 등을 의식으로부터 배제시키는 것이다. 해리의 기제는 자기를 보호하고 자기에게 위협적인 것에 민감하게 작동한다. 불안을 야기하는 모든 현실적 측면을 배제시키는 선택적 외면(selective inattention)을 하는 행위다.

(2) 병렬적 왜곡

이 방어 양식은 타인에 대한 개인의 반응이 자신이 경험해 왔던 나쁜 관계에 의해 편향되거나 왜곡되는 것을 의미한다. 설리반은 이러한 왜곡이 우리의 대인관계에 영향을 준다고 믿었다. 예를 들면 아버지와 아들 간에 권위적으로 형성된 초기 대인관계가 고용주와 피고용인 간의 현재의 관계를 왜곡시키는 경우다.

(3) 승화

이 방어 양식은 프로이트가 사용한 승화의 개념과 같다. 승화를 통해 개인은 자신에게 혼란을 주고 위협적인 충동을 사회적으로 수용되고 자기향상적인 충동으로 변화시킨다.

7) 성격발달

성격은 개인의 대인관계 특히 친밀한 사람들과의 관계에 의해 일생에 걸쳐 형성된다. 설리반은 성격이 고정불변인 것으로 여기지는 않았다. 대인관계의 양상이 성장과정에서 달라지기 때문에 성격도 변화할 수 있다는 것이다. 하지만 성격발달의 가장 토대가 되는 시기는 유아에서 청소년 초기까지이며 이때 발달된 성격이 광범위하고 보편적인 틀을 제공한다고 믿었다.

설리반은 성격발달을 자아의 진화로 생각하였다. 설리반은 인간성장의 사회적 측면을 강조하며 대인관계의 측면에서 인간의 발달이 가장 잘 이해될 수 있다고 하였다. 특히 그는 다른 정신분석 이론가들이 부모-자녀관계의 중요성에 관심을 집중시켰던 것과는 달리 청소년기 발달에 친구관계가 중요한 역할을 함을 강조하였다. 설리반은 프로이트의 제4단계인 잠복기를 매우 중요한 시기로 보고 이 시기를 제3단계인 소년기와 제4단계인 전 청소년기 두 단계로 나누었다. 초등학교 시절인 제3단계인 소년기는 친구를 필요로 하는 시기다. 이 시기의 특징은 다양한 인간형태를 알게 되고, 협동심과 경쟁심을 배우게 되며, 괄목할 만한 지적 성장을 하면서 여러 종류의 사회적 고정관념도 습득하게 된다. 아울러 이 시기의 중요한 사건으로 "감독형태의 학습(learning of supervisory patterns)"을 들 수 있는데, 이것은 어린이가 상상적인 인물을 마음 속에 간직하고 있어서 그 상상적 인물이 항상 자신을 감독한다고 느끼므로 다른 사람이 보지 않는다 하더라도 이 상상 인물의 존재 때문에 자기 행동을 통제하게 된다는 것이다.

제4단계인 전 청소년기에는 모든 것을 털어놓고 이야기할 수 있는 단짝이 필요한 시기로서 단짝관계가 형성되는 것이 특징이고 또한 관심이 변화되는 것이 특징이다. 이 때의 청소년들은 단짝과 사적이고 은밀한 정보를 주고받으며 정직함, 충성심, 신의에 기반을 둔 가깝고 상호적인 우정을 형성한다. 전 청소년기의 단짝관계는 치유적 기능도 할 수 있다. 즉 아동기 동안 생겼을 수 있는 대인관계 문제가 단짝 관계를 통해 치유될 수 있다는 것이다. 아울러 전 청소년기의 좋은 친구는 가족관계가 나빠서 생기는 불안정감을 극복하도록 도울 수도 있다. 그래서 전 청소년기 동안 친밀한 우정관계를 형성하는 것은 청년기나 성인기에 친밀한 관계를 형성하기 위한 밑거름이 된다. 따라서 이 시기의 발달이 이후에 다른 사람들과 지지적 관계를 형성하고 사회적 자신감과 자기 가치감을 느끼는 데에도 결정적인 영향을 미칠 수 있다. 설리반은 이 시기를 비교적 문제가 없는 안락한 시기로 보고, '평화와 위안의 시기(a period of peace and comfort)'라고 부른다.

제5단계인 청소년 초기의 상호작용 욕구는 이성과의 애정관계를 형성하는 욕구로 나타난다. 문제는 이 시기에 생리적 변화와 함께 성적 만족에 대한 새로운 욕구와 긴장 및 불안감이 생기고, 현실적으로는 자신의 성적 욕구 충족이 불가능하다는 것을 깨닫게 됨으로 이 욕망을 의식 밖으로 밀어 내려는 노력을 하고 빨리 불안에서 벗어나려 함으로 갈등과 혼란을 겪는다는 것이다. 이러한 청소년초기의 혼란과 갈등은 제6단계인 청소년 후기에 와서 어느 정도 안정을 찾게 된다. 이 때는 이제까지 발달해 온 지적 성장이 활짝 꽃을 피우는 시기며, 보다 광범위한 시각을 갖게 되어 주변적이고 지엽적인 문제에서 정치적, 사회적 문제로 관심을 확장하게 된다. 또한 성적 적응도 어느 정도 이루어져서 각 욕구간의 평형을 이루는 등 서서히 안정의 단계로 접어드는 시기가 된다.

그가 제안했던 성격발달의 일곱 단계에 대해 살펴보자.

(1) 유아기

이 시기는 출생하여 아이가 말을 통해 의사소통을 할 능력을 획득할 때까지를 말한다. 이 시기의 주요한 경험양식은 원형적이다. 가장 중요한 자아 역동성이 이 시기에 형성되기 시작한다.

(2) 아동기

아동기는 언어능력의 발달과 더불어 시작하여 5~6세까지 지속된다. 이 시기에 주요한 경험양식은 병렬적이며 언어능력이 증가함에 따라 통합적으로 변해 간다. 아이는 자신의 행동에 대하여 타인이 언어적으로 인정하거나 거부하는 여러 표현 방식을 인식한다. 따라서 부모의 언어적 표현은 아이의 자기에 대한 지각에 매우 중요하다. 이 시기 동안에 아이에게 영향을 주는 사람들은 부모에서 또래까지 확장된다. 아이는 자신의 안전을 증가시키기 위해 정확히 타인을 지각하고 조작할 능력이 보다 발달하게 된다.

(3) 소년기

이 시기는 아동이 학교에 들어갈 때 시작하여 대략 5년 동안 지속된다. 이 시기에 주요한 경험양식은 통합적이다. 아동은 많은 사람들(예, 또래, 선후배, 교사, 다른 성인 등)과 관계를 하며, 그들의 평가를 받게 되고, 이러한 평가는 계속해서 자아역동성에 통합된다. 이 때에는 사회적 수용에 대한 욕구가 아동에게 영향을 준다. 이 시기에 아동은 보다 높은 사회화의 수준에 노출되며, 점차 타인과 협동적이며 경쟁적인 활동에 참여한다.

(4) 청소년 전기

이 시기는 보통 10세 혹은 11~13세까지를 말한다. 이 시기에 청소년은 같은 성의 또래와 친근한 관계(예, 단짝 혹은 짝꿍)를 위한 강한 욕구를 갖게 한다. 설리반은 이러한 관계를 매우 중요하게 생각하였다. 왜냐하면 이러한 관계가 인생에서 처음 나타나는 상호적 사랑이기 때문이다. 다시 말하면, 누군가의 안전과 만족이 적어도 자신의 안전과 만족처럼 중요하게 되는 첫 번째 관계이기 때문이다. 설리반은 청소년 전기가 더 빨리 시작될 수도 있다고 지적하였다.

(5) 청소년 중기

이 시기는 대략 17세까지 지속된다. 이 시기에는 성적 욕망이 나타난다. 동시에 동성의 누군가와 친밀감을 나누고자 하는 지속적이며 강한 욕구도 있다. 설리반에 따르면, 이 시기에 가장 지배적인 문제는 동성의 친구에 대한 친밀감 욕구로부터 이성의 친구에 대한 애정욕구의 분리다. 이러한 두 욕구가 제대로 분리되지 못하면, 이성애보다 동성애 경향성이 초래된다.

(6) 청소년 후기

17세에서 20대 초반까지의 시기를 가리킨다. 이 시기에 친밀감과 애정욕구의 통합으로 이성의 한 사람에게 초점이 맞춰진다. 이 시기에 자아역동성이 전체적으로 발달하고 결정된다.

(7) 성인기

이는 20세에서 30세까지의 시기다. 이 시기는 결혼을 통해 부모로서의 역할을 하는 시기다. 이 시기의 경험양식은 통합적이며 상징적이다. 이 때에 온전하게 사회화된 인간 발달이 이루어지게 된다.

8) Sullivan이 주장한 치료자의 역할과 기능

Sullivan의 인간관계 치료이론은 치료자 측의 익명적 역할에 고착하지 않는 정신분석적 접근의 예다. Sullivan(1956)은 사회심리학적 이론가로 분류되는데, 그는 치료자를 "참여자/관찰자"(participant/observer)로 보았으며 인간관계의 전문가로 보았다. 참여자와 관찰자라는 이중역할에서 치료자는 내담자의 행동뿐 아니라 자신의 행동도 관찰해야 한다. 설리반은 엄격하게 객관적인 치료자의 역할에 대해 경고하였다. 그는 인간적인 관여의 중요성과 치료과정에 치료자의 성격이 미치는 영향에 대해 강조하였다.

설리반은 치료과정을 독특한 인간관계로 보았는데 이것은 기본 목표에서 비슷한 다른 관계들과는 성격이 다르다. 내담자는 면담으로부터 그들에게 유익한 어떤 것을 얻기를 기대할 권리가 있으며, 또한 면담으로부터 내담자는 자신이 누구이며 어떻게 살고 있는가, 또 그들이 타인에 대해 어떤 지식을 적용시켜야 보다 효과적인가에 대해 학습하기를 기대할 권리가 있다. 간단히 말하자면 치료적 면담의 궁극적 목표는 내담자가 자신에 대해서 그리고 그들이 다른 사람들과 어떻게 지내야 하는지에 대해서 명확히 알고 떠나게 하는 것이다.

설리반은 내담자의 개별성에 상당히 비중을 두고 있다. 그는 굴욕을 주는 논박에 대해 경고를 하고, 면담에서 민감성의 가치를 강조하였으며 치료자는 내담자의 내재된 불안의 표지를 인식해야 한다고 보았다. 설리반은 치료자가 자신의 명성을 높이기 위해 특수한 치료법을 사용하는 것에 대해 경고하였다. 그는 치료자의 첫 번째 임무는 내담자가 보다 완전한 삶을 살아가도록 돕는 것임을 명심하라고 충고하였다. 설리반에 의하면 치료자는 면담에서 자신이 관여되는 것을 피할 수 없다고 한다. 어느 정도까지는 그 영향을 의식하지 못하지만 그것들은 치료효과를 제한한다.

분석자(치료자)의 중심 기능은 내담자가 사랑하고 일할 수 있는 자유를 얻도록 돕는 것이다. 분석자는 내담자가 자기를 인식하고 정직하며 다른 사람과 효과적인 관계를 맺도록 돕는데 관여한다. 또한 불안을 현실적으로 잘 처리하고, 충동적이고 비합리적인 행동을 통제하도록 돕는 데 관여한다. 그들은 내담자와 작업관계를 형성하고 듣고 해석한다. 내담자가 말하는 것을 듣고 그들은 언제 적절한 해석을 해 주어야 하는가를 배우며 무의식의 자료들을 벗기는 과정을 가속화시키는 방법을 배운다. 내담자의 이야기에서 건너뛴 곳과 불일치하는 곳을 파악하고 기술된 꿈과 자유연상의 의미를 추론하며, 치료 기간 중 주의 깊게 듣고, 그들에 대한 내담자의 느낌에 관한 단서를 예민하게 파악한다.

성격구조를 이해하는 구조 내에서 치료과정을 조작하면 분석자는 내담자 문제의 본질을 공식화할 수 있다. 분석자의 주요기능은 내담자가 자신의 문제에 대해 통찰을 갖고 변화시키는 방법을 인식해서 자신의 삶을 보다 합리적으로 통제할 수 있게 하기 위해 내담자가 이 과정들이 갖는 의미를 알도록 돕는 것이다.

Sullivan이 제시한 다섯 단계의 기본적 심리치료 과정은 다음과 같다.

① 현재 혹은 최근의 대인관계, 특히 내담자가 오랫동안 관계를 맺어 온 대인관계를 탐색한다.
② 과거의 대인관계를 탐색한다. 이를테면, 부모, 형제, 어렸을 때의 친구, 이성친구 등이 포함된다.
③ 내담자의 직접적인 대인관계에서의 위기 경험에 초점을 맞춘다.
④ 장래의 대인관계에 대해 논의한다.
⑤ 내담자-치료자 관계를 탐색한다.

4. Jung의 성격유형과 MBTI의 16 성격유형

1) 외향성과 내향성

융은 개인이 지향하는 태도를 크게 외향성(extroversion)과 내향성(introversion)으로 나누었다. 외향성의 사람은 심리적 에너지로서의 리비도가 외부, 다른 사람 등 객관의 세계로 흐르는 데 비해, 내향성의 사람은 에너지를 밖으로 내보내지 않고 가능한 한 안에 간직하려 한다.

(1) 외향성

객관적 현실이라는 외부세계 지향적이며, 외부세계에 가치를 둔다. 객체를 중요시하고, 외부세계의 변화에 관심이 있으며 이를 추구하는 성향이 강하다. 주체보다는 객관적 상황을 더 중시하는 것이다.

외향성은 에너지가 주로 바깥으로 분출하며 의식의 내용이 주로 외부 대상으로 향하는 것을 가리킨다. 외향적인 사람들은 대개 자신의 삶이나 다른 사람들과 쉽게 접촉하며 외부 사물들과 접촉하고 있을 때 자연스럽고 편안하게 느낀다. 또한 자기 안에서 일어나는 변화를 바깥에서 자기에게 영향을 주는 외부 대상의 탓으로 여긴다.

(2) 내향성

내부의 주관적 삶에 방향과 가치를 두며, 자신의 내적 충실을 기하고자 노력한다. 내향적인 사람은 객체의 인상을 주체적으로 해석하여 사물을 본다. 외적인 조건을 고려하지만, 이에 대한 판단과 행동의 결정적 단서는 자신의 주관성인 것이다.

내향성은 의식의 내용이 개인의 내부에 있는 주체를 향한다. 그래서 내향적인 사람에게는 상황에 대한 주관적 반응이 중요하다. 내향적인 사람에게는 사건의 의미가 일차적인 관심사이므로 그것에 외향적인 사람처럼 즉각 반응하지 않는다. 또한 수줍고 소극적이기 때문에 접근하기가 어렵다. 그렇다고 해서 자기 자신만의 세계에 침잠해 있는 것은 아니다. 내향적인 사람 역시 외향적인 사람 못지않게 외부 대상들과 활발하게 접촉한다.

내향적이던 사람이 외향적으로 돌변한다든가, 그 역의 경우가 가능한데 이는 그가 키워온 내향, 또는 외향의 태도가 너무 일방적으로 진행되다 보니 이에 맞지 않는 경향이 억압되어 무의식 속에 의식의 태도와는 상반되는 경향이 눌려 있다가 어느 시기에 의식에 대한 대상작용(代償作用)을 하게 되기 때문이다.

인격의 감당이 어려울 때 이에 대한 회의가 생기고, 이것이 노이로제로 발전된다는 것이 융의 견해다.

2) 기능

융은 개인이 세상을 경험하고, 이에 대처하는 방식으로 4가지 기능을 제시한 바 있다. 이 네 가지 중 가장 발달된 것을 주기능(主機能)이라 하고, 가장 발달이 안 된 기능을 열등기능이라 이름붙였다.

(1) 사고(thinking)

관념적이며 지적인 기능이다. 이를 통해 인간은 세계와 자신의 본질을 이해하고자 한다.

(2) 감정(feeling)

평가기능으로서 이는 주체의 입장에서 긍정적이든 부정적이든 사물의 가치를 따지는 것이다. 이 기능을 통해 인간은 유쾌, 고통, 분노, 공포, 비애, 즐거움, 그리고 사랑 등의 주관적 경험들을 체험한다.

(3) 감각(sensing)

지각적, 또는 현실적 기능이다. 이것은 외계의 구체적 사실들이나 표상을 낳는다.

(4) 직관(intuiting)

무의식적 과정과 잠재적 내용들에 의한 지각이다. 직관적인 사람은 현실의 본질을 추구함에 있어 사실과 감정과 개념을 초월한다.

이 네 가지 기능 중 사고기능과 감정기능은 합리적 기능으로 분리되고, 감각과 직관은 비합리적 기능으로 분류된다. 사고기능과 감정기능은 사물의 이치와 옳고 그름, 좋고, 싫음을 구분하는 판단기능을 갖고 있는데 비해 감각과 직관은 사물을 인식하는 기능이라는 점에서 합리와 비합리의 구분이 있게 된다.

각기의 기능을 가진 사람들이 Grand Canyon에 갔을 때 어떤 반응을 보일 것인지를 가정해 보자(Hall & Lindzey, 1978).

- 감정기능 우세 : 외경과 장엄과 숨막히도록 아름답다는 느낌을 경험한다.
- 감각기능 우세 : 단순히 있는 그대로 사진처럼 본다.
- 사고기능 우세 : 그 협곡을 지리학적 원칙론의 입장에서 이해하고자 한다.
- 직관기능 우세 : 그 계곡을 일부밖에 밝혀질 수 없고, 느껴질 수 없는 심오한 의미를 가지고 있는 자연의 신비로 본다.

이 네 가지 기능에 의해서 전체성이 이루어진다. 이 네 가지 기능이 의미하는 바를 정리하면 다음과 같다.

- 감각 : 실제로 있는 것을 입증해 준다.
- 사고 : 그 의미를 알 수 있게 해 준다.
- 감정 : 그 가치를 말해 준다.
- 직관 : 그것이 어디서 왔으며 특정 상황하에서 어디로 가고 있는가를 보여 준다.

3) Jung의 8가지 성격유형

내향성과 외향성의 두 가지 태도와 네 가지 기능이 결부되면 8가지 성격유형이 나오게 된다. 이들의 성격 특성을 간략하게 요약하면 다음과 같다.

표 14-2 성격유형에 따른 행동 특성

성격유형	특징적인 행동
내향 사고형 외향 사고형	지적인 판단 중시, 냉담, 독단, 사실보다 자신의 생각에 몰두, 관념적 객관적 규준 지향, 주지적, 너그럽지 못하고 타인의 생각 불인정

내향 감각형	감각이 자극과 상이함, 섬세, 불안, 비유적, 주관적 감각 행위 보임
외향 감각형	외부자극 추구, 향락적, 추상적인 것 배격, 현실주의자
내향 감정형	다양하게 분화된 감정소유, 감수성, 다정, 호오(好惡) 분명, 표현 자제
외향 감정형	객체에 기준을 둔 감정에 의해 행동, 사교적, 관습지향적
내향 직관형	정신세계의 가능성에 관심, 비현실적, 주관적
외향 직관형	변화 요구, 선견지명, 저돌적, 모험적, 도박성, 공상성

외향적인 사고와 내향적인 사고는 그 사고의 절대성을 지나치게 강조할 때 서로 극한적인 대립을 할 가능성이 크다. 외향적 사고형의 경우 사실을 제시함으로써 절대적 진리를 주장하면서 사고의 주관적 요소를 배제하고자 한다.

반면에 극단적 내향적 사고에서는 주관적 관념을 절대시하고, 객관적 사실성을 무시하는 경향을 보인다. 내향 감각형은 예민한 사진 자극과 같이 섬세하고, 세밀한 것이 특징이다. 이러한 태도가 극단적으로 발전하면 오히려 객체적 현실에서 멀어지고, 그의 행동을 결정하는 것은 전적으로 주체적 사실화하게 된다.

외향 감각형은 극히 현실주의적인 면을 보인다. 그의 객관적 사실을 감득하는 능력은 비상하게 발달되어 있으며, 구체적인 사물에 대한 현실적 경험을 끊임없이 쌓아 간다. 쌓은 경험을 정리하고 반성할 틈도 없이 계속 감각적 자극을 추구하는 경향을 보인다.

내향적 감정에서는 주체의 기준이 감정판단의 근거가 되고, 외향적 감정형은 객체적 기준이 그 판단 근거가 된다. 감정형은 외, 내향 모두 여성에게서 많이 나타난다.

내향 직관형은 구체적인 현실에 있어서의 가능성 보다 정신세계에 있어서의 가능성을 감지하는 것이 주 기능이며, 그는 주로 이러한 인식을 바탕으로 하여 살아가는 사람이다.

외향 직관형은 그 객체가 지니고 있는 가능성을 파악하고, 그것이 객관 세계에서 실현될 수 있는 계기를 만들어 주는 데 비상한 능력을 발휘한다.

4) MBTI와 4가지 선호 지표

한편, 융의 외향성 및 내향성에 따른 8가지 성격유형에 기초를 두고 이를 더 세분화하여 인간의 성격 특성을 파악하려는 시도로 Myers(1962)는 인간의 성격 특성을 16가지로 구분하고, 이에 따른 검사지를 개발했다.

Myers와 Briggs는 20여 년간 융의 이론에 입각하여 개인의 성격적 특성을 관찰하였다. 그 후 이들은 융의 심리학적 유형론의 타당성을 확증하였고 그 연구의 결과, 성격유형검사(MBTI) Form A, B, C, D, E, F를 거쳐 최근에는 Form K와 Form M 등이 개발되었다. MBTI(THE MYERS-BRIGGS TYPE INDICATOR)로 불리는 이 검사는 요즘 우리나라에서도 광범위하게 쓰이고 있다.

우리나라에서는 김정택, 심혜숙에 의해 문화적 차이를 고려한 표준화 과정을 거쳐 1990년부터 산업현장, 상담장면, 교육장면 등 다양한 분야에서 사용되고 있다. 그 내용을 4가지 선호지표에 따라 간략히 소개하면 다음과 같다(김정택 · 심혜숙, 1997). MBTI 검사의 시행 및 해석은 이에 대한 소정의 교육을 받은 경우에만 허락되고 있다.

(1) 외향성(Extraversion)과 내향성(Introversion)

에너지의 방향이 어느 쪽인가, 즉 힘의 근원에 대한 선호경향으로 주요 활동은 주의 초점이다.

표 14-3 외향성과 내향성의 특징

외향성	내향성
그 사람의 외부세계에 존재하는 사람이나 행동, 사물 등과 같은 외부로부터 에너지를 끌어오는 것과 관련되는 선호경향	개인의 내부세계에 존재하는 생각이나 정서, 인상과 같은 것으로부터 에너지를 끌어오는 것과 관련되는 선호경향
- 대표적 표현들 주의집중 : 자기외부 외부활동과 적극적 폭넓은 대인관계(다수) 말로 표현 소모에 의한 에너지 충전 사교성, 인사 여러 사람과 동시에 대화 정열적, 활동적 경험한 다음에 이해 쉽게 알려짐	- 대표적 표현들 주의집중 : 자기내부 내부활동과 집중력 깊이 있는 인간관계(소수) 글로 표현 비축에 의한 에너지 충전 자기공간 1 : 1의 대화 조용하고 신중 이해한 다음에 경험 서서히 알려짐

(2) 감각형(Sensing)과 직관형(Intuition)

무엇을 인식하는가와 같이 외부의 정보를 수용하는 방식, 즉 사물을 보는 관점에 대한 선호경향으로 주요활동은 인식기능이다.

표 14-4 감각형과 직관형의 특징

감각형	직관형
오감(五感)을 통해 직접적으로 인식되는 정보에 주의를 기울이는 것을 선호하고 실제로 존재하는 것에 관심을 두는 것	육감(肉感)을 통하여 얻은 정보에 관심을 기울이는 것과 실제로 존재하는 것보다 있음직한 것, 혹은 있을 법한 것을 알아차리는 것과 관련되는 선호경향
- 대표적 표현들 주의초점 : 지금, 현재 실제의 경험 사실적이고 구체적 실태파악 현실수용 정확 철저한 일 처리 일관성과 일상성 사실적 사건묘사 관례에 따르는 경향 가꾸고 추수함 나무를 보려는 경향 step by step 선호하는 책 : 역사, 경제	- 대표적 표현들 주의초점 : 미래, 가능성 아이디어 상상적이고 영감적 가능성과 의미파악 미래지향 신속 비약적인 일처리 변화와 다양성 비유적 암시적 묘사 새로운 시도 경향 씨뿌림 숲을 보려는 경향 뛰어넘는다 선호하는 책 : 추리소설

(3) 사고형(Thinking)과 감정형(Feeling)

어떻게 결정하는가와 같이 의사결정의 근거에 대한 선호경향으로 주요 활동은 판단기능이다.

표 14-5 사고형과 감정형의 특징

사고형	감정형
논리적이고 객관적인 방식으로 결정하기 위해 정보를 조직화하고 구조화하는 것과 관련되는 선호경향	개인적이고 가치지향적인 방식으로의 결정을 위해 정보를 조직화, 구조화하는 것과 관련되는 선호경향
- 대표적 표현들 객관적인 관념의 일치로 의사결정 진실과 사실에 주관심 객관적 진실 원리와 원칙 논리적, 분석적 간단 명료한 설명 지적 논평을 선호 객관적 판단 원인과 결과가 중요 규범과 기준을 중시 독립적 고려하기 위해 묻는다. 과업과 관련한 결정 쉽다. 원칙에 입각한 공정한 관계	- 대표적 표현들 쾌·불쾌 관계를 개입시켜 의사결정 사람 관계에 주관점 보편적 선 의미와 영향 상황적, 포괄적 정상을 참작한 설명 우호적 협조 주관적 판단 좋다, 나쁘다가 중요 나에게 주는 의미 중시 의존적 의사결정을 위해 묻는다. 사람과 관련한 결정이 쉽다. 가치에 입각한 인간관계

(4) 판단(Judging)과 인식(Perceiving)

채택하는 생활양식은 무엇인가, 즉 개인이 자신의 삶을 어떻게 살기를 원하는가와 관련된 것으로 주요활동은 생활양식이다. 판단과 인식은 실천에 관한 문제다. 판단형은 매사에 계획을 중요시한다. 반면 인식형은 계획을 완전히 무시하지는 않지만 너무 철두철미하게 세우는 그 자체를 피곤해 한다.

표 14-6 판단과 인식형의 특징

판단	인식
미리 예정되어 있고 조직화된 생활을 하는 것과 관련되는 선호경향	보다 자율적이고 융통성 있는 방식으로 생활하기를 선호하는 것

– 대표적 표현들 체계적 정리정돈과 계획 의지적 추진 신속한 결론 통제와 조정 분명한 목적의식과 방향감각 뚜렷한 기준과 자기의사	– 대표적 표현들 자율적 상황에 맞추는 개방성 이해로운 수용 유유자적한 과정 융통과 적응 목적과 방향은 변할 수 있다는 개방성 재량에 따라 처리될 수 있는 포용성 결론보다는 과정을 즐김

1 판단의 두 가지 방법

① 사고(Thinking) : 객관적인 발견을 목표로 잡고 논리적인 정신작용을 벌이는 것

② 감정(Feeling) : 사물이나 일들에 개인적이고 주관적인 가치를 부여하면서 그것들을 평가하는 것

2 인식의 두 가지 방법

① 감각(Sensing) : 오감을 통해 직접적으로 사물을 자각하게 되는 것

② 직관(Intuition) : 무의식이 외부에서 들어오는 지각에 실어 놓은 아이디어나 연상들을 구체적인 무엇인가로 해석하는 것

표 14-7 판단형과 인식형의 행동 특징

판단형	인식형
· 업무는 계획을 세워서 차례로 한 가지씩 수행해 간다. · 시간계획을 세우고 날짜를 일일이 기록한 다음 여기에 따라 준비해 간다. · 빨리 결정을 내리고 새로운 정보를 수집하길 꺼려한다. 항상 바쁘다. · 사전에 알리지 않고 방문하는 사람에 당황해 한다. · 모든 것이 미리 안정되어 있길 원한다.	· 상황이 발생할 때마다 문제를 해결한다. · 가능한 구체적인 계획은 세우길 꺼려한다. · 최종 결정을 내리기 전까지 가급적 많은 정보를 받아들인다. 여유가 있다. · 누가 사전에 연락을 하고 방문하면 그 자체를 피곤해 한다. · 약간의 도전을 직면하기를 원한다. · 과정과 자유스러움에 초점을 맞춘다. · 어디가 시작이고 어디가 끝인지 모른다.

· 업무와 시간계획에 초점을 맞춘다. · 시작과 끝이 분명하고 한 가지 일을 마친 후에 다음 일을 시작한다.	한 가지 일을 하다가 다른 일이 들어오면 금방 적응한다.

5) 유형 도표

이로부터 다음과 같은 16가지 유형 도표가 생성된다.

	사고(T)	감정(F)	감정(F)	사고(T)	
내향(I)	ISTJ	ISFJ	INFJ	INTJ	판단(J)
내향(I)	ISTP	ISFP	INFP	INTP	인식(P)
외향(E)	ESTP	ESFP	ENFP	ENTP	인식(P)
외향(E)	ESTJ	ESFJ	ENFJ	ENTJ	판단(J)

[그림 14-1] **16가지 성격유형**

네 가지 선호지표를 조합하여 만들어진 16가지 성격유형 도표는 MBTI를 효과적으로 이해하고 응용하는 기초가 된다.

Myers와 Briggs가 고안한 이 도표는 생각이 많은 내향형은 도표의 윗편에, 적극적이고 활동적인 외향형은 도표의 아래 편에 자리하고, 사람을 좋아하는 감정형은 도표의 가운데로 모으고 논리적이고 분석적인 사고형은 도표의 왼편과 오른편에 각각 배치하였다.

ESTJ유형을 예로 들면 외향 사고 판단형이다. 외향적이고, 주기능은 사고이며, 부기능은 감각, 열등기능은 감정이다. 3차 기능은 물론 직관이 된다. 이에 대한 상세한 설명과 '주의하고 개발할 점' 등은 김정택과 심혜숙(2007)의 '16가지 성격 유형의 특성'에 수록되어 있다.

이 유형 도표에 대한 이론과 설명은 사람들 간의 상호작용을 쉽게 이해할 수 있게 해 주고, 장점과 단점을 파악함으로써 보다 원만한 대인조화를 도모하는데 유용하다.

5. 대인관계와 성격장애

미국 정신의학회는 의학적 장애에 대한 진단 기준을 제시하고 있다. DSM-I에서부터 지금은 네 번째 수정된 진단 기준인 DSM-IV(Diagnostic and Statistical Manual of Medical Disorders-IV)가 제시되고 있다. 이는 1994년 미국 정신의학회가 국제질병분류 제10판(ICD-10)을 참고하고, DSM-III-R을 수정하여 작성된 것이다.

이 진단체계는 다섯 개의 독립된 축을 사용하여 내담자의 문제를 진단한다.

① 축 I : 임상적 관심의 초점이 되는 모든 장애(성격장애와 정신지체 제외) 진단유목을 포함하고 있다.

② 축 II : 장애의 정도가 장기간 지속되는 성격장애와 정신지체가 있는지 판단하는 데 사용된다.

③ 축 III : 문제가 되는 정신장애가 일반 의학적 상태와 어떤 관계가 있는지를 판단하는 데 사용된다.

④ 축 IV : 심리사회적 문제와 환경적 문제에 대한 정보를 얻는데 사용한다.

⑤ 축 V : 대인관계, 직무수행 능력, 여가선용 문제 등 개인의 적응기능 수준을 평가하는데 사용한다.

이에서는 (1) 인지, (2) 정동성, (3) 대인관계의 기능, (4) 충동 조절을 진단 기준으로 하여 평가하는데 성격장애(personality disorder)는 축 II에 해당하는 것으로 앞의 네 가지 영역 중 두 가지 이상에서 이상을 보일 때 성격장애로 판정하고 있다.

DSM-IV에서는 성격장애를 3가지 범주로 나누고 있다. A집단은 이상하고 괴팍하며 엉뚱한 행동을 보이고 사회적으로 고립된 특성을 보이는 집단으로 이에는 편집증적 성격장애/분열성 성격장애/분열형 성격장애가 포함된다. B집단은 극적이고 감정적이며 변덕스러운 특성을 보이는 데 이에는 히스테리성 성격장애/자애성 성격장애/반사회성 성격장애/경계성 성격장애가 포함된다. C집단은 불안과 근심, 두려움 내지는 공포를 많이 느끼는 특성을 보이는 집단으로 회피성 성격장애/의존성 성격장애, 강박성 성격장애가 해당된다. 이를 요약한 것이 다음의 〈표 14-8〉이다.

표 14-8 성격장애에 대한 간략한 기술(DSM-IV)

집단 및 장애	특징
Cluster(집단) A : 불화, 괴상한	
분열성 성격장애	극단적 고립, 사회관계 및 대인관계의 결여
분열형 성격장애	밀접한 대인관계의 불편, 괴상한 행동과 사고
편집증적 성격장애	극단적 불신과 타인에 대한 의심
Cluster B : 극적, 감정적, 변덕스러운	
반사회적 성격장애	타인의 권리에 대한 무시 및 폭력
경계성 성격장애	대인관계, 자아상, 정서에서의 극단적 충동성
히스테리성 성격장애	과도한 주목 추구 및 정서의 과장된 표현
자애성 성격장애	과도한 자기 중요감 및 권리 주장
Cluster C : 걱정하는, 두려운	
회피성 성격장애	극단적 수줍음, 낮은 자기존중 및 거부에 대한 두려움
의존성 성격장애	보살핌에 대한 과도한 요구, 복종 및 의존적 행동
강박성 성격장애	질서, 완전, 통제에 대한 과도한 선입견

* 출처 : American Psychiatric Association(1994). Ashton(2007). p. 165.

성격장애자들은 너무 공격적이거나 의존적이며, 우정을 쌓을 수 없거나 미성숙하고, 무책임하고 충동적인 행동을 거리낌 없이 행하는 등 매우 이탈된 특성을 가지고 있다. 모든 잘못은 타인들에게 있다고 믿음으로 이들 자신은 변화해야 될 아무 이유가 없다고 생각하고 자신의 문제의 결과에 대해서 만족해하지 않으면서도 치료받는 것도 원하지 않는다. 이러한 유형의 성격장애를 대인관계적인 측면을 고려하여 살펴보면 다음과 같다(성격장애의 유형과 유형에 따른 대처에 관해서는 Cavaiola와 Lavender, Toxic Cowokers, 2000 : 한수영 역, 성격을 읽는 기술, 2009를 참조하면 좋을 것이다).

1) 편집증적 성격장애

편집증적 성격장애(paranoid personality disorder)는 흔히 망상형 성격장애라고도 불린다. 망상에는 과대망상, 관계망상, 피해망상이 있다. 이들의 일반적 특성은 의심하는 태도가 일상화되어 있다는 점이다. 어떠한 상황에서도 사람과 환경에 대해 경계하고 의심하며 긴장의 끈을 풀지 않는다. 어떤 충고도 받아들이지 않으며 충고를 하는 경우 화를 내거나 다투기까지 한다. 소송을 잘 거는 사람 중에 이러한 특성(장애)을 가진 사람이 많다.

Lemert(1962)는 과대망상적인 사람이 사회적 상황에 부합하지 않는 반응을 보일 때 상대방 역시 그에 대하여 부정적으로 반응하는 데, 이러한 부정적 반응은 오히려 타인이 그릇되고 자신이 옳다는 신념을 강화시키는 측면이 있다는 것이다.

타인들이 공공연히 과대망상적 장애자를 기피하면 기피할수록 그 역시 자신을 상호작용으로부터 배제시키고 격리시키게 된다. 의사소통 통로가 더욱 폐쇄되면 그는 행동의 결과로부터 피드백을 얻을 방법이 없고, 그의 사회적 관계 해석을 근본적으로 수정하게 되고, 불가피하게 자신의 왜곡된 정체성에 의존한 극단적인 행동 표출을 보이게 된다.

이들의 대인관계적 특성은 조심성 있고 치밀하며 괴팍한 면을 보인다. 새로운 관계 상황에 접하면 상황 전반을 보지 못하고 자신의 독특한 편견으로 특정의 부분적 요소에 집착하여 대화가 통하지 않게 된다. 대체로 적의적인 대인 태도를 보이며, 타인의 행동에 대한 이면적 동기, 숨은 뜻을 찾으려 하는 행동은 정상적인 대인관계를 어렵게 할 수밖에 없다.

더구나 이들이 다른 사람을 믿지 못하고 지나치게 방어적인 것은 타인을 향한 분노가 내재되어 있기 때문이다. 자신이 제대로 대우받지 못하고 무시당한다고 느끼기 때문에 늘 공격적인 태도를 취하게 된다는 것이다(치정윤 · 박경 · 서혜희, 2006).

표 14-9 편집증적 성격장애의 진단기준(DSM-Ⅳ)

A. 타인들의 동기를 악의에 찬 것으로 해석하는 등 광범위한 불신과 의심이 성인기 초기에 시작되어 여러 가지 상황에서 나타나며, 다음 중 4개 이상의 항목을 충족시킨다.

(1) 충분한 근거도 없이 타인들이 자신을 착취하고 해를 주거나 속인다고 의심한다.
(2) 친구나 동료의 성실성이나 신용에 대한 부당한 의심에 집착되어 있다.
(3) 정보가 자신에게 악의적으로 사용될 것이라는 부당한 공포 때문에 터놓고 이야기하기를 꺼린다.

(4) 사소한 말이나 사건 등을 자기의 품위를 손상시키려 하거나 위협적인 숨겨진 의도로 해석한다.
(5) 원한을 오랫동안 품지 않는다. 예를 들면 모욕, 상해 혹은 경멸을 용서하지 않는다.
(6) 타인에게는 그렇게 보이지 않지만 자신의 성격이나 명성이 공격당했다고 느끼고 즉시 화를 내거나 반격한다.
(7) 이유없이 배우자나 성적 상대자의 정절에 대해 자꾸 의심한다.

B. 정신분열증, 정신증적 양상을 보이는 기분장애 혹은 기타 정신증적 장애의 경과 중에만 나타나는 것이 아니고 일반적인 의학적 상태의 직접적, 생리적 효과에 의한 것이 아니어야 한다.

2) 분열성 성격장애

정신분열성 성격장애라고도 한다. 글자 그대로 이 상태가 심화되면 정신분열증으로 발전할 수도 있는 것이다. 분열성 성격장애(schizoid personality disorder)의 특징은 사실적 관계형성 능력의 결함이다. 타인에 대해 무덤덤하며 관심을 보이지 않는다. 환경으로부터 유리된 상태이므로 백일몽에 빠지기도 잘한다. 남의 일에 관여를 안 하듯이 자신도 남으로부터 관여되는 것을 꺼린다.

이러한 대인관계에서의 고립이나 소극성이 타인에게는 적의적이거나 거부로 비춰질 수도 있다. 그러나 실제로는 남의 감정이나 상태를 인지하는 능력 자체에 문제가 있는 경우가 대부분이다.

표 14-10 분열성 성격장애의 진단기준(DSM-Ⅳ)

A. 사회적 관계에서의 고립양상과 대인관계 상황에서의 제한된 감정표현이 광범위한 양상으로 나타나고, 이런 양상이 성인기 초기에 시작되며, 다양한 상황에서 드러나고, 다음 중 4개(혹은 그 이상)의 항목을 충족시킨다.

(1) 가족의 일원이 되는 것을 포함하여 친밀한 관계를 바라지도 즐기지도 않는다.
(2) 거의 항상 혼자서 하는 활동을 선택한다.
(3) 다른 사람과 성 경험을 갖는 일에 거의 흥미가 없다.
(4) 만약 있다고 하더라도 소수의 활동에서만 즐거움을 얻는다.
(5) 직계가족 이외에는 가까운 친구나 마음을 털어놓는 친구가 없다.

(6) 타인의 칭찬이나 비평에 무관심해 보인다.
(7) 냉담, 고립 혹은 단조로운 정동을 보인다.

B. 장해가 정신분열증, 정신증적 양상을 동반하는 기분장애, 기타 정신장애 혹은 광범위성 발달장애의 경과 중에서만 나타나는 것이 아니며, 신경과적(예 : 측두엽 간질)또는 다른 일반적인 의학적 상태의 직접적, 생리적 효과에 의한 것이 아니어야 한다.

3) 분열형 성격장애

분열형 성격장애(schizotypal personality disorder)는 간단히 정의하면 분열성 성격장애보다 한 등급 아래의 성격장애를 보이는 것이다. 이들의 행동은 '괴상한 행동'으로 비춰진다. 논리적 사고가 어려우며 개념이 불분명하고 비현실적이며 미신적 행동에 짤빠지고 착각을 반복하고 환각을 경험하기도 한다.

대인관계에 어려움이 있으므로 고립된 생활을 한다. 가족 이외의 접촉은 거의 없다.

표 14-11 분열형 성격장애의 진단기준(DSM-Ⅳ)

A. 친밀한 대인관계에 대한 고통, 그러한 관계를 맺는 제한된 능력에서 드러나는 사회적 대인관계에서의 손상, 인지적 · 지각적 왜곡, 기이한 행동 등 광범위한 양상이 성인기 초기에 시작되면, 여러 가지 상황에서 나타나는데, 다음 중 5개(또는 그 이상) 항목을 충족시킨다.

(1) 관계망상적 사고(관계망상은 제외)
(2) 행동에 영향을 미치는, 하위 문화의 기준에 맞지 않는 괴이한 믿음이나 마술적 사고(예 : 미신, 천리안에 대한 믿음, 텔레파시나 육감, 소아나 청소년에서 보이는 기이한 환상이나 집착)
(3) 신체적 착각을 포함한 유별난 지각 경험
(4) 괴이한 사고와 언어(예 : 애매하고, 우회적이고, 은유적이고, 지나치게 자세하게 묘사되거나 또는 상동증적인)
(5) 의심이나 편집적인 사고
(6) 부적절하거나 메마른 정동
(7) 괴이하고, 엉뚱하거나 특이한 행동이나 외모
(8) 직계가족 외에는 가까운 친구나 마음을 털어놓을 수 있는 사람이 없다.

(9) 과도한 사회적 불안이 친밀해져도 줄어들지 않고, 이는 자신에 대한 부정적인 판단 때문이라기보다는 편집적인 두려움 때문이다.

B. 장애가 정신분열증, 정신증적 양상이 있는 기분장애, 기타 정신증적 장애 또는 광범위성 발달장애의 경화 중에만 나타나는 것이 아니다.

4) 히스테리성 성격장애

Andrews(1984)는 히스테리 성격장애(histrionic personality disorder)의 개념화와 아울러 이들의 대인관계에 대한 치료법을 제시했다. 그는 히스테리성 성격장애자는 외부의 자극에 지나치게 민감하고, 어느 것이 외부의 것이고 어떤 것이 내부로부터 온 것인가를 혼동하는 것으로 보았다. 그의 히스테리 성격에서의 대인관계 분석은 과도하고 극적인 동조나, 애정 표현, 인습적 행동이 그가 지닌 자아개념과 관련이 있다는 것이다. 이렇게 위장되고 왜곡된 자아개념을 철저히 분쇄하여 현실적 지각이 가능하도록 하는 것이 치료의 핵심이다.

이들의 대인관계는 타인의 관심을 끌고 인정받으려는 데 집중되어 있다. 관심을 끌기 위해 자기 과시적 행동을 하며 사교적이고, 표현이 과장되고 극적이기까지 하다. 그러나 쉽게 싫증내고 새로운 것을 추구하며 때로는 유혹적인 행위, 남을 교묘히 이용하기도 하는 특성을 보인다. 쉽게 흥분하고 쉽게 우울해진다. 또한 이들은 자기를 과시하고 요구를 관철시키기 위해 거짓말과 위장을 잘 하는데, 때론 자살하겠다는 위협으로 상대방을 괴롭히기도 한다.

표 14-12 히스테리성 성격장애의 진단기준(DSM-Ⅳ)

광범위하고 지나친 감정표현 및 관심끌기의 행동양상이 성인기 초기에 시작하여 여러 가지 상황에서 나타나며, 다음의 5개(또는 그 이상) 항목을 충족시킨다.

(1) 자신이 관심의 초점이 되지 못하는 상황에서 불편해한다.
(2) 다른 사람과의 행동에서 흔히 상황에 어울리지 않게 성적으로 유혹적이거나 도발적인 행동이 특징적이다.
(3) 빠른 감정의 변화 및 감정표현의 천박성(감정표현이 얕음)을 보인다.

(4) 자신에게 관심을 끌기 위해서 항상 육체적 외모를 사용한다.
(5) 지나치게 인상적으로 말하면서도 내용은 없는 대화양식을 갖고 있다.
(6) 자기 연극화, 연극조, 과장된 감정표현을 한다.
(7) 피암시성이 높다(예 : 타인 또는 환경에 의해 쉽게 영향을 받음).
(8) 대인관계를 실제보다 더 친밀한 것으로 생각한다.

5) 자애성 성격장애

자애성 성격장애(narcissistic personality disorder)는 자기 자신에 대한 과대망상이 주축을 이루고 있는 장애다. 이들은 자기 사랑이 지나쳐 자기도취에 빠지고 지나친 자부심과 무한한 성공에 대한 환상, 그리고 주위 사람들로부터 항상 관심과 칭찬을 받으려는 열망에 가득 차 있다. 이렇게 자기중심적으로 생각하고 행동하기 때문에 이들은 대인관계에 큰 결함을 보이며, 실현가능성 없는 욕망을 가지고 있기 때문에 이들의 자존심은 손상되기 쉽다. 따라서 이들은 자신에 대한 열등감, 수치심, 허무감에 휩싸이게 되며 상대방에게 분노를 표출하게 된다. 병적인 자애성 성격장애자는 주위 사람들의 항상적인 주의와 관심의 뒷받침 없이는 일상생활을 유지해 나가기가 어렵다.

자기애성(자애성)이란 명칭에는 단순한 자기중심성 이상의 의미가 내포되어 있는데 이는 자신의 가치를 과대평가하고 애정을 다른 사람이 아닌 자신에게만 쏟는다는 것 등을 말한다. 자신은 특별한 권리를 지녔고 그 권리를 위해 다른 사람을 이용하는 것이 마땅하다는 것에 대한 믿음, 자신의 중요성에 대한 과장된 느낌 등을 그 특징으로 한다(최장윤 · 박경 · 서혜희, 2006).

자기 욕심을 채우기 위해 타인을 이용하며 자기 기분만 생각하지 타인의 입장에는 관심이 없다.

표 14-13 자기애성 성격장애의 진단기준(DSM-Ⅳ)

과장성(공상에서나 행동에서) 칭찬에 대한 욕구, 감정이입의 결여 등 광범위한 양상이 성인기 초기에 시작되어 다양한 상황에서 나타나며, 다음 중 5개(또는 그 이상) 항목을 충족시킨다.

(1) 자신의 중요성에 대한 과장된 지각을 갖고 있다(예 : 자신의 성취나 재능을 과장함, 뒷받침

할 많은 성취도 없으면서 최고로 인정되기를 기대함).
(2) 끝이 없는 성공에 대한 공상과 권력, 탁월함, 아름다움 또는 이상적인 사랑에 대한 공상에 자주 사로잡힌다.
(3) 자신이 특별하고 독특하다고 믿고, 특별한 사람이나 상류층의 사람들만이 자신을 이해할 수 있으며, 또한 그런 사람들(혹은 기관) 하고만 어울려야 한다고 믿는다.
(4) 과도한 찬사를 요구한다.
(5) 특권의식을 가진다. 예를 들면, 특별대우를 받을 만한 이유가 없는데도 특별대우나 복종을 바라는 불합리한 기대감을 가진다.
(6) 대인관계가 착취적이다. 예를 들면 자신의 목적을 달성하기 위해 타인들을 이용한다.
(7) 감정이입 능력이 결여되어 있다. 타인들의 감정이나 요구를 인정하거나 확인하려 하지 않는다.
(8) 자주 타인들을 질투하거나 타인들이 자신에 대해 질투하고 있다고 믿는다.
(9) 거만하고 방자한 행동이나 태도를 보인다.

6) 반사회성 성격장애

반사회성 성격장애(antisocial personality disorder)는 반사회적 행동을 죄의식 없이 습관적으로 행하는 것이 그 특징인 정신장애다. 이들은 지적 능력의 장애나 사고장애는 보이지 않으나 지나치게 자기중심적이며 자애적인 특성을 보인다. 대체로 외모는 멀쩡하다. 그러나 이들은 거짓말을 하고 남의 물건을 훔치며 속임수를 쓰고 남의 약점을 잡아 협박하며 책임감이 결여되어 있다.

또한 이들은 자신의 성격이나 행동에 대해서 비교적 만족하고 있기 때문에 이 장애로 고통받고 있는 사람은 오히려 그 주변 사람들이다. 일반적으로 죄의식이 결여되어 있는 습관성 범죄자들이 이에 속하지만 반사회적 성격장애자와 범죄자는 다르다. 반사회적 성격장애자는 일반 범죄자들과는 달리 책임감, 수치심 그리고 죄의식의 결여가 특징적으로 나타난다.

표 14-14 반사회성 성격장애의 진단기준(DSM-Ⅳ)

A. 15세 이후에 시작되고, 다음에 열거하는 타인의 권리를 무시하거나 침해하는 광범위한 행동양식이 있으며, 다음 중 3개(또는 그 이상) 항목을 충족시킨다.

(1) 법에서 정한 사회적 규범을 지키지 못하고 구속당할 행동을 반복하는 양상으로 드러난다.

(2) 개인의 이익이나 쾌락을 위한 반복적인 거짓말, 가명을 사용하거나 타인들을 속이는 것과 같은 사기를 일삼는다.
(3) 충동성을 보이며 미리 계획을 세우지 못한다.
(4) 빈번한 육체적 싸움이나 폭력에서 드러나는 과흥분성(자극 과민성)과 공격성
(5) 자신이나 타인의 안전을 무시하는 무모성
(6) 일정한 직업을 갖지 못하거나 채무를 청산하지 못하는 행동으로 드러나는 지속적인 무책임성
(7) 자책의 결여, 타인에게 상처를 입히거나 학대하거나 절도행위를 하고도 무관심하거나 합리화하는 양상으로 드러난다.

B. 연령이 적어도 18세 이상이어야 한다.

C. 15세 이전에 발생한 품행장애의 증거가 있어야 한다.

D. 반사회적 행동이 정신분열증이나 조증삽화 경과 중에만 나타나는 것이 아니어야 한다.

7) 회피성 성격장애

회피성 성격장애(avoidant personality disorder)는 타인의 거부를 두려워하여 대인관계를 회피하는 성격장애다. 적극적 대인관계를 소망하지만 두려워서 하지 못한다. 일반적으로 이들의 자존감은 낮으며, 타인의 평가에 예민하게 반응한다.

이들은 자신이 대인관계에 장애를 가지고 있다는 사실을 스스로 알고 있기 때문에 괴로워하기도 하고 자존심이 상하기 쉽다. 자기를 싫어하는 눈치가 조금이라도 보이면 실망과 모욕감을 느낀다.

Alden과 Caprel(1993)은 대인관계 원형 모형에 토대한 진단성 평가를 통해 모든 회피성 성격장애자들은 대인관계나 사회적 관계에서 회피성을 보인다는 점과 자기 주장이 거의 없음을 밝혔다. 나아가서 이들이 타인에 대한 분노와 연계되는 대인관계 문제점들을 지닌 것으로 보았다. Alden과 Caprel은 이들의 치료에 단계적인 대인관계 노출과 대인관계 기술의 연마가 효과가 있었다고 보고했다.

표 14-15 회피성 성격장애의 진단기준(DSM-Ⅳ)

사회활동의 제한, 부적절감 그리고 부정적 평가에 대한 과민성 등이 성인기 초기에 시작되고, 여러 가지 상황에서 나타나며, 다음의 4개(또는 그 이상) 항목을 충족시킨다.

(1) 비난, 꾸중 또는 거절이 두려워서 대인관계가 요구되는 직업 활동을 회피한다.
(2) 호감을 주고 있다는 확신이 서지 않으면 상대방과의 만남을 피한다.
(3) 창피와 조롱을 당할까 두려워서 친밀한 관계를 제한한다.
(4) 사회상황에서 비난이나 버림받을 것이라는 생각에 사로잡혀 있다.
(5) 자신이 부적절하다고 느끼기 때문에 새로운 사람과 만날 때는 위축된다.
(6) 스스로를 사회적으로 무능하고, 개인적인 매력이 없으며, 열등하다고 생각한다.
(7) 쩔쩔매는 모습을 들킬까 봐 두려워서 새로운 일이나 활동을 시작하기를 꺼려한다.

8) 경계성 성격장애

경계성 성격장애(borderline personality disorder)의 특징은 자아상, 대인관계, 정서 및 행동에서의 불안정성이다.

경계성 성격장애자들은 알코올이나 약물남용, 성관계, 도박, 낭비 그리고 폭식이나 자살 위협같이 잠정적으로 자기 손상을 일으키는 분야에서 충동적으로 행동한다. 이들은 지속적으로 자신의 정체성을 의심하고 있으며, 자신이 누구인지 모르고 자기가 왜 그러한 행동을 했는지 놀라워한다. 이들은 반사회적 성격장애자와는 달리 불안과 죄의식 때문에 고통당한다. 전체적으로 볼 때 이들은 좌절과 권태에 대한 인내심이 결여되어 있다.

Benjamin(1978)은 이러한 성격장애가 기질 요인보다는 대인관계적 요인들이 두드러진 역할을 한다는 사실을 밝혔다. 그녀는 이들이 경험하는 자기 비난, 방치, 자포자기, 자기학대 등은 기질과는 무관하다는 것이다.

Bawson(1988)은 이들이 심각하게 갈등하고, 불안정하고, 자아 체계에 취약점이 있으며 현재의 경험에만 지나치게 의존하고 있었고, 그들의 자아개념은 기본적으로 좋고 나쁨의 이분법적 체계에만 의존하고 있었다.

표 14-16 경계성 성격장애의 진단기준(DSM-Ⅳ)

A. 대인관계, 자아상 및 정동에서의 불안정성, 심한 충동성이 광범위하게 나타나며, 이러한 특징적 양상은 성인기 초기에 시작하여 여러 가지 상황에서 일어난다. 다음 중 5개(또는 그 이상) 항목을 충족시킨다.

(1) 실제적이나 가상적인 유기를 피하기 위한 필사적인 노력
(2) 극적인 이상화의 평가절하가 반복되는 불안정하고 강렬한 대인관계 양식
(3) 정체감 혼란 : 심각하고 지속적인, 불안정한 자아상 또는 자아 지각
(4) 자신에게 손상을 줄 수 있는 충동성이 적어도 두 가지 영역에서 나타난다(예 : 낭비, 성 관계, 물질남용, 무모한 운전, 폭식).
(5) 반복적인 자살행동, 자살시늉, 자살위협, 자해행위
(6) 현저한 기분의 변화에 따른 정동의 불안정성(예 : 간헐적인 심한 불쾌감, 과민성, 불안 등이 수시간 정도 지속되지만 수일은 넘지 않음).
(7) 만성적인 공허감
(8) 부적절하고 심한 분노 또는 분노를 조절하기 어려움(예 : 자주 울화통을 터뜨림, 항상 화를 내고 있음, 자주 몸싸움을 함).
(9) 일과성으로 스트레스에 의한 망상적 사고 또는 심한 해리 증상

9) 의존적 성격장애

Bornstein(1993)은 의존적 성격장애(dependent personality disorder)자는 수동적이고, 고분고분한 태도로 행동하고, 타인의 양육에 의지하는 것을 오히려 좋아하고, 인도받고, 도움을 구하고자 하는 행동, 대인관계 상황에서의 민감성, 권위와 규범에 순종하고, 대인관계의 영향을 쉽게 받는 등의 행동 특징을 열거하였다. 과도한 순종적, 복종적 태도는 권위자나 자신의 후견자라고 믿는 사람과의 관계가 깨어질까 두려워서다.

Birtchnell(1987)은 이들의 행동 특성은 미성숙에 의한 것이라는 전제하에 이들의 치료법으로 이들의 어린 시절을 재상영하는 것이 필요하고, 치료자는 부득이 대리 부모의 역할을 담당해야 한다고 주장하였다. 중점적인 치료 목표는 의존적인 개인을 독립적이고 자발적이 되게 하고, 보다 안정된 자아를 성취하게 하고, 점차 자아 정체성을 구축하게 하는 것이다. 즉, "그 자신을 인정하도록 하는 것이다." 치료 전략으로는 이들이 반복적으로 자기 주장을 표현하고 선택하게 하게 하고, 점차적으로 '자기가 좋아하거나 좋아하지 않는 것을 발견하고 이런 일들을 하면 그에게 즐거움을 줄 것이라

는 생각들, 그리고 이런 일들을 하는 과정에서 즐거움을 충분히 경험하게 하는 것이었다.

Birtchnell은 치료 과정에서 점차 이들의 인도와 도움, 보증에 대한 호소를 거절하고 능력 있고 책임성 있는 어른으로 대하는 방법으로 효과를 보았다. Birtchnell은 이 과정에서 의미 있는 타인을 끌어낼 것을 충고하였다. 의미 있는 타인과의 관계를 수정하려는 시도에서의 기본 원칙은 과도한 걱정을 방지하는 것이다. 그는 이들의 걱정은 변화의 가능성 때문에 야기되는 것으로 보았다.

표 14-17 의존성 성격장애의 진단기준(DSM-IV)

보호받고 싶어하는 광범위하게 지나친 욕구로 복종적이 되고, 상대방에게 매달리며, 헤어짐을 두려워한다. 성인기 초기에 시작되며, 여러 가지 상황에서 나타나고, 다음 중 5개(또는 그 이상) 항목을 충족시킨다.

(1) 타인의 많은 충고와 보장 없이는 일상적인 일에서도 결정을 내리지 못한다.
(2) 자신들의 인생의 매우 중요한 영역까지도 떠맡길 수 있는 타인을 필요로 한다.
(3) 지지와 칭찬을 상실할 거라는 두려움이 크기 때문에 타인, 특히 의지하고 있는 사람에게 반대 의견을 말하기가 어렵다.
(4) 자신의 일을 혼자서 시작하거나 수행하기 어렵다(동기나 활력이 부족해서라기보다는 판단과 능력에 대한 자신감이 부족하기 때문이다).
(5) 타인의 보살핌과 지지를 얻기 위해 무슨 행동이든 다 할 수 있다. 심지어는 불쾌한 일도 보호만 얻어 낼 수 있다면 자원해서 한다.
(6) 혼자 있으면 불편하고 무력해지는데, 그 이유는 혼자서 해 나가다가 잘못될 것 같은 심한 두려움을 느끼기 때문이다.
(7) 친밀한 관계가 끝났을 때 필요한 지시와 보호를 얻기 위해 또 다른 사람을 즉시 찾는다.
(8) 스스로를 돌봐야 하는 상황에 처하게 된다는 데 대한 두려움에 비현실적으로 빠지게 된다.

10) 강박성 성격장애

강박성 장애(obsessive compulsive personality disorder)는 강박적 사고와 강박적 행동이 특징적으로 나타나는 장애다. 강박적 사고란 중단하고 싶어도 마음 속에 자꾸 떠오르는 원하지도 않는 생각이다. 강박적 행동은 강박적 사고에 의해 수행을 강요당하는 반복적이고 의례적인 행동이다. 일반적인 강박적 사고의 예로, 누구를 해치고 싶은 반복적인 폭력 환상이나 감염될 것이라는 반복적인 의심과 근심 등을 들 수 있다.

일반적인 강박적 행동의 예로는 반복적으로 손을 씻거나 계산, 또는 점검하는 행위 등을 들 수 있다. 강박장애자는 강박 행동이 그의 생활을 지배하여 그 행동을 중단하고자 할 때 극심한 긴장이나 불안을 느낀다. 반복적인 강박적 의심이 현실화되어 자기가 AIDS에 감염되었다고 확신하고(실제는 아님이 밝혀졌다) 자살한 예도 있다.

정신분석학자들은 개인이 억압에 실패하여 불편한 무의식적 정서나 환상에 직면해야 할 때 강박행동이 시작된다고 주장하고 있다. 행동주의 심리학적 모델에서는 강박장애가 외상에 대한 학습된 반응이라고 설명하고 있다. 강박장애의 결정적 원인은 그 개인의 성격이라는 주장도 있다(이현수, 2002).

이들의 대인관계는 공손하고 정형화된 방식으로 행동하지만 이중성이 있어서 자신보다 우위의 사람에게는 무조건적 충성심을 보이지만 아랫사람에게는 현실적이고 냉정하게 대하는 편이다. 윗사람으로부터 인정받지 못할 경우에는 심한 자괴와 좌절감을 느낀다.

Barnett(1969)에 의하면 강박관념에 사로잡힌 사람들의 생활 속에서 가장 중요한 문제점은 무결점을 유지하려는 태도인 것으로 보았다. 그는 이를 치료하기 위해 강박적 내용을 철저히 조사하고 이해와 경험적인 명확성을 얻음으로써 불명료성, 혼동, 거부에 대한 인식의 틀을 깰 수 있다고 하였다. 불명료성, 혼동, 거부 등에 따른 강박관념은 무결점과 결백을 유지하려는 시도라는 것이다.

강박관념 환자의 적의와 공격성의 가장 보편적인 표현은 억압된 행동 패턴을 통해 나타난다. 자신의 주장을 분명히 밝히지 않고, 억누르고, 움츠리고, 작동을 방해하며, 수동성을 보이는 것이다.

표 14-18 강박성 성격장애의 진단기준(DSM-Ⅳ)

정리정돈에 몰두하고, 완벽주의, 마음의 통제와 대인관계의 통제에 집착하는 광범위한 행동양식으로서 이런 특징은 융통성, 개방성, 효율성이 상실이라는 대가를 치르게 한다. 성인기 초기에 시작되고, 여러 상황에서 나타나며, 다음 가운데 4개(또는 그 이상) 항목을 충족시킨다.
(1) 사소한 세부 사항, 규칙, 목록, 순서, 시간계획이나 형식에 집착하여 일의 큰 흐름을 잃고 만다.

(2) 일의 완수를 방해하는 완벽주의를 보인다(예 : 자신의 지나치게 엄격한 표준에 맞지 않기 때문에 목표를 달성하기 어렵다).
(3) 여가활동과 우정을 나눌 시간도 희생하고, 지나치게 일과 생산성에만 몰두한다 (분명한 경제적 필요성 때문이 아니다).
(4) 도덕, 윤리 또는 가치문제에서 지나치게 양심적이고, 고지식하며, 융통성이 없다 (문화적 또는 종교적 배경에 의해서 설명되지 않는다).
(5) 닳아빠지고 무가치한 물건을 감상적인 가치조차 없을 때라고 버리지 못한다.
(6) 타인이 자신의 방식을 그대로 따르지 않으면 타인에게 일을 맡기거나 같이 일하기를 꺼려한다.
(7) 자신과 타인 모두에게 인색하다. 돈은 미래의 재난에 대비해서 저축해야 한다고 생각한다.
(8) 경직성과 완고함을 보인다.

Memo

학생 · 교사 간의 대인관계

Chapter
15

1. 학생과의 대화
2. 학생과 교사의 대인관계

1. 학생과의 대화

대화는 비용이 들지 않을 때도 있지만 반대로 비용이 많이 들 수도 있다. 어느 상황에서 어떻게 말을 해야 할지를 아는 것은 곤란한 상황을 막아줄 수 있다. 특히, 교사와 언쟁을 하거나 다른 사람들을 모욕의 언쟁으로 끌어들이기에 대가라 할 수 있는 학생들을 다룰 때 그러하다. 언쟁 상황에 직면할 때, 부드러운 대답이 분노를 누그러뜨린다거나, 때로는 아무 말도 하지 않는 것이 어떤 말을 하는 것보다 낫다는 것을 생각해 내기란 쉽지 않다.

무엇을 말하고, 그것을 어떻게 말하는지를 안다는 것은 대부분 어떻게 효과적인 학교교육을 할 수 있는지를 아는 것 뿐 아니라 어떻게 하면 행동을 기술적으로 다룰 수 있는지를 아는 것이다.

학생들과 대화하는 기술은 적합한 말을 찾는 문제가 아니라 최대의 효과를 얻기 위해서 억양, 눈맞추기 및 비언어적 행동을 시기적절하게 조합할 수 있는 것의 문제다. 그 기술을 가진 교사는 무엇을 말하고 또 그것을 어떻게 말하는지를 알 뿐만 아니라 경청하는 법 — 무엇을 들어야 할지, 그것을 어떻게 해석해야 할지, 또 생산적인 대화가 그 순간에 가능한지 아니면 적절한 때를 위해 기다리는 편이 나은지 어떤지를 판단하는 법 — 까지도 알고 있다.

교사들과 학생들이 서로 대화하는 것들 중에서 어떤 것은 그다지 중요하지 않지만 대부분은 정말 중요한 것들이다. 그것들은 이해와 혼란, 혹은 갈등과 조화 사이의 차이를 만들어 낸다.

Sarah와 Natalie의 사례(Kauffman et al., 2006)에서 볼 수 있듯이, 신중하게 선택한 단어들, 혹은 생각 없이 내뱉은 몇 마디 말이 정말 극적인(인상적인) 결과를 가져올 수 있다.

> ***Sarah***
>
> 나는 첫 해에 많은 것들을 위해 준비했다. 나는 심지어 내가 수업 일과를 설정하고자 했던 방법, 내가 부여하고자 하는 규칙, 그리고 해야 할 일들을 철저히 생각하도록 나에게 상기시켜

주었던 몇몇 교수들에게 주의를 기울여 왔다.

심지어 내가 했던 수업을 회고해 보는 일조차도 학생들과 대화하는 것에 대해 내가 상상해 왔던 것보다 훨씬 더 많은 것을 내게 가르쳐 주었다. 나는 당연히 내가 학생들과 의사소통을 할 준비가 되었다고 생각했었다. 결국은 내가 잘못 생각했다. David는 나에게 이 점을 최대한 가르쳐 주었다. 그는 너무나도 예측 불가능했으며, 나를 논쟁 대결에 끌어들이는 데 능수능란했다. 나는 그가 정말 나의 모든 지력을 밀어냈던 때를 기억한다.

우리는 수학 공부를 하고 있었고, 나는 David에게 내가 내준 과제를 시작하라고 지시했었다. 그는 벽쪽으로 얼굴을 돌렸는데 그게 다였다. 나는 그에게 말을 했지만, 그는 눈도 맞추지 않았다. 나는 아무것도 할 수 없다는 걸 알았다. 나는 설득하고, 치켜 세우는 것에서부터 소리치고, 고함치는 것까지 내가 할 수 있는 모든 것을 다해 보았다. 아무 일도 일어나지 않았다. 심지어 중얼거리지도 않았다. 그리고 나서, 내가 가버리려고 할 때, 그가 돌아보며 상당히 신중하게 말했다. "선생님은 제게 그 어떤 것도 시키지 못할 거예요. 전 하고 싶지 않거든요!"

글쎄, 그것은 내가 필요로 했던 모든 것이었다. 나는 그의 책상으로 돌아서서 그에게 나는 선생이고, 너는 학생이니 규칙을 지켜야 한다. 뭐 그런 것에 대해 확실한 어조로 말했다(그럼에도 불구하고 나는 내 목소리가 약간 흔들렸던 것으로 기억한다). 여전히 나는 왜 교장실에서 David가 정학을 받는 것으로 결론 났는지는 정확하게 이해할 수 없었지만, 지금 되돌아보니 나는 아마도 David가 원했던 것(정학받는 것)을 정확하게 해 주었던 것 같다. 그는 의도적으로 정학을 받기 위해 그러한 행동을 한 것 같다.

Natalie

Anthony가 전에 다니던 학교의 생활기록부에는 약간의 정신지체가 있고, 지나치게 공격적인 행동을 하는 한 아이에 대해 적혀 있었다. 그러나 내 조교와 나는 그것을 읽을 필요가 없었다. 교실에서의 나흘이 지난 후, 몇 가지 울화가 치밀어 내 뺨 오른쪽 턱이 아픈 일이 있었고, 우리는 그가 일순간에 고요로부터 폭발하도록 할 수 있다는 걸 알아차렸다. 너무나도 종종, 우리가 그에게 한 말을 통해 그가 최대한의 경험을 하도록 도와 주었다. 가끔은 우리도 더 영악스러워져서 그와의 말싸움에 빨려 들어가지 않게 되었다.

어느 날 아침, 내 조교가 Anthony의 그룹과 미술 수업을 하고 있었는데, 그 때 자기 엄마가 자신을 얼마나 위협하는지에 관해 허풍을 떨기 시작했다. 내 조교는 처음에는 그를 무시했고, 그리고 나서 그를 진정시키는 말로 위기를 해소하고자 했다. "네 엄마에 대해 그렇게 말하는 건 나쁜 방법이야! 난 네가 엄마를 얼마나 사랑하는지 알아. 넌 네 엄마에 대해 그렇게 말하고 싶지 않잖아!"

그 말은 먹혀들지 않았다. Aanthony는 계속해서 내 조교를 끌어 들여, 그 일에 말려들게 하고, 얼마나 그 애 엄마가 그를 협박하는지 그리고 그의 엄마가 또다시 그를 구조대에 건네주었을 때 어떻게 엄마의 뒷자리에 탈 수 있었는지(엄마가 그를 구조대에 넘기려할 때 그 위기를 모면할 수 있었는지)에 대해 호언장담을 했다. 그리고 나서 그가 일어나 미술 테이블 주위를 활보하면서 그 공포 전후의 행동에 관해 설명하기 시작했다. 그는 "다음은 네 차례야. 앰뷸런스가 너도 데려갈 수 있을 걸!"하며 그 그룹에 있는 다른 아이들을 위협하기 시작했다. 내가 끼어들었다.

> 나는 Anthony에게 반응 벌금 제도 — 내가 무례한 행동을 표시할 수 있는 기쁜 얼굴 모양(웃는 표정을 하고 있는)의 판박이가 붙어 있는 카드 — 를 실행에 옮겼다. 기쁜 얼굴 모양의 판박이에 모두 X자가 그어지면 그는 휴식 시간을 잃게 된다.
>
> 나는 그 카드를 집어 들고, Anthony에게로 다가가서 "Anthony, 이제 너에겐 웃는 얼굴 판박이가 한 개 밖에 남지 않았구나. 이제부터 앉아서 조용히 있어야 한다. 그렇지 않으면 너는 마지막 남은 웃는 얼굴 판박이를 다 잃게 될 거야." 라고 차분하게 말했다.
>
> 그리고 나서 나는 그의 그룹의 다른 학생들 중 한 아이와 담소를 나누었다. 그는 앉아 있었다. 나는 그 카드와 크레용을 내 조교 앞에 놓고 돌아왔다. (그렇게 해서 결국) Anthony는 그 날 휴식시간을 가질 수 있게 되었다.

학생들과 말하는 것은 행동평가, 행동중재의 체계화 및 행동관리 계획에 대한 실행의 모든 단계에 걸쳐 영향을 미치는 복잡한 문제다. 만일 당신이 늘 효과적인 의사소통 기술을 알고 있고 그러한 기술을 실제에 투입할 수 있다면, 당신은 신중한 성찰 없이 앞으로 진행시킬 때 보다 더 당신의 목표를 성취하게 될 것이다.

1) 교실 언어의 특성

대부분의 경우와 대부분의 학생들에게 있어, 교실에서의 언어는 가정, 동료 집단 및 거리의 언어와는 크게 다르다. 교실 내의 언어는 교실 밖에서 대부분의 학생들에 의해 사용되는 말투보다 더 공식적이고, 명료하며, 좀 더 지시적이다. 비록, 문화적 정체성과 관계 없이 대부분의 학생들에게 이것이 적용됨에도 불구하고, 교실 대화의 문화적 기반은 매우 중요할 뿐 아니라 상당히 논란의 여지가 있다. 학생들과 대화하는 교사에게는 누구에게나 두 가지 중요한 문제들이 드러나게 된다. 언어의 수용능력과 의사소통의 타당성이 그것이다.

학생들의 언어는 단지 그것이 교사가 사용하는 언어와 다르다는 이유만으로 받아들일 수 없다고 간주되어서는 안 된다. 그럼에도 불구하고, 단지 학생이 가정이나 거리에서 특정 언어를 사용하기 때문에 그 언어는 교실에서 받아들여질 수 없게 된다. 사실상 교사가 교실 언어에 대한 경계를 명확하게 긋지 않는다면 심각한 행동관리 문제에 직면하게 될 것이다. 도전적인 언어는 종종 여타 공격적인 행동의 전조가 되곤 한다. 교사가 부적절하고 비생산적인 단어를 사용하지 않도록 하는 것 또한 중요하다.

교사를 비롯한 성인들은 수용하기 어려운 언어에 대해 화를 내거나, 훈시를 하거나,

수치심을 느끼고, 논쟁을 하거나 심지어 공격적 언어로 반격하고자 하는 충동을 느끼기도 한다. 수용할 수 없는 언어에 대해 냉정하게, 그리고 차분하고 존중할 만한 반응을 하는 것은 쉬운 일이 아니지만 교사는 그렇게 행동해야 한다.

2) 교실 언어의 이해

교사들은 종종 학생들의 언어의 내용이나 그들의 구어적 표현에 대한 의도를 잘못 이해하곤 한다. 왜냐하면 교사들은 학생들의 일부인 그들의 문화와 언어를 이해하지 못하기 때문이다. 똑같은 이유로 교사들도 학생들에게 자기 자신을 이해시키지 못할 수 있다. 어떠한 문화 내의 슬랭 표현까지 포함해 학생들의 언어에 잘 익숙해진다는 것은 교사들의 의사소통 능력에 있어 중요하다. 이질적인 언어를 이해하는 데 있어 교사들의 능력에 관한 문제 이외에도, 행동을 관리하는 데 있어 종종 성공과 실패의 차이를 만드는 경청하기와 학생들과의 대화에 관한 다른 문제들이 존재한다.

효과적인 경청은 단지 말을 듣는 것 이상의 것을 함의한다. 경청은 상황이나 비언어적 행동 및 감정에 대한 주의를 요한다. 똑같은 언어적 메시지라도 다른 것을 의미할 수도 있으며 사회적 상황에 따라 다른 반응을 요하기도 한다. 즉, 어떤 상황에서는 농담인 것이 다른 상황에서는 진지한 문제일 수도 있다. 어떤 학생이 "아니요! 저는 그걸 하지 않을 거예요. 그리고 선생님은 절 그렇게 하도록 할 수 없어요!" 라고 말하면서도 곧 순종적인 태도를 취할 때처럼 가끔 학생의 언어적 또는 비언어적 행동은 모순적일 때가 있다. 거친 말투에 초점을 두어 처벌을 적용하려는 교사는 어쩌면 의사소통의 진짜 요점을 놓쳐서 불필요한 갈등에 휩싸이게 될 수도 있다. 언어적 도전을 무시하고 학생의 순종에 초점을 두고자 하는 교사는 불필요한 대결을 인위적으로 비껴갈 수도 있다. 학생들이 말하는 것에 대한 정서적 의미를 이해하지 못하는 교사는 건설적이지 못한 방식으로 대응할 수도 있다. 학생들은 거리언어와 교실언어 사이의 차이를 이해하지 못할 수도 있거나, 언제, 어느 상황에서 특정한 표현들이 부적합한지를 학습하지 못했을 수도 있다.

학생들이 당신이 말하는 것을 이해한다고 확신하는 것은 그저 단순한 문제가 아니다. 몇몇 교사들은 크게 말하는 것과 말을 반복하는 것이 비법이 될 것이라는 잘못된 전제하에 행동을 취한다. 때때로 소리를 높이고 말을 반복하는 것이 필요할지라도, 대부분의 경우에는 좀 더 세련된 의사소통 전략이 요구된다. 내용, 적절한 시기, 태도, 그리고 교사의 의사소통의 범위와 같은 것들을 고려해야 한다.

3) 수업관련 행동 대화

많은 학생들이 무책임하게 행동한다. 학생들의 행동에 관해 대화하는 주된 이유는 학생들에게 사회적 상호작용과 행동과 선택을 위한 책임감을 지니도록 가르치기 위함이다. 학생들은 자신의 행동에 대한 책임감을 받아들이지 않을 수도 있지만 타인, 운이 나쁨, 능력 부족, 혹은 공부에 대한 어려움 등으로 인해 자신을 비난할 수도 있다. 교사들이 학생들로 하여금 자기 자신의 행동에 대한 책임을 지도록 고무할 수 있는 한 가지 방법은 질문과 의견제시에 의한 방법이다. 예를 들면, 어떤 교사가 "철수야, 네가 진도를 90% 이상 나가거나, 10시 30분까지 보완한다면 어떤 일이 생기겠니?" "맞아, 너는 미술 수업에 가기 전까지 컴퓨터를 쓸 수 있게 될 거야."라고 말 할 수 있다.

일반적으로 실패나 잘못된 행위에 대한 유쾌하지 못한 결과 보다는 바람직한 성과를 가져오게 될 긍정적인 사건에 대한 설명을 강조하는 것이 현명하다. 바람직하고 긍정적인 결과를 강조하는 것은 학생들로 하여금 지속적으로 책임감 있는 일을 하는데 중심을 두도록 도와 주며, 긍정적이고도 지원을 하는 교실 풍토를 유지하게 하는 요소다.

4) 비생산적인 대화를 피하는 방법

학생들과의 관계에서 가장 큰 과제 중 하나는 끊임없는 불평, 헛된 언쟁, 말싸움을 제거하는 일이다. 학생들과 교사간의 대화의 상당 부분은 비효과적이거나 실제로는 상황을 더 악화시키는 것이 많다. 일부 학생들은 교사와 언쟁을 벌이고, 고함치기, 위협하기, 감언이설로 속이기, 욕설하기 및 자신들이 이길 것 같은 여러 가지 언어적 분쟁의 도사이기도 하다. 학생들은 어른들을 화나게 하고, 어른들의 관심을 현실의 쟁점이나 문제로부터 딴 곳으로 돌리는 등 각종 문제를 이슈화함으로써 어른들을 이기고자 한다. 그러한 행위의 몇 가지 예를 들어 보면 다음과 같다.

- 어른(교사)들의 말에 응답하지 않고, 무시하고, 듣지 않는 척함으로써
- 어른들이 하라고 요구하고, 지시한 일과 반대되는 행동을 함으로써
- 그들이 당연히 받아들였던 지식이나 어떤 것에 대한 인지를 거부함으로써
- 질문에 대한 대답으로 무의미하고, 부적절하거나 혹은 부정확한 단어나 표현을 반복함으로써
- 전혀 대답을 듣거나 이해하려고 하지 않으면서 질문을 반복함으로써
- 성인이나 다른 사람들을 흉내냄으로써
- 다른 사람들이 말하는 것을 허용하지 않고 방해함으로써
- 교사를 모욕하거나 말로 공격함으로써
- 화제를 바꿈으로써

대부분의 교사들은 이러한 학생들의 언어적 도전에 대응하는데 어려움을 겪는다. 학생들이 파놓은 함정을 인식하고 그 함정에 빠지는 것을 막을 수 있는 높은 수준의 기술과 경험을 필요로 한다. 함정에 빠지고 비생산적인 언어 논쟁에 휘말리게 되는 것은 대개 다음과 같은 실수를 하게 됨을 의미한다.

- 목소리를 높이고, 언짢은 표정을 하거나 혹은 위협적인 몸짓을 하는 것 과 같은 동요와 불안의 징조를 드러내는 것
- 모욕이나 위해적 언어로 반격을 시도하는 행위
- 상대하거나 교정해 주기 위해 또 다른 의도를 가지고 학생의 행동을 재현해 응대함으로써 진술을 재차 반복하는 것
- 학생에게 호소하기
- 처벌하기

이러한 행동들은 교사가 손해보는 행동이다. 다음과 같은 행동을 하는 것이 훨씬 더 효과적이다.

- 침착함을 유지하고, 가능한 한 불쾌하거나 당황한 표시를 거의 드러내지 않는다.

- 학생의 언어적 도전을 무시하거나 또는 조용하지만 단호한 목소리로 응대한다.
- 분명하고 차분하게 당신의 기대나 해결책을 재진술한다.
- 학생에게 잠시 진정할 시간을 줌으로써 학생으로부터 잠시 거리를 둔다.
- 잠시 화제를 바꿈으로써 학생이 행동에 대해 긍정적으로 대응할 수 있는 기회를 준다.
- 기대에 부응하거나 부정적인 결과를 경험할 기회를 학생에게 주어라.

교사 : 그러니까, 너를 지체하게 한 오늘 아침에 어떤 일이 일어났는지 말해 보렴.
학생 : 제기랄, 잘 모르겠어요. 제 잘못이 아니었거든요. 그렇게 되도록 만든 건 Henry 였어요.
교사 : 그러면, 우선 무슨 일이 일어났는지부터 시작하자꾸나. 제일 먼저 어떤 일이 일어났지?
학생 : 제가 들어왔을 때, Henry 걔가 제게 시비를 걸기 시작했어요. 그게 제일 먼저 일어난 일이에요. 선생님도 아시다시피, 걔 잘못이었어요. 그리고 전 그것에 대해 듣고 싶지도 않아요.
교사 : Henry가 어떻게 했는데? 그 애가 너에게 어떤 시비를 걸었는데?
학생 : 걔가 저보고 얼간이라고 하잖아요. 선생님도 들었잖아요. 그래서 저도 그 녀석을 멍청이라고 부를 거예요. 그리고 걔가 별명을 부르기도 하고 다른 쓸데없는 말도 했어요.
교사 : 그렇구나, Henry가 널보고 얼간이라고 하면서 다른 별명도 불렀구나. 이해가 간다. 받아들이기가 너무 힘들겠지, 그리고 Henry는 그런 말을 하지 말아야 한다는 걸 배워야 하겠구나. 그런데 그 애가 너에게 다른 별명을 부른 다음에는 무슨 일이 일어났니?
학생 : 제가 그 녀석에게 한방 날렸어요. 선생님도 그거 보셨잖아요. 제가 걔 두툼한 입을 한방 친 것, 그게 다예요.
교사 : 그래, 네가 그 애를 치는 것 나도 봤어. 그 다음엔?
학생 : 글쎄요, 뭔 일이 났었는지는 선생님도 아시잖아요. 걔가 절 다시 쳤잖아요.
교사 : 그래, 너희 두 녀석들이 서로 치고받는 것 같더구나.
학생 : 만일 선생님이 오시지 않았다면 우리는 계속 그랬을 거예요.
교사 : 그렇구나. 너희들이 우리 학교 안에서 싸우게 되면 어떤 규칙이 있지?
학생 : 방과 후 학교 남는 일이요.
교사 : 맞아, 방과 후 구류지, 그리고 너희 부모님들을 불러야 한단다.
학생 : 하지만, 그건 공평하지 못해요. 그건 Henry의 잘못이었어요. 선생님도 아시잖아요.
교사 : 글쎄, 규칙이란 건 말이다, 누가 그걸 시작했느냐가 그렇게 주요하지는 않아.
학생 : 선생님은 그렇게 생각하실지 모르지만 전 그렇지 않아요. 그리고 누군가가 절더러 그런 별명을 부르면 전 그 애들을 패줄 거예요, 그리고 걔들도 그걸 알거예요.
교사 : 나도 네가 그 애들을 때려 주고 싶어한다는 걸 안단다. 그리고 나도 역시 그럴지 모르지. 하지만 네 별명을 부르는 애들을 때려 주는 것 말고 네가 할 수 있었던 다른 행동은

무엇이었을까?
학생 : 잘 모르겠어요. 전 참을 수 없으니까 걔들을 패줄 거예요.
교사 : 나도 네 심정을 이해한다. 하지만, 누군가를 패 주는 일 말고 네가 할 수 있는 일은 없을까?
학생 : 제 생각으론 걔들을 무시하는 거죠. 그런데 전 그렇게 할 수 없어요.
교사 : 맞아. 마치 그들이 거기 없는 것처럼 그 애들을 무시하고 그냥 네 일에만 신경 쓰는 것, 그것 좋은 생각이지, 좋은 대안이야. 그건 힘든 일이지만 너는 그것을 할 수 있도록 배울 수 있고 구류에 처하지도 않을 수 있어.
학생 : 하지만 걔들이 제 별명을 부르면 안 되죠.
교사 : 네 말이 맞아. 만일 그 애들이 그렇게 한다면 그 애들이 문제가 있는 거지. 그리고 그 애들은 그렇게 하지 않도록 배울 필요가 있지. 그러나 네가 그 애들을 쳐서 그 애들이 다시 역습하게 되면 그 다음엔 어떤 일이 일어날까?
학생 : 제가 구류를 받겠죠. 하지만 신경 쓰지 않아요. 전 그걸 받아들이지 않을 거예요.
교사 : 그래, 하지만 네가 친다면 넌 구류를 받게 돼, 그렇게 되면 또한 문제가 되겠지. 그러니까 네가 구류를 안 받으려면 어떻게 해야 할까?
학생 : 선생님께서 걔들 보고 제 별명 부르지 말라고 해 주세요. 그럼 돼요.
교사 : 글쎄다, 그래, 내가 그 애들 보고 그렇게 하지 말라고 할게. 그 애들이 그래서는 안 되지. 그렇지만 그 애들이 계속 그런다면 네가 구류에 처하지 않게 하기 위해 너와 내가 무엇을 할 수 있을까?
학생 : 선생님께서 그걸 막아 주셔야죠.
교사 : 언제 그 애들이 그런 일을 하게 될지 내가 어떻게 하면 알 수 있을까? Henry가 오늘 아침 네 별명 불렀을 때 난 못 들었거든.
학생 : 그럼, 제가 말해 줄 수 있어요.
교사 : 좋다, 네가 내게 말해 주렴. 그런데 어떻게 말해 줄 건데? "여기요, Henry가 제 별명 불러요!" 라고 소리칠래? 아니면 어떻게 할래? 네가 곧장 걸어 나와서 내게와 신호를 주는 건 어떠니?
학생 : 어떤 방식으로요?
교사 : 내게 곧장 와서 너의 귀를 이렇게 잡아당겨. 그건 누군가가 네 별명을 불러서 네가 방금 걸어 나왔다는 걸 의미하는 거야.
학생 : 모르겠어요. 전 그냥 한방 날려 줄 거예요.
교사 : 글쎄다. 우리 한 번 노력해 보자. OK? 다음에 한 번 더 노력해 보자. 그리고 나서 네가 때리지 않을 수 있게 된다면 결국에는 구류에 처하지 않게 될 거야. 알겠니? 노력 한 번 해 볼래?
학생 : 예, 제가 약속할 수는 없지만 노력은 해 볼게요.
교사 : 아주 좋아. 우린 해낼 수 있을 거야. 그냥 한 번 노력해 보자.

이러한 대화 속에서, 교사는 어떻게 잘못을 저지른 학생과 언쟁에 끼어드는 걸 피할 수 있었는가? 어떻게 교사는 싸움의 결과에 대한 공정성에 관한 논의를 위해 한 발짝 비껴서 학생을 유도했을까? 어떻게 교사는 훈계나 여타 다른 형태의 비생산적인 말 표현을 피할 수 있었을까?

5) 언어적 · 비언어적 의사소통 기술

교사들은 효과적인 의사소통을 위해 필수적인 자기조절 기술을 습득해야 한다. 언어적 의사소통 요령은 다음과 같다.

- 교대로 말 할 수 있게 한다.
- 누군가가 말하는 동안에 끼어들지 않는다.
- 한 가지 화제에 초점을 둔다.
- 반복적이거나 애매함 없이 그들의 행동에 관해 이야기한다.
- 정중함과 신중함을 유지하는 동시에 모호함이나 막연함은 피한다.

효과적인 의사소통을 위한 비언어적인 필요조건들 역시 중요하다. 학생들은 어떻게 배워야 할지를 알 필요가 있다.

- 대화하는 동안 눈을 맞추고, 상대방(학생)이 문화적이거나 사회적 배경에 따라 상이한 경험을 가지고 있음을 이해해야 한다.
- 학생의 말을 경청하고 친분관계를 유지하기 위한 얼굴 표정과 신체 언어를 적절하게 사용한다.

만일 당신이 학생들에게 이러한 기술들을 가르치고자 한다면 다시 한 번 당신은 스스로 그것들을 증명해 보일 수 있어야 한다.

(1) 경청하기

적극적인 경청을 통해 교사들은 학생들이 말하는 것에 대한 정서적인 내용과 지적인 내용 사이의 상이함에 대해 알 수 있다. 적극적인 경청은 당신이 최대한 집중하고 있다는 걸 보여줄 것을 요한다. 학생들의 언어적, 혹은 비언어적 행위에 세심한 주의를 기울이고, 어느 부분이 학생들이 말하려는 것인지, 그리고 어느 부분이 정서적인 메시지인가를 파악해야 한다. 학생의 감정과 반응을 판단하는 것은 중요한데 이를 위해 충분히 오래 경청해야 한다.

적극적인 경청은 학생에게 적절치 못한 행동과 좌절을 다룰 수 있는 기회를 제공한다. 또한 좋은 경청 기술을 활용하는 것은 학생에게 공감대를 형성하고 행동 개선을 할 수 있는 가능성을 지원해 줄 것이다. 이러한 기술들을 증명해 보이는 것은 학생들로 하여금 당신이 말할 때 적절하게 경청하도록 고무시킬 수도 있지만 그 보여줌만으로는 충분치가 않다. 사람들이 경청할 때 어떻게 행동하는지를 설명하고, 학생에게 그런 행동을 연습해 볼 것을 요청할 필요가 있다. 그러나 학생이 당신의 교훈을 비난이나 잔소리로 해석하지 않게 되는 시점에서 가르칠 수 있는 순간을 발견하는 일에 주의를 기울여야 한다.

(2) 근접거리 활용하기

개인적인 근접거리(proximity)는 의사소통에 중요하다. 대화하는 동안 학생과 너무 먼 거리를 두는 것은 관심이 적은 것으로 오인받을 수 있고, 반면에 너무 근접하면 거북할 수도 있다. 대부분의 학생들에게 편안한 신체적 거리는 약 팔길이 정도다. 아마도 화가 났거나 공격적인 학생들은 침착하거나 순종적인 학생보다는 더 많은 거리를 필요로 할 수 있다.

(3) 신체적 언어로 말하기

신체 언어와 몸짓은 상대방에게 관심이 있는지 없는지를 표현한다. 등을 의자에 기대는 것은 다소 무관심한 의사소통을 하는 것처럼 보이는 반면, 몸을 약간 앞으로 내미는 것은 경청하는 자세를 암시할 수 있다. 그러나 육체적으로 경직되거나 '일부러 꾸민 듯한 자세'가 되지 않도록 하는 것이 좋다. 자신감 있고, 통제적이며 또한 당당하지만 거만하지 않게 보이는 것이 좋다. 몸동작과 자세는 대화 도중 호의적이거나 또는 불만스러움으로 보여질 수 있으므로 당신이 의사소통하고자 하는 것에 방해가 될 수 있는 자세에 어떤 것이 있는지를 검토해야 한다.

신체 언어는 문화권에 따라 상당히 다양하다. 신체언어의 의미를 해석하고, 몸짓이나 자세를 선택할 때, 그 학생의 문화에 의한 동작, 위치, 자세, 및 몸짓에 부여된 의미를 고려하는 것은 필수적이다. 만일 당신이 이러한 의미들에 관해 확실히 알지 못한다면, 이해를 돕기 위해 그 문화를 잘 알고 있는 성인에게 물어보아라.

(4) 눈맞춤과 표정의 다양화

눈맞춤은 대부분의 청자에게 어떤 흥미나 친근감을 전달하며, 당신의 믿음을 더해 준다. 그러나 빤히 쳐다보는 것은 대개 위협적인 것으로 해석될 수 있으므로 피하는 것이 좋다. 얼굴 표정은 당신이 대화하는 동안 당신이 생각하는 것을 전달해 주는 데 도움을 준다. 부적절하거나 과장된 표현으로 충격을 주기 위한 행동에 반응하는 것과 같은 예상치 못한 함정에 빠지지 않기 위해서는 학생이 말하는 것을 주의 깊게 경청하는 것이 중요하다.

당신의 표정을 대화의 내용과 적절히 조화시키는 것이 바람직하다. 당신은 눈맞춤이 문화적 기대에 상당한 토대를 두고 있는 의사소통의 한 측면임을 알아야만 한다. 어떤 문화 내에서 학생들은 대부분의 경우에 눈맞춤을 피하는 것이 바람직하고, 다른 문화 내에서 학생들은 그들과 대화하고 있는 어른들의 눈을 응시하는 것이 바람직하다. 그 문화 내의 기대치에 부응할 수 있는 것을 예상해서 눈을 맞추어야 한다.

(5) 휴지 · 심사숙고 · 탐색

학생들과 대화할 때, 교사들은 그들의 요구에 대하여 매우 정확하고 분명한 메시지를 전달하기 위해 언어를 신중하게 사용해야 한다. 학생과 행동에 관해 대화를 하기 전에 충분히 생각하는 기회를 가져야 한다. 질문이나 의견을 어떻게 말로 표현해야 할지를 심사숙고해야 하는 것이다. 학생의 위치에 당신을 놓고 질문이나 의견에 대해 답해 보는 것도 좋은 방법이 될 것이다.

행동에 관한 대화를 촉진시켜 줄 기술을 학습해야 한다. 예컨대, 침묵은 학생으로 하여금 반성하게 하거나 자신의 행동 범위를 확대하도록 고무시킬 수 있다. 그러나 너무 오랜 침묵은 학생을 당황하게 만들 수도 있다. 많은 교사들이 성급하고, 짧은 시간에 너무 많은 말을 하고, 너무 서두르는 경향이 있다. 학교가 바쁘게 돌아가고, 심지어 밤 10시 넘어서까지 근무하고, 학생 수가 많기 때문에 학생과의 침착한 대화는 쉽지 않지만 그래도 노력해야 한다.

단순히 그들이 말한 것을 당신이 들었다는 것을 알려주는("알아……, 그래……") 인지 진술(recognition statements)을 사용함으로써 학생들을 격려할 수 있다. 학생들을 고무하는 또 다른 방법은 학생들이 말한 것을 재진술해 주는 것이다(만일 학생이 "전 영희를 싫어해요!"라고 말한다면, 당신은 "그래, 너는 영희를 싫어한단 말이지……"와 같은 말로 대답하는 것).

(6) 기술적 언어와 판단적 언어

언어는 기술적(설명적)이거나 혹은 판단적(주관적)일 수 있다. 판단적인 언어는 어떤 상황이나 행동을 악화시킬 수 있다. 행동에 대해 판단적인 표현을 하는 것(예 : '끔찍한', '나쁜', '멍청이', '잘못된')은 종종 의사소통의 기회를 망칠 수 있다. 학생의 행동이 상당히 부정적으로 평가받을 만한 정도라 하더라도 의사소통을 지속시키고자 한다면 판단적 언어는 피하는 것이 좋다. 기술적(記述的) 언어는 그것이 주관적인 판단에 근거하지 않고 그저 일어난 일을 있는 그대로 묘사하기 때문에 감정적 개입을 차단하는 효과를 갖는다.

(7) 최선의 단어 선택하기

현명한 교사는 가능한 한 차분하고 객관적으로 어떤 일이 발생했는지, 또는 발생하고 있는지를 성찰하기 위해서 어휘 선택에 신중을 기한다. 일반적으로 익숙한 단어들이 학생들이 이해하지 못하는 단어 보다 더 낫다. 일반적으로 긴 문장 보다는 간단 명료한 진술이 더 낫다. 언어는 때를 잘 선택해야 하고, 학생, 행동 및 사회적 맥락에 맞게 적용해야 한다. 이는 학생의 언어 능력과 구어적 표현에 대한 반응에 관해 주의 깊은 판단을 요한다. 때로는 비유적인 형태의 언어나 미소가 효과적이기도 하다. 효과적인 비유적 표현과 비꼬는 말 사이의 경계는 미묘한 것이므로 비유적 표현을 쓸 때에는 신경을 써야 한다.

특정한 단어는 어떤 언어에 있어서는 적절하고 이해될 수 있지만, 다른 언어에서는 부적절하거나 심지어는 선정적이거나 모욕적일 수도 있으므로 역시 신중을 기해야 한다.

(8) 최적의 목소리 사용

목소리는 화자의 기대와 정서 상태에 관해 많은 것을 말해 준다. 교사의 목소리 변화에 학생들은 극도로 민감하다. 어떤 환경에서는, 학생들과의 대화에서 어떻게 소리를 내느냐가 큰 변수로 작용하기도 한다. 목소리는 학생들이 분명하게 들을 수 있을 만큼 충분히 커야 한다. 그러나 어떤 때는 더 조용한 목소리가 학생의 주의력을 끄는 데 있어 크게 효과적일 때가 있다. 음량을 다양하게 하는 것은 흥미를 자극하고 학생들로 하여금 당신이 말하는 것에 집중할 수 있도록 도와 준다. 당신의 목소리 높낮이를 다양하게 하는 것은 학생들에게 다른 메시지를 전달해 줄 것이다. 날카로운 목소리나 단조로운 목소리는 학생들의 주의를 집중시키는데 비효과적이며 당신의 감정 상태만 드러내는 좋은 지표가 될 것이다.

어떤 교사들은 훈계하거나 지시를 할 때 질문형식을 취하기도 한다(예 : "앉아 주겠니?"). 일반적으로는, 학생이 당신이 원하는 것을 하리라는 기대를 암시하는 좀 더 단호한 방법과 목소리를 사용하는 것이 더 효과적인 것으로 알려져 있다(예, "영희야, 거기 앉아라"). 차분하고, 단호하며, 확신과 엄격함을 전달하는 어조와 억양을 사용하는 것이 바람직하다.

(9) 속도 맞추기

말하는 속도 또한 중요하다. 학생의 행동에 관해 대화할 때 당신은 매우 흥분하거나, 좌절하거나 혹은 화가 나 있을 수 있다.이러한 감정들은 더 빨리 말하게 만드는 경향이 있다. 당신의 말이 왜곡되거나 불완전하게 이루어지지 않도록 말을 충분히 천천히 하는 것이 좋다. 한편, 당신이 자신에 대해 확신이 서지 않고 말을 주고받는 것을 통제할 수 없는 의사소통일 경우 너무 천천히 말하거나 너무 성급히 말하지 않는 것이 좋다.

대부분의 사람들은 자신에게 자연스러운 대화 속도를 가지고 있으며, 말의 속도는 화자의 문화적, 또는 지리적 위치에 따라 상당히 다양할 수 있다. 그러나 최대의 효과를 위해 어떤 교사들은 말의 속도를 늦출 필요가 있으며, 또 어떤 사람들은 속도를 높일 필요가 있다.

(10) 요약하기

당신은 학생이 얘기하는 것에 대해 짧은 말 참견이나 간헐적인 요약을 하고자 할 수 있다. 학생의 말을 요약하는 것은 학생이 자신이 말한 것에 대해 성찰할 수 있게 할 것이며, 또한 그것은 학생이 계속적인 대화를 위해 이용할 수 있는 참고 항목을 제공하는 역할을 하기도 한다. 확인하는 질문을 함으로써 학생이 말한 것을 재진술하는 것도 역시 도움이 될 수 있다(예 : "네가 말하고자 하는 것을 내가 이해했는지 어떤지 한 번 보자. 너는 ~을 의미한 거지?").

(11) 질문하기

대부분의 교사들은 질문을 가르치는 일의 하나로 간주한다. 그러나 질문은 또한 학생들과 행동에 관해 대화하는 것의 중요한 일부가 된다. 질문은 학생들의 동기를 유발시키고, 자신의 행동에 관해 생각하는 데 도움을 주며, 그들에게 더 적절한 행동에 관한 정보를 제공하는 데 이용될 수 있다.

질문에는 열린 질문(open question)과 닫힌 질문(closed question)이 있다. 둘 다 이점과 불리한 점을 가지고 있다. 적절한 질문 유형을 선택하는 것은 생산적인 상호작용에 학생들을 참여시키는 교사의 능력에 있어 중요한 요소다.

닫힌 질문들은 두 가지 유형 중에서 좀 더 제한적이다. 왜냐하면 닫힌 질문은 매우 구체적인 정보를 요구하거나, 예/아니오의 대답을 요구하기 때문이다. 닫힌 질문의 이점은 구체적인 문제나 사건에 초점이 맞춰져 있어서 명확한 정보를 얻을 수 있다는 것이다. 그러나 닫힌 질문들은 몇 가지 불리한 점을 가지고 있기 때문에, 다른 질문들을 준비하고자 하는(예 : "네가 그 페이지를 찢었니?" 라는 질문은 찢겨진 페이지에 관한 논의 대안을 위한 사전 질문의 성격을 띠고 있다) 의도가 아니라면 이의 지나친 사용은 피하는 것이 좋다.

닫힌 질문이 가지는 불리한 점은 그것들이 단지 양자택일하는 단순한 선택만을 허용한다는 것이다. 이는 학생이 둘 중에서 하나의 대답만을 선택하도록 강요받는다는 것을 의미하는 것으로, 사실상 좀 더 적절한 행동에 대한 논의나 성찰을 하지 못함을 뜻한다. 또 다른 불리한 점은 닫힌 질문들은 학생이 생각하는 것에 대해 교사에게 많은 정보를 주지 못한다는 것이다. 또한 닫힌 질문들이 너무 과하게 사용되면, 취조를 당하듯 학생들이 불안해할 수도 있다.

열린 질문은 학생들로 하여금 자신에게 해당하는 대답을 체계화할 수 있도록 하기 때문에 덜 제한적이다. 즉, 학생들이 다양하게 반응할 수 있는 통로가 있는 질문인 것이다. 예를 들면, "네가 그 책을 찢었니?"(닫힌 질문)라고 말하는 대신, "그 찢어진 책에 관해 네가 아는 것은 무엇이니?"와 같은 열린 질문을 함으로써 대화를 향상시킬 수 있다.

질문은 자연스럽고, 일상적인 언어가 좋으며, 학생의 나이와 언어에 적절한 수준으로 표현되어야 한다. 간단히 질문하고, 한 번에 하나의 질문만 하는 것이 좋다. 어떤 학생들은 길거나 복합적인 구성의 질문들에 답하기 어려움을 느낀다. 질문은 목적이 있어야 하고, 논의하고자 하는 행동을 정확하게 표현할 수 있어야 한다.

(12) 기다려 주기

대화에서 기다리는 시간은 중요하다. 이는 또한 지시를 하거나 선택을 하게 할 때도 중요하다. 즉각적인 대답이나 반응을 기대하는 것도 좋지 않지만, 너무 오래 기다리거나 기다리게 하는 것도 좋지 않다. 교사의 대답이 너무 늦으면 학생은 교사가 자신의 행동을 모니터링하지 않고 있는 것으로 생각할 수 있다. 이는 적절한 다음 단계로의 진행에도 지장을 준다. 참을성 있게 기다리는 것은 동시에 학생이 그 대답에 대해 충분히 생각할 시간을 허용한다는 것을 의미하기도 한다.

대부분의 교사들은 학생의 대답을 기다릴 때 3-4초 정도가 적절하다고 믿고 있다. 많은 교사들은 학생들에게 대답을 재촉하거나, 또 다른 질문을 하기 전에 그들이 대답을 구성할 수 있는 충분한 시간을 허용하지 않는다. 학생이 대답하는 것을 기다리지 않는 것은 대답하는데 성급하거나 압박을 받고 있다는 느낌을 학생에게 전달할 수 있다. 그러나 질문이나 지시를 반복하거나, 혹은 다른 적절한 행동을 취하지 않으면서 너무 오래 기다리는 것은 당신이 부주의하거나 무관심한 것으로 오인될 수 있다. 상황에 따라 얼마나 오랫동안 반응을 기다려야 하는지를 판단하는 것은 중요하다.

2. 학생과 교사의 대인관계

학생과 교사는 많은 시간을 함께 한다. 양자 간의 관계가 어떠하냐에 따라 학생들의 성취와 행동은 많은 영향을 받게 된다. 다음과 같은 사항들이 양자 간의 관계에서 고려되는 사항들이다.

- 좋은 대인관계는 행동 관리를 더 쉽게 해 준다.
- 교사는 학생의 삶에 강력한 영향을 미치게 되는 잠재성을 갖고 있다. 그들의 잠재적 영향은 학교생활의 범위를 넘어 영향을 줄 수 있고, 교사와의 좋은 관계는 학생들에게 장기적 관점에서 긍정적 결과를 도출하는데 영향을 미칠 수 있다.
- 학생들에게 가족과의 협력적 관계는 학교생활의 성공 가능성을 증가시킨다.
- 동료 관계는 행동 관리에 있어 중요한 고려 대상이다.
- 사회적 기술들은 배우고 가르칠 수 있다.

사회의 모든 구성 요소는 친밀한 가족 관계로부터 생산성과 이익을 증가시키기 위해 조직된 조직 관계로 발전해 간다. 대인관계의 중요성은 삶의 모든 분야에서 나타난다. 의사와 좋은 관계를 갖고 있다고 느끼지 못하는 환자들은 다른 의사를 찾을 것이다. 직장에서, 우리는 공통된 관심을 공유하고 자신에게 관심을 보이며, 유머 감각이 있고 본성이 친절한 특성을 지닌 동료들에게 끌리는 경향이 있다. 자신의 아이들을 돌봐줄 사람들을 찾는 경우를 보면, 부모들은 아이를 돌보는 경험을 가졌을 뿐만 아니라 아이들에게 말을 잘 걸어 주고 아이들의 활동에 관심을 표현하는 친절함과 상냥함 등을 갖춘 사람들을 찾을 것이다.

많은 관계가 우연적인 측면이 있지만 우리가 유지하고자 하는 대부분의 관계들은 특정한 요소들, 즉 공감, 성실, 존경, 상호간의 관심 등의 요소들에 영향을 받는다.

1) 교사 · 학생 간의 대인관계

교사와 학생 간의 대인관계는 교실 환경의 기초이며, 학생들의 학교생활에서의 적응과 여러 가지 성취와도 밀접히 관련되어 있다. 교사와 학생 간의 관계는 학생의 성취나 중도탈락자 비율, 청소년 비행, 일반적 반사회적 행동, 심지어 학교 안전 문제에도 영향을 준다.

이와 관련된 연구는 교사가 단순히 학문적 내용들을 전달하는 것보다 학교 환경에 훨씬 더 크고 많은 역할을 갖는다고 지적한다. 교사는 학생들의 학업성취를 끌어 내는 동기 요인이 될 수 있으며, 한 명, 혹은 그 이상의 교사들과의 강력하고, 긍정적인 대인관계는 더 높은 성적을 올리게 하고(Niebuhr, 1999), 성취도 평가에서의 성과 역시 높으며(Green, 1998), 학생들의 학습에의 전념을 돕고(Borich, 2003), 더 적은 행동적 문제들, 더 많은 사회적 능력, 더 나은 학교 적응을 돕는다는 것이다(Pianta, Hamre, & Stuhlman, 2003).

Marzano(2003)는 교사 학생 간의 관계가 학급경영에 있어 결정적인 요인임을 밝히고 있다. 학생들과 양질의 대인관계를 갖고 있는 교사들은 다른 교사들보다 징계 문제를 31% 더 적게 경험했다. 부정적 교사의 상호작용은 낮은 단계의 성취, 반사회적 행동, 학교 부적응, 각종 문제 행동 등 바람직스럽지 못한 결과들과 관련된다(Murray & Greenberg, 2006).

긍정적 교사의 영향 가능성은 중도 탈락자와 청소년 비행 연구에서도 나타난다. 무엇이 학교에서 학생들을 중도 탈락하게 만드는가에 관한 Wehlage와 Rutter(1986)의 연구는 1,000개가 넘는 고등학교에서 대략 30,000명의 학생들을 대상으로 실시된 것이었다. 중도 탈락하는 학생들에 대해 적용되는 설명 중 대표적인 것은 학생에 대한 교사의 관심 부족이었다.

1980년대 후반에 미국에서 청소년의 비행 행동의 원인과 관련 변인에 대한 세 가지 장기적 조사가 시작되었다(Chibnall & Abbruzzese, 2004). 이 연구들은 낮은 성취, 학교에의 관련성과 학교에의 헌신 부족, 학교를 위험하다고 느끼는 것과 같은 학교 관련 요인들이 청소년 비행과 모두 관련이 있음을 밝혔다. 더욱이, 높은 단계의 부적절 행동을 보이고 낮은 단계의 사회적 용인 행동을 보이는 학생들은 학교생활 실패와 동료들로부터 따돌림을 당한 경험이 있었다. 이런 것들이 결국은 반사회적 행동과 비행의 전조가 된다.

학교 폭력 문제가 고조되었던 1980년대와 1990년대에는 학교에서의 폭력적인 행동을 방지하는 경고 신호를 사용하는 방법의 모색에 거대한 규모의 상황 진단이 성행했다. 미국의 교육부에서는 학교 전 직원을 도와줄 수 있는 폭력적 행동의 잠재력의 기미를 미리 식별하는 방법과 그에 따른 예방적인 학교환경의 구축에 대한 두 가지 안내문을 보급했다.

첫 번째 책자의 제목은 『조기경고, 적시의 반응』이었고, 그 뒤를 이어서 우리의 아이들의 『안전지침 : 행동지도』라는 책자가 배포되었다. 두 책자는 잠재적 폭력성의 조기 경고 사인을 알아내는 것의 중요한 요소로서 교사와 학생 간의 친밀한 관계를 들었다(Dwyer & Osher, 2000). 교사가 학생에 대해 잘 알 때, 학생들의 요구와 감정, 그리고 행동양식의 변화까지 쉽게 인식할 수 있다는 것이다. 교사와 가까운 관계이거나 특별히 한 명이나 그 이상의 교사, 또는 다른 학우들과 자주 접촉하는 학생들이 자신의 중요한 개인적 감정을 더욱 드러내기 쉽다는 것이다.

몇몇의 전문가는 교사를 포함한 어른과의 원만한 대인관계가 아동의 학습과 행동의 문제들의 위험 요소 증가 가능성에 대항하여 보호적인 완충장치가 될 수 있다고 제안한다. 학교 상황에서의 반사회적 위험 요소는 질 낮은 학교, 교사와 동료들과의 부정적 상호작용과 관련이 크다. 그러나 이와 반대로 학교는 부정적인 개인, 가정, 그리고 이웃의 영향력에 대한 완충장치 역할을 할 수도 있다. 보호적인 학교 상황은 한 명, 또는 더 많은 교사와의 긍정적인 관계, 적당한 동료 모형, 긍정적인 동료와의 상호작용, 학업성취, 성장 촉진, 지원적 학교 환경을 제공하기도 한다. 이러한 학교의 보호적 요소는 특정한 위험 요소보다 깊이 있는 영향력을 준다는 것이다.

Zionts(2005)는 교사 · 학생 간의 긍정적 관계가 학교 적응과 밀접한 관련이 있음을 밝혔다. 그녀는 학생의 일차적인 관계의 영향력(부모와의 관계)과 학교 적응의 관계, 긍정적인 교사와 학생의 관계가 현재와 미래의 학교 적응에 어떠한 영향을 미치는가를 조사했다. Zionts는 끈끈하고 긍정적인 교사 · 학생 간의 관계가 학교 생활에 안전한 기초를 제공하고, 학생들이 학교 생활에 성공적으로 적응할 가능성을 증진시킨다는 결론을 내렸다.

교사는 학생들이 주의를 집중하고, 지시를 따르고, 정확히 학업을 수행하고, 효과적으로 동료와 교류하며, 자기조절을 할 수 있고, 그리고 자치 기구를 구성하기를 기대한다. 그러나 학생들의 이에 대한 능력의 부족은 부적절한 행동을 유발시키고 이에 따라 긍정적인 교사와 학생 관계의 발전을 저해할 수 있다. 이러한 기술은 그때그때 배워야 하고, 보상을 받거나 해야 한다. 건전한 관계는 공감, 정직, 흥미, 존경에서 비롯된다.

교사의 온정적인 행동과 자세, 그리고 학생에 대한 세밀한 진로지도, 칭찬, 학생의 아이디어 활용, 경청하기, 학생의 공헌의 존중, 그리고 학생과 함께 하는 사회화 등은 긍정적인 교사와 학생 간의 관계에 대한 지표가 될 수 있다(Evertson, Anderson, Anderson

& Brophy, 1980).

교사들은 긍정적인 교사와 학생의 관계를 저해하는 행동들 또한 인식하고 있어야 한다. 다음에 기술한 것은 그러한 저해 행동의 대표적인 예다(Scheuerman & Han, 2008).

- 날카롭고 극단적인 비판
- 학생들의 희생에 대한 비꼼, 비웃음
- 학생들을 위한 의미없는 강화물의 사용
- 학생들의 목표 성취를 위해 "마음을 진정시키기" 보다 화를 내거나 당황케 하는 경고의 방법으로 지도함
- 수업 시간 중에 학생들의 감정상태나 스트레스 수준에 대해 주의를 기울이지 않음
- 학생에게 훈계를 하는데 그들의 변명을 듣는 시간을 배려하지 않는 행동
- 화합을 통한 일처리 미숙
- 강제와 강화의 규칙의 모순
- 학생들과의 사회적 상호작용을 갖지 않음
- 다른 교사에게 학생에 대해서 부정적으로 말하기
- 학생의 생활에 대해 미미한 관심을 보임

또 다른 교사와 학생의 관계에서의 변수는 교사와 학생 사이의 문화적 차이다. 미국의 경우 인종, 문화, 종교, 언어 그리고 사회경제적 배경에 따른 다양한 학생 분포가 나타난다. 대체로 공립학교의 42%의 학생들이 소수민족에 해당하고, 교사는 문화적으로나 소수인종의 그룹의 경우 대체로 16% 정도다. 그리고 공립학교의 교사의 소수민족의 교사가 전체의 반도 되지 못한다. 이것은 대부분의 소수민족의 학생들은 다른 문화와 다른 인종의 집단의 교사에게 가르침을 받는다는 것을 의미한다.

교사들은 가치나 신념, 교실에 나타나는 다양한 그룹의 행동 양식을 이해하기 위해 특별한 주의를 기울여야 한다. 교사는 또한 특정한 문화적 · 민족적 그룹의 미묘한 전형적 행동특성들을 이해할 필요가 있다. 다음은 그런 특성들의 몇 가지 예다 (Scheuermann & Hall, 2008).

① 아시아계 미국인 학생은 가정에서 나이 많은 사람을 존경하고 겸손하고, 공손하

며 조용할 것을 교육받기에 교사에게 질문하는 것이나 토론에 참여하는 것, 또는 의견을 말하는 것을 주저할 수 있다. 아시아계 미국인 학생은 미국 교사의 친절함과 솔직함을 불편하게 생각할 수도 있고, 처음에는 시선을 마주치는 것을 피할 것이다. 또 가족에 대해 부끄러워하는 것으로 인해 꾸짖음을 당할 수 있다.

② 아프리카계 미국인 학생은 종종 가족과 공동사회, 개인적 성취와 독립에 관한 공동사회의 관심에 대해 강조하며 쉽게 감정이 고조된다. 아프리카계 미국인 학생들은 또한 듣기를 할 때 시선을 맞추는 것이 부족하다든지, 다른 학생들보다 신체적으로 더 근접함을 유지한다던지, 가족 문제나 관계에 대해 말을 잘 하지 않는 특성을 보인다.

③ 아프리카계 미국인과 히스패닉계 학생들은 사회경제적 수준, 가족 구성, 어머니로부터 받은 교육의 양에 일관되게 교사의 요구보다 교사의 격려를 더 강력한 동기요소로 생각한다. 교사 행동은 학생들에게 완전한 설명을 제공하는 것, 수업시간 외에 학생들에게 추가 도움을 제공하는 것, 학생에게 성공할 능력이 있다는 확신을 주는 것을 포함한 격려의 암시로 생각된다.

④ 극도로 가난한 학생들은 가난한 가정생활의 환경을 고려하지 않는다면 교사들이 받아들이기 어려울 수 있는 특정 행동을 보인다. 예를 들면, 화장실을 사용한 후 물을 내리지 않거나 화장실을 다녀와서, 혹은 식사 전에 손을 씻지 않는 학생들이 있다. 이러한 학생들은 그러한 행동을 잊은 것도 아니고 게으른 것도 아니다. 그들은 물이 비싸기에 가정에서 물을 내리지 말고 손을 씻지 말라고 교육을 받았거나, 수세 시설이 없는 집에서 자랐을 수도 있다. 어떤 학생은 식당에서 집에 가져가기 위해 음식을 챙기기도 한다. 그 어린이의 가족은 극도로 가난했고, 충분한 음식이 거의 없었다. 그 아이는 단순히 그들의 형제 자매에게 먹을 것을 가져다 주려는 시도를 했던 것이다.

모든 배경으로부터 학생이 효율적이 되려면, 교사는 학생들의 삶을 이해해야 한다. 행동 관리의 관점에서, 교사는 행동에 대한 가능한 문화적 설명을 항상 고려해야 한다. 이것은 교사가 문화적으로 영향을 받지만 학교에서는 용인할 수 없는 특정 행동들을 눈감아 주라는 것을 의미하는 것은 아니다. 이런 정보는 그런 행동들을 다루도록 교사를 지도하는데 이용되어야 한다.

교사들은 학생들의 삶에 주요한 역할을 하고 학생들의 학교에서와 삶에서의 성공에 중요한 영향을 줄 수 있다. 일상의 교실 관리의 관점에서는, 학생과의 긍정적이고 친절한 관계는 행동 문제를 예방하고 학생들이 적절한 행동을 하게끔 동기부여하는 데 중요한 요소가 될 수 있다.

2) 학생과의 긍정적 관계 수립 전략

① 항상 학생들을 존중하고, 정중하게 행동한다.

그 예를 들어보면 다음과 같다.

- Mr. Kircher는 학생들에게 항상 "제발, 아무쪼록" 그리고 "고마워"라는 말을 하고, 학생들의 무례한 행동에 대해서도 진지한 얼굴로 침착함을 유지하고 전문가적 행동을 보였다. 그는 침착하게 학생들이 선택한 것과 그에 따른 결과, 그리고 그가 바라는 학생들의 좋은 선택을 상기시켰다.
- Mr. Pendergast는 학교에 갈 때 항상 넥타이를 매고 갔다. 왜냐하면 그가 그의 중학교 학생들에게 중요한 역할 모델이었기 때문이다.

② 칭찬을 자주 하라.

③ 학생의 학문적이고 활동적인 성공을 보장하라.

만약 학생이 학문적으로 진보하지 못하거나 활동 문제들에서 높은 점수를 나타내지 못하면, 학교문제 인과요인에 대해 알아보기 위해 문제에 대해 면밀히 조사하고, 학생들의 수행능력 향상계획을 시행하는 조치를 취했다.

④ 학생의 학습과 활동에 관한 기대 수준은 높이되, 합리적이고 도달 가능한 수준으로 하라.

⑤ 학생들이 좋아하는 것과 그렇지 않은 것 등 학생에 대한 이해를 충분히 하라.

그들이 쉬워하는 것이나 도전 가능한 것을 찾고 이 정보를 통해 계획을 세우고 그에 상응하는 수업을 하라. 학생들의 삶에 대해서 이야기하라. 그들의 흥미, 취미, 가족 그리고 이웃에 대해 질문하라. 학생들이 흥미를 갖는 일이 무엇이지를 알아라. 학생들과 그들이 보는 영화, 듣는 음악, 그들이 동경하는 스타, 그리고 그들이 하는 스포츠에 대한 대화를 계속해서 할 수 있어야 한다.

⑥ 학생들과 상호작용을 많이 하라.

학급 내에서는 물론 교실 밖에서도 상호작용을 계속해야 한다. 학생들이 교실에 들어올 때 인사를 나누고, 점심을 함께 먹고, 그들의 방과 후 활동에도 함께 하라. 그러면 학생들에 대해서 더 잘 알 수 있게 될 뿐만 아니라 그들도 당신에 대해서 더 잘 알게 될 것이다.

⑦ 효과적인 듣기 능력을 배우고 사용하라.

적극적인 경청은 학생의 활동과 언어적 메시지의 숨은 의도를 비롯한 상대방의 감정을 알아내는데 도움이 된다. 경청은 학생이 격렬한 감정을 경험할 때 더욱 중요하고, 당황스러운 상황에서 교사를 돕는 것이 가능하게 할 뿐만 아니라, 학생이 그 난관을 빨리 벗어날 수 있도록 하는데 도움을 준다. 다음은 적극적인 경청의 두 가지 예다.

예 1(고등학교) :

학생 : 나는 Ms. Calvin의 수업이 싫어요! 그녀가 나를 그런 식으로 계속해서 버릇없다고 하는데 수업에 들어가고 싶지 않아요.

교사 : Ms. Calvin과의 문제가 뭔지 말해 보렴.

학생 : 나는 문제가 없어요. 그녀가 문제에요! 무엇으로든 그녀를 기쁘게 하고 싶지 않아요.

교사 : 그럼 너는 그녀가 널 괴롭힌다고 생각하는 거구나. – 아마도 Calvin은 다른 학생들보다 너에 대한 기준 수준이 더 높은 것 같구나.

예 2(초등학교) :

학생 : (거의 울며)나는 오늘 일기를 쓰지 않았다. Mr. Kircher, 당신은 항상 우리에게 지난밤에 대해 쓰라고 한다. 그런데 나는 지난 밤에 아무 일도 하지 않았다. 나는 쓸게 없고 그래서 나는 일기를 쓰지 않았다.

Mr. Kircher : 그럼 너는 매일 저녁마다 아무것도 하지 않는다고 말하는 거구나.

학생 : (울며)나는 쓰고 싶지 않아요. 나는 내 일기를 쓰고 싶지 않아요.

Mr. Kircher : 아마도 어제 밤에 네가 일기를 쓰지 못하도록 너를 굉장히 당황스럽게 한 무슨 일이 있었나 보구나.

⑧ 수업을 매력적으로 구성하라.

학생들의 흥미를 끌만한 강화물, 활동, 재료, 그리고 매체를 선택하라. 당신의 수업이 학생들의 삶과 관련되도록 개발하라.

⑨ 학생들의 성공과 성취를 축하해 주어라.

학생으로 하여금 목표를 설정하게 하고 그 목적을 향한 진도표를 짜게 한다. 부모들에게 긍정적 편지를 보내거나, 긍정적 뉴스를 공유하거나 학생들이 어려운 과제나 상황에 직면했을 때 과거의 성공을 상기시키기 위해 전화나 이메일을 통해 부모들과 접촉한다.

⑩ 학생을 평가할 때 잘한 것과 더불어 실수에도 주의를 기울여라.

학생들이 잘한 점에 대해서 칭찬해 주고, 실수한 경우 어디에 실수가 있었는지 간략히 실수를 설명하고 진전을 위해 해야 할 것을 언급해 준다.

⑪ 규칙을 시행할 때는 일관되게 하고, 말한 것은 실행하라.

모순되는 처리는 종종 불공정에 대한 학생들의 불만의 근거가 된다. 규칙이 깨졌을 때와 강화물을 쓸 때, 규칙에 대한 표준이 있어야 되고 일관적으로 시행해야 한다. 일관성이란 한 행동을 강화하는 결과와 부적절한 행동에 대한 징계 결과 모두 믿을 수 있게 실행하는 것을 의미한다. 일관성은 또한 명백하고 예측할 수 있는 환경을 만드는데 도움을 주고, 예방적 교실 관리에 중요한 측면이 된다.

⑫ 유머를 사용해라.

유머는 학생들을 편하게 해 주고 긴장을 없애는데 도움을 주는 강력한 도구이며, 잠재적 문제 상황을 제거할 수도 있고, 업무에 대한 스트레스를 줄이는 데에도 도움이 될 수 있다.

⑬ 안전하고, 긍정적인 학습분위기를 조성하라.

⑭ 학생들의 관심을 토론하는 그룹 회의를 하게 하라.

⑮ 교실 제안 상자를 제공하라.

또한 제안하는 방범의 형식을 제공해 주는 것도 좋다.

⑯ 학습의 전통을 발전시켜라.

예를 들면 급우들의 생일 축하 행사라든가, 전입 학생을 환영하는 일, 학생들이 특별한 결과를 성취했을 때 축하해 주는 일 등을 한다. 학급에서의 이러한 행사는 학생들의 소속감을 증진시킨다.

⑰ 학생들의 욕구를 알고 이에 반응하라.

학생들의 감성적인 욕구, 신체적 욕구, 학습욕구 등을 파악하고 이에 적절히 반응한다. 학생들의 욕구를 안다는 것은 수업시간이나 기타 활동 시간에 관심을 갖고 그에 알맞게 수업을 조정해야 한다는 것을 의미한다. 학생들이 혼란스럽거나 집중을 잃기 시작하는가? 를 살피고, 이에 따른 조치를 취해야 한다. 개념이나 기술을 좀 더 잘 설명할 필요가 있고, 더 많은 예를 들거나, 내용을 더 명확히 만들 수 있는 다른 전략을 사용해야 한다. 학생들이 지루해 보이는가? 당신은 학생들의 집중을 유지할 수 있는 무언가를 해야 한다. 짧은 휴식을 주거나 참여활동을 하게 할 수도 있다.

⑱ 학생에 대해 다른 교육자나 부모에게 이야기할 때 긍정적인 말을 사용하라.

부정적 언급은 비생산적일 뿐만 아니라, 그 언급을 학생이 알게 되었을 때 교사와 학생 관계는 좋지 않게 될 것이다. 학생은 교사를 신뢰하지 않게 되고 고민을 털어놓지 않게 되고 부적절한 행동을 할 가능성이 있다.

참고 문헌

구본용(1991). 고독한 사람들의 대인관계 특성. 한양대학교 대학원 박사학위 논문.

김병성(1991). 학교의 사회심리학. 서울 : 양서원.

김정택 · 심혜숙(2007). *16가지 성격유형의 특성.* 서울 : KPTI 한국심리검사연구소.

김정택 · 심혜숙 · 제석봉 역(2007). MBTI개발과 활용. 서울 : 어세스타 Myers, B. I.

김혜숙(1993). 신체매력이 대인지각과 인상평정에 미치는 영향. *한국심리학회지 : 사회, 7(2),* 46-62.

박영신(1987). "성취동기에 대한 귀인이론적 해석의 타당성에 관한 인과분석", *교육평가연구, 2(1).* 37-76.

안범희(1985). 대인관계 적절성 및 성향검사의 타당도 연구. 연세대학교 대학원 박사학위 청구논문.

안범희(1996). 학생의 긍정적 자아개념 형성을 위한 교사의 역할 연구. *학생생활연구, 제 16집,* 36-54. 강원대학교 학생생활연구소.

안범희(2007). 학습이론 및 심리. 서울 : 도서출판 하우

안범희(2009). 성격심리학. 서울 : 도서출판 하우.

오석홍(2005). 조직이론. 서울 : 박영사.

이상노(1984). 한국인의 인간관계, *한국인의 인간관계 개관,* 7-8. 한국심리학회 연차대회 심포지움.

이현수(2002). 이상행동의 심리학. 서울 : 대왕사.

임형진(1984). 아동의 학업성적에 대한 교사의 원인귀속과 기대형성에 관한 연구. 한양대학교대학원 박사학위 논문.

조성일 · 신재흡(2006). 교육조직 행위론의 탐구. 서울 : 동문사.

최정윤 · 박경 · 서혜희(2006). 이상심리학. 서울 : 학지사.

한규석(2006). 사회심리학의 이해. 서울학지사.

홍성열(2008). 사회심리학. 서울 : 시그마프레스.

Abramson, L. Y., Seligman, M. E. P., & Teadale, J. D. (1978). Learned helplessness in humans : Critique and reformulation. *Journal of Abnormal Psychology, 87,* 49-74.

Adler, A. (1979). *Superiority and social interest.* New York : Norton & Company.

Ajzen, I., & Fishbein, M. (1977). Attitude-behavior relations : A theoretical analysis and review of empirical research. *Psychological Bulletin, 84,* 888-918.

Alderfer, C. P. (1969). An empirical test of a new theory of human needs. *Organizational Behavior and Human Performance, 4(2),* 142-175.

Alden, L. E., & Capreol, M. J. (1993). Avoidant personality disorder : Interpersonal problems as predicters of tretment response. *Behavior Therapy, 24.* 357-376.

Anderson, N. H. (1968). Application of linear-serial model to personality-impression task using special presentation. *Journal of personality and Social Psyhcology, 10.* 354-362.

Anderson, N. H., & Hubert, S. (1963). Effects of concomitant verval recall on order effects in personality impression formation. *Journal of Verbal Learning and Verbal Behavior, 2,* 379-391.

Andrew, G. R., & Debus, R. L. (1978). Persistence and the casual perception of failure : Modifying cognitive attributions. *Journal of Educational Psychology, 70,* 154-166.

Andrews, J. D. W. (1984). Psychotherapy with the hysterical personality : An interpersonal approach. *Psychiatry, 47,* 211-232.

Argyle, M. (1978). *The Psychology of Interpersonal dynamics*(3rd ed.). Harmondsworth, England : Penguin Books Ltd.

Argyle . (1986). Rules for social relationships in four cultures. *Austrlian Journal of psychology, 38,* 309-318.

Asch, S. E. (1946). Forming impressions of personality. *Journal of abnormal and Social Psychology, 41, 258-290.*

Ashton, M. C. (2007). *Individual differences and personality.* Bulligton, MA : Elsevier Academic Press.

Atkinson, J. (1965). The mainsprings of achievement oriented activity, In J. D. Krumboltz(Ed.). *Learning and the Educational Process.* Skokie, I11 : Rand McNally, pp. 25-66.

Axtell, R. E. (1993). *Do's and taboos around the world* (3rd ed.). New York : Wiley.

Bales, R. F. (1950). *Interaction analysis.* Cambridge, MA : Addison- Wesley.

Barnett, J. (1969). On aggression in the obsessional neuroses. *Contemporary Psychoanalysis, 6,* 48-57.

Barron, F. (1971). An eye more fantasical. In *Training creative thinking,* G. A. Davis, & J. A. Scott eds. New York : Holt, Rinehart Winston. Inc.

Bar-Tar, D. & Bar-Zohar, Y. (1977). The relationship between perception of locus of control and academic achievement. *Contemporary Educational Psychology, 2,* 181-199.

Baxter, L. A. (1983). Relationship disengagement : An examination of the reversal hypothesis. *Western Journal of Speech Communication, 47.* 85-98.

Baxter, L. A. (1990). Dialectical contradictions in relationship development. *Journal of Social and Personal Relationships, 7,* 69-88.

Beer, M. (1987). Performance appraisal, In. J. W. Lorsch(Ed.). *Handbook of organizational behavior.* Englewood Cliffs, NJ : Prentice-Hall. 286-300.

Benjamin, L. S. (1979). Use of structural analysis of social behavior(SASB) and markov chains to study dyadic interations. *Journal of abnormal Psychology, 88,* 303-319.

Bennis, W. G., Berlew, D, E., Schein, E. H., & Steele, F. I. (1973). *Interpersonal dynamics*(3rd ed.). Homewood, IL : The Dorsey Press.

Berger, E. M. (1952). The relation between expressed acceptance of self and expressed acceptance of others. *Journal of abnormal and Social Psychology, 47,* 778-792.

Berkman, L., & Syme, S. (1979). Social networks, host resistance, and mortality : A nine-year follow up study 0f Alameda County residences. *American Journal of Epidemiology, 109,* 186-204.

Berman, J., Murphy-Berman, V., & Singh, P. (1985). Cross-cultural similarities and differences in perception of fairness. *Journal of Cross-Cultural Psychology, 16,* 55-67(1965)

Berne, E. (1964). *Games people play.* New York : Grove Press.

Berscheid, E. (1983). Emotion. In H. H. Kelly et al., *Close relationships* (110-168). New York : Freeman.

Bond, M. H. (1991). *Beyond the Chienese face : Insights from psychology.* Hong Kong : Oxford University Press.

Borich, G. D. (2003). *Observation skills for effective teaching.* Upper Saddle River, NJ : Merrill/Prentice-Hall.

Bornstein, R. F. (1993). *The dependent personality.* New York : Guilford.

Bowlby, J. (1969). *Attachment.* New York : Basic Books.

Birchnell, J. (1987). Attachment-detachment, directiveness-receptiveness : A system for classifying interpersonal attitudes and behavior. *British Journal of Medical Psychology, 60,* 17-27.

Brody, G. H. Stoneman, Z., & McCoy, J. K. (1994). Forecasting sibling relationships in early adolescence from child temperament and family processes in middle childhood. *Child Development, 65,* 771-784.

Bruno, F. J. (1997). *Human adjustment and personal growth.* New York : John Wiley and Sons.

Buber, M. (1958). *I and thou*(2nd ed.). NY : Scribners Co.

Burleson, Samter & Lucceti(1992).

Caldwell, M., & Peplau, L. (1982). Sex differences in same-sex friendship. *Sex Roles, 8,* 721-732.

Carver, C., & Schneier, M. (2004). Perspectives on personality (5th ed.). Boston : Allyn & Bacon.

Cavaiola, A. A., & Lavender, N. J. (2000). Toxic Coworker. Okland, CA : New Harbinger Publications, Inc. 한수영 역(2009). 성격을 읽는 기술. 서울 : 미래프린팅

Chaikin, A., & Derlega, V. (1974). Liking for the norm breaker in self-disclosure. *Journal of Personality, 42,* 117-129.

Chibnall, S. H., & Abbruzzese, K. (2004). A community approach to reducing risk factors. *Juvenile Justice, 9(1),* 30-31.

Combs, A. W. (1969). Florida studies in the helping professions. *Social Sciences Monograph.* 37, Gainesvill : University of Florida Press.

Combs, A. W. & Snygg, D. (1974). *Perceptual psychology.* New Yo가 : Harper & Row Publishers.

Covington, M. Y., & Omelich, C. L. (1979). Effort : The double edged sword in school achievement, *Journal of Educational Psychology, 71,* 169-182.

Davis, K., & Newstrom, J. W. (1985). *Human behavior at work : Organizational behavior* (7th ed.). New York : McGraw-Hill.

Dembo, M. H. (1977). *Teaching for learning*, Santamonica, CA : Good Year Publishing Co.

Devito, J. A. (2009). *Human Communication* (11thed.). Boston : Pearson Education, Inc.

Dewey, R., & Humber, W. J. (1959). *The development of human behaviors.* New York : The Macmillan Co.

Dresser, N. (1996). *Multiculcultural manners : New rules of etiquette for a changing society.* New York : Willey.

Dweck, C. S. (1975). The role of expectations and attributions in the alleviation of learned helplessness. *Journal of Personality and Social Psychology, 31,* 674-685.

Dweck, C. S., & Repucci, N. D. (1973). Learned helplessness and reinforcement responsibility in children, *Journal of Personality and Social Psychology, 25,*

Dwyer, K., & Osher, D. (2000). *Safeguarding our children : An action guide.* Washington, DC : U. S. Department of Education.

Evans III, F. B. (1996). *Harry Stack Sullivan : Interpersonal Theory and Psychotherapy.* London : Routledge. 109-116.

Felker, D. W. (1974). *Building positive self-concept.* Burgess Publishing Co. 김기정 역 (1987). *긍정적 자아개념의 형성.* 서울 문음사.

Festinger, L. (1957). *A theory of cognitive dissonance.* Evanston. IL : Row & Peterson.

Fishbein, M., & Ajzen, I. (1975). *Belief, attitude, intention and behavior.* Reading, MA : Addison Wesley Publishing Co.

Flett, G. L. (2007). Personality & research. John Willey & Sons Canada, Ltd.

Fromm, E. (1947). *Man for himself.* NY : Holt, Rinehart and Winston.

Fromm, E. (1955). *The sane society.* NY : Holt, Rinehart and Winston.

Fromm. E. (1964). *Escape from freedom.* New York : Rinehart.

Galvin, K., Bylund, C. & Brommel, B. J. (2007). *Family communication : cohesion and change*(6th ed.). Boston : Allyn & Bacon.

Gordon, D. A. (1977). Children's beliefs in internal - external control and self esteem as related to academic achievement. *Journal of Personality Assessment, 41,* 383-386.

Green, S. K., Buchanan, D. R., & Heuer, S. K. (1984). Winners, losers, and choosers : A field investigation of dating initiation. *Personality and Social Psychology Bulletin, 10,* 502-522.

Hackert, H. (1981). blabbermouths and clams : Sex differences in self-dislouse in same-sex and cross-sex friendship dyds. *Psychology of Women Quarterly. 5,* 385-401.

Harris, T. A. (1968). *I'm OK-You're OK.* New York : Harper & Row, Publishers.

Harter, S. (1986). Pross underlying the construction, maintenance and enhancement of the self-concept in children. In J. Suis & A. C. Greenwald (Eds.), *Psychological Perspectives on the self* (Vol. 3. pp. 137-181). Hillsade, NJ : Lawrence Erlbaum Associate, Inc.

Heider, F. (1964). The psychology of interpersonal relations. NY : John Wiley & Sons.

Hall, E. T., & Hall, M. R. (1987). *Hidden difference : Doing buisiness with the Japanese.* New York : Doubleday.

Hall, C. S. & Lindzey, G. (1978). *Theories of personality* (3r. ed.), NY : John Wiley & Sons.

Hamachek, D. (1995). *Psychology in teaching, learning, and growth.* Boston. Aiiyn & Bacon.

Hamilton, D. L., & Zanna, M. P. (1972). Differential weighting favorable and unfavorable attributes in impressions of personality. *Journal of Experimental Reserch in Personality, 6,* 201-212.

Hendrick, C., Hendrick, S., Foote, F. H., & Slapion-Foote, M. J. (1984). Do men and woman love differently? *Journal of Social and Personal Relationships, 1,* 177-195.

Herzberg, F., Mausner, B., & Snyderman,B. B. (1959). *The motivation to work.* New York : Wiley.

Horney, K. (1937). *The neurotic personality of ourtime.* New York : Norton.

Horney, K. (1945). *Our inner confricts.* New York. Norton.

Horney. K. (1970). *Self analysis.* London : Routredge & Kegan Paul.

Hull, C. L. (1952). *A behavior system*, New Haven, CO : Yale University Press.

Hultman, K. E. (1981). Gaining and keeping management support. *Training and Develoment Journal*, April 1981, 106-110.

Ivancevich, J. M., & McMahon, J. T. (1982). The effectsof goal setting, external feedback, and self generated feedback on outcome variables : A field experiment. *Academy of Management Journal, June,* 359-372.

Jourard, S. M. (1963). *Personal Adjustment* (2nd ed.). New York : The Macmillan Company.

Jourard, S. M. (1971). *Self- disclosure.* NY : John Wiley & Sons.

Jung, C. G. (1953). The relations between the ego and the unconscious. In *collected works. Vol. 7.* Princeton : Princeton Univ. Press.

Jung, C. G. (1958). Psychology and religion. In *collected works. Vol. 11.* Princeton : Princeton Univ. Press.

Jung, C. G. (1960). A review of the complex theory. In *collected works. Vol. 8.* Princeton : Princeton Univ. Press.

Karlins, M., & Abelson, H. I. (1970). Persuasion : How opinions and attitudes are changed

(2nd ed.). New York : Spring Publishing.

Kauffman, J. M., Mostert, M. P., Trent, S. C., & Pullen, P. L. (2006). *Managing classroom behavior*(4th ed.). MA : Pearson Education, Inc.

Kernis, M. H., & Wheeler, L. (1981). Beautiful friends and ugly strngers : Radiation and contrast effects in perception of same-sex pairs. *Personality and Social Psychology Bullentin, 7,* 617-620.

Kiesler, D. J. (1996). *Contemporary interpersonal theory research.* New Yo가 : John Wiley & Sons, Inc.

Kirkpatrick, D. L. Performance appraisal : Your questions answered, *Training and Development Journal,* May, 68-71.

King, D. B., Viney, W., & Woody, (2007). *A History of Psychology : Ideas and Context.* Addison-Wesley.

Knapp, M. L., & Taylor, E. H. (1995). Commitment and its communication in romantic relationshlps. In A. L. Weber & J. H. Harvey (Eds,), *Perspectives on close relationships*(153-175). Boston, MA : Allyn & Bacon.

Knapp, M. L., & Vangelisti, A. L. (2005). *Interpersonal ommunication and human relationships*(5th ed.). Boston, MA : Allyn & Bacon.

Krech, D. Crutchfield, R. S., & Ballachey, E. L. (1962). *Individual in society.* New York : Mcgraw-Hill Book. CO., Inc.

Larus, J. P. (1989). *Significant other inventory : Towards charting the nature of significant others.* Virginia Commonwealth University.

Lasswell, M., & Lobsenz, N. M. (1980). *Styles of loving.* New York : Ballatine Books.

Latham, G. P., & Locke, E. A. (1979). Goal setting- A motivational technique that works. *Organizational Dynamics,* Autumn, 68-80.

Lawless, D. J. (1972). *Effective management.* Upper Saddle River, NJ : Prentice-Hall.

Lemert, E. M. (1962). Paranoia and the dynamics of exclusion. *Sociometry, 25,* 2-20.

Lervinger, O. (1972). *Designs for persuasive communication.* Upper Saddle River, NJ : Prentice-Hall.

Levinger, G., & Snoek, J. G. (1972). Attraction in relationship : A new look at interpersonal attraction. Morris Town, NJ : General Learning Press.

Levinger, G., & Snoek, J. G. (1972). Attraction in relationship : A new look at interpersonal attraction. Morris Town, NJ : General Learning Press.

Leary, T. (1957). *Interpersonal diagnosis of personality.* New York : The Ronald Press Co.

Lederer, W. J. (1984). *Creating a good relationship.* New Yo가 : Norton.

Locke, E. A. & Latham, G. P. (1984). *Goal setting : A motivational technique that works!* Upper Saddle River, NJ : Prentice-Hall.

Luft, J. (1970). *Group Processes.* Palo Alto, CA : National Press Books.

Lundstedt, S. (1972). Consequuences of reductionism in organization theory. *PAR,* 32(4). 328-363.

Mann, R. D. (1967). *Interpersonal styles and group development.* New York : John Wiley and Sons, Co.

MaQsud, M. (1983). Relationship of control to self esteem, academic achievement, and predication of perdiction of performance among Nige an secondary school pupils, *British Journal of Educational Psychology, 53,* 215-221.

Marsh, H. W. & Shavelson. R. (1985). Self-concept : its multifaceted hierachical structure. *Educational psychologist, 20.* 107-123.

Martlin, M., & Stang, D. (1978). The pollyanna principle : seletivity in language, memory, and thought. Cambridge, MA : Schenkman.

Marzano, R. J. (2003). *Classroom management that works.* Alexandra, VA : ASCD.

Maslow, A. H. (1968). *Toward a psychology of being* (2nd. ed.). NY : Van Nostrand.

Maslow, A. H. (1970). *Motivation and personality* (2nd ed.). NewYork : Harper & Row Publishers.

Martin, M. M. & Rubin, R. B. (1994). Development of a communication flexibility measure. *The Southern Communication Journal, 59,* 171-178.

McCaulley, M. H. (1985). *Theory, psychometrics, application.* Palo Alto, CA : Consulting Psychologists Press. Inc.

McCleland, D. C. (1961). *The achieving society.* New York : The Free Press.

Medway, F. J., & Vennio, G. R. (1982). The effects of effort feedback and performance patterns on children's attribution and task persistence. *Contemporary Educational Psychology, 7.* 26-34.

McGregor, D. (1960). *The human side of enterprise.* New York : McGraw-Hill.

McGregor, D. (1967). Hot stove rules of discipline, In G. Strauss and L. Sayles (Eds.). Personnel : The human problems of management. Englewood Cliffs, NJ : Prentice-Hall.

Meltzer, B. N. (1975). *Symbolic interactionism* . London : Routledge & Kegan Paul.

Miner, J. B., & Norman, R. S. (1982). Decline and stabilization of managerial motivation over a 20-year period. *Journal of Applied Psychology, June,* 297-305.

Mischel, W. (1973). Toward a cognitive social learning reconceptualization of personality. *Psychological Review. 80,* 252-283.

Morse, J. J., & Wagner, F. R. (1978). *Measuring the process of managerial effectiveness. Academy of manaement Journal, March,* 23-35.

Murray, C., & Greenberg, M. T. (2006). Examining the importance of social relationships and social contexts in the lives of children with high-incidence disability. *The Journal of Special Education, 39(4),* 220-233.

Murry, H. A. (1962). *Explorations in Personality.* New York : Science Editions.

Myers, I. B. (1962). *The Myers-Briggs Type Indicator.* Palo Alto CA : Consulting Psychologists Press, Inc.

Niebuhr, K. E. (1999). An empirical study of student relationships and academic achievement. *Education, 9(4),* 679-681.

Noller, P., & Fitzpatrick, M. A. (1993). *Communication in family relationships.* Engleewood Cliffs, NJ : Prentice-Hall.

Newcomb, T. M. (1975). *Social psychology : the study of interation.* London : Routleedge & Kegan Paul Ltd.

Ouchi, W. G. (1981). Theory Z. Cambridge, MA : Addison- Wesley.

Osgood, A. F, Suci, G. J., & Tannenbaum, P. S. (1957). The Measurement of meaning. Urbana, Il : University of Illinois Press.

Pavett, C. M., & Alan, W. L. (1983). Managerial work : The influence of hierarchical level and functional speciality. *Academiy of Management Journal, March,* 170-177.

Perlman, D., & Oskamp, S. (1971). The effects of picture content and exposure frequency on *evaluations of Negroes and whites.* Journal of Experimental Social Psychoogy, 7, 503-514.

Pianta, R. C., Hamre, B., & Stuhlman, M. (2003). Relatioships between teahers and children. In W. M. Renolds & G. E. Miller (Eds.). *Handbook of child psychology.* Hoboken, NJ:Wiley.

Pornpitakpan, C. (2003). The effect of personality traits and perceived cultural similarity on attraction. *Journal of International Consumer Marketing, 15,* 5-30.

Purkey, W. W. (1970). *Self concept and school achievements.* (안범희 역, 1985), *자아개념과*

교육. 서울 : 문음사.

Ramy, V. C. (1970). *The self-concept as a facter in counseling and personality* organization. Ohio State University Press.

Robbins, S. P. (1989). *Training in interpersonal skills,* Englewood Cliffs, NJ : Prentice-Hall, Inc.

Robbins, S. P, & Hunsaker, P. L. (2003). *Training in interpersonal skills* (3rd ed.). Englewood Cliffs, NJ : Prentice-Hall, Inc.

Rogers, C. R. (1958). The characteristics of helping relationship, *Personal Guidance Journal, 37,* 6-16.

Rogers. C. R. (1961). *On becoming a person.* Boston : Houghton Mifflin Co.

Rosenberg, S., Nelson, C., & Vivekananthan, P. S. (1968). A multidimensional approach to the structure of personality impressions. *Journal of Personalty and Social Psychology. 9.* 283-294.

Rosenblatt & Greenberg(1991).

Rosental, R., & Jacobson, L. (1968). *Pygmalion in the classroom.* NY : Holt, Rinehart & Winston.

Rotter, J. B. (1966). Generalized expectancies for internal vs external control of reinforcement. *Psychological Monographs, 80,* 1-28.

Rogers, C. R. (1958). The characteristics of helping relationship, *Personal Guidance Journal, 37,* 6-16.

Rogers. C. R. (1961). *On becoming a person.* Boston : Houghton Mifflin Co.

Rogers, C., & Fason, R. (1981). Active listening. In J. A. Devito(Ed.), *Communication : Concepts and processes* (3rd ed.,pp. 137-147). Englewood Cliffs, NJ : Prentice-Hall.

Rotter, J. B. (1966). Generalized expectancies for internal vs external control of reinforcement. *Psychological Monographs, 80,* 1-28.

Royce, J. R. & Mos, L. P. (1981). *Humanistic psychology.* New York : Plenum Press.

Ruesch, J., & Bateson, G. (1951). *Communication, the social matrix of psychiatry.* New York : Norton.

Sabatelli, R. M., & Pearce, J. (1986). Exploring marital expectations. *Journal of Social and Personal Relationships, 5,* 387-403.

Sanford, A. D. (1973). *Human relations.* Columbus, OH : Chales E. Merrill Publishing Co.

Scheuermann, B. K., & Hall, J. A. (2008). *Positive behavioral supports for the classroom.*

Upper Sadle River, NJ : Pearson Education, Inc.

Schutz, W. C. (1958). *FIRO : A three-dimensional theory of interpersonal behavior.* New York : Rinehart & Company, Inc.

Sternberg, R. J. (1986). A trianglular theory of love. *Psychological Review, 93. 119-135.*

Sternberg, R. J. (1998). *Cupid's Arrow.* Cambridge University Press.

Sullivan, H. S. (1946). *Concept of Modern Psychiatry.* The first William Alanson White Memorial Lectures.

Sullivan, H. S. (1953). *The Interpersonal theory of psychiatry.* NY : W. W. Norton.

Tang, S., & Zuo, J. (2000). Dating attitudes and behaviors of American and Chinese college students. *The Social Science Journal, 37,* 67-78.

Thibaut. J. W., & Kelly, H. H. (1986). *The social psychology of groups.* New Brunswick, NJ : Transaction.

Tolman, E. C. (1959). Principles of purpose behavior, In S. Koch, (Ed.), *Psychology : A Study of a Science.* Vol. 2. New York : McGraw -Hill.

Tolstedt, B. E. & Stokes, J. P. (1984). Self-disclosure, intimacy, and the depenetration process. *Journal of Personality and Social Psychology, 46(1).* 84-90.

Tung-Toomey(1986).

Verderver, K. S., & Verderver, R. F. (1986). *Inter-Act : Using interpersonal communication Skills* (4th ed.). Belmont, CA : Wadsworth.

Veroff, Douvan & Kulka(1981)

Wehlage, G., & Rutter, R. (1986). Dropping out : How much do schools contribute to the problem? *Teachers College Record, 87,* 374-392.

Weiner, B. (1979). A theory of motivation for some classroom experiences. *Journal of Educational Psychology. 71.* 3-25.

Weiner, B. (1985). An attributional theory of achievement motivation and emotions, *Psychological Review. 92(4),* 548-573.

Weiner, B. & Kukla, A. (1970). An attributional analysis of achievement motivation, *Journal of Personality & Social Psychology, 15,* 1-20.

Weiss, R. (1973). Materials for a theory of social relationships. In W. G. Bennis et al., eds., *Interpersonal dynamics.* Homewood, Il : Dorsey Press.

Witt, P. L., & Wheeless, L. R.(2001). An experimental study of teachers' verbal and nonverbal immediacy and students' affective and cognitive learning. *Communication Education.,*

50, 327-342.

Wohlking, W. (1975). Effective discipline in employee relations, *Personnel Journal, September,* 491-492.

Woolfock, A. E. (1990). *Educational psychology*(4th ed.). Englewood Cliffs, NJ : Prentice Hall.

Zanna, M. P., & Hamilton, D. L. (1977). Further evidence for meaning change in impression formation. *Journal of Experimental Social Psychology. 13,* 224-238.

Zionts, L. (2005). Examining student-teacher relationships : A potential case for attachment theory? InK. Kerns & R. Richardson (Eds.). *Attachment theory in middle childhood.* New York : Guild Press.

저자 소개

✍ **안범희**(安凡熙)

강원대학교 사범대학 영어교육과 졸업
연세대학교 대학원 교육학과 석사과정 및 박사과정 졸업
(교육학박사 : 교육심리전공)
피츠버그대학/오클라호마 주립대학 객원교수
강원대학교 : 학생생활 연구소장, 홍보실장, 교사교육원장
사범대학장/교육대학원장 역임
현, 강원대학교 교육학과 교수

〈저 · 역서〉

교육원리(공저). 강원대학교 출판부(1982).
자아개념과 교육(역). 문음사(1985).
인본주의와 행동주의(공역). 중앙적성출판부(1985).
한국사회의 이해II(공저). 강원대학교 출판부(1986).
교육민주화 : 발전적 시론(편). 강원대학교 출판부(1989).
학교학습심리학. 도서출판 하우(1993).
교육학개론(공저). 도서출판 하우(1996).
삶의 문제와 적응의 심리학(공저). 법문사(1997).
교육심리학(공저). 교육과학사(1998).
성격심리학. 도서출판 하우(2000). 개정판 2009.
강원교육과 인재양성(공저). 한울 아카데미(2001).
학습이론 및 심리. 도서출판 하우(2007).

대인관계론

초판발행 2010년 3월 10일
3판발행 2016년 9월 10일

2016. 9

저 자 안 범 희
발행인 김 현 태
발행처 태영출판사

주 소 (08301) 서울 구로구 구로동 104-10 동남오피스텔 201호
전 화 02 · 839-3757, 839-3752
팩 스 02 · 837-3754
등 록 2005년 5월 30일 제12-421호
http://www.taeyeongbook.co.kr
E-mail tys2005@hanmail.net
ISBN 978-89-6302-021-1 93370
정 가 18,000원

NAVER 태영출판사

* 잘못 만들어진 책은 교환해 드립니다.